广东省优秀社会科学家文库（系列一）

陈鸿宇自选集

陈鸿宇 ◎ 著

·广州·

版权所有　翻印必究

图书在版编目（CIP）数据

陈鸿宇自选集/陈鸿宇著. —广州：中山大学出版社，2015.11
[广东省优秀社会科学家文库（系列一）]
ISBN 978-7-306-05449-4

Ⅰ.①陈…　Ⅱ.①陈…　Ⅲ.①中国经济—文集　Ⅳ.①F12-53

中国版本图书馆 CIP 数据核字（2015）第 224471 号

出 版 人：徐　劲
策划编辑：嵇春霞
责任编辑：王　睿
封面设计：曾　斌
版式设计：曾　斌
责任校对：翁慧怡
责任技编：何雅涛
出版发行：中山大学出版社
电　　话：编辑部 020-84110283，84111996，84111997，84113349
　　　　　发行部 020-84111998，84111981，84111160
地　　址：广州市新港西路 135 号
邮　　编：510275　　传真：020-84036565
网　　址：http://www.zsup.com.cn　E-mail：zdcbs@mail.sysu.edu.cn
印 刷 者：广州家联印刷有限公司
规　　格：787mm×1092mm　1/16　21.375 印张　360 千字
版次印次：2015 年 11 月第 1 版　2015 年 11 月第 1 次印刷
定　　价：60.00 元

如发现本书因印装质量影响阅读，请与出版社发行部联系调换。

陈鸿宇

1951年8月生于广东潮州。广东省人民政府参事，中共广东省委党校（广东行政学院）教授。国务院职能转变评估专家评估组成员、广东省人大常委会财经咨询专家、广东省政府决策咨询委员会专家委员会委员、广东省经济学会常务副会长兼秘书长。曾任中共广东省委党校副校长、巡视员，曾兼任广东省社会科学界联合会副主席、中山大学中国行政管理研究中心教授等职。长期从事区域经济学、产业经济学的教学和理论研究，为两项国家哲学社会科学重点课题和多项省部级课题的主持人，先后在境内外发表论文和理论文章140多篇。曾获"广东省先进工作者"（1988）、"全国优秀教师"（1989）、"全国党校系统优秀教师"（1995）称号，1993年起享受国务院政府特殊津贴，2011年被授予"广东省首届优秀社会科学家"称号。关于区域经济理论与新古典经济学的交汇研究、关于区域经济学基本框架、梯度推移发展理论、全球化条件下区域圈层演化和城乡一体发展基本理论的研究成果，受到国内同行的广泛关注和认可，先后获省部级科研成果奖一等奖两项、二等奖两项和三等奖一项。

"广东省优秀社会科学家文库"(系列一)

主　任　慎海雄

副主任　蒋　斌　王　晓　李　萍

委　员　林有能　丁晋清　徐　劲

　　　　魏安雄　姜　波　嵇春霞

"广东省优秀社会科学家文库"（系列一）

哲学社会科学是人们认识和改造世界、推动社会进步的强大思想武器，哲学社会科学的研究能力是文化软实力和综合国力的重要组成部分。广东改革开放30多年所取得的巨大成绩离不开广大哲学社会科学工作者的辛勤劳动和聪明才智，广东要实现"三个定位、两个率先"的目标更需要充分调动和发挥广大哲学社会科学工作者的积极性、主动性和创造性。省委、省政府高度重视哲学社会科学，始终把哲学社会科学作为推动经济社会发展的重要力量。省委明确提出，要打造"理论粤军"、建设学术强省，提升广东哲学社会科学的学术形象和影响力。2015年11月，中共中央政治局委员、广东省委书记胡春华在广东省社会科学界联合会、广东省社会科学院调研时强调："要努力占领哲学社会科学研究的学术高地，扎扎实实抓学术、做学问，坚持独立思考、求真务实、开拓创新，提升研究质量，形成高水平的科研成果、优势学科、学术权威、领军人物和研究团队。"这次出版的"广东省优秀社会科学家文库"，就是广东打造"理论粤军"、建设学术强省的一项重要工程，是广东社科界领军人物代表性成果的集中展现。

这次入选"广东省优秀社会科学家文库"的作者，均为广东省首届优秀社会科学家。2011年3月，中共广东省委宣传部和广东省社会科学界联合会启动"广东省首届优秀社会科学家"

评选活动。经过严格的评审,于当年7月评选出广东省首届优秀社会科学家16人。他们分别是(以姓氏笔画为序):李锦全(中山大学)、陈金龙(华南师范大学)、陈鸿宇(中共广东省委党校)、张磊(广东省社会科学院)、罗必良(华南农业大学)、饶芃子(暨南大学)、姜伯勤(中山大学)、桂诗春(广东外语外贸大学)、莫雷(华南师范大学)、夏书章(中山大学)、黄天骥(中山大学)、黄淑娉(中山大学)、梁桂全(广东省社会科学院)、蓝海林(华南理工大学)、詹伯慧(暨南大学)、蔡鸿生(中山大学)。这些优秀社会科学家,在评选当年最年长的已92岁、最年轻的只有48岁,可谓三代同堂、师生同榜。他们是我省哲学社会科学工作者的杰出代表,是体现广东文化软实力的学术标杆。为进一步宣传、推介我省优秀社会科学家,充分发挥他们的示范引领作用,推动我省哲学社会科学繁荣发展,根据省委宣传部打造"理论粤军"系列工程的工作安排,我们决定编选16位优秀社会科学家的自选集,这便是出版"广东省优秀社会科学家文库"的缘起。

  本文库自选集编选的原则是:(1)尽量收集作者最具代表性的学术论文和调研报告,专著中的章节尽量少收。(2)书前有作者的"学术自传"或者"个人小传",叙述学术经历,分享治学经验;书末附"作者主要著述目录"或者"作者主要著述索引"。(3)为尊重历史,所收文章原则上不做修改,尽量保持原貌。(4)每本自选集控制在30万字左右。我们希望,本文库能够让读者比较方便地进入这些岭南大家的思想世界,领略其学术精华,了解其治学方法,感受其思想魅力。

  16位优秀社会科学家中,有的年事已高,有的身体欠佳,有的工作繁忙,但他们对编选工作都非常重视。大部分专家亲自编选，亲自校对；有些即使不能亲自编选的，也对全书做最后的审订。他们认真严谨、精益求精的精神和学风，令人肃然起敬。

在编辑出版过程中，除了16位优秀社会科学家外，我们还得到中山大学、华南理工大学、暨南大学、华南师范大学、华南农业大学、广东外语外贸大学、广东省社会科学院、中共广东省委党校等有关单位的大力支持，在此一并致以衷心的感谢。

广东省优秀社会科学家每三年评选一次。"广东省优秀社会科学家文库"将按照"统一封面、统一版式、统一标准"的要求，陆续推出每一届优秀社会科学家的自选集，把这些珍贵的思想精华结集出版，使广东哲学社会科学学术之薪火燃烧得更旺、烛照得更远。我们希望，本文库的出版能为打造"理论粤军"、建设学术强省做出积极的贡献。

"广东省优秀社会科学家文库"编委会
2015年11月

目录

学术自传 / 1

第一部分　区域经济学基本理论研究

论区域经济运行的基本矛盾和发展战略选择 / 3
关于区域、经济区域与区域经济学 / 10
从不平衡增长到非均衡发展
　　——基于古典经济学视域的区域生产力布局理论评析 / 16
关于区域产业结构的理论辨析 / 38
区域经济差异与区域经济运行的关系 / 67
区域经济梯度推移发展战略的理论与实践 / 72
后工业化时期产业和人口的双重再集聚
　　——英国区域政策变化趋势及其对广东的启示 / 90

第二部分　区域经济和地方经济研究

1840年以前广东区域经济差异的形成与发展
　　——兼论广东区域产业结构的产生 / 103
19世纪中叶至1949年广东经济的地域差异 / 118
论梯度发展理论及其在广东的应用 / 145
关于广东区域经济梯度发展战略的理论评价 / 163
广东省区域经济差距变化趋势研究
　　——基于威廉姆森的"倒U"理论 / 201
区域国际竞争力与广东产业整合 / 215
关于构建粤港区域产业分工新模式的思考 / 224
论粤港产业分工模式的重构 / 231

第三部分　城市化理论和区域治理研究

关于新型城市化与城乡一体发展的基本理论评析／245
城市化与产业结构关系探讨／271
大珠三角都市带城市体系结构分析／280
"广佛都市圈"的形成和发展动因分析
　　——对广州、佛山产业结构变动的实证研究／287
略论宏观改革对地方经济的影响／297
转型期广东区域工业化与地方政府机构改革／304
试论社会主义精神文明的空间生成机制／318

附录　陈鸿宇主要著述目录／326

学术自传

◎ 陈鸿宇

我从研究县域经济开始，走进了区域经济学的大门，至今已经30年了。1985年，针对当时省级党校培训对象的实际，中南五省区党校决定联合编写《县经济管理》一书，这是当时全国研究县域经济最早的专著之一，由黄守灯教授主编。研究生刚刚毕业的我，也参加了这部书稿的编写和统稿工作，跟着老教授们下乡镇、下企业调研，到出版社、印刷厂校对送书稿，在对中国最基层的经济生活的认识过程中，验证了书本中的经济学理论，也慢慢积累了关于县域经济和地方经济的一些研究成果。

县域经济是中国区域经济和地方经济的基础单元，同时兼有区域经济和地方经济双重的属性，是研究资源要素空间合理配置中市场和政府功能的典型样本。但时至今日，县域经济仍然未能发展为具有相对独立的研究目标和研究范畴的专业学科，这既与中国县域经济实践的成熟程度有关，更与研究者和实践者的理论积淀和思维方法有关。

20世纪80年代的后半期，为了摆脱当时的县域经济研究过度拘泥于现实、理论支撑不足的状况，我利用在北京离岗进修的机会，开始系统地学习经济地理学、生产布局学和区域开发理论，将研究重点逐步转向探索马克思主义政治经济学、新古典经济学与区域经济学基本原理之间的关系。经过一段时间的理论准备，1997年我完成了专著《区域经济学新论》的撰写，该书以新古典经济学原理和国外区域经济理论的结合点为主线，以市场化发育程度为标尺，对"经济区域"的内涵及其生成和运行规律、区域产业结构、区域产业布局、区域开发与规划、区域发展差距等区域经济学的基本理论问题进行阐述，并以此构筑起关于区域经济学的基本理论框架。2003年之后，该书被中国社会科学院研究生院及国内一些大学列为区域经济学专业书目之一。

在《区域经济学新论》一书中，我已经初步形成关于区域经济研究的"一纵二横"框架，即按照研究对象纵向的历史发展阶段，重点剖析区域产业结构和区域产业布局两个横截面及其相互间的关系，由此寻找和归纳区域经济运行的内在规律。20世纪90年代末期我主持国家"九五"哲学社会科学重点资助项目"广东区域差距和梯度发展研究"时，就运用了"一纵两横"的研究框架，系统地描述了广东全省的区域经济的总体发展历程，对香港、广州、深圳及珠江三角洲、东西两翼、北部山区各经济地带的发展状况、发展差异、产业结构和生产力布局的变化轨迹和变化特点，分别进行了总量分析、时序分析和比较分析。通过对传统的空间产业梯度推移理论的质疑，提出了关于梯度推移发展战略的基本认识：第一，经济技术水平是区分经济发展梯度的重要尺度，但经济发展梯度高低不单着眼于现状，还着眼于资源重新配置的预期收益。第二，影响要素集聚和产业集聚的诸因素中，市场机制是决定性的因素，市场机制发育程度较高的地域才是经济发展梯度较高的地域。根据市场供求关系来确定资源配置的地域和规模，是制定梯度发展战略的基本要求。第三，区域工业化成熟期和经济一体化阶段，对经济发展梯度高低的判别标准，更侧重于未来的发展潜力。第四，不平衡增长是区域经济发展的一般形态，非均衡发展战略是实现区域协调发展的基本路径，梯度推移发展战略可以适用于任何经济发展阶段和经济空间。这一课题的成果《区域经济梯度推移发展新探索——广东区域发展差距和梯度推移发展研究》于2001年出版，成为当时国内较早和较系统研究梯度推移发展战略的著作，2003年该书获得了全国党校系统优秀科研成果评奖的专著一等奖。

2000年之后，随着我国工业化、城市化进程的加快，区域协调发展和城乡一体发展受到普遍关注，我对区域经济的研究重点逐步转向区域圈层结构、工业化与城市化之间关系及城市形态演化等基本理论问题。"十五"（2001—2005年）期间，我主持了国家哲学社会科学重点资助项目《粤港区域产业结构战略性调整优化研究》，2008年出版专著《空间视角下产业结构优化机制》，通过对区域经济梯度发展中的"后核心区"问题和全球化、信息化大背景下区域圈层变化的新特点、新趋势的分析，提出了"动态的区域圈层理论"的基本框架，对区域产业结构的变动过程、机理、特征和效应做出了初步解释，多视角、大跨度地描述了粤港区域产业结构调整优化所必需的空间支点、科技进步、人力资本和生态环境等支撑条件。该项成果被国家社科规划办《成果要报》推介后，两位国家领导人也专门调阅了该研究报告。

地方政府和企业、厂商一样，是区域经济的一般主体之一，但又是具有行政干预能力的"特殊主体"。90年代以来，我一直将区域经济运行中市场与政府之间关系问题作为区域经济研究的重要内容，先后就地方政府的职能转变、体制改革、产业政策和空间政策选择等问题，发表了多篇论文，并承担了国务院、省政府相关部门多项横向研究课题以及一些地方政府发展战略、发展规划的编制，提交了关于工业化中期区域资源的统筹利用、关于广东沿海经济带建设、关于广东经济增长潜力和动力、关于广东在泛珠江三角洲发展中的地位作用、关于领导干部环境绩效考核等一系列专题研究报告和专项规划。

对中国和广东区域经济现实问题持续关注，有助于对区域工业化、城市化不同阶段地方政府经济行为做出更合理的理论诠释，也有助于自己致力于区域治理体系研究和参与区域公共管理学科的建设。2006年，在论文《后工业化时期区域和产业的双重再集聚》中，我以英国区域政策的变化趋势为样本，论证区域人口和产业顺次经历工业化成长期的"双重集聚"、工业化成熟期的"同步扩散"直至"后工业化"时期人口和产业"双重再集聚"的发展轨迹，提出广东的区域政策必须由原来单一的"区域集聚—扩散"模式，走向人口集聚和产业集聚二者复合平行推进模式。2012年在专著《新型城市化与城乡一体发展》中，我通过对国内外城市化理论的演化、城乡一体发展和"新型城市化"的关系问题进行梳理和分析，提出了从城乡分离和对立走向城乡融合和一体发展，是新型城市化的核心要求的观点。

20世纪80年代初期，我作为中共广东省委党校经济学专业研究生，有幸聆听了王珏教授、卓炯教授讲授的《资本论》等多门课程。王珏教授、卓炯教授都是经过长期的现实研究磨砺，又独树一帜的经济学大家，他们严谨的研究方法和研究态度、理论研究和现实研究相融合的学术道路，给包括自己在内的经济学后学者们留下了深刻而广泛的影响。

现在回想起来，80年代由于自己的县域经济研究缺乏理论支撑，才开始涉猎区域经济学基本理论；90年代将区域经济的基本研究框架应用于现实研究时，才发现广东和全国的区域产业结构和区域圈层格局出现了许多新情况、新特点，需要在理论上进一步研究和总结。后来刚刚在理论上描述了工业化进程与城市化的互动轨迹，现实中又要求对后工业化、国际化、信息化的城市化形态做出诠释。因此，像王珏教授和卓炯教授一样，坚持现实研究和理论研究相融合的学术道路，就应该将理论研究和现实研究的融合过程，看做二者之间不断相互质疑、相互否定，又相互验证和相互完善的过程；在进行基础研究时要注意紧扣住现实问题导向，在面对现实问题时，也不能仅仅满足于用理论工具或数学模型解构现实，而应着力在现实研究中谋求理论的扬弃和创新。

这样或许就能在理论研究和现实研究的边界上，走得更踏实些、更长远些吧。

陈鸿宇自选集

第一部分

区域经济学基本理论研究

论区域经济运行的基本矛盾和发展战略选择

改革开放以来,我国各级地方政府被赋予较充分的决策权限,区域经济发展战略的制定与实施,越来越受到各级党政部门和理论工作者的关注。本文拟就区域经济运行的基本矛盾和发展战略的现实选择问题,从理论上进行阐述。

一、区域经济运行的特点及基本矛盾

所谓区域经济,是指一定空间地域内所有经济活动的总和。构成区域经济的基本要素应包括:①以一定的经济区域或行政区划为依托;②以有限资源的空间合理配置和产业间合理配置为基本内容;③以各种资源要素间和产业间、地域间的经济技术联系、市场供求联系为基本纽带。

区域经济作为现实经济生活中的客观存在,具有以下特点:

第一,综合性。在区域经济运行中,既包括直接的工业、农业等经济活动,也包括提供劳务性产品的服务业、金融业,还包括间接从事经济活动、发挥引导、调控职能的政府干预行为。因此,区域经济运行的主体既包括企业、农户,又包括直接为生产服务的科研、文教单位,也包括政府及经济管理综合部门。协调发挥上述各类主体的作用,处理好各类主体间的经济权限和经济利益关系,就成为区域经济能否正常运行的关键。

第二,中间性。如果从不同的研究目标或工作重点上考虑,现实的经济生活在空间上是可以被区分为多个层次的。相对于国民经济整体和微观的经济单位(单个厂商或家庭)而言,不论何种区域的经济运行,均具有中间性。认识区域经济运行的中间性的特征,可以更全面地认识发展区域经济的制约条件和发展机遇。而保证区域经济正常运行的基本要求,就要努力使本区域的经济发展战略,既适应客观经济形势和宏观经济政策的变化,又能够从本区域实际出发,创造一个有利于微观经济实体自我发展的外部环境。

第三，差异性。区域经济既然是现实的经济活动中介乎宏观与微观之间的中间层次，必然受到经济活动诸内外因素的强烈影响，从而使不同层次、不同区域的经济运行呈现出差异性，如生产力水平、科学技术水平、自然资源禀赋程度、经济和政治体制等方面，都会存在差异。认识区域经济的差异性，可以更客观地为本区域的经济发展战略定位，避免"妄自菲薄"、无所作为的倾向；也可避免"妄自尊大"、不切实际的倾向。

综上所述，在区域经济运行中，决策主体就必须从区域经济所具有的综合性、中间性、差异性的特点出发，立足本区域的内外条件，合理地配置好有限的资源要素。但在我们的研究视野中，却常常看到一些区域经济发展战略实施效果并不理想；或刚制定出台，经过了法定程序，却被束之高阁无法落实。之所以出现这种情况，根源在于战略制定者对区域经济运行的内在矛盾缺乏认识，区域发展战略与区域经济运行的客观实际是相脱离的。

笔者认为，从"有效配置资源"这一经济学的基本命题出发，区域经济运行中的直接矛盾是有限资源要素在空间结构上与产业结构上配置的矛盾，亦即生产力地区布局与产业结构之间的矛盾。由于区域经济主体的存在，每一区域对资源在不同产业间的配置权限是非连锁的亦即是相对独立的；但区域间的、产业间的经济技术联系和市场供求联系却是连锁的。因此，从一区域看，资源重新配置后的产业结构可能是合理的；但从周边地区比较看，或从更高一层次的区域经济运行和宏观经济运行上看，此种配置却可能是不经济的，从而产生了产业结构和生产力地区布局间的矛盾。

产业结构和生产力地区布局间的矛盾实际上是行政区划和经济区域之间矛盾的外化，亦即政策边界和市场边界之间的矛盾的外化。如前所述，作为区域经济决策主体的各级地方政府是依托着一定行政区划产生和行使配置权限的，此种配置权限通常应局限在其行政区划之内。但在社会化大生产和现代市场经济的条件、政策边界是可以越出行政区划、实现与市场边界重合的，其基本要求就是政府的经济政策与干预手段，必须以市场机制的完整地发挥调节作用为前提。换言之，在构成市场机制的"供求—价格—竞争"三环节中，政府必须将自身行为限制于利用间接手段对第一个环节，即市场供求关系进行干预，决不能直接对价格（利率）环节和竞争环节进行干预；否则，市场机制被政府替代，政府干预就陷于盲目和自我强化的处境,"政府失灵"就会引致资源要素配置的更大浪费。

那么,区域经济运行中的深层次矛盾,就可被简化为市场机制调节和政府干预的矛盾。如果我们确认现代市场经济是有政府宏观间接调控的市场经济的话,区域经济运行中市场机制和政府干预之间的矛盾能否得到协调、缓解以至基本解决,就要看政府所制定的区域经济发展战略是否体现着市场机制的内在要求,体现着区域经济的发展规律的要求。

二、区域经济发展战略的选择

新中国成立以来,对于区域经济发展战略的选择,既是理论问题,也是实践问题,时至今日,大致有两种基本的资源配置战略。一是所谓"赶超战略"。有的学者将此种战略定义为:"指采取扭曲产品和要素价格的办法和以计划制度替代市场机制的制度安排提高国家动员资源的能力,以突破资金极为稀缺的比较劣势对资金密集型产业发展的制约,使资金密集型产业能够在很低的起点上发展,进而通过短时间内的突飞猛进,使产业结构达到先行发达国家水平的战略。"[①] 此种战略在区域产业结构方面,表现为"重工业优先发展战略";在区域生产力布局方面,表现为"均衡发展战略"或"反梯度发展战略"。二是所谓"比较优势战略","指一个国家或地区应该充分发挥自身所具有的相对丰富的资源禀赋来促进经济发展的战略"[②]。此种战略在区域产业结构方面,表现为劳动密集型、资源密集型产业为主导的产业发展战略;在区域生产力布局方面,表现为"梯度推移发展战略"。

毫无疑问,上述两种区域发展战略的发展思路是有根本区别的,资源配置的手段、方式、重点均存在明显差异。但两种战略的出发点却是相似的,即怎样在一个经济社会发展水平相对落后的发展中大国或地区,通过工业化赶上发达国家或地区。"赶超战略"的主张者的一个重要依据,就是认为经济欠发达的国家或地区,可以吸取发达国家的经验教训,避免重犯前人犯过的错误,少走弯路,发挥"后发优势",在不太长时间内崛

---

① 林毅夫、蔡昉、李周:《赶超战略的再反思及可供替代的比较优势战略》,载《战略与管理》1995年第3期。
② 同上。

起,以至超越。近年来,国内不少地区所提出"大投入,大超越,大发展"等口号,就反映了此种思想。并且认为在世界经济舞台上,美国、德国、日本以及20世纪60年代以后亚洲"四小龙"的发展历史,都证明"后发优势"是完全可能的。

如果"后发优势"的"赶超战略"真能成为发展中大国的现实选择的话,那么,应用此种战略获得经济起飞的国家就不应限于少数几个国家。在现实的经济生活中,我们看到的却是"赶超战略"自身造成的"悖论"。"二战"后,不少新独立的发展中国家,其中包括实行资本主义制度的印度、埃及、阿根廷等发展中大国,也包括实行社会主义制度的中国,都不约而同地推行重工业优先发展的"赶超战略";不少发展中的中小国家,也着力发展资金密集型产业,但效果均不理想。重工业主导的工业化进程难以为继,要么回到农业主导型的产业战略,要么转为发展轻工业为主导的产业战略。可见"赶超战略"未能像其主张者预料的那样,具有普遍的理论意义和实践意义。20世纪70年代以后,"旧发展经济学"在西方国家的没落,就说明了这一点。

美、日、德和亚洲"四小龙"经济发展的成功经验,是否可作为发展中大国实行"赶超战略"的论据呢?我们认为,美、日、德的发展历程与"四小龙"是有区别的。美、日、德确实发挥了"后发优势",在短时间内赶上当时的"先发"国家。但不能不看到,不论是19世纪末的美国、德国,还是"二战"后的德国、日本,其自然资源占有、社会生产力和工业化程度、国民素质、经济架构和基础设施均已接近当时最发达国家的水平。因此,以重化工业为先导的经济发展战略,直接地发挥了"赶超"功能。显然,中国、印度等发展中大国在选择发展战略时,既不具备其外部环境,面对着的是一个被西方发达国家占据主导地位的经济秩序严重扭曲的国际经济环境;也不具备其内部条件,面对着的是一个被长期掠夺后残留下来、结构畸形的国民经济体系。发展中大国一开始就将资金密集投入重化工业,由于资金、技术的匮乏,即使重工业化进程难以为继,客观上又造成了农业和轻工业的萎缩,阻滞了经济发展速度。因此,"赶超战略"不应是发展中大国的现实选择。

亚洲"四小龙"的成功,恰恰说明了"比较优势"战略的实用性。通过对自我优势的认识,立足资金匮乏的现实,以劳动密集型的出口加工工业为主导,以国际贸易作为实现比较优势的途径,这就是亚洲"四小龙"共同的战略选择。在"比较经济优势"这一原则的指引下,产品可以较长久地在市场上占有竞争优势,发展工业和保证经济持续发展的资金更易流入和积累。在资金不断积累的基础上,劳动密集型和资源密集型产业转为资金密集型、技术密集型产业的可能性,只会更大,而不是反之。

经济欠发达区域的"比较优势",必须通过与周边发达地区和欠发达地区相比较才能确定。按照传统的经济理论,此种比较必须围绕自然禀赋、产业结构、科技水平、管理水平诸方面差异来进行,这些当然是区域经济战略赖以存在的现实基础。但经济上的"比较优势"并不一定指现实中较高的经济发展水平或较丰富的自然资源占有程度,而是指投资的预期收益较高的产业或地域。一般情况下,具有较充分的资源引力、科技动力、管理能力,并真正感受到市场压力的产业或地域,就是最具有发展潜力的"经济增长点"。否则,就难以解释,为什么20世纪70年代末期挑选当时经济水平尚属中下的广东、福建两省赋予对外开放的特殊优惠政策;为什么把经济特区定位于仅是边陲小镇的深圳和珠海。

三、区域经济发展战略的构建

按照"比较优势"原则实行资源配置的区域经济发展战略,必须能够较好地协调和解决区域经济运行的内在矛盾。具体地说,首先必须将区域政策与产业政策相协调,寻求有限资源在产业间和地域间均得到合理配置的方案。

在区域产业发展战略方面,欠发达地区的实际,要求选择资源密集型与劳动密集型产业为主的产业结构。农业被普遍认为是资源与劳动密集型的典型产业,其实工业和第三产业的许多部门也属于资源和劳动密集型产业。因此,在构建区域产业发展战略时,首先要确定好三大产业的发展重点和发展比例,在此基础上再确定重点产业中的支柱产业和主导产业。

在区域的三大产业结构中,农业可否作为重点发展产业呢?全国与广东均有将农业作为支柱产业的典型区域,这类典型区域之所以形成,首先是以具有一定的独占性资源为基础的,如特有的自然资源禀赋,特有的农作物、牲畜品种,特有的农业耕作养殖技术等;其次是其均走上产业化、规模化、社会化大生产的轨道,供产销、农工商"一条龙"。应该说,同时具备上述条件的农业区域是不多的,以农业为支柱产业的典型区域应视为特例。大多数的农业区域在发展到一定程度之后，由于农业自身对自然资源的深刻依赖以及品种更新的困难，在边际收益递减规律下，农业的剩余劳动产品和剩余劳动力，会被需求收入弹性强的工业所吸附。因此，将工业作为支柱产业，取代传统农业的工业化进程，成为大多数国家和地区不可逾越的发展阶段。

必须说明的是，工业占据产业结构的主体地位，并不意味着农业成为没落的"夕阳产业"，恰恰相反，在工业化进程中，农业在三大产业结构中相对份额不断降低的同时，绝对量增长比以前更为迅速，这是因为农业最为直接地"分享"了工业化进程的成果，使农业搭上了经济起飞的"便车"。工业化为农业提供了应用先进科技，实行产业化经营的资金；提供了农产品大规模深加工的设备；提供了农业进一步发展的市场。可以说，只有现代工业才能支撑高产出率的农业。

在"点"上（如中心城市、中心城镇）以第三产业为支柱产业的，现实经济生活中并不鲜见，但对处于中心城市、城镇之外的广阔地域，第三产业是难以作为支柱产业的。也就是说，广大的欠发达地区，由于第一、第二产业效率不高，难以支持高度发达的第三产业，而发展第三产业所必需的各种条件，如良好的交通运输条件、大批量高密度的商品集散网络、独具特色的旅游文化资源等，正是欠发达地区所缺乏的。

通常情况下，确定区域产业结构中支柱产业的基准，一是该产业在区域GDP中所占的比重较大，二是该产业的关联效应较高。我国学者周振华认为，不一定现实中的优势产业就会成为区域产业结构中的未来支柱产业，应以"增长后劲""短缺替代弹性"和"瓶颈效应"作为衡量、选择支柱产业的基准。① 这一观点十分切合发展中国家的具体国情，也切合广大的欠发达区域的实际。如果立足于本区域较丰富的劳动力资源和自然资源优势，并考虑上列各项基准。欠发达区域的工业产业结构，目前应以轻工（含农牧产品深加工）、能源、建筑建材业为主。地方政府除了适度介入能源、交通等基础设施的投资之外，要避免再次充当竞争性投资主体角色，放手让国有、集体企业，让多种经济成分共同发展。政府的引导职能，可以集中于组建行业协会，统一做好供、运、销服务，制定综合标准，加强质量监督等方面，努力构建将中小工业企业连接起来的生产技术

---

① 参见周振华《产业政策的经济理论系统分析》，中国人民大学出版社1991年版。

联系。要纠正那种只有大型骨干企业才是"大工业"的误解,从本地比较优势出发,建立广泛的社会化联系的"满天星斗",也同时是具有规模效益的"大工业"。只有这样理解"大工业",才能使产业政策的边界与市场边界重合。

在安排区域生产力布局方面,如果我们确认"梯度推移发展"是区域经济的一般过程,确认非均衡配置资源是区域布局战略的一般要求,确定区域经济"增长极",就成为区域生产力布局的关键。

在选择区域经济"增长极"时,一要遵循市场机制的要求,努力协调好产业政策和区域政策,使支柱产业的空间定位与区域经济的"增长极"协调一致,使支柱产业能够更充分地发挥"关联效应"。"增长极"的选择要尽量靠近交通干线,按"点—轴"开发原则,将依托支柱产业形成的"专业化市场",作为增长极存在与发展的基础条件。二要遵循区域经济工业化的要求,创设一个有利于地方工业发展的"小气候""小环境"。首先,在选择新"增长极"时,应注意不能远离原有的中心城市或中心城镇,太远则失去对原有经济中心的依托;但也不能过于靠近原有的经济中心,过于靠近中心城市的地域,资源引力肯定没有城市高,各类资源会回流到中心城市,使新的"增长极"无法真正形成。其次,要认真研究"增长极"所在地域是否具有较长时期的发展潜力和发展腹地,避免"反集聚因素"过于强烈,导致"增长极"的边际经济效益过早递减。最后,要处理好适度超前规划与量力而行建设开发的关系,立足本地实际,按照统一规划,集中力量开发一片收益一片。如果摊子铺得太大,布局过于分散,不但无法形成有规模的核心区,无法带动农村地区发展,而且难以完成基础配套,城市建设零乱,资源配置环境劣化,这些倾向都是必须注意防止的。

(原载《岭南学刊》1997年第2期)

关于区域、经济区域与区域经济学

20多年以前，美国区域经济学家埃德加·M.胡佛就断言："区域经济学是经济学中最年轻、最有生气的分支学科之一。"近年来，我国经济学研究领域的拓展态势充分说明了这一点。许多资深的理论经济学家将研究视野转向区域经济学，探索区域经济运行和区域经济发展规律的著作、论文相继问世，以致出现了以"区域经济"和"城市经济"为研究对象的资料汇编期刊。

区域经济研究在我国迅速兴起的状况表明，随着现代化建设的发展、对外开放水平的提高，渐趋有限的资源要素的空间配置问题已日益引起经济学界的关注。而经济体制改革进程中各级地方政府被赋予较充分的决策权限，区域经济发展战略的制定和实施、跨行政区划的经济区域的规划和建立，也迫切需要对区域经济的实践进行理论思考，以求区域经济理论的新发展。

本章拟对区域经济研究的几个基本范畴——区域、区域经济、区域经济运行、区域经济运行的基本矛盾的本质及表现形态等问题，展开评介。

一、关于"区域"的含义

区域是区域经济学的研究对象。何谓"区域"，目前学术界见仁见智，意见不一。比较集中的观点，一是由于自然的或地理的因素决定而形成的区域，如"山区""流域区""高纬度区""三角洲地区"等。二是由于民族、信仰、语言等社会文化因素决定而形成的区域，如"法语区""东正教区"等。三是由于政治的、军事的因素决定而形成的区域，如"盟军占领区""非军事区"等。四是由于行政的、管理的因素决定而形成的区域，如"直辖市""特别行政区""民族自治区域"等。五是由于社会分工和经济联系决定而形成的区域，如"环太平洋经济圈""长江中下游经济区"等。尽管"区域"的类别多种多样，但都必须依托着一定的空间地域才能存在，因此，"一定的空间地域"应是"区域"概念的内涵。此处的"一定"必须以"空间地域"的必然存在为前提，即构成"空间地域"的各类基本要素（或基本单元）仍是完整的和正常发挥作用的。这就是"区域"概念内涵的下限。对不同的研究主体来说，区域概念的下限是相对稳定的，其上限则可依研究目标而确定和变动。

从空间地域的角度对特定对象进行界定和考察，或分析地域因素对特定对象变化运动规律的影响，是地理学、社会学、政治学、行政学的重要构成内容，在此意义上使用的"地理区域""社会区域""政治区域""行政区域""经济区域"等概念，其内涵和外延也是明确的。问题在于能否将上列的各种"区域"作为经济研究的特定对象，即从研究某一特定地理区域、某一特定行政区域的经济运行规律（如果真有的话）出发，来构筑区域经济学。

这里要讨论的，实际上是区域经济学的"区域"概念的内涵问题。我们不否认，由于存在一个由研究主体而定的广义的"区域"概念——就如胡佛指出的："区域就是对描写、分析、管理、规划或制定政策来说被认为有用的一个地区统一体。"① 因而存在广义的"区域经济学"，专门对某一"地理区域""行政区域"的经济活动进行研究，如"流域经济学""县域经济学"等。我国著名经济学家董辅礽就曾著文论述自然地理区域、行政区域、经济区域不同的区域发展战略。然而，任何学科的形成与否要看两个标志，一是作为这一学科形成基础的实践活动是否已发展到一定程度，已有足够多的实际材料支撑该学科的研究；二是看在多学科并进对同一对象的研究中，本学科能否占据主导地位，是否形成了与其他学科相区别的独立的范畴体系。广义的"区域经济学"源于空间地域的经济运行实践，但在自然地理领域研究自然、地理因素与经济活动相互关系的主导性学科是"经济地理学"。在行政区域，确实存在以地方政府为调控主体的经济运行实体，这种依托着行政区划形成，由地方政府发挥主导作用的地域性经济，在我国已有更规范的表述——地方经济，以不同层次的地方经济为研究对象的"乡镇经济学""县经济管理学"，正逐渐发育成为独立的学科。因此，作为边缘学科出现的广义"区域经济学"的范畴及内容体系，较易与经济地理学和地方经济学交叉，研究对象的不确定性和研究范畴的非独立性，一定程度上妨碍了广义"区域经济学"的形

---

① 埃德加·M. 胡佛：《区域经济学导论》，王翼龙译，商务印书馆1990年版，第188页。

成和发展。

二、关于"经济区域"的含义

本义上或狭义上的"区域经济学"的研究对象应局限于经济区域。为此，有必要界定"经济区域"同其他各类空间地域的区别：

第一，从经济区域的形成过程看，经济区域是在社会化大生产和市场经济的作用基础上形成的。自然经济、半自然经济条件下，由于社会生产力水平不高，加之封建割据封锁、流通手段落后等原因，资源要素在空间地域间的交换缺乏需求牵动和利益驱动，以市场交换联系为基础的经济区域发育得非常缓慢，甚至由于行政的或暴力的（如外来民族的入侵）干预，而时常中断。在社会化大生产的现代市场经济的条件下，经济联系（主要是资源要素和产品的空间交换联系）的日益密切，直接推动着经济区域的生成和扩展。因此，经济区域的形成具有明显市场性、自发性、渐进性。相比之下，行政区域和政治区域的形成是非自发性和非渐进性的，地理区域和社会区域虽然也是自然生成的，但不具备市场性，某些自然地域所存在的经济活动，如若未通过市场联结并形成一定的规模的话，不能认为出现或形成了经济区域。

第二，从经济区域的空间边界看，由于经济区域处于内外多种因素的综合影响，区域内经济联系的紧密程度也在不断变化之中。因此，经济区域的空间边界，一是必须局限于人类进行物质生产活动的空间地域；二是必须局限于已构成社会再生产过程，亦即构成了生产、流通、分配、消费四环节的空间地域；三是必须局限于该区域内部经济联系所及的空间地域。从上述角度看，经济区域的边界是由该区域自身的社会生产力水平及内外多种因素（如经济核心区因素）决定的，因而具有有限性、模糊性和可变性。相比之下，地理区域的空间边界具有高覆盖性，地球上任何角落，不论有无人类的物质生产活动，都属于一定的地理区域。社会区域、行政区域、政治区域的空间边界都与人类的有组织活动有关，但行政区域和政治区域的空间边界十分明确，不易变动；社会区域的空间边界也是模糊多变的，其原因却是非经济的，是语言、文化、信仰空间扩张的结果。

第三，从经济区域的内部构成上看，静态分析，构成经济区域的最基本单元是参与资源要素市场交换的买方和卖方，即厂商和居民户。根据厂商和居民户的空间分布状况，经济区域由经济核心区（或称为"经济中心"）和非核心区（或称为"经济边缘区""经济腹地"）所构成。动态地观察经济区域，构成经济区域的最基本的经济活动是市场交易活动，正常的市场交易行为，应由信息传输行为、货币流通行为和实物流转行为共同构成，因此，经济区域内的市场主体之间、经济区域的核心区与非核心区之间、经济区域内部与外部之间的动态联系，就必须通过信息传输网络、货币流通网络、实物流转网络体现出来。这种要素流通网络，只存在于经济区域，严格地说，只存在于对经济区域的动态观察中。经济区域有大有小，再小的经济区域也必须具备构成区域经济运行的各类最基本单元：市场主体、经济核心区、非核心区、要素流通网络。这是经济区域与其他各类空间地域的主要区别之所在。

综上所述，经济区域是人类的物质生产活动市场化程度发展到一定阶段的产物，是特定地域范围内资源要素和产品、产业相对密集分布和联系的空间性经济活动总体。

三、关于经济区域的类型与经济区域的发展趋势

经济区域分类的角度和方法视研究主体而定，因此，经济区域的类型划分是与研究目的密切相连的。具体关系如表1。

表1 经济区域的类型划分

分类角度	类别	分类目的
社会生产力水平	发达地区、次发达地区、不发达地区	发现地区差距，分析原因，以分类指导
形成与发展过程	（与行政区划）重合区、错位区	分析经济区域和行政区划的相互影响关系，正确规范地方政府的经济行为
区域经济的典型特征	均质区、结节区	简化影响因素，把握区域经济运行的主要矛盾

(续表1)

分类角度	类别	分类目的
自然、地理因素	沿海区、山区、平原区、流域区、水网区等	分析自然、地理因素对区域经济有效的影响关系,确定区域产业的合理区位
地方政府直接控制的国土范围	规划区、非规划区	根据政府的实际能力,合理确定资源要素的配置区位
产业布局和主导产业	综合经济区、工业区、农业区、商业区	研究各产业间的相互联系,合理确定产业布局和主导产业

如表1所示,经济区域的客观实在性是无可置疑的。但经济区域的分类角度、方法、标准,却是取决于研究主体的,因而是主观的、相对的。如规划区、非规划区、均质区、结节区就直接取决于研究主体;而沿海区、平原区、山区与经济发达区、次发达区和不发达区的区别固然具有客观性,但分类标准是可以随研究主体的意愿不断加以调整的(这也是必要的),从而间接取决于研究主体。如珠江三角洲地区1996年人均GDP已达1.98万元,相对于全国应属于发达区域;而相对于香港地区,仅属于次发达区域。从特定经济区域的动态发展过程看,经济区域分类的相对性,表现得更为明显。

认清经济区域分类中的客观实在性与主观相对性的对立统一关系,有助于我们更好地把握经济区域的运动发展趋势。潜藏在经济区域各类型后面的,是代表着经济区域一般发展趋势的经济区域形成过程:①随着社会生产力的发展和社会分工的细化,市场主体间经济交往的增多,有限资源要素按照"利润最大化"的法则重新配置,从而形成了经济较发达地区(或称为经济核心区)和次发达、不发达区域(或称为经济边缘区)。②经济发达区域发展到一定阶段时,区域内外产业间的前向、后向、侧向联系更为广泛,与边缘区域间的集聚与扩散效应更为强烈,信息传输、货币流通、实物流转三大网络的充分发育,加快了核心区域同边缘区域的一体化步伐,不发达区域会逐渐向次发达区域进而向发达区域转化。③原来的经济区域一体化过程的终结,是新的、更大区域一体化进程的开始。④正是市场化程度的不断提高,使经济区域由小变大,由弱变强,由零散走向成片，由粗放走向集约。

以市场化发育程度作为标尺，就可以更加清晰地揭示经济区域的发展趋势。在市场化不断发育的进程中，单一的农业区或工业区会逐步发展为综合经济区；非规划区会逐步被列为规划区；经济上的结节区会逐步变为均质区；流域区会通过一体化进程真正成为沿河经济区；经济区域同行政区划之间会从重合区变为错位区，进而变为重合区。比如流域区的发展就是一个典型。古代流域区一开始应是与古代城市相联系的，水作为生产和生活的最基本的资源，依水而居是生产力水平低下时期人类获得生存的根本要求，因此，没有一条"母亲河"的城市是少见和值得深究的。但古代的沿河城市尚未意识到，河流的巨大潜能，就在于它既是丰富的、一定条件下取之不竭的资源，又是能使生产要素聚合成新的生产力的信息、资本、实物流通网络。随着生产的社会化和市场化程度的提高，河流成了连接沿河各地域的动脉，河口城市成了连接其他地域以至连接其他国家的交通、贸易、金融往来的枢纽。而只有到了全流域综合地开发利用河流，使航运、灌溉、防洪、发电、电加工工业、沿河种养业、旅游业同步发展时，才能说已经建成了流域经济区。

又如重合区和错位区问题，应该说，大多数经济区域一开始应是和行政区划重合的，因为在生产力非常低下的时代，确定行政区划必须考虑到该空间地域内经济实力大小（如赋税额）、交通便捷情况（这是当时行政控制力的基础）等，经济条件如果太差，就不能供养相应的行政机构。因此，中国早期的"县""郡"（州）基本上都是依托着相对应的经济区域建立的。随着经济的发展和市场化程度的提高，新的经济中心不断涌现，行政职能需要进一步强化时，新的行政区划就会出现。经济区域与行政区划相互错位的现象就变得十分普遍。这种错位现象的存在，一定程度上调动了地方政府引导经济的主动性、创造性，客观上推动着经济区域发展。当市场化程度发展到较高水平时，如若地方政府未能按照市场化的要求约束自身的经济行为，产业结构趋同、争夺资源、分割市场就会愈演愈烈，错位现象就成了经济区域发展的对立面，此时，按照经济区域调整行政区划就势在必行，新的重合区就会出现。

（本文节选自《区域经济学新论》第一章，广东经济出版社1998年版）

从不平衡增长到非均衡发展
——基于古典经济学视域的区域生产力布局理论评析

一、区域生产力布局理论研究的现实基础

任何理论研究均存在其现实基础，区域生产力布局理论发生与发展的原因很多。通常认为，生产力布局理论（或称"生产力布局学"）作为一门独立学科出现，是社会化大生产发展到一定阶段的产物。从19世纪初德国农业经济学家杜能的《孤立国对于农业及国民经济之关系》发表，直到20世纪初韦伯的《工业区位论》出版，这一阶段标志着古典的生产力布局理论的形成。此后，随着生产规模的扩大、科技的进步，对资源要素空间配置合理与否的标准及评价方法，也在不断演进，古典区位论中，派生出"成本决定论""利润决定论"等学派。20世纪60年代以后，生产力布局理论研究发展到新的阶段，主要特征是：由单一区位因素的研究发展到多区位因素的综合研究；由个别企业的定位研究发展到整个区域以至一国范围的布局优化研究；从单纯强调经济性因素发展到对经济、社会、科技、环境及资源配置主体的思想观念，都进行系统化的研究，从而形成了现代生产力布局理论研究的基本方法和基本内容框架。

从区域生产力布局理论的演进过程看，促使这一学科的研究发展的主要动因有以下几点。

（一）有限资源的合理配置

有限资源的合理配置，这是生产力空间结构得以形成和变化的根本动因。古典经济学将有限资源的合理配置问题，归结为对不同资源要素组合的选择和资源要素的最大利用两个最基本的命题。这两个命题同样贯串于区域生产力布局理论研究的各个环节。

在区域生产力布局理论研究中，对既定资源的不同"空间组合"进行选择，应分别和综合考察三个主要方面：

（1）既定资源要素分布在不同空间地域所形成的不同组合。

（2）既定资源要素在一定空间地域内分布在不同产业所形成的不同组合。

（3）不同的资源要素由于具有相互替代性，从而在空间结构或产业结构中所形成的不同组合。

在现实的经济活动中，既定的资源要素的实际使用效果，往往高于或低于理论上的生产可能性曲线。使有限资源要素的生产达到甚至超过可能性曲线的目标，就必须考虑外部环境（经济的周期性波动、通货膨胀或紧缩、经济制度安排等因素）对单个经济单位资源配置过程和配置效果的影响。所以，"使有限资源最大利用"这一"超微观"的命题，要求在生产力布局理论研究中，应分别和综合考察三个主要内容：

（1）区域生产力空间分布状况及其客观效应。

（2）区域资源要素空间配置与实际产出之间的关系，以此分析宏观经济波动对有限资源利用效果的影响。

（3）现代市场经济条件下，市场供求关系和币值变化，对区域间要素流动和区域内部结构调整的影响。

我国的区域生产力布局理论研究，同样必须将"有限资源的合理配置"作为研究的现实基础。但必须防止陷入以下两个认识误区：一是认为生产力布局理论只研究"纯技术"问题，主要利用数量分析方法描述生产力诸要素空间分布程度和使用效果。这种认识将资源要素实现空间配置并与其他要素结合的过程，假设为自然实现的既成状态，从而将资源要素的配置与市场机制的作用割裂开来。二是认为生产力要素的配置纯粹是一个"自然的历史的进程"，假定参与资源配置的各个主体都具有完全信息和充分理性，因而不必更高一层次的宏观主体进行干预，从而将区域生产力布局和对布局的自觉调整行为割裂开来。

正确地理解"有限资源的合理配置"的含义，正视市场机制空间配置资源的基础作用，正视政府在宏观方面对生产力布局的干预作用，展现在我们面前的图景将是——区域经济非均衡发展与协调发展的统一——这也将是本文试图深入探讨的主题之一。

（二）规模收益

对规模收益的追求，是生产力空间结构得以形成和变化的又一动因。

企业生产规模与收益之间的理论，一直是古典经济学的重要内容。如通过对企业的产量、成本、收益之间关系的分析，寻找企业不同的生产临界点（保本点、停止营业点等）。此种分析简单而直接揭示了规模与预期收益之间的线性关系，成为生产集中化理论的基础。随着市场经济体制和现代科技的发展，从不同国家、地区的一定经济技术水平出发，确定不同行业、不同产品的单个企业的合理规模与最佳规模，走集团化、专业化、社会化协作之路，已成为现代企业发展的共同趋势。

企业生产的集中化可以产生规模效益，大量资源要素的空间集中，也会产生组合效应。生产力的空间集聚，客观上表现为城乡的分离和城市的形成与发展。早在远古时代，"物质劳动和精神劳动的最大的一次分工，就是城市和乡村的分离。""城市本身表明了人口、生产工具、资本、享乐和需求的集中。"集中地通过城市交换剩余产品，可以节省交换费用，降低商品流通成本，这就是古代城市产生，以至近代大商业城市兴起的动因。正如马克思、恩格斯指出的："在十七世纪，商业和工场手工业不可阻挡地集中于一个国家——英国，这种集中逐渐地给这个国家创造了相对的世界市场，因而也造成了对它的工场手工业产品的需求，这种超过了生产力的需求正是引起中世纪以来私有制发展的第三个时期的动力。它产生了大工业——利用自然力来为工业服务，采用机器生产以及实行最广泛的分工。"① 可见，现代大工业城市和大工业是同步产生和发展的。在城市，可以集中地利用市场和信息、基础设施和物质资料、科技、文化、政治等资源。因此，将工业企业较密集地安排在特定的空间地域，会产生较大的成本优势，从而具有相对的区位优势。

目前，对经济集聚与规模收益之间关系的探讨焦点，集中于对集聚及反集聚因素的分析。强调集聚因素的观点认为：集聚可以产生的经济收益，远高于城市大规模扩张带来的负效应，因此，在实践中，城市大型化、农村城市化的发展趋势是必然的，不应人为地阻碍这种趋势。控制大城市规模，分散地发展小城镇，其实是不经济的。强调反集聚因素的观点认为：集聚规模同经济收益并不一定存在正相关的线性关系，集聚过度，空间上的要素分布可能更不合理，更远离资源地或消费地，各种资源要素

---

① 马克思、恩格斯：《德意志意识形态》（第一卷）第一章，见《马克思恩格斯选集》（第一卷），人民出版社1972年版，第56页。

的价格可能变得昂贵，因此，只有消除过度集聚的负效应，才能降低单位产品成本。

规模收益问题实质上是有限资源合理配置问题的深化和延伸，为了更清晰地说明有限资源空间配置的合理规模与经济收益的关系，一是必须考察一般意义上的规模与收益之间的对应关系；二是考察资源要素空间集中配置的不同组合（在不同地域上集中配置或在不同产业集中配置）与收益之间的对应关系；三是考察时间变动对规模收益的影响。我们认为，空间上生产力要素的集聚和分散倾向，在时间上是交替出现的。任何空间地域，当引起资源要素集聚配置的条件成熟时，城市大型化肯定会发生，规模与效益呈正相关状态。但随着集聚规模的扩大，原来引致集聚发生的诸条件的作用会逐步趋于弱化，此时如进一步扩大集聚规模，规模与效益就可能呈负相关状态，因此，在生产力空间结构上，就会从集聚配置为主转为相对分散配置为主。反集聚因素的出现，标志着原来城市的基础设施、信息、科技网络、市场需求规模，已不能满足通过进一步集中化获取规模收益的要求，但并不表示规模扩大，收益递增的趋势已消失。换句话说，前一阶段集中地配置资源所具有非均衡性，必然引致这一阶段分散地配置资源，让原来的大城市获得一个缓解矛盾、改善内外环境的机会，以创设进一步吸聚资源的条件。可见，这一阶段分散地配置资源，是为了下一阶段更大规模地集中配置资源。

（三）利润最大化

在古典经济学中，利润最大化的原则是边际收益等于边际成本。只有在边际收益等于边际成本时，厂商才不会调整产量，表明已把该赚的利润赚到了，亦即实现了利润最大化。不断地降低边际成本，才能不断地扩大产量，谋求利润最大化。

企业选择最佳空间区位，以获取成本优势，成为生产力布局理论研究的入口。在古典的"区位论"中，选择运费、劳动力费用最低或规模收益最高的区位，就可使总费用最小。但在实际的规划工作中，成本最低并不一定意味着利润最大。因此，"成本决定论"逐步让位于"利润决定论"。根据"利润决定论"的观点，除了生产成本直接影响利润之外，所在区位的市场需求状况及消费状况、所生产产品的市场类型与价格形成状况，以及某些非经济因素，都会直接或间接地影响利润高低。

对利润最大化的追求，贯串于所有经济活动的每一环节始终，企业除了依据上述原则，选择自身所在区位之外，还依据"边际收益递减规律"，自觉地调整原来所在的区位，或选择新追加投资的区位。在生产力布局理论研究中，借助"边际收益递减规律"，有助于对企业选择区位的动态过程、对资源要素集聚与扩散的动因，做出接近实际的说明。

二、西方生产力布局理论评析

西方的生产力布局理论，依布局主体的不同，大致分为区位理论、比较优势理论和空间产业推移理论三个方面。

（一）关于"区位理论"

德国农业经济学家杜能，于1826年出版了著作《孤立国对于农业及国民经济之关系》。针对当时德国的一些农业学家提出的农业中应普遍推行集约化经营，以增大收益的观点，杜能认为农业土地经营集约化程度和农作物的种类，不仅由土地的天然特性决定，更主要是由这一地块到消费地的距离决定的。为了证明这一思想，杜能假定存在一个"孤立国"，这个孤立国的"匀质"的广阔平原上，只存在一个中心城市在发挥市场功能，只有马车作为唯一的交通工具，全国农产品的市场价格也一致。杜能认为，在这样一个孤立国里，市场距离与运费成正比，因而与产品的纯收益成反比。因此，农产品的利润是由农业生产成本、市场价格、运费这三个因素决定的，前两个因素既定，则距离市场越远的地块，集约化程度应越低，以降低成本，弥补追加的运费。换句话说，土地利用类型要根据市场距离选择。杜能据此将孤立国划分为以城市为中心的六个"同心圆"农业圈：①自由农业圈；②林业圈；③轮作农耕圈；④谷草耕作圈；⑤三圃式农作圈；⑥粗放畜牧圈。杜能所采取的孤立化的研究方法，对生产力布局理论研究的影响相当深远；此外，它从农产品经营程度的地区差别出发，所阐发的专业化分工与优势区位之间关系，对生产力布局理论研究的影响相当深远。

古典区位论的集大成者与最后完成者是德国的韦伯。1905年韦伯完成了《工业区位论》。韦伯认为，企业选择区位的因素有"一般区位因素和特殊区位因素""地方区位因素和聚集、分散因素""自然技术因素与社会文化因素"。而其中起普遍作用的,只有运费、劳动费用、聚集效应三个"区位因素"。韦伯首先假定后两个因素不起作用,把工业布局问题简化为寻找最小运费点的问题。他认为,一个加工企业的原料地、消费地都会对企业施加引力,而多个原料地、消费地与企业之间形成了较复杂的多角关系,企业的最优区位应设定于各方面引力之平衡点上。而在现实的企业生产中,运费最低点不等于成本最低点,如果一地区的廉价劳动力指向和集聚指向的引力,超过了运费指向的引力,工业区位就会向工资价格比较低廉的地区或集聚程度较高的地区转移。为了最后确定企业区位,韦伯采取的方法是:先确定运费最低点,再综合分析运费与劳动费用相互替代的关系,进而找出集聚效益最佳点,最后再次进行三个区位因素的综合比较。

现代经济生活比韦伯所处的时代要复杂得多,而且生产力布局实践也不允许过多的假设和抽象。除了运费、劳动力价格、集聚收益等"区位因素",社会的、心理的、自然的、科学技术的、政治的因素,同样会对工业、农业以及各个经济部门的空间分布产生重大影响。此外,现代市场经济的发展,企业产权制度的变革,企业规模化、集团化以及日益广泛的厂际分工协作、区际分工协作、国际分工协作,更合理地配置和利用各种资源要素,地理因素对利润的决定作用越来越弱化。对多种因素对区位的影响综合考察,以及对工业、农业、商业、城市、乡镇等布局综合规划,使区位理论研究发展到"现代区位论"阶段。

(二) 关于"比较优势理论"

完全竞争的市场条件下,单个厂商是进行区位研究的直接主体。而研究区域分工,寻找国家间、区域间比较优势的主体,是各国政府、各地方政府。早在18世纪,英国古典经济学家亚当·斯密,就从一般分工与经济收益的关系分析出发,论述了商品交换的必然性,进而推及国家之间的交换。斯密认为,正如国内各生产部门之间及其内部的分工能够提高劳动生产力,国际的不同地域之间也存在着分工,每个国家都根据自己的条件,发展劳动生产率最高、成本最低的部门,生产出收益最高的产品,用于交换本国不愿生产,而外国擅长生产的产品,这个国家的资源要素就能得到充分的利用。斯密的这种国际"自然"形成的地域分工,获取比较优势的理论,被称为"绝对成本学说"。

19世纪初叶，英国古典经济学另一位重要人物大卫·李嘉图，同样将个人在劳动中的分工作为研究的出发点，推及国家间分工。李嘉图认为，最有效、最合理的国际分工，就是各个国家应当只生产成本相对较低的产品，去与其他国家交换成本相对较高、自己又需要的商品，遵循"两优相较择其重，两劣相较取其轻"的原则，就可使参与交换的双方均取得比较利益。李嘉图的这一理论比较切合实际地描述了地域分工和自由贸易问题，被称为"比较成本学说"。

瑞典经济学家赫克谢尔（E. Heckscher）和俄林（B. Ohlin），进一步论证和发展李嘉图的比较成本学说。以赫克谢尔-俄林原理为基础的生产要素禀赋比率理论认为，国际分工与国际贸易产生的原因，不单归结为各国生产率的不同，更主要的原因是各国生产要素禀赋的区别，即生产要素拥有量上的区别和各种商品生产所需生产要素密集度的区别。这一理论将世界上的国家分为资本、自然资源、土地、劳动四种生产要素相对拥有量丰富的四类国家，密集地使用较丰富的生产要素进行生产，该产品的生产成本必然较低。因此，上述四类国家会对应地大量生产资本密集型产品、自然资源密集型产品、土地密集型产品和劳动密集型产品，并因具有价格优势，可大量向外出口。而进口的则是本国生产要素稀缺，因而生产成本相对较高的产品。

当代美国著名经济学家保罗·A.萨缪尔森和威廉·D.诺德豪斯，极力推崇比较利益原理，他们认为："比较利益规律不仅规定了专业化的地区结构和贸易方向，而且证明，贸易以及随之而来的世界总产量的扩大使两个国家都得到好处并且使实际工资（或更准确地说，使生产要素的全部收益）都得到提高。"他们还认为："当物品多于两种时，比较利益的原理同样适用。当进行贸易的国家多于两个时，或当生产要素的种类不限于劳动时，该原理依然适用。"并据此探讨"为什么土地充足的加拿大有可能向劳动充足的中国出口小麦"的问题。萨缪尔森将"成本递减"（或规模的经济效益）法则视为"专业化和区域间贸易的重要源泉"。但又根据"成本递增"法则，推导出一国不能实现对某种产品的完全专业化生产的理论。在边际成本递增规律的作用下，大量生产某产品的A国的边际成本超过原大量进口某产品的B国时，A国可能不再增加该产品的生产，而B国则可能保留或恢复该产品的生产。

赫克谢尔-俄林原理，以及萨缪尔森、诺德豪斯关于比较利益原理的观点，丰富和发展了李嘉图的比较成本学说，从动态研究的角度描述了生产要素的拥有程度、使用的密集程度以及要素的供给与价格等因素，对区域分工和比较优势的影响，并开辟了区域间优势变动这一新的研究领域。

(三) 关于"空间产业推移理论"

空间产业推移理论的着眼点，不同于追求单个厂商的最优区位，也不同于寻找某个特定区域的比较优势，而是着眼于总体利益，通过对区域间产业分布及变动规律的分析，构筑总体的区域优势分工格局。

空间产业推移理论将生产力布局理论与产业结构理论融为一体，试图以某一区域内产业结构变化为内因，说明更高层次上区域优势的空间推移过程。

因此，这一理论分析的逻辑起点应是区域内产业结构变化规律。较早提出"工业生产生命循环阶段论"的，是美国的弗农等。弗农等认为，任何工业部门及其制成品，都会经历创新、发展、成熟、衰老四个阶段。处于创新阶段至发展阶段之间的工业部门，称为兴旺部门；处于发展阶段至成熟阶段之间的工业部门，称为停滞部门；处于成熟阶段至衰老阶段之间的工业部门称为衰退部门。

工业生产生命循环阶段论，已经较明确将创新活动视为空间产业推移的内在动因，建立在新技术、新的管理方式、新产品、新的产权制度基础上的"兴旺部门"（亦即新的产业部门），通常会生成和分布在经济技术梯度较高的空间地域，并成为这一区域的专业化主导产业。随着时间的推移，在创新因素的作用下，经济技术梯度较高区域的兴旺部门，会逐步蜕化为停滞、衰退部门，新的兴旺部门就会生成，而原来的兴旺部门，会按顺序向低梯度地区转移。

使空间产业转移得以顺利延续的关键，在于区域产业结构的先进、合理，而先进、合理的产业结构的形成，又取决于区域的主导专业化部门的定位及选择。在主导产业的牵动下，区域产业结构中各子系统协调发展，从而实现本区域产业结构"新陈代谢"。产业结构的合理化，客观上就要求宏观方面，必须能动地将合理的产业政策空间化，使有限的资源要素更合理地配置。

三、从生产力布局理论到区域经济增长理论的演化

对生产力空间分布既成状态的考察、分析、评价，目的在于探索资源要素配置、使用过程与生产力空间增长的关系。因此，区域经济增长理论是生产力布局理论的延伸，是对生产力布局生成、发展过程的动态描述。从另一角度讲，区域经济增长理论是西方一般经济增长理论的重要分支，其理论渊源，除了在生产力布局理论中和古典区位论中寻找，也同样应该追溯到古典经济学及其阐发过的、研究经济现象的一般现实基础。

(一) 关于"点—轴"开发理论

古典经济学将资源要素的空间配置，视为自由放任的过程。在凯恩斯的学说中，借助政府干预，采取多种政策扩张需求，可以构筑宏观供求关系的平衡。凯恩斯理论为"一战"后西方各国以至许多发展中国家广泛使用区域政策提供了依据，投资是增长的源泉的观点，使传统的资源配置模式让位于"点—轴"开发模式。

"点—轴"开发理论的核心是中心地理论和生长轴理论。中心地理论重视"点"的作用，这一理论由法国地理学家克里斯特勒（W. Christallar）于20世纪30年代初首先提出，克里斯特勒秉承了韦伯的工业区位论的研究思路，设想从一片匀质平原上，形成不同规模的城市布局，并据此构筑以城市为中心的多级流通网络。克里斯特勒的中心地布局理论，认为各个城市及其市场区，均形成多层的六边形；各城市产生等级分工；级别低的中心分布较密集，因为不同等级中心的市场范围有差异。生长轴理论重视"轴"的作用，其代表人物是规划学家沃纳·松巴特（Werner Sombart），这种理论认为，由于交通干线成为连接各中心地的纽带，有效地促进了资源要素的自由流转及合理配置，运输费用及生产成本均可能降低，从而形成具有新的比较优势的区位，区域经济会依托着交通干线这一"生长轴"吸聚人口、资本等要素，从而获得更快发展。

"点—轴"开发理论将中心城市、交通干线、市场作用范围等统一在一个增长模式之中，在三者相互关系中，占居于主导地位，轴是多层次中心点间沟通连接的通道，而通过市场配置资源要素，是点与点之间、点与轴之间发生联系的根本动因。"点—轴"开发理论的实践意义，在于首先

揭示了区域经济发展的不均衡性,即可能通过点与点之间跳跃式配置资源要素,进而通过轴带的功能,对整个区域经济发挥牵动作用。因此,必须确定中心城市的等级体系,确定中心城市和生长轴的发展时序,逐步使开发重点转移扩散,尽管这一思想在"点—轴"开发理论中未得到充分阐发。

(二)关于"增长极理论"

最早提出增长极概念的,是法国的弗朗索瓦·佩鲁(Francqis Perrour)。在佩鲁的理论中,增长极最初被建立在抽象的纯经济意义上,"存在于经济元素之间的经济关系",与空间系统无关。佩鲁认为,某些主导部门,或有创新能力的企业、行业集中于特定的区域,形成一种吸引力和排斥力产生交汇的增长极。也就是说,经济活动中存在着靠自身增长和创新的优势经济单元,这种推进型单元能诱导其他单元共同发展,它不是城市、区街这样的地理单元,而是具有创新能力的企业、行业、产业部门这样的"经济单元"。这类"经济单元"由于能够在技术上创新并对外牵动,资本要素上聚集并对外扩散,从而使企业和行业走上规模化、集中化轨道,带动周边地区发展,从而形成以增长极为核心,周边地区不均衡增长的地区性经济综合体。

增长极理论的提出,在理论上冲击了当时风行于经济学界的传统均衡观,直觉地描述出技术创新、企业规模变动、区域经济空间变动之间的关联效应。但佩鲁没能更深入地说明三者之间发生变动的作用机理,过分关注"经济单元"的创新原动力,过分强调增长极规模化与结构的作用,妨碍了佩鲁对区域经济空间演化机制的研究,因而没能说明区域空间增长应如何具体形成,区域的增长极布局应如何优化。尽管佩鲁的理论很不成熟,由于其开拓性的思路,吸引了各国政府的关注。从20世纪60年代开始,增长极理论被作为重要区域政策工具,不论在法、意、英、美等发达国家,还是在拉美、非洲大陆,均得到广泛应用。当然,对增长极理论应用于区域规划的实际效果进行评估,目前还比较困难。但这一理论确实奠定了区域经济非均衡发展研究的基石,以布代维尔(J. Boudeville)为代表的一批学者,针对佩鲁理论的缺陷,开始将研究视角由"经济单元"转向地域空间,在地域空间寻找现实的增长极核,提出了"增长中心"概念,进而完善和发展了佩鲁的早期理论,使增长极理论更具有实用性。

(三) 关于不平衡增长：缪尔达尔与赫希曼

佩鲁的增长极理论，以资源要素企业、产业间配置不均衡为前提，探讨了此种不均衡配置的空间意义。佩鲁将区域间不平等、不均衡发展的状况看作既定的事实，因为在新古典主义的经济发展模型中，只要让市场机制自主地发挥作用，经济比较发达的区域与欠发达区域，最终能实现均衡增长。

1. 关于"新古典主义模型"

新古典主义模型认为，在市场供求关系和资本边际收益递减规律的支配下，发达地区的资本会流向欠发达地区，欠发达地区的劳动会流向发达地区。资本要素和劳动要素逆向流动的结果，一方面是发达地区的投资者增加了收入，在消费倾向递减的现实经济生活中，收入的增加意味着漏出量的增加，而发达地区投资的边际收益会递减的预期，迫使发达地区的投资者仍然回到欠发达地区扩大投资。这样，欠发达地区获得了高于往常的积累率和支撑经济高速增长的宝贵资金。另一方面是欠发达地区的劳动力到发达地区被雇用，所取得的个人收入除了本人生活之外，相当大的部分会转化为欠发达地区的消费资金；而消费规模的扩大，也意味着需求的扩大，进而拉动生产扩大和投资的活跃。这样，欠发达地区的经济增长具有比发达地区更为丰富的支持因素，迟早会消灭与发达地区的差距。

新古典主义的这一模型，实际上是将传统的均衡理论"空间化"了。这一模型的本质，仍然是期望通过市场机制的自发调节，使资本、劳动等资源要素实现合理流转和配置，达到经济上的（此处是空间构成方面的）均衡。这一模型排斥了对区域经济增长进程的任何人为干预。

2. 关于缪尔达尔和"循环累积模型"

1957 年，瑞典著名经济学家缪尔达尔（Gunnar Myradal）出版了《经济理论和不发达地区》一书，书中提出了"循环累积模型"。这一模型首先对新古典主义模型关于资本与劳动要素逆向流动的观点提出质疑，认为在现实的经济生活中，边际收益递减规律虽然会促使部分资本由发达地区流向欠发达地区，但发达地区劳动力素质较高、市场机制发育较成熟、经济法制较健全、政局较稳定，这些因素都会提高要素产出率，从而使发达地区仍然具有吸引资本的优势区位。缪尔达尔指出，这些优势不单使发达地区的资本的大部分留在发达地区进行再投资（"二战"后情况表明，发达国家对发展中国家的投资绝对量是增加的，而占发达国家投资总量的相对值却是不断下降），而且不发达国家的资本、劳动、技术等要素，也会受到此种收益区位差距的吸引，大量地流向发达地区。缪尔达尔将其称为"回流效应"（Backwash），"回流效应"是区域经济不平衡发展、经济发展差距扩大的根源。"回流效应"直接导致不同地区的"累积循环"发生。作为发达地区，经济收入水平较高，必然导致储蓄率和市场发育程度均较高，这就意味着下一轮新增投资，既有现实的资本保证，又有现实的投资机会；而投入高、产出高从而收入会更高，这样循环往复的结果，使得发达地区的财富不断累积。同样道理，不发达地区由于大量资源要素被发达地区吸引而流失，收入水平低，导致储蓄率和市场发育程度均相对低下；而投入少、产出少又必然使新一轮收入更少，从而使投资条件不断恶化，经济增长不断萎缩。从这个意义上讲，发达地区的经济增长，是以欠发达地区经济萎缩为代价的，此基础上形成了"地理上的二元经济"（Geographical Dual Economy）结构。

当然，缪尔达尔并未绝对排斥资本边际收益规律的作用。他也认为，"回流效应"发展到一定程度之后，发达地区的资源要素价格会变得昂贵，生态环境会恶化，生产成本的上升会阻滞经济增速，此时，"扩散效应"（Spread Effect）就会发生，从而带动欠发达地区发展，有可能缩小区域不平衡的差距。在缪尔达尔的理论中，没有对"扩散效应"花费太多笔墨进行阐述，他认为："回流效应和扩散效应有可能相互抵消，但这种平衡并非是一种稳态均衡，力量对比的任何变化都会导致系统作上向或下向的累积运动。"因此，大多数时间内大多数国家和地区（包括发达国家和地区），回流效应要强于"扩散效应"，区域间收入差距扩大，不平等、不平衡的趋势将继续下去。或许就是由于缪尔达尔对区域经济均衡增长持有悲观态度，从而不愿多花笔墨论述"扩散效应"的原因。

基于上述观点，缪尔达尔提出由政府干预，采用不平衡发展战略的政策主张。他认为，在区域经济发展初期，应集中力量发展投资效率较高的地区，利用"扩散效应"带动整个区域。应同时防止"累积循环"效应带来的副作用，政府必须采取必要的政策措施，刺激欠发达地区发展，防止地区经济差距的进一步扩大。

3. 关于赫希曼与"联系效应理论"

更明确提出区域经济增长必须走不平衡增长道路的，是美国的发展经济学家赫希曼（A. O. Hirshman）。赫希曼在其代表作《经济发展战略》（1958）一书中，肯定了增长极理论关于增长极产生的动因及导致不平衡增长的内容。他认为，发达地区与欠发达地区之间存在着"极化效应"（Polarized Effect）和"淋下效应"（Trickling – down Effect），前者依托发达地区优越的投资环境，向发达地区集聚各类资源要素，从而在发达地区极化增长中扩大了地区差距；后者则通过发达地区向不发达地区扩散各类资源要素和需求，客观上起着缩小地区差距的功能。

赫希曼的结论是："发展是一种不平衡的连锁演变过程。"因为不平衡增长才能激励创新，从而使区域经济具有动力。为了突破各种外部条件的限制，赫希曼认为政府应进行相应的干预。一方面，在资源有限的情况下，要重视和利用"联系效应"，即选择在经济活动中具有最大"前向联系"（Forward Linkage）和"后向联系"（Backward Linkage）的产业，作为主导产业部门，因为此种"联系效应"最大的产业，也就是产品需求收入弹性和价格弹性最大的产业，政府要引导投资集中到这些部门，获得效益后，再投资改善基础设施部门，改造进一步投资的环境。另一方面，为减少"极化效应"过于强烈带来的地区差距过分拉大，发达地区"规模不经济"等负面影响，政府也必须在适当时候采取措施，使淋下效应能抵消和超过极化效应。所以，在赫希曼的眼里，实现发达地区与不发达地区最终均衡发展的目标，是可能的和乐观的。

缪尔达尔和赫希曼虽然从不同角度说明了区域经济不平衡增长的原因和后果，但他们都同样选择了非均衡发展战略，同样肯定政府在缩小地区差距，实现资源有效配置的积极作用。因此，不平衡增长理论更广泛地被各国、各地区政府所接受，并运用于区域规划实践。尽管这一理论尚未准确界定"回流效应"与"扩散效应"、"极化效应"与"淋下效应"之间的时空界限，尚未准确说明政府政策干预的范围与力度，尚未准确说明区域经济非均衡发展和地区差距可以承受的"度"，但这一切并不妨碍非均衡发展理论成为当代区域经济理论研究的主流。此后的研究，都围绕着这个主题而展开。

(四) 关于威廉姆逊与倒"U"模型

缪尔达尔和赫希曼理论上的根本分歧,在于对欠发达地区发展前景的估计。对区域经济不平衡发展这一客观现实,缪尔达尔确信会导向"贫者愈贫、富者愈富";而赫希曼则认为政府可以通过适当干预缩小差距。问题在于,这两种理论都声称是对现实经济生活的抽象思考,都经过一系列的归纳和演绎,而我们也可以在国内外的经济现象中,列举若干正在缩小差距或正在扩大差距的、相互矛盾着的实例。这一切表明,不论缪尔达尔理论还是赫希曼理论,尚有论证不够严密的方面。

以1965年美国著名经济学家威廉姆逊(Williamson)的论文《区域不平衡和国家发展过程:一个描述模型》为标志,区域不平衡增长问题的研究,开始由纯理论的假设和推演,转向实证分析。威廉姆逊利用英格兰东部长达110年的经济统计资料进行分析,结论是前70年发达地区与落后地区经济差距在拉大,而后40年这种差距在逐步缩小。威廉姆逊又根据全世界24个国家的资料,进行"剖面和时间序别分析"。这一实证分析的结果表明:区域经济增长的不平衡度与区域的经济发展水平,存在倒"U"型的关系(如图1所示)。

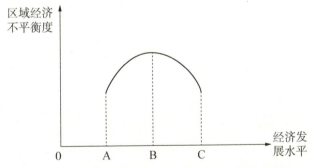

图1 区域经济增长的不平衡与区域的经济发展水平关系

这一倒"U"模型将时序问题引入了区域空间结构变动分析。模型表明,在经济未发展的时点(图1中A点),区域经济的不平衡度相当低。而在经济开始起步的初期阶段(图1中A—B点),区域差异逐渐扩大;当经济发展进入成熟阶段,全国统一的资本市场形成,发达地区投资收益递减,资本等要素回流到欠发达地区,区域差异趋于缩小。威廉姆逊倒

"U"模型,不仅仅为新古典主义模型提供了实证依据,更突破了缪尔达尔、赫希曼理论相互静止均衡的研究框架,从一个较长的时期,从区域整体发展的角度来考察不均衡增长问题,避免了只见局部不见全部、只见树木不见森林的偏见。另一方面,在威廉姆逊模型中,我们看到了经济发展对区域经济不平衡度的依赖关系的描述。

(五)关于"核心—边缘"理论

"核心—边缘"理论是著名的美国规划学家J·弗里德曼(John·Friedman)首先提出,并由其本人加以完善、发展的。"核心—边缘"理论是一个完整的理论体系。J·弗里德曼将一定空间地域分为"核心区"(Core Regions)和"边缘区"(Peripheral Regions)。J·弗里德曼提出,发展是通过一个不连续的但又是逐步累积的创新过程而实现的。而发展通常起源于区域内具有较高相互作用潜力的少量的"变革中心",创新由这些"中心"向周边潜力较小的区域扩张,周边地区依附于"变革中心"获得发展。这类创新变革中心,被J·弗里德曼称为"核心区",而一定空间地域内的其他地区,被称为"边缘区"。

在J·弗里德曼最早的模型中,已明确地将区域的增长特征与经济发展的阶段联系起来。他认为,区域经济发展一般要经历四个阶段,即前工业化阶段、"核心—边缘"区阶段Ⅰ(亦即工业化初期阶段)、"核心—边缘"区阶段Ⅱ(亦即工业化成熟阶段)、空间经济一体化阶段(亦即后工业化阶段)。每个阶段的资源要素流动状态不同,因而呈现出不同的阶段性特征。(如表1所示)

如表1所示,"核心—边缘"模型中区域经济发展的主要形式,是核心区集聚或扩散资源要素,引导和支配边缘区,谋求区域经济的一体化发展。其实质仍是为了最大化边际收益,对有限资源要素重新进行空间配置。因此,早期的核心—边缘理论,带有明显的新古典主义和赫希曼理论的烙印,同时也受到罗斯托(Rostow)思想的重大影响。此后,J·弗里德曼也感到,光从经济的角度来说明区域经济的发展动因,还是不充分的。1967年,J·弗里德曼发表了《极化发展理论》,试图将社会、政治变量引入模型,来解释空间的不平衡联系。

表1　J·弗里德曼"核心—边缘"理论

	前工业化阶段	工业化初期阶段	工业化成熟期阶段	空间经济一体化阶段
资源要素流动状态	较少流动	边缘区资源要素大量流入核心区	核心区要素高度集中，开始回流到边缘区	在特定区域内全方位流动
区域经济典型特征	已存在若干不同等级的经济中心，但彼此间缺乏联系	核心区进入极化过程，少数主导地带迅速膨胀	核心区开始对外扩散过程，边缘区出现规模较小的新的核心	多核心区形成，少数大城市失去原有主导地位，区域发展为城市体系

　　J·弗里德曼认为，核心区之所以能对边缘区施加影响，除了核心区原有的创新活动比较活跃，由此成为区域发展的源头之外，核心区还具有使边缘区服从和依附的权威和权力。这种权威机制由以下方面构成：一是核心区掌握了区域内主要的物质资源、心理资源和强制性资源。二是核心区通过吸聚各类资源、传递创新信息，构建创新活动及其样板效应等，权威地位不断得到自我强化。三是在核心区与边缘区的冲突中，"边缘区的精英们"要么因受到强迫保持中立，要么接受现实退出竞争，迁入核心区；再有就是通过核心区的边缘区扩散资源，在新形成的"边缘核心区"被同化。四是核心区作为合法的决策权力中心，可把边缘区组织成一套行政区来实施管理。

　　J·弗里德曼也认为，随着核心区的成长和成熟，核心区和边缘区之间经济差距的扩大，边缘区的单纯依附和被支配，会使得两者之间文化、心理、政治等方面的矛盾尖锐化。因此，区域经济趋于一体化的进程，也就是核心区与边缘区之间的矛盾统一过程。核心区的自我强化的结果，导致两个结果，一是过度强化，不论经济上还是社会发展上，都会使核心区付出更大的代价，因而必须把这种"自我强化"控制在一定限度。二是边缘区不断接受核心区的创新信息，参与创新活动，自身也会生成新的核心区或强化原有的较低能源的小核心区，最终形成与原有高层级核心区连接的"城市群体"（或称为"城市带""大都会带"）。

　　从一个独立的系统构成出发，综合地考虑各种变量，从而解释区域经济由不均衡增长到最终均衡增长的完整进程,这就使得"核心—边缘"理论可以容纳区位论、"点—轴"理论、增长极理论,以至新古典主义模型、缪尔达尔模型、赫希曼理论的合理成分,使其理论原则适合于任何经济空间,成为从总体角度处理特定区域空间经济问题的一般理论。这就是"核心—边缘"理论的价值所在。

三、生产力布局理论研究的政策意义

本文顺次考察了生产力布局理论研究的现实基础,生产力布局理论的发生、发展以及向区域经济增长理论的演化。这一演化进程清楚表明,生产力布局理论研究的宏观性、实践性和政策性的倾向,越来越明确,已不单纯停留在对生产力空间分布状态的客观描述。

(一)理论研究的政策化倾向

经济理论研究成果转化为政府的政策法规,似乎已成为各国学术界的共同趋向,主张政府干预或主张政府不干预的政策,都源于某种经济理论研究成果。如前所述,生产力布局理论研究的现实基础,即对于有限资源合理配置、规模收益和利润最大化的追求,与微观经济学的研究前提完全一致。所以,区位论、比较优势理论的提出,就是当时据主导地位的古典经济学在空间领域的"折射"。"边际革命"及凯恩斯主义理论,则主要在空间产业推移理论、增长极理论和赫希曼的思想中体现出来。这些理论,已开始体现着研究主体的区域性和宏观性。"二战"后西方经济学的新发展,特别是发展经济学、瑞典学派、新古典综合学派的崛起,为区域经济学研究开辟了新的思路,提供了新的研究工具。倒"U"模型、空间梯度推移理论、"核心—边缘"理论,已成为许多国家和地区进行区域开发规划的依据,转化为具体的区域发展战略与区域政策。可见,生产力布局研究的政策化倾向,是与这一学科及其他学科的发展规律相适应的。

生产力布局研究的政策化倾向,又是与世界各国、各个地区经济的宏观化相联系的。20世纪20年代末,全球性经济危机爆发之后,自由主义经济学说陷入了困境,凯恩斯主义学说风行一时。为了谋求国民收入流量均衡,在宏观领域对有限资源更有效地利用,政府似乎顺理成章地介入了公共性、基础性工程的投资。而长期以来,微观经济单元在资源指向、市

场指向作用下，所带来的城市过分膨胀、地区差异过分扩大的弊病，此时也充分显现出来。初级资源产品生产的萎缩，形成制约国民经济发展的"瓶颈"（这方面问题是国际性的），使社会、政治矛盾也日趋尖锐。生产力布局理论的研究成果，很直接地在宏观经济政策中得到运用，并转化为实际的区域发展战略和发展规划。这样，在什么地方投资；投入何种产业、行业，投入多少才能保证获取最大边际收益，并满足宏观经济均衡及其他社会因素的约束，理所当然地要求政府进行抉择。如法国为了减轻巴黎的压力，建立八个平衡大城市的规划；英国的英格兰东北部和苏格兰中部增长区规划，美国阿巴拉契亚地区增长中心规划等，都是这个时期生产力布局理论研究成果政策化的生动体现。

我国几乎不存在纯理论的生产力布局理论研究，绝大多数的研究成果（成熟的或不成熟的、科学的或很不科学的），都获得了迅速转化为区域发展战略和区域政策的机会。此中原因大略有：第一，作为发展中的大国所特有的强烈的"赶超"意识，要求中央政府和各级政府更直接地干预相当有限的资源的空间配置。第二，中国东部与中西部地区之间的巨大差距，以及各地区内部的严重的不均衡状况，成为中央和各级地方制定区域经济发展战略必须正视的首要因素。对这一状况的不同思考，则成为"均衡发展战略""超越发展战略"和"梯度发展战略"的基本依据。

（二）均衡与不均衡增长、非均衡发展

均衡问题实际上是所有经济理论研究的核心问题。20世纪30年代以前，尽管区位论和工业布局学理论已相当普及，但在西方发达国家，仍然坚持政府不能自觉地成为空间投资主体的观点；随着发达国家经济增长和市场相对窄小的矛盾加剧，各发达国家或迟或早地采取了政府干预的态度，有区别的仅仅是手段（直接或间接）、力度和范围的不同，而不在于"有和无""必要与不必要"。而在实行高度集中的计划体制的国家，政府扮演区域投资主体的角色，被认为是不言而喻的。"地域生产综合体"理论就是这种直接行政干预以实现区域均衡增长的理论归纳，而明确的区域政策，则是以政府无处不在、无所不能的假设为前提的。

关于区域生产力要素不均衡配置问题，在西方的生产力布局理论和区域经济增长理论中，似乎从未引起更多质疑。有限资源要合理配置，要形成规模收益，要获取利润最大化，就必须寻找最优区位，寻找增长极，按

"点—轴"模式配置资源。所以,在西方发达国家中,区域间的不平衡增长是既定的空间分布状态,无须在理论上深究。要讨论的是这种空间分布状态的存在道德不道德、合理不合理的问题。从这个价值判断的命题出发,去探求、构建区域发展战略和区域政策,是当代西方生产力布局理论研究不断深化的动因。缪尔达尔模型、赫希曼的发展观、J·弗里德曼模型之间的分歧,不仅在于是否承认不均衡增长,还在于是否接受和肯定不均衡增长的现实。

而在"东方"国家,由于将一国范围内各区域间的均衡增长视为必须先于其他选择的最高目标,理所当然地把一切不均衡增长的现实,看作历史留给现实的重负,看作必须卸去的"包袱"。任何区域经济不均衡增长的目标,或者是扩大地区差距的设想,都被认为是违背了"社会主义"的方向。因此,为消灭地区差距而进行"反梯度"资源配置,不论在苏联及东欧国家,还是在中国,都成为官方的区域发展战略的主导思路。在我国,这种战略推行了30多年直至1979年以后,经济学界和实际工作者(包括各级地方党政负责人),才开始对此种战略提出质疑。此后,围绕着"均衡发展战略"和"倾斜发展战略"的孰是孰非,地理学界、区域经济学界展开了一场"马拉松式"的争论。这场争论未能左右中央政府调整生产力布局的决断,在"效率优先"的原则下(尽管这一原则直至1992年才正式出现于中共中央的正式文件),投资重心大幅度向沿海发达地区倾斜。这是一次新旧体制交替时期中,计划倾斜与市场经济原则的奇特结合,客观上启动了东部沿海(主要是东南沿海)地带的经济起飞,也扩大了东部与中西部之间的地区差距。而随着投资主体的日益多元化,地方政府受到强烈的独立利益驱动,另一种"效率优先"的区域经济发展战略——"超越发展战略","只干不说"地席卷各地。这种"大投入、大发展、大超越"的发展思路,使有限的资源要素被浪费、被闲置,是粗放型增长方式的主要表现之一。但许多地方官员却在实践中获得了"真知":这就是有限的资源要素不可能回到均衡配置的老路上去,不平衡增长是区域间和区域内经济发展的一般形态。1995年9月,中共十四届五中全会通过了《关于制定国民经济和社会发展"九五"计划和2010年远景目标的建议》。该建议明确提出:"从战略上看,沿海地区先发展起来并继续发挥优势,这是一个大局,内地要顾全这个大局。发展到一定时候沿海多做一些贡献支持内地发展,这也是大局,沿海也要服从这个大局。"当然，这不等于这场马拉松式的争论已有了结论，但可否这样认为，必须正视区域经济不平衡增长的现实，这一点不论在东部还是在中西部，不论在中央还是在地方，已经没有分歧。

那么，生产力布局理论转化为具体的区域经济发展战略和区域政策的"桥梁"，似乎就被简化为不平衡增长问题。而跨过这道"桥梁"的难点，就是如何确定不平衡增长的"度"。近年来，国内许多学者在这一方面都进行了深入的探索。我们认为，就区域经济发展战略和区域政策的形态特性而言，仍然属于经济活动主体对区域经济发展规律的主观认识范畴，对"不平衡增长"现状的认识，不等于经济活动自身。因此，有必要对这一领域研究的基本范畴加以界定。

目前国内学者对区域经济不平衡增长问题，有的表述为"'倾斜'的生产力布局战略"（刘再兴，1995）；有的表述为"不平衡发展"（吴浙等，1995）；有的表述为"非均衡增长"（翁君奕、徐华，1996）。在本文中，我们将各区域间发展水平不一致的客观状况，称为"不均衡增长"，以此范畴表示在资源要素不均质的空间配置和不同的利用效率下，所形成的生产力空间分布状态。这种客观状态是制定和实施区域经济发展战略和区域政策的现实基础。只有对特定地域准确的时空定位，包括对此种时空定位的动态发展趋势的预期，才能评价和判断现时的生产力布局状态是否合理。

笔者将建立在对区域经济不平衡增长的分析之上的，自觉地将资源要素在特定空间非均衡再配置的区域发展战略，称为"非均衡发展"战略。对"不平衡增长"状态与"非均衡发展"战略的内涵，可这样认识：

第一，前者表示资源要素自发分布的状态；后者是一定空间地域的主体自觉配置资源要素，调整生产力布局的根本性、长远性的指导思想。

第二，前者不存在价值判断问题，研究区域经济不均衡增长状态，必须以客观、真实的描述作为基本要求。而后者则必须对主体的资源再配置行为做出价值判断。

第三，前者表述的是经济的增长，即经济活动规模的扩充；后者表述的是经济、社会等方面的发展。当然，考察经济增长的动因，也必须包含着对非经济因素的分析。但经济的增长并不意味着现代意义上的"发展"。

第四，就"非均衡发展"战略的含义而言，本身是中性的，并无贬义或褒义之意。但"非均衡发展"战略的实施，可能存在两种可能后果：一是使区域经济实现协调发展，经济收益和社会发展达到预期目标；二是区域经济不协调发展，经济总量和社会发展未达到预期目标，或表现为结构与布局失衡。我们不赞同使用"非均衡协调发展"一词，将必需的手段和可能的结果直接组合在一起，不容易在研究中把握二者之间的逻辑关系。

第五，前一时期的"不均衡增长"状态，是后一时期采取"非均衡发展"战略的依据；而本期"非均衡发展"战略的实施，则是下一时期"不均衡增长"状态的动因。因此，在对生产力布局及其战略的研究中，研究的关键环节是"不均衡增长"的状态及其评价，亦即判别特定空间地域的经济发展水平处于何阶段。再由此出发，寻找"非均衡发展战略"和"协调发展目标"之间的契合点。

参考文献

[1] 周起业，刘再兴，祝诚，张可云. 区域经济学 [M]. 北京：中国人民大学出版社，1989.

[2] 陈栋生. 区域经济学 [M]. 郑州：河南人民出版社，1993.

[3] 刘再兴，等. 生产布局学原理 [M]. 北京：中国人民大学出版社，1984.

[4] [美] 埃德加·M. 胡佛. 区域经济学导论 [M]. 北京：商务印书馆，1990.

[5] [美] 罗斯托. 经济成长阶段 [M]. 北京：商务印书馆，1962.

[6] [美] 赫希曼. 经济发展战略 [M]. 曹征海，潘照东，译. 北京：经济科学出版社，1991.

[7] 杨建荣. 中国地区产业结构分析 [M]. 上海：复旦大学出版社，1993.

[8] 罗志如，等. 当代西方经济学家 [M]. 北京：北京大学出版社，1995.

[9] 刘再兴. 中国生产力总体布局研究 [M]. 北京：中国物价出版社，1995.

[10] 翁君奕，徐华. 非均衡增长与协调发展 [M]. 北京：中国发展出版社，1996.

[11] 吴浙，等. 倾斜的国土：中国区域经济不平衡发展的现状与趋势

[M].北京:中国经济出版社,1995.
[12] 谷书堂,唐杰,M. Fujita. 空间平等与总体经济效率:中国区域经济格局转型分析[J].经济研究,2004(8).

关于区域产业结构的理论辨析

产业结构合理与否,关系到区域经济运行的效率与质量。资源要素在不同产业间的配置和再配置,构成了区域经济运行的重要内容。本文试图通过对西方产业结构理论的评介,通过对我国区域产业结构调整效果的分析,从理论上揭示区域产业结构变动的客观规律。

一、区域产业结构理论研究的现实基础

将"产业"及其内外联系作为相对独立的研究对象,可追溯到远古时代。当时对产业的认识,主要是通过分工的思想来阐发。如西周时"九职任万民"的思想;《管子》中"四民分业"及"相地而衰征"政策,以及"昔圣王之处士也,使之闲燕,处工就官府,处商就市井,处农就田野"的观点。① 又如西方古典经济学中,魁奈《经济表》关于把社会生产划分为农业生产部门和工业部门的思想等。当代对于产业经济和产业结构的研究,已发展为一个独立的学科;产业经济学的许多研究成果,被作为理论经济学、发展经济学、区域经济学的重要内容。从区域产业结构理论的演进过程看,推动这一学科发展的动因主要有以下几个方面。

(一)有限资源的合理配置

有限资源的合理配置,是生产力布局理论研究的现实基础,也是产业结构理论研究的发展动因之一。有限资源要素的组合选择和最大利用,同样贯串于区域产业结构分析的各个环节。

如前所述,"产业"概念中,包含着将资源转化为产品和劳务的内在规定性,不言而喻,资源要素的禀赋程度,将是产业的选择和产业结构形成的基本物质条件。因此,资源要素的不同自然特性以及地理上的分布状

---

① 参见陈绍闻主编《中国古代经济文选》(第一分册),上海人民出版社1980年版,第40页。

态，是进行区域产业分析时必须首先考虑的因素。

从区域产业结构的静态分析看，任何区域产业结构的形成，都离不开对特定空间地域资源禀赋的认识和利用。自然地理位置、气候、水文、生物等自然条件，各种自然资源的蕴藏量和品性，都会对区域产业的规模、效益、产业结构的性质、各产业的分布状况，带来直接的影响。比方我国能源资源的区域分布很不均匀，在能源富集的区域，如煤矿蕴藏量很大的山西、宁夏、内蒙古等省（区），就在煤矿等资源综合开发利用的基础上，形成了以煤炭、煤化工、煤炭运输、火电、冶金、重型机械为主的产业结构。又如广东省 2/3 的面积位于热带、南亚热带地区，土地、水热、植物资源丰富，理所当然地成为水稻、热带水果、反季节瓜菜的生产与销售基地，以"热区"农产品为原料的蔗糖、造纸、橡胶工业、食品、饮料行业的发展，使广东省的产业结构具有显著的"轻型"特征。

从区域产业结构的动态发展看，随着生产力的发展，交通条件的改善，以及经济一体化进程的加速，资源禀赋程度对产业结构的影响力会有所减弱，确实存在着一个"土地（自然资源）密集型→劳动密集型→资本密集型→技术密集型"的资源配置过程和产业发展时序。这一过程实质是：作为自然界对立物的人类，顺次以劳动、资本、技术等资源要素，替代自然资源要素，从而推动产业结构不断升级。

我国当前的区域产业结构理论研究和规划实践中，往往存在着忽视或过分强调资源禀赋程度两种倾向，其理论上的误区均在于：

第一，忽视了资源要素相互替代的约束条件。发达国家工业化进程表明，在边际收益递减规律作用下，并不能无限地使用资本要素或技术要素替代自然资源要素或劳动资源要素。当资本、技术要素配置得过于密集，从而导致边际成本上升、边际收益下降到一定限度时，就会停止对自然资源、劳动资源的替代，此时，各类资源要素之间会实现相对均衡，此状态下，区域产业结构实现最大边际收益。在上述约束条件下，区域产业结构的升级这一渐进的动态过程，会呈现出"台阶式"的相对均衡的若干个发展阶段。超越一定的发展阶段，忽视自然资源和自然条件对产业结构变动成本的一定影响，片面强调资本密集投入或"高科技"要素密集投入，是近年来某些地方迷信"大投入、大超越"战略，追求粗放型增长的思想根源之一。

第二，对自然资源禀赋与产业结构低级化之间关系作了绝对化理解。

产业结构的升级对资源要素依赖的历史轨迹，许多经济学家已作出描述，赫希曼就认识到，产业的升级是一个从依赖自然资源到依赖资本资源的历史过程。但不能反过来这样理解：工业固然是资本、技术密集配置的产业，而农业、牧业、林业等，就必然是仅由土地资源、地理位置、劳动力资源起支配作用的产业。诚然，"野蛮时代特有的标志，是动物的驯养、繁殖和植物的种植"①，但恩格斯进一步指出："蒙昧时代是以采集现成的天然产物为主的时期；人类的制造品主要是用作这种采集的辅助工具。野蛮时代是学会经营畜牧业和农业的时期，是学会靠人类的活动来增加天然产物生产的方法的时期。文明时代是学会对天然产物进一步加工的时期，是真正工业和艺术产生的时期。"② 恩格斯在这段话中，已经辩证地表述了关于产业结构变化和对资源禀赋程度（其中也包括"天然产物"）的依赖关系；人类的生产活动本身，不论产业结构如何变动，离不开"天然产物"作为其劳动对象，这是产业升级的前提和基础，因此，不能忽视资源禀赋程度对产业结构变动的影响。但也不能对此种依赖关系作绝对的、一成不变的理解。对产业结构升级起决定作用的，并不是"天然产物"，而是"工具""增加天然产物生产的方法"和"对天然产物进一步加工"等。在工业化国家，自然条件早已不是农业发展的决定性因素，工业化进程的一切动因，同样会推动农业实现现代化。正如库兹涅茨（S. Kuznets）概括的："现代经济增长的一个关键问题是，怎样从农产品中取得剩余产品，以便为工业增长所必需的资本形成提供资金，而同时，在国家没有任何其他易得到的农业剩余产品替代物的条件下，又不损害农业的增长。"③ 过分强调资源禀赋程度的作用，甚至对应地将其视为特定区域产业结构低度化的不可改变的决定因素，此种认识在发展中国家的决策层中，有过巨大影响。在我国，此种认识转化为在"非均衡发展"的借口下，牺牲农业和农村的发展，密集而盲目地向工业和城市配置资本和技术要素的产业政策与区域政策。这种"非均衡"配置资源政策的实际效应，既损害了农业的基础地位，又阻碍工业化进程。

---

① 恩格斯：《家庭、私有制和国家起源》，见《马克思恩格斯选集》（第4卷），人民出版社1972年版，第19页。

② 同上书，第23页。

③ H·钱纳里等著《工业化和经济增长的比较研究》，吴奇等译，上海三联书店1989年版，第329页。

（二）规模收益

区域产业结构体现着各产业部门在一定空间地域的相互联系。谋求规模收益，是不同产业部门集聚在同一空间地域的主要动因之一。

以特定的区位因素为指向，既是资源要素空间集聚的基本要求，也是产业部门空间集聚的基本要求。产业集聚的具体类型有：①自然资源优势指向，这一指向之下的同类产业空间集聚，可以共同利用自然资源和自然条件，共同利用和创造社会需求，获得规模收益。②劳动力市场指向，这一指向之下的不同产业空间集聚，集中地利用较廉价的劳动力资源，可以有效地节约劳动力的"交易"费用，形成较大规模的农加工工业基地，获得企业的外部规模效益。③经济联系指向，这一指向下不同产业的空间集聚，会建立在产业间的生产联系和技术联系之上，而产业间的生产技术联系，又必须通过产品、劳务的相互交换关系来实现。在市场经济条件下，此种相互交换关系是为产业间更合理地配置和利用资源要素服务的。因此，因经济联系形成的产业空间集聚，可使区域主导产业和配套、基础产业都同样获得规模收益。

结构分析必须综合考察诸要素的相互联系和数量比例两个方面。对区域产业结构的规模收益的分析，同样必须考察区域产业结构的"量"与"质"两个方面。如果产业结构中数量比例关系失衡，已配置的资源闲置、产品积压，或配置的资源短缺，制约区域经济持续发展的"瓶颈"部门已形成，那么，区域经济的规模收益肯定不佳。考察产业结构中"质"的状态（近年来被称为"产业结构的高度化"），主要是考察产业结构演化升级的原因和所处的阶段。通常情况下，如果区域产业结构中，劳动密集型产业为主的状况逐步向资本密集型进而向技术密集型产业为主的状况转化，第一产业为主的状况逐步向第二产业进而向第三产业为主的状况转化，初级资源类产品为主的状况逐步向工业制成品和劳务产品为主的状况转化，就说明这一区域的产业结构，正处于向高度化发展的趋势中。

区域产业结构的规模效益问题，实际上是有限资源要素合理配置问题的另一面。对区域产业结构效益的分析，就必须系统地研究资源要素的配置主体、配置方式与要素转换为产品和劳务的关系；研究区域产业结构的主要比例关系；研究区域产业结构的主导产业、专业化产业的标志与功能；研究区域产业结构升级的规律、方式与政策措施。这些研究课题，构成了区域产业结构理论的重要内容。

（三）区域经济发展战略

任何经济理论都来源于经济实践，经济实践的多样性和复杂要求能够综合地运用多学派、多门类的经济理论，以制定正确的经济发展战略。

通过产业结构分析，判别区域经济所处的发展阶段，是制定区域经济发展战略的基础性工作。区域经济发展战略提出的构想，必须通过每一产业、每一行业调整和优化资源配置来实现。因此，产业结构问题是区域经济发展战略的重要内容。对区域经济发展战略的研究、对区域经济发展模式的选择，成为推动区域产业结构理论研究不断深化的动因。

我国关于产业结构演化与经济发展战略的关系的研究，近年来已逐渐集中于对"赶超型发展战略"和"经济跳跃战略"的评价分析。由于英、法等老牌资本主义国家工业化起步较早，而后来的美国、德国、日本虽起步晚，却发展得更快，工业化水平更高。这就提出了对"后发优势"战略的评价问题。而被认为发展了马克思再生产理论的"生产资料优先增长"的命题，更是成为社会主义国家普遍实行重工业化战略，倾斜配置资源的理论依据。20世纪60年代以来，罗斯托的增长阶段理论、霍夫曼的重工业化理论和某些激进的"依附理论"的提出和传播，以及东亚"四小龙"迅速实现工业化的成功实践，使经济技术相对落后的发展中国家"饥不择食"地接受"赶超型发展战略"，试图以此发挥"后发优势"。新中国成立数十年来，前一阶段推行的是明确向重工业倾斜的"赶超战略"，后一阶段推行的是向沿海轻工业地带倾斜的"比较优势战略"①（还有"沿海发展战略""外向型战略""出口替代战略"等不同提法）。尽管对这一战略的理论前提和实践效果争论甚多，但我国改革开放以来GDP年增长率10%以上的现实，无可争辩地成为推行"加速发展战略"、发挥"后发优势"的有力论据。

对中国工业化历史的解释似乎陷入了悖论：不论产业结构"重型化"还是"轻型化"，不论"内向度"高还是"外向度"高，都可以享受到"后发利益"。

---

① 林毅夫、蔡昉、李周：《赶超战略的再反思及可供替代的比较优势战略》，载于《战略与管理》，1995年第3期（文中对"比较优势战略"的含义作了解释）。

事实上,"后发优势"的背面是"后发劣势"。对发展中国家来说,只有努力克服"后发劣势",才能获得"后发优势"。怎样克服"后发劣势"呢?M·赛尔奎因等著名经济学家指出:"工业化进程是和结构转变联系在一起的,决不限于制造业在总产出中比重的简单增加。对于一个国家的发展来说,最终需求结构、国际贸易和中间投入使用等方面的变化都起作用。虽然一些基本的长期力量是所有国家共有的,但初始条件的差异和发展战略选择的不同,也影响这三个部分相互作用的方式及过程展开的速度。""那些共有的力量主要有:随人均收入增加而来的需求结构的变化,影响基本要素(土地、劳动和资本)投入和中间产品投入的技术变化。"①

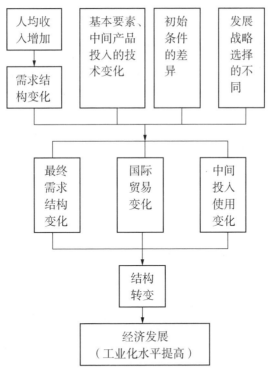

图1 工业化过程、结构转变的因果关系

---

① H·钱纳里等著:《工业化和经济增长的比较研究》,吴奇等译,上海三联书店1989年版,第308页。

图1是对赛尔奎因上述观点的简要归纳。在赛尔奎因看来，结构转变要通过最终需求结构、国际贸易、中间投入使用三个方面的变化表现出来，而结构能否转变，则取决于市场需求、创新能力、自然禀赋和战略选择四个因素。赛尔奎因等人的研究成果表明，经济发展战略的选择会影响结构的转变，对经济发展战略的研究是产业结构分析的基础。能否克服"后发劣势"，加快工业化进程，其标志不在于"重型化"或"轻型化"，而在于结构的转变是否以市场需求为基础，这一点通过人均收入决定的需求结构和由供给决定的最终需求结构（包括国际市场需求）的变化表现出来。而根本的动因在于技术创新，亦即在资本、劳动、土地等基本要素的投入量和中间产品的投入量中，技术含量有较明显变化，以致新质的生产力替代了旧质的生产力。生产结构与技术变化，又导致中间投入需求的增加，专业化、规模化生产与开放发展战略的实施，使工业化进程加速。可见，"后发优势"转化为现实的标志是有市场需求的经济效益的迅速提高，其条件则是生产技术的跨越为基础的结构升级。判别区域经济发展战略是否合理，就应综合考察年均GNP（或GDP）的总量与人均增长率、工业化程度和技术进步贡献率。对"后发优势"的含义、条件、标志的曲解，把"后发优势"作为时髦用语随处滥用，这也是近年来我国某些地区盲目地、脱离实际地奉行"大投入、大超越"发展战略的思想根源之一。

二、动态的产业结构理论评析

国内外关于产业结构的理论，通常都将影响产业结构变动的因素，归纳为自然、经济、社会等几个大的方面，再细分为资源、地理、市场、价格、技术、体制、政策等若干个具体因素。判别区域产业结构合理与否的标准如下：一是看能否充分发挥地区优势；二是看能否充分发挥结构的整体效益；三是能否充分发挥技术创新在产业结构升级中的推动作用。由于产业结构的变动是一个渐进的动态过程，因此，在不同的空间地域，不同的经济发展阶段，各相关因素对产业结构的影响程度，产业结构合理化的判别标准，都应进行动态的研究。

（一）区域专业化部门和主导部门

动态地考察区域产业结构，确切而综合地反映地区差异、技术创新与结构整体效益，就必须研究区域专业化部门与非专业化部门、主导部门和非主导部门之间的比例关系和变化趋势。

区域专业化部门（专门化部门）的选择，是能否发挥区域优势的基础，因此，在西方的产业结构理论中，专业化部门又被称为"基础部门"。通常将"主要向外区提供商品的产业部门"，定义为"专业化部门"，但在区域规划实践中，何谓"主要"，尺度很不统一。如人均产值产量指标较高、产品输出量占区域该产品总产量的比重较高、区域某类产品的输出量占全国各区域同类产品总输出量的比重较高、某类产品输出总额占区域所有产品输出总额的比重较高，上述情况之一，似乎均可视为区域专业化部门的标志。另外，三次产业分类法的推广，区域经济活动中商贸、金融、信息业的发展，行政中心的形成，服务业日益成为区域的专业化部门，却不符合"主要向外区提供商品"的标准。即使"主要向外区提供商品"部门，由于"外区"的空间地域界定不一，是否"主要"也就成了问题。如某市盛产柑橘，但主要供应本省消费，只有少量柑橘输往全国。那么，该市的柑橘生产部门，是该省的专业化柑橘生产部门，但却不是全国的柑橘生产专业化部门。因此，衡量某一部门是否区域的专业化部门，首先要界定进行比较研究的时空范围，即相对于"何区域何阶段而言的专业化部门"；其次，要以所研究的特定区域某种产品或劳务，占该区域产出的产品与劳务总量中的比重和输出产品中的比重为主要指标。这样才能既考虑到第三产业日益发展的现实，又可对规模大小不一的不同区域进行比较。

区域主导产业是区域主导专业化产业部门的简称。主导专业化部门是一般专业化部门中，能够对区域经济整体发展方向和发展速度起引导、带动作用的部门。主导产业的选择基准，至今仍是区域产业结构理论研究的核心问题。

美国经济学家罗斯托以主导部门的更替顺序，说明其经济发展阶段理论也可以用于发展中国家。他认为，发展中国家同样要经历纺织工业→重化工业→汽车工业→耐用消费品工业和服务业的演进过程，这一过程是与技术成果的不断创新，产业结构的不断升级联系在一起的。在罗斯托的理论中，主导产业的主要特征有：①引入新的生产函数（即熊彼特的所谓内部因素的"创新"，使"产业突破"）；②其增长率明显快于整个经济增长率；③具有广泛地采取多种手段带动或启动其他产业增长的功能。① 发展经济学家赫希曼则从另一个角度阐述区域主导产业的选择基准。赫希曼从其非均衡增长理论出发，认为前向、后向"联系效应"大的产业，应由政府加以扶植，作为区域主导产业；然后以主导产业为动力，逐步扩大对非主导产业投资，直接或间接地带动其他部门共同发展。②

比较明确地提出主导产业选择基准的，是日本经济学家筱原三代平，他在1957年提出了"动态比较费用论"，这一理论的内核是李嘉图的"比较成本说"和李斯特的"扶持幼小产业说"。筱原三代平认为，必须动态地看待产品的比较成本，从某一时点静态地看，在比较成本中处于劣势的产业，如果依"比较成本说"，本国应减少生产，主要从国外（区外）输入，经济上才合算。但从发展的眼光看，这类产业如果属于对国民经济发展具有重要意义的，政府应通过关税保护等政策，使其成长为强有力的出口产业。这一学说是"二战"后日本历届政府不断调整产业政策措施，更新发展主导产业，使产业结构不断升级的理论依据。为了准确选择这类有发展潜力、有带动作用的主导部门，筱原三代平提出了"需求收入弹性基准"和"生产率上升率基准"。前者从需求方面着眼，认为人均国民收入的增加，会引起需求结构的变化。需求收入弹性系数大的产业，由于价格与需求量呈正相关的线性关系，易获得较高的附加值，也容易吸聚收入弹性低的产业的资源要素流入，发展潜力相对较大，可照此选择区域主导产业。后者则从供给方面着眼。所谓"生产率上升率"，全称应为"全要素生产率上升率"，即某产业全要素投入的产出率。"全要素生产率"较高的产业，这一产业的技术进步速度肯定较快，资源要素耗费和占用相对较少，成本较低，因而也可视为发展前景较好的主导产业，由政府加以扶持。

"筱原两基准"的内容存在着互补关系，二者的相互结合，可以在理论上较完整地描述通过市场机制选择和扶持区域主导产业的过程。在西方

---

① 参见罗斯托《经济成长阶段》，国际关系研究所编译室译，商务印书馆1962年版，第62页。

② 参见赫希曼《经济发展战略》，曹征海、潘照东译，经济科学出版社1991年版。

国家的产业结构理论研究中,"被原两基准"和"关联效应基准""动态比较优势基准",均得到充分肯定。20世纪70年代以后,随着经济的发展与结构的升级,日本学者又提出"创造就业机会基准""防止过度密集基准""丰富工作内容基准"等,力求弥补原来各项基准的不足,促进产业升级向社会发展互相协调。

20世纪80年代以来,关于主导产业选择基准的理论,在我国得到广泛介绍。但也有不少学者对上述基准提出质疑,认为从实践上看,不论发达国家,还是发展中国家,总是将产业政策的扶植重心放在传统产业和薄弱产业;理论上看,既然这类选择出来的"主导产业"具有良好的发展潜力,又何须政府再加扶持。中国学者周振华博士在其论著《产业政策的经济理论系统分析》中,认为上述各选择基准的实质,是一种"以先进产业带动整个产业发展的战略方针",要实行此种战略方针,需要具备下列主要条件:①产业基础相当完善,不存在严重的"瓶颈"制约;②产业结构不存在二元经济的结构性矛盾;③产业素质较好,具有较强的自我调整能力;④产业间要素流动比较通畅。而以上条件即使在"起飞"时期的日本、联邦德国也是难以具备的。因此,以这一框架为背景的选择基准,在产业结构高级化进程的一定阶段是具有本质错误的。

周振华在书中列举并分析了上述选择基准对我国产业政策的影响及其内在矛盾,并进而提出,必须以"结构矛盾的缓解来推进整个产业发展"的战略方针为基本框架,来构造新的选择基准,具体内容包括:①增长后劲基准;②短缺替代弹性基准;③瓶颈效应基准。[①] 按照这些新的选择基准,周振华认为:"我国现阶段应该把农业、基础工业和基础设施,以电力为中心的能源工业、原材料工业和运输邮电业列为政府重点扶植产业。"[②] 1991年以来我国经济的实际进展,证明上述政策建议是符合中国国情的。至于西方产业结构理论中提出的"主导产业选择基准",其本身是否存在"严重的缺陷",从而在政策实践中导致"本质错误",尚可在利用国内外数据进行实证分析的基础上,进一步加以验证。当然,验证的根本前提,必须是具体的而不是抽象的时间(经济发展阶段)与空间

[①] 参见周振华著《产业政策的经济理论系统分析》,中国人民大学出版社1991年版。
[②] 周振华著:《产业政策的经济理论系统分析》,中国人民大学出版社1991年版,第205页。

(特定的区域)。只有这样，才不至于对形形色色的"选择基准"陷入绝对化的理解。

(二) 区域产业结构的变化规律

区域产业结构变化规律，是对世界各个国家、各个地区产业结构的变化状态、变化动因和变化方式的一般性概括，必须能够对处于不同发展水平、不同经济发展阶段的不同国家（地区）的产业结构变动的共性，做出客观描述。在人类历史长河中，生产力的发展是一个渐进的向上的过程。因此，产业结构的高级化，体现着区域产业结构变化的共同趋势。西方和中国学者对区域产业结构变化规律的描述，实际上是对产业结构高级化进程中，各类资源要素在不同产业间配置和再配置作为研究中心的。

1. 配第、克拉克、库兹涅茨的观点

早在17世纪，古典经济学的先驱者威廉·配第在《政治算术》一书中，就觉察出："工业的收益比农业多得多，而商业的收益又比工业多得多。"这种收益的差距会导致劳动力向收益高的产业转移。20世纪英国经济学家C. 克拉克收集并处理了20多个主要发达国家的统计资料，验证了配第的观点，揭示了产业结构高级化与人均国民收入水平提高之间的内在关系。克拉克运用三次产业分类法，认为随着人均国民收入的提高，劳动力首先由第一产业向第二产业转移；当人均国民收入水平进一步提高，劳动力就会向第三产业转移。这一结论被后人统称为"配第—克拉克原理"。

美国经济学家S. 库兹涅茨（Simon Kuznets）在"配第—克拉克原理"基础上，将三次产业的国民收入变动与劳动力变动趋势分开进行研究，并引入时间变量，得出如下结论：①随着时间的推移和经济的发展，农业的"国民收入的相对比重"（农业实现国民收入在整个国民收入中的比重）和农业的"劳动力的相对比重"（农业劳动力在全部产业的所有劳动力中的比重）均存在下降的趋势。由于农产品的需求弹性较小（与第二、第三产业相比），当人均国民收入增加时，对第二、第三产业的需求会超过农业，其后果一是农业的"国民收入的相对比重"下降速度快于农业的"劳动力的相对比重"的下降速度；二是需求量大、增长快的第二和第三产业必然从增长较慢的农业中吸附部分资源要素，从而引起了产业结构的变动。②同一时期，工业部门的国民收入的相对比重是上升的，而工业的

劳动力的相对比重则基本持平，或只有缓慢上升。这是由于工业的需求收入弹性较高，人均国民收入增加必然反映为工业部门的较快增长；另外，当工业化初期，农业会向工业转移部分劳动力，但工业发展水平达到一定程度之后，由于工业的有机构成高，技术进步和工业内部各行业增长，既排斥劳动力又吸纳劳动力，当这两种力实现平衡时，工业的劳动力的相对比重就会基本持平。③服务业的国民收入的相对比重基本持平或略有上升，而其劳动力的相对比重则上升较快。这是因为服务业普遍需要使用较多的劳动力，而劳动生产率却难以很快提高。

2. 50年代以来出现的几种理论

20世纪50年代以后，对产业结构变动规律的研究趋于部门化，主要集中于判别一国（或一地区）经济发展或工业化水平所处的阶段和产业结构升级的时序、重点这两个方面。具有代表性的理论有以下四种：

（1）关于霍夫曼工业化阶段理论。消费资料工业净产值与资本资料工业净产值之比，被称为"霍夫曼系数"，据此将国家（区域）的工业水平分为四个阶段（见表1）。

表1 霍夫曼工业化阶段指标

	霍夫曼系数	20世纪20年代处于这些阶段的国家
第一阶段	5（±1）	巴西、智利、印度、新西兰
第二阶段	2.5（±0.5）	日本、荷兰、丹麦、加拿大、匈牙利、南非、澳大利亚
第三阶段	1（±0.5）	英国、瑞士、美国、法国、德国、比利时、瑞典
第四阶段	1以下	

（2）关于钱纳里等的"多国模型解式"。美国哈佛大学经济学家钱纳里（H. Chenery）及其助手赛尔奎因（M. Syrquin）等人，于20世纪70年代中期，通过对101个国家1950—1970年统计资料的处理，力图揭示人均国民收入、产业结构变动、劳动力转移之间的数量关系，并据此提出著名的"发展型式"。1986年，钱纳里等又出版《工业化和经济增长的比较研究》（*Industrialization and Growth: A Comparative Study*）一书，进一步发展了"发展型式"的理论、思想和方法，运用投入—产出分析方法、一般均衡分析方法和经济计量模型，分析了结构转变和经济增长的一般关

系、结构转变的基本特征、影响工业化的各种因素和不同的工业化型式。① 钱纳里和赛尔奎因将各国经济发展划分为若干按基准收入水平阶段，建立了"多国模型的标准解式"。利用这些"标准解式"，可对人均国民收入及产业结构变化的关系作如下描述（见表2）。

表2 人均国民收入与结构变动

基准收入水平 （人均国民收入）	初级产品附加价值占总产出的百分比（%）	制造业附加价值占总产出的百分比（%）	非交易部门附加价值占总产出的百分比（%）
人均140美元	38	15	36
人均560美元	21	24	40
人均2100美元	9	36	39

钱纳里等人在其1975年模型中认为GDP中农业与工业的比重大体相等时，为产业结构变动的分水岭。表2列举的钱纳里1986年模型将基准收入水平人均140～2100美元，视为从不发达经济到成熟经济的过渡时期，并模拟结构转变的全过程。通过分析，钱纳里等认为，产业结构的升级同收入增加无关，就工业而言，时间因素的作用也相对较小。"工业份额增加的原因是国内需求的变动、工业产品中间使用量的增加，以及随要素比例变动而发生的比较优势的变化。事实上，所有发展中国家都可以观察到这些现象，然而，它们的相对重要性却随着每个国家的初始结构、自然资源禀赋和发展政策的不同而变化。"②

（3）关于赤松的"雁行形态说"。日本经济学家赤松从日本纺织工业发展史出发，提出了产业结构变动发展的"雁行形态说"。如图2所示，赤松认为，后起国家或地区的幼小产业，要经过三个"雁行形态"发展阶段，才可以成为具有国际竞争能力的强大产业。第一条雁形折线代表进口浪潮；第二条雁形折线代表由进口浪潮引发的国内生产浪潮；第三条雁

---

① 参见H·钱纳里等著《工业化和经济增长的比较研究》，吴奇等译，上海三联书店1989年版，第2页。

② H·钱纳里等著：《工业化和经济增长的比较研究》，吴奇等译，上海三联书店1989年版，第78页。

形折线代表由国内生产发展所推动的出口浪潮。

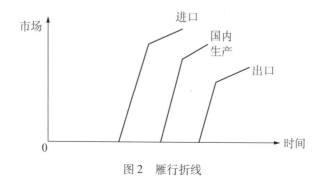

图2　雁行折线

（4）关于弗农的"产品循环说"。弗农（R. Vernon）是美国的跨国企业问题专家，他于1960年提出了"产品循环说"。弗农认为，产品的循环过程包含四个环节。第一个环节：产品的导入期，指新产品问世，扩大销售，直至国内市场已经饱和。第二个环节：产品的增长期，指当这一产品国内市场饱和后，转向开拓国际市场，出口量增加。第三个环节：产品的成熟期，指由于国外市场的开拓，产品输出量达到一定程度，资本和技术会以工厂外迁等方式输出，从而在输入国发展该产品的生产，使资本、技术与当地较便宜的资源要素相结合。第四个环节：新一轮产品研究开发时期。即海外生产的原产品以较低价格返销本国市场，本国不得不停止该产品的生产，开始研制开发新一轮的产品。

弗农的"产品循环说"与赤松的"雁行形态说"的结论很相似，但二者的出发点不同。"雁行形态说"源于对市场与企业关系的分析，主要从需求方面着眼。"产品循环说"源于国际贸易对工业先行国家关系的分析，主要从供给方面着眼。此外，弗农的"产品循环说"与J·弗里德曼的"核心—边缘"理论也相当接近。如新产品导入期，类似J·弗里德曼笔下的"核心—边缘区"初期阶段，即极化效应和少数核心地带迅速膨胀阶段。产品的增长期和成熟期，类似J·弗里德曼笔下的"核心—边缘区"成熟阶段，即由于核心区投资边际收益递减，核心区向边缘区扩散各种资源要素和生产企业。新一轮产品研制开发时期，许多学者将海外廉价产品返销本国的效应喻为"飞旋镖效应"，此种现象与J·弗里德曼概括的"空间经济一体化"阶段、多核心区形成、资源要素全方位流动的状况很相似。

我国学者对于区域产业结构变动规律的认识，也在不断深化。20世纪80年代初开始，不少学者从人均国民收入、积累率、工农业总产值构成比例、劳动力人口变动等方面，对我国地区产业结构的状况进行了分析。80年代中后期，我国学者较多地借助国外的研究成果，对产业结构的变动水平和变动趋势进行分析。如杨建荣主编的《中国地区产业结构分析》一书认为，地区产业结构基本上是沿着"基础产业→主导产业→前后间关联产业"的顺序形成和发展。就工业化进程的时序而言，产业结构会顺次经过：重化阶段、高加工度阶段、技术密集阶段。就生产要素集约度看，"地区产业结构客观上存在着一个由以手工工场阶段的劳动密集型产业为主的大机器工业阶段的资金密集型工业为主，再向现代工业的技术密集型产业为主的逐步转化过程"[①]。

三、区域产业结构理论研究的政策意义

区域产业结构理论研究的现实基础和逻辑起点清楚表明，政府是研究产业结构变动规律的两大主体之一（另一主体是微观经济单位——厂商与居民户）。因此，区域产业结构理论研究必然具有政策化的倾向。

（一）产业政策的存在依据

究竟是否存在产业政策？是否有必要存在产业政策？在西方发达国家的学者中也一直存在歧见。事实上，除了日本官方比较坦率和自信地承认，日本经济的跨越式发展，得益于连续而富有成效的产业政策，得益于具有"产业司令部"盛名的"通商产业省"的运筹谋划。欧美各国的政府虽然均制定和实行本国的产业政策，但不论政界还是学界，对产业政策的存在，虽不算是"讳莫如深"，但也是"半遮半掩"。有的学者认为，对于正常地发挥调节作用的市场机制来说，政府推行产业政策，随之而来的保护措施、补助及无效率的优惠贷款，必然扼杀竞争，造成经济灾难。有的学者认为，日本、法国经济的成功，并不能归结为产业政策的成功，而是得益于当时国际经济的持续高涨因素的作用。换句话说，日本与法国是"碰上了好运气"。还有的学者认为，造成混乱的根源是政府的财政政

---

① 杨建荣主编：《中国地区产业结构分析》，复旦大学出版社1993年版。

策和货币政策，而政府的产业政策不见得会做得更好。正是上述这些观点，成为否认产业政策客观存在的理由。我们可以通过分析发现，否定产业政策存在的种种观点，基本上都出现在西方经济不太景气的七八十年代，此时的货币主义、供应主义、理性预期学派既拥有理论武器，又拥有历史空间，可对产业政策"肯定论"者进行清算。

数十年来，我国学者对产业政策存在的客观性，似乎从未产生疑问。在传统的社会主义经济观中，产业政策是计划经济体制内生的构成要素，产业政策的推行是与经济的必然增长联系在一起的。随着市场经济的发展，也随着西方现代经济理论的普及，随着对国内不同时期、不同层次一些不尽人意的产业政策的反思，产业政策的客观存在性问题，已成为正确界定政府干预经济职能的理论难点之一。

我国学者周振华博士认为：产业政策的"肯定论者"着重论证了产业政策的必要性；"否定论者"则着重论证了产业政策成功没有可能性。周振华认为，"产业政策不仅是必要的，也是有可能的。但这种可能性是有条件的。在不具备一定条件时，实施产业政策的后果很可能是消极的。因此，产业政策有其必然的逻辑，但绝不是万能的，也不是可以随意运用的"。近年来国内研究产业结构的具体优劣和产业政策选择的著述并不少，但大多均将产业政策的含义、地位、作用等方面，视为已经充分论证过的范围。周振华对产业政策基础理论的系统研究，大大开阔了产业政策实际运用与理论探索的思路。

依据周振华的研究思路，产业政策的存在依据问题，就被简化为产业政策的必要性和政策有效的可能性问题。对于前一个问题，直至如今，西方发达国家的形形色色的经济理论，尚找不到充分的论据来说明政府干预是完全不必要的。即使极度推崇市场机制的理性预期学派也难以对能否长时间承受"市场失败"的代价，做出客观选择。因此，政府运用经济政策（财政、货币政策以及区域、产业政策），影响（而不是完全决定）资源要素的重新配置，逻辑上是完全必要的，政策实践的普遍成功，也证明了这一点。

对于后一个问题，即产业政策实践结果的可能性问题，周振华认为必须看是否具备一定条件，"这种条件不仅限于政府的能力和行为，还包括诸如市场状况、企业状况、组织类型等经济环境因素，甚至还应包括历史、文化、传统、发展阶段等社会环境因素"①。并据此认为"否定论者仅从政府角度来判断实施产业政策有无可能是片面的"②。我们认为，可能性问题实际上是必要性问题的"背面"，是对同一个问题从不同侧面的认识。

  这里有必要对产业政策的形态属性进行考察。负责制定、颁布、监督产业政策的主体是政府，产业政策体现着政府（主体）对产业结构变动因素和变动趋势（客体）的认识；产业政策的实施过程体现着主体的认识用于指导实践的过程。因此，产业政策既具有主体性又具有实践性的特征，但就其形态属性而言，仍然属于意识形态。产业政策的实施结果不论有效或失效，均回避不了经济环境和社会环境等因素的影响。但外界环境的认识和评价，是产业政策制定的依据，是先于主体认识（即产业政策）的客观实在。产业政策是否有效，除了取决于对产业结构变动规律的认识，也取决于主体对影响着结构变动和政策实施未来效果的外部环境的认识。如上所述，关于外部因素导致产业政策失效的提法并不很准确，产业政策失效的直接原因，仍然在于主体的认识脱离了客观实际。因此，产业政策的实施结果是否有效，还是取决于政府的认识能力。

  那么，当我们把研究视野重新回到产业政策的存在依据，并探讨其政策意义，我们就可以有以下推论：

  第一，产业政策存在的依据，在于政府干预资源配置的必要性和必然性。这是由资源的相对短缺和经济发展水平达到一定阶段所决定的。

  第二，产业政策的无效性或低效性，与政府的认识水平直接相关。理论上与实践上既然无法确认产业政策完全无效，也无法否认产业政策可能有效。那么，产业政策的存在，不仅是必要的，客观上可能是有效的或者可能是无效的。有效性与无效性的可能程度，仅是业已客观存在着的产业政策，其实施状态的两种概率。显然，产业政策自身存在的必要，与其实施效果的可能状态，并不处于同一层次。如果说，有"必要"而没有"可能"，就不具有必然性，产业政策存在的必要性是客观的，产业政策存在的可能性也是客观的，产业政策的"必要"和"可能"在"客观存

---

① 周振华著：《产业政策的经济理论系统分析》，中国人民大学出版社1991年版，第11页。

② 同上。

在"这一层面上得到了统一。而产业政策实施状态的可能性却是主观的，主要是由政府直接决定的。因此，产业政策客观存在的必要性和实施状态的可能性是无法统一在同一层面上。

第三，在论证产业政策存在的必要性时，客观上已对产业政策存在的可能性作了假定，即政府具有制定产业政策的现实能力。对产业政策制定主体来说，此种能力是客观存在的。但此种能力的发挥效果，却是由主体的主观认识水平决定的。因此，在制定和实施产业政策时，首先，要使自己对产业结构变动状态及其影响因素的认识，尽量与客观实际相吻合；其次，必须充分肯定产业政策的必要性，特别要肯定区域产业政策在优化资源配置、取得外部规模效益方面，具有不可替代的作用；最后，要正确界定产业政策的作用范围，对由于主体认识水平局限而可能出现的产业政策失效，要有足够清醒的认识。特别要避免脱离本国、本区域的客观条件，盲目模仿他人的产业结构模式、套用西方的产业理论或制定过高过急的产业升级目标。

（二）产业结构升级的主动因

上文已探讨了关于产业结构变动的若干因素，我们利用钱纳里和赛尔奎因的理论，对工业化发展中结构转变的两层因果关系作了概括，并叙述了技术创新作为结构转变主要动因的作用过程。

在产业结构理论研究中，将技术创新视为产业升级的主动因，其政策意义在于以下几个方面。

1. 区分了影响区域产业结构变化各类因素的层次

近年来，国内许多著述已开始扬弃以前过分宣扬政策效应等人为因素，试图回到经济活动中去寻找产业升级的动因。因此，由经济发展牵动的需求结构变化，被作为产业升级的动因之一。在钱纳里和赛尔奎因的"发展样式"中，需求结构分为两个层次：一是最终需求、国际需求和中间投入使用的需求，这一层次的需求既是结构转变的外化表现，又是结构转变的直接动因，比方说，国内人均收入的增加导致消费品结构变化、国际市场开拓导致出口制造业的增长、经济规模的扩大导致中间产品使用方向的变化，都会使产业结构变化。二是由于上述需求的变化，引致对基本要素（资本、劳动、土地）和中间产品投入的需求变化。在现实的经济运动中，最终需求和中间需求两者与产业结构转变之间还存在一层反馈关系。

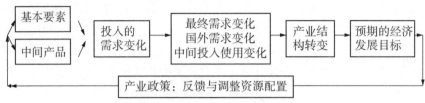

图3 需求与产业政策关系图示

图3中，表示了两个层次的需求与产业结构转变之间的时序关系和产业政策在"需求变化—结构转变"循环中的地位。通过图3，可导出以下推论：

（1）假如图3中描述的时序关系是客观的，则基本要素、中间产品投入的需求变化是产业结构转变的基本动因。这一层次需求的变化引致资源要素的重新配置，会直接决定着产业结构的转变状况，因而是产业政策发挥作用的主要支点。

（2）两个层次的需求变化，最终会推动产业结构转变，但产业结构的转变，可能存在三种状况：一是结构高级化；二是结构低级化；三是结构基本不变，只略作调整。也就是说需求的变化，不一定会导致产业结构的高级化。畸形的、过于超前的需求结构，会阻碍产业结构升级，甚至使原来的产业结构趋于低级化。

（3）所谓"技术创新"，按照国外经济理论关于创新的定义，就是必须引入新的生产函数，使"企业家对生产要素的新的结合"。[①] 而"技术创新"的作用力，必须施加在"中间需求"上，即在资本、劳动、土地和中间产品上的创新，才有可能引进新产品或提供一种产品的新质量；才有可能采用新的生产方法、实行新的企业组织形式，获得一种原料或半成品的新的供给来源，最终开辟一个新的市场。[②] 可见，投入要素与生产组织形式的质的改变，才是提高社会能力的新的源头。生产能力质的飞跃，会直接体现为中间需求的变化，但此时中间需求的变化已含有较高的技术含量，亦即含有质的提高。这种提高——国内需求结构由农产品消费品为

---

① 参见罗志如等著《当代西方经济学家》（下册），北京大学出版社1995年版，第565～566页。

② 同上。

主向轻工业消费品为主进而向重工业（汽车、建筑业）消费品为主转变，国际贸易由进口为主向进口替代为主、向出口替代为主转变，中间产品投入使用结构由初级资源类为主向工业半成品为主转变，也必然体现为一国（或一区域）产业结构从低级化向高级化的转变。

（4）如上所述，不论是从"需求变化—结构转变"的因果与循环关系上看，还是从产业结构的转变时序上看，"技术创新"是产业结构高级化的主要动因。然而，引起最终需求结构变化的，不单是投入的要素及中间产品的变化，还可能有自然资源禀赋程度、人均收入增加、发展战略选择等方面的因素。这是一些先于要素投入过程而存在的主观的与客观的因素。在一个完全竞争的市场环境中，上述因素的存在，应是经济主体在投入要素过程中必须考虑的重要变量，将制约着对要素投入规模、投入结构的选择。因此，从一国经济发展的宏观角度着眼，上述因素的存在，应在区域发展战略和区域产业政策中得到体现。区域调控主体在制定产业政策时，要据此考虑资本、劳动要素同技术要素的替代程度。但这些要素与基本要素一样，只有含有较高的技术含量纳入"技术创新"的进程，才能推动产业结构高级化。

2. 全面地估量"技术创新"因素在产业政策中的地位

产业高级化必须通过高新技术来实现，这一众所周知的观点，近年来被广泛用于指导各地区发展战略和产业政策的制定，"科教兴市""科教兴县"的口号风行一时。全社会尤其是高层次的决策群体普遍重视科学、技术、教育，对我们这个民族来说，无疑是观念上思想上的一大飞跃。但对于科学如何转化为技术，技术如何转化为生产力，使经济增长走上集约化、规模化轨道的具体政策措施方面，却思考不多，区域的经济发展战略与产业决策无法更具地方特色，更贴近地方实际。

"技术创新"的政策性意义，首先在于明确区域发展的根本思路，即离开了技术上的创新，不可能持久地扩大生产总量，更不可能不断节约资源，提高经济质量；其次，技术创新必须作用于资源要素的投入领域，才能收到技术进步带来的乘数效应；最后，技术创新是一个涵盖面相当宽泛的概念，新产品、新资源、新方法、新市场，均属于"技术创新"的内容。因此，那种"发达地区才能应用先进技术"的观点，不论理论上还是实践上，都是站不住脚的。但也必须认识到，技术上的创新必须建立在一定的物质资源要素和物质生产过程、管理过程之上。当客观条件不具备、主观因素不成熟时，盲目地提出过急的产业高级化目标，盲目地引入和采用高新技术，过早地淘汰适用技术和传统产业，也是不可取的。

（三）产业结构的非均衡发展战略

1. 产业间非均衡发展的标志

从区域主导产业与非主导产业发展速度的差异，从技术因素对于产业结构转变的作用机制，都可以观察到产业结构的升级过程，是各产业间不平衡增长的过程。有的学者认为，"对于任何一个产业来说，产出总是投入的函数，所以平衡发展还是不平衡发展关键取决于资源配置在产业间是否倾斜。平衡发展是非倾斜式资源配置的结果，而不平衡发展则是倾斜式资源配置的结果"①。

我们赞同作者将资源配置与产业发展方式联系起来研究的思路，但如果将各产业部门之间发展速度看作判别是否平衡发展的标志，则上述的推理显得比较简单。产出确实是投入的函数，但平衡发展却不一定是非倾斜式资源配置的必然结果。即使非倾斜式地向各产业配置资源，由于不同产业的"等量资源"的结合状况不一样、技术密集度不一样，所面临着的市场需求、宏观经济政策等经济环境、社会环境的影响也不一样。因此，各产业的产出绝不会以相同速度齐头并进，所谓各产业平衡发展，除非十分偶然的巧合，不然现实中是不可能存在的。

如果我们回顾一下各个国家、各个区域产业结构高级化的进程，就可以看到：倾斜式地向各产业配置资源，贯串于产业高级化整个过程的每个环节。从西方国家工业化进程看，所谓"工业革命"的起点，实质上是大规模地将原来用于农业的土地资源、劳动力资源转而投向工业，从而使工业的发展速度大大快于农业。从工业自身的发展过程看，正由于主导产业获得倾斜式的资源要素投入，包括技术、资金、自然资源等要素，主导产业才具有带动非主导产业共同发展的速度与能量。可见，在各产业间倾斜地配置资源，并促使产业结构不平衡地发展，是产业结构高级化的普遍形态和客观规律。

---

① 李昌宇著：《资源倾斜配置研究——中国产业结构转变过程》，陕西人民出版社1994年版，第237页。

2. 对"非均衡发展战略"的认识

"产业结构平衡发展"既然不存在于现实的经济运动过程中,就只能在人的思维领域去寻找。换句话说,"产业结构平衡发展",是人们在制定产业结构发展战略中,抽象制作出来的结构转变目标。依照与这一目标相一致的思路,就必然要求在各产业间均衡而非倾斜地配置资源。这种存在于人的主观想象之中的,非倾斜配置资源手段与平衡发展目标相结合的产业战略,就是通常所说的"均衡发展战略"。而将倾斜配置资源手段与不平衡发展目标相结合的产业战略,就是通常所称的"非均衡发展战略"。

新中国成立以后,我国长期将"均衡发展战略"作为一种理想的战略加以肯定和推崇。但在现实的资源配置中,却从来没有真正推行过"均衡发展战略"。学术界对此种"实践脱离理论"的异常现象尚未予以广泛关注。出现这一现象的主要原因,在于我国的产业结构转变目标一直都体现着每一时期决策者的"赶超"愿望,都规定了产业转变的时序和资源配置的重点。也就是说,战略目标是追求不平衡发展的(如"生产资料优先增长"的"工业化发展战略"等)。但在配置资源方面,却力图按照"均衡发展战略"的要求,通过计划经济体制有侧重而又协调地在各产业间分配资源和中间产品。由于此种非倾斜配置手段既缺乏现实基础,又难以对"非倾斜""协调""均衡"做出科学的说明与量化界定,这种"黏合"而成的战略,手段和目标是脱节的,因而失去了其实践价值。"均衡发展战略"只能存在于抽象的学术研究的层面,而"非均衡发展战略"却自觉地或不自觉地被作为唯一的现实选择,这就是80年代以前我国区域产业政策"实践脱离理论"的原因。然而,倾斜式地在各产业间配置资源,只是导致各产业间发展速度发生差异的一个因素,产业结构的转变并不等于产业结构的高级化。对"非均衡发展战略"认识上的偏差,特别是片面地、绝对化地推崇倾斜式的资源配置,成为80年代以后我国某些区域的产业政策从相反角度重蹈"实践脱离理论"覆辙的重要原因。

3. "非均衡发展战略"的基本手段

倾斜式配置资源,是"非均衡发展战略"的基本手段。在实践中通常应包括以下两个方面:

首先,要确认资源配置的"倾斜点"(在资源配置比例上体现为"倾斜度")。有种误解是:"倾斜地配置资源就是突出重点,保住重点就必然有效益。"这种误解很自然地将倾斜式配置资源导向特定产业的量的扩张,尽管量的扩张也会引起结构转变,但如前所述,产业结构质的升级除了与资源投入量有关之外,还受到多个因素的共同制约,其中最基本的动因是技术上的创新。因此,在向"倾斜点"(拟倾斜产业)配置资源时,必须适当考虑技术投入的比例,仅是单纯的量的扩张,主导产业的技术水平可能逐渐"钝化",不单带动不了整个产业结构升级,而且会使结构逆转。当然,如若将有限的资源过分向技术要素倾斜,如选用和配置较先进的材料、设备,较高素质的劳动力,而缺少其他要素的配套、协调,技术结构上产生"断裂"现象,整体的产业结构无法按照一般的时序顺次替代递升,产业结构的高级化进程也会难以为继。

其次,要确认倾斜配置资源的具体形式。研究"非均衡发展战略",就应研究谁是资源配置的主体和客体,因为资源配置的方式、特点、效果,主要还是由资源配置的主体和客体决定的。西方的产业经济理论中,总是将产权配置的主、客体视为既定的,总是假定当宏观产业政策调整的信号发出后,作为资源配置主体的私人、法人和政府,作为资源配置客体的企业,都能做出理性的反应。因此,通过市场机制,宏观产业政策倾斜配置的意图总会得到落实。传统的"东方"产业结构理论中,又总是假定企业的所有反应,都来自政府的产业政策,只要宏观方面计划严密,调控有力,产业结构高级化的微观基础就会自然生成。其实,产业发展战略和区域发展战略一样,都要求战略制定者的主观认识能真实反映客观实在,在现时代,不论国外还是国内,都必须体现着自发的市场需求与自觉的计划调节的内在统一。单纯依赖市场的力量,宏观干预过于软弱,是某些老牌的西方发达国家产业结构升级缓慢,经济"老化病"的根源。单纯依赖政府的力量,未将市场需求与结构整体效益作为倾斜式配置资源的基础,则是许多社会主义企业预算"软约束"和粗放型经济增长方式的根源。确认倾斜配置资源的具体形式,其本质要求是:根据不同的产业高级化目标和资源配置客体的特点,分别确定哪些领域的资源配置应该更多地发挥市场引导的作用,哪些领域的资源配置应该更多地发挥政府主导的作用,以求资源倾斜式配置更有实效,区域主导产业更快生长。

选择好资源配置的重点产业部门,选择好配置资源的具体形式,这两个方面在实践过程中是融为一体的,只是在理论研究中才加以区分。

4. 关键在于地方政府投资重点选择——赫希曼一个值得注意的观点

投资的"有效顺序"选择问题，是赫希曼发展理论的重要内容。在区域产业结构中划分基础产业、主导产业、配套产业的标准，是由研究者和决策者根据客观实际和主观需要确定的，因而是相对的。因此，为实现产业结构高级化目标，倾斜地向主导产业配置资源或向基础产业配置资源，也应是相对的。究竟将基础产业还是主导产业摆在区域投资的"首位顺序"，目前我国学者尚存在不同意见。

我们认为，基础产业和主导产业都是应该重视的，但其他产业的投资也不应忽视。正如赫希曼指出的："齐头并进的平衡增长不是根本途径，而是确实需要一种按次序或链条式的解决方式。换句话说，某一方面单独的进步是可能的，但只限于某一时期内，如果想使这种进步不被阻止，其他方面的进步必须跟上来。"① 除了倾斜式地向主导产业配置资源之外，主导产业和配套产业之间的协调目标，也要求配套产业必须获得一定速度和质量的增长；否则，主导产业的高速增长不能持久，最终也会失去带动的对象，配置在主导产业的资源要素收不到预期的关联效应。另外，不同的区域发展阶段上，主导产业和配套产业的位置是会相互交换的，这是区域经济不平衡地、波浪式地发展的表现。倾斜地配置资源，有必要按照产业更替与升级规律，提高配置的预见性。

对基础产业投资问题，在赫希曼笔下，被称为"社会间接资本"的投资问题。赫希曼认为："社会间接资本通常被定义为包括一次、二次及三次产业活动所不可缺少的基础服务。就其广义而言，包括从法律、秩序以及教育、公共卫生到运输、通信、动力、供水，以及农业间接资本，如灌溉、排水系统等所有的公共服务。"② 由于"公共服务"的投资主体和经营主体是政府，或是从政府手中获得经营特许的企业、事业单位。因此，对"社会间接资本"的投资，往往却是缺乏标准与制裁，因为在投资者看来，"预料中社会间接资本的投入对直接生产活动有激发效果，资本—产出比的计算甚至被认为可能把人们导入歧途"③。赫希曼一针见血地指出："当实际造成失误时，事先缺乏评价标准与事后无力加以制裁混

---

① 赫希曼：《经济发展战略》，曹征海、潘照东译，经济科学出版社1991年版，第69页。
② 同上。
③ 同上书，第75页。

合在一起,因而浪费更加严重。未充分利用的港口设施、公路乃至电厂所表现出的管理及公共关系上的问题,与工厂因需求不足停工或遭受损失所表现的问题,是完全不相同的。"①

可见,在经济技术水平相对落后的国家或地区,适度超前地向基础设施投资,借以改善交通、能源、供水、供电、电信条件是应该的。基础设施是属于投入大、回收增长相对弱质的产业,因此,通常才需要政府牵头,组织投资和经营。将有限资源过多地投向基础设施,势必减少对区域主导产业和配套产业的投入。而主导产业和配套产业发展缓慢,势必影响基础设施投资的回收,也阻滞了产业结构高级化的进程。盲目地将基础设施列为投资的"首先顺序",并认为比投资在直接生产活动更为"安全",其原因在于缺乏标准、缺乏制约;深层根源则是计划制订者对"地区形象""政府业绩"此类超经济目标的追求。因此,在采取倾斜式地配置资源战略时,既要注意主导产业与配套产业的变化转换关系,也要注意主导产业与基础产业间的比例关系。

三、关于"区域产业结构趋同"问题

(一)区域产业结构趋同是一种正常的和合理的客观经济现象

在倾斜式配置资源和其他因素的共同作用下,区域产业结构转变呈现为一个不平衡的发展过程,这种不平衡状态是以区域内不同产业间的数量比例和不同发展速度来测量的。如果我们把研究视野越出区域的边界之外,而又把不平衡状态看作一个由低级到高级的不可避免的动态过程,就可以清晰地观察到,这一区域产业结构的某种特定的比例,只不过是一个较长时间内必然出现的一种状态,即这种状态也必然会在其他区域的产业结构转变过程中出现,只不过会出现得早些,或者迟些,或者是同时发生。换句话说,不同区域的产业结构都可能曾经相同,或正在处于相同状态。

我们将不同区域同时出现的某种相同状态,定义为"区域产业结构

---

① 赫希曼:《经济发展战略》,曹征海、潘照东译,经济科学出版社1991年版,第76页。

趋同",则可以得出这样的推论——区域产业结构间的趋同,是区域产业结构升级过程中可能出现的一种客观经济现象。

区域产业结构的趋同问题,自 80 年代中期以来,成为我国经济学界关注的"热点"。大多数学者认为,趋同的结果会弱化原来的地区分工,加剧经济分割和地方保护行为,导致重复建设、恶性竞争和规模不经济,从而使有限资源不能得到合理配置。①

近年来,我国有的学者开始区分区域产业结构的"正常趋同"和"非正常趋同",并认为"正常趋同"是由于区域间市场需求结构和要素禀赋条件的差异逐步缩小、区域综合发展的内在要求,以及比较利益与区域间产业分工的相对性等因素决定的。② 徐华、翁君奕在《非均衡增长与协调发展》一书中,认为我国 80 年代以来产业结构趋同有其客观、合理的一面,明确提出从事先的角度来看,界定正常趋同和非正常趋同的标准应包括以下内容:①技术的先进程度;②规模的经济程度;③市场的饱和程度;④预期单位产品成本高低。③

我们认为,经济区域产业结构趋同是一种自然出现的合理的经济现象。这种合理性通过三个方面得到体现:

(1) 我国幅员广阔,任何一省或任何一个经济区域,都可能相当于世界上一些中小国家,在生活必需品和某些耐用消费品方面,各区域的市场需求结构是十分相似的。过度地强调区域优势分工,虽然大批量地集中生产但大批量长距离运输,经济上可能也是不合算的。各区域"趋同"地生产同类生活必需品和某些耐用消费品,只要综合成本上是经济的,只要仍能取得适度规模效益,就应将此种"趋同"视为合理。

(2) 我国自然资源分布较为广泛,由于区域经济研究时只能对区域的范围作相对的(往往是可变的)界定,相邻的各区域的自然禀赋程度很可能是相似的,人均的国民收入水平也可能相近,加之市场需求结构的相近,那么,各区域间建立在相似的自然禀赋基础之上的产业结构具有的"趋同"倾向,也是必然和合理的。

---

① 参见国家计委国土开发与地区经济研究所著《我国地区经济协调发展研究》,改革出版社 1996 年版,杨建荣主编《中国地区产业结构分析》,复旦大学出版社 1993 年版。
② 参见刘再兴主编《中国生产力总体布局研究》,中国物价出版社 1995 年版。
③ 参见翁君奕、徐华著《非均衡增长与协调发展》,中国发展出版社 1996 年版。

(3) 区域产业结构高级化规律的影响。由于我国各区域原来大多处于工业化进程以前阶段,各地原有基础比较薄弱,因此,在选择产业结构升级的具体方向,确定区域主导产业和配套产业,往往只能从投资少、见效快,能较方便地占有本地市场的轻工业、建筑建材业入手。这样,相似的产业结构在全国各区域分散地而不是集中的出现,从这个角度上看,区域产业结构趋同现象反映了我国经济发展的现实要求。不同质的同类产品在不同地域重复出现,是通过市场竞争优胜劣汰,重新配置资源要素的方式之一。所以,不能简单地认为"重复建设"必定是粗放的增长方式。

(二)"消极同构化战略"是行政区划产业结构趋同的根源

为了避免造成理论上的混淆,有必要将经济区域间的产业结构趋同和行政区划间的产业结构趋同加以区分。我们认为,目前理论界大加抨击的"区域产业结构趋同"现象,实际上是指行政区划间的产业结构趋同。由于"战略"概念包含着主体对客体的认知与价值判断能力。因此,凡通过地方政府的干预与调节,从而形成区划产业结构趋同的配置战略,应定义为"同构化战略"。在地方政府干预调节下,形成区划产业结构不趋同的配置战略,应定义为"异构化战略"。

近年来,有关方面人士常常指责某些区域(应为行政区划)产业结构雷同,同类企业盲目上马,互相争夺资源和市场,造成严重后果。而不少地方当局充耳不闻,我行我素,其原因有二:一是至今尚未找出合适的综合标准,说明"同构化战略"肯定劣于"异构化战略";二是现实中的"同构化战略",常使区划经济决策主体得到这样或那样的"实惠"。

我国自50年代至70年代末在各省区推行过"同构化战略",其基础是高度集中的计划经济体制,其目标是努力推进各省区间的均衡增长。这一阶段"同构化战略"的主体是中央政府,其实践效果是众所周知的。80年代以来,我国各地推行"同构化战略"的主体,由中央政府转为地方政府,转变的逻辑起点是80年代初期以后中央的地方放权,地方政府掌握了相对不受制约的投资权;转变的现实基础却是在经济生活中市场因素的上升,即处于市场经济新体制与传统体制的交替期。这一时期各地普遍实行"同构化战略",主要动因有以下几种:

(1)短期市场需求驱动。这一因素在80年代中后期表现得特别明显,如各地普遍上马投资周期短、回收快的轻工业制造业;90年代初期之后，许多地方又不约而同地将投资重点转向房地产业和港口、电厂等基础设施。

（2）长期结构利益驱动。这一因素主要表现在自然资源比较丰富的地区，或地理因素影响较大的地区，地方政府有意识地将资源的基础材料工业部门倾斜或向出口加工制造业倾斜，从而在一些省区形成了基础材料为主导的产业结构，而在沿海一些省区则不约而同形成了轻工业为主导的所谓"外向型"产业结构。

（3）政治目标驱动。表面看来，"同构化战略"似乎与政治目标不直接相关，但在"产值翻番""超常增长"等经济目标背后，却常常隐藏着明确的政治功利目标。为实现某一特定的群体或个人的政治目标，如受表彰、"政绩"被上级关注和肯定，显示决策与组织才能等，可以不惜投入巨资、跟着上"热门"产业和"热门"项目。所谓"开发区热""港口热"，工业中的"化纤热""饮料热"，农业中的"柑橘热""鸵鸟热"，就是在此种政治目标驱动下，自觉或不自觉地选择了"同构化战略"的外化表现。

依上所述，我们认为，可将我国的"同构化战略"按照动因和效应的不同，分为"积极同构化战略"和"消极同构化战略"。所谓"积极同构化战略"，是指微观经济单位先接收市场传递的信息，发生对应行为之后，地方政府再因应此种变化，采取的扶持、导引战略。这种战略建立在市场机制正常地发挥配置资源作用的基础上，所带来的结构趋同效应，应是与经济区域同构化的内在要求相吻合的，因而可以取得积极的效应。如长期结构利益驱动之下的"同构化战略"，就是积极的。

所谓"消极同构化战略"的初始启动者也是各级地方政府，表层目标是行政区划短期市场驱动，深层动因则是政治目标而非经济目标，因此，资源配置过程中经济效率是否损失，并不作为首要的考察对象。此种动机驱动下的"同构化战略"，强化了对企业的行政性控制，加剧了区域间市场分割，阻滞了市场经济新体制的建立。

值得注意的是，在现实的经济生活中，"消极同构化战略"往往伴随"积极同构化战略"出现，除了与"积极同构化战略"争夺资源，还争夺有限的投资机会，争夺同一产品市场，尽管两者的动因不同，客观上的效应却很容易混淆。因此，两种"同构化战略"的客观评价问题，实质上仍是地方政府的经济行为是否合理问题。"消极同构化战略"由于不是建立在市场机制的基础上，甚至运用政府干预去替代和排斥市场机制，其"政策边界"肯定远远窄于"市场边界"，原本应该完整、统一、竞争、有序的区域性市场体系就被分割得支离破碎。由于过度的行政干预，市场日益窄小、无序，此时又受短期市场需求驱动，必定妨碍了资源要素按照长远结构效益的重新配置，陷入"短期行为"之中，这就是"消极同构化战略"的本质缺陷所在。

（本文节选自《区域经济学新论》第三章，广东人民出版社1998年版）

区域经济差异与区域经济运行的关系

经济区域是社会化大生产和市场经济的产物。区域经济运行，是指一定经济区域内所有经济要素有序运动的总和。区域经济运行的基本要件应有：①以厂商、消费者为典型代表的区域经济活动的主体（这一条件与所有经济活动相同）；②以构成经济区域的空间经济单元（经济核心区、经济边缘区、要素流通网络）为依托；③以有限资源的地域间合理配置和产业间合理配置为基本内容；④以各种资源要素间和地域间、产业间的经济技术联系和交换关系为纽带。

一、区域经济运行的动因及一般表现模式

影响区域经济运行的因素主要包括社会生产力资源（资本、劳动力、技术、管理等）因素、自然资源因素、地理资源因素、历史资源因素、制度资源（体制与政策）因素等。我们可以很直观地看到上述各因素和区域经济运行之间是相关的，这些因素对区域经济运行主体的资源配置行为施加影响，造成各主体间的交易成本差异，从而造成区域间或区域内的经济利益差异。但即使是同一因素，也会由于资源禀赋程度或其他多种因素的交叉作用，导致所造成影响的方向发生变异甚至完全相反。这就需要我们在罗列出影响因素的同时，要努力寻找潜藏在多种影响要素和区域经济运行之间、区域经济发展和区域经济差距之间的表层相关后面的互动关系。

如上所述，区域经济运行过程，实际上就是由无数的供求主体在一定的空间地域内，通过要素流转网络对有限资源进行配置的过程。体制的、政策的、科技的、历史的、人文的因素对区域经济运行施加的影响，作用支点在区域资源要素的配置机制。区域生产力的发展，是区域资源要素得到合理配置的唯一标志。一区域已形成具有自身特色和比较优势的经济结构（主要是区域投资结构、产业结构和地区布局结构），是区域生产力发展的基本前提，也是判别资源要素配置是否合理的尺度。图1是区域经济运行过程的一般模式：

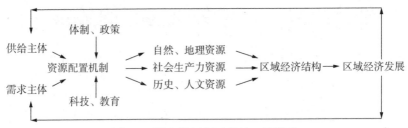

图1 区域经济运行过程的一般模式

从图1中可以看出，区域经济能否正常运行关键在于资源配置机制。许多有关区域经济发展理论的著述认为，区域经济差距主要来源于要素禀赋程度，某一区域的某一资源的禀赋率高于其他区域，这一区域就会因较多地占有并使用该要素而节省成本，从而获得相对优势。其实不尽然，首先，占有某种资源并不等于就能够使用该种资源；其次，能够使用某种资源也不等于就能够合理地使用该种资源。在本文中，读者将看到，广东某一区域的某种地理资源（如海岸线长度、某矿产蕴藏量），甚至资本、土地、劳动力资源的人均占有程度较高，但这些因素与区域经济的增长速度并不一定具有正相关关系。计划经济年代，我国中西部地区各主要资源的人均占有程度都比较高，其发展速度与所投入资源并不相称；改革开放以来，即使同在广东沿海，引入资金较多、人均占有资本量大的市县，发展并不一定比"左邻右舍"要快。而发展较快的地区，通常人均占有资源程度都是比较紧缺的。这就说明，区域经济的发展，固然与该区域的资源禀赋程度有关，但更重要的是与资源要素的结合方式有关，即与资源要素的配置机制和使用机制密切相关。深究其原因，一是在资源配置过程中存在着要素间的边际替代率递减趋势；二是在资源使用过程中存在着区域间利润平均化趋势。这两种趋势要求按特定区域的生产力发展水平，使各类资源要素形成合理的比例。而这两种趋势得以存在的前提，则是区域经济主体间的经济利益存在差异，使资源要素有必要并可以在区域内和区域间按照利润最大化的原则自由地流动。可见，此种资源配置机制，只存在于现代市场经济的条件下。换句话说，此种资源配置机制和使用机制，是市场机制的空间表现形态。在以小生产为典型形态的自然经济条件下，尽管区域经济主体之间存在经济利益差异，但供方与求方均被局限于狭小的空间地域内，要素与产品的流转非常有限，因而不可能产生区域间利润平均化的进程，资源要素的配置必然是不合理的；在高度集中的计划经济条件下，资源的供方和求方只体现于计划中心的"观念"中，计划部门既代表供方，又代表求方；既代表国民经济整体，又代表所有的各个区域。既然不存在具有相对独立利益的供方、求方，不存在具有相对独立利益差异的区域经济运行主体，根据利润最大化的原则对有限要素进行边际替代，根据利润平均化的原则确立各具特色的区域经济结构，就无从谈起。可以说，区域经济主体感受不到自身的经济利益差异，离开市场机制的区域资源配置机制，其配置后果必定是盲目的、低效率的。

现代市场经济条件下的区域经济运行过程，实质上就是无数的供方和求方构成的区域经济主体（亦即由无数厂商和居民户构成的市场主体），进行资源配置的过程。当区域内或区域外的一种或几种资源要素供求失衡时，价格机制的波动必然牵动市场主体（供方和求方）的利益机制，造成经济主体间的利益差异，使供方和求方按照利润最大化的原则，对资源重新进行配置。图2是关于市场机制对资源要素的空间配置过程的描述。

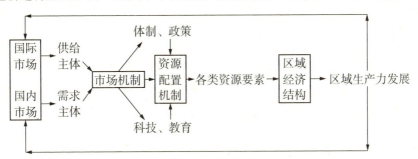

图2　市场经济条件下区域经济运行的一般模式

在图2中，市场机制对于资源配置的基础性作用被凸现出来。在符合市场机制要求的经济体制和经济政策下，市场有需求并且市场能供给的资源要素（人力的、物力的、财力的、制度的、技术的等等要素），才会寻找到区域经济结构中的最合理位置。换句话说，影响区域经济运行的因素有很多，但只有市场机制愿意接纳，通得过市场机制这个"栅栏"的因素，才能降低区域经济运行的成本，使该区域呈现出比较优势。反之，市场机制不认可的因素，投入得越多，该区域经济运行的成本就越高。改革开放以来，某些地方滋长的"开发区热""港口热"，就与这些地方的领导人离开市场供求关系，片面强调某一资源优势是分不开的。

二、区域经济差异：区域内利润最大化和区域间利润平均化过程的深层动因

图2表明，区域经济结构和市场机制为基础的资源配置机制之间，应该有一个连接二者的资源配置过程，研究这一过程的目的在于，通过描述区域经济的主体在市场机制的作用下，自发地介入资源配置后所产生的种种经济现象，对区域经济运行的动因做出更深入的说明。

开放的区域经济结构，是区域内外各经济主体间经济联系的总和。合理经济结构的形成过程，是市场机制作用下，区域内各经济主体谋求利润最大化和各经济区域间利润平均化的结果。而区域内部各产业间、各地带间的经济差异，是区域内部各经济主体追求利润最大化的根本动因。如前所述，区域内部的经济利益差异，来源于各地域间的生产要素禀赋程度的差异以及生产要素的结合程度的差异。资源要素的丰缺度是区域内部要素流通，从而形成区域内部各地带间贸易的原因。对各地带的资源要素禀赋程度差异的测量与评估，包括主要对区域内各地带的自然资源、地理资源、历史资源的占有程度差异的测量和评估，是本课题①一切研究的起点。生产要素的结合程度对区域经济结构和区域经济运行的影响，则更多地依赖于区域经济主体的能动性，亦即在资源要素禀赋程度业已既定的前提下，对有限的资源要素的合理配置与使用，应该是区域内部各市场主体在利润最大化准则下的理性行为。因此，区域内各地带间市场主体的发展程度、各类市场的发育程度差异，亦即该地带的市场化程度差异，是本课题的研究重点。

必须说明的是，本课题试图以贯穿始终的差异分析，来揭示区域经济运行的动因、过程、结果，揭示区域经济运行某一层面的规律性。但并不排除区域经济主体在谋求自身利润最大化的时候，客观上就开始了或继续了利润平均化的进程。也就是说，区域经济主体对利润最大化的追求过程同区域内外利润平均化的过程是并行不悖的。在区域内部，利润平均化进程表现为：各经济主体出于对利润最大化的追求，使有限的资源要素向不

---

① 本课题指"九五"国家哲学社会科学重点课题"广东区域经济梯度发展和地区差距研究"。

同产业倾斜配置，而由于区域内各地带资源要素禀赋程度差异的影响，区域内的产业结构会按照区域内各地带的经济发展梯度顺梯度分布，从而形成经济区域的核心地带和边缘地带。弗农的"空间产业推移理论"就据此说明了区域经济差异的对区域内产业结构形成与变化的影响。核心地带资源的短缺与高利润回报，吸引着大量的资源要素流入，由于所有微观的资源配置主体均以利润最大化为目标，有限资源要素在核心地带内部各产业间自由流动便是不言而喻的，因此核心地带内各产业间的利润平均化是首先实现的。同理，这一利润平均化进程也同时发生于边缘地带。在核心地带和边缘地带经济差异的推动下，核心地带集聚的资源要素超过了可承受程度，原来具有优势的产业群边际收益开始递减时，区域经济主体再次出于对利润最大化的追求，大量的资源要素以致成熟的产业群就会自动地向周边的边缘地带扩散，从而启动了区域内核心地带和边缘地带之间的利润平均化进程。J·弗里德曼的"核心区"与"边缘区"分阶段工业化和一体化理论就是对这一进程的描述。

  我国区域经济学者的研究表明，20世纪五六十年代，国家将投资重点放在中西部时，东部沿海地带与中西部的经济差距呈扩大态势；80年代以后国家投资重点向东部沿海地带之后，沿海和内地的经济差距反而呈缩小态势。这些态势表明，五六十年代对中西部的重工业投资，很大部分形成了沿海辽宁、上海等地的投资品需求，国家的投资效应漏出并被转移到沿海的生产资料生产基地，从而加剧了原已存在的沿海与内地间的经济差距。80年代以后随着我国市场化进程的加速，江苏、浙江、广东等东南沿海轻纺产业群的崛起，一定程度上压抑了辽、沪、京、津等重工业基地的发展速度，使区域间产业结构朝着合理方向调整，从而真正启动了区域间的利润平均化过程。如果我们将一国视为一个经济区域，将原已存在经济差异的各个区域视为类似"核心区"与"边缘区"的各个地带，那么，区域内部的工业化、市场化进程的所有理论，也可以用来解释各区域间的利润平均化和一国经济一体化的进程。因此，本课题将以J·弗里德曼的"核心—边缘"理论为指导，着重研究广东各经济地带所处的工业化发展阶段差异和广东经济一体化的趋势及对策。

  （节选自《区域经济梯度推移发展新探索》第一章，中国言实出版社2001年版）

区域经济梯度推移发展战略的
理论与实践

笔者曾对广东全省和各地带的经济发展历程,进行了总量的及时间序列的分析,并从历史的、现实的、经济的、文化的等侧面,对各地带间产生经济差异的动因进行了分析。呈现在我们面前一个不争的事实是,广东各地带间的发展差距正在迅速扩大,经济区域的核心区与边缘区之间的分野日益明显,已形成不同的经济发展梯级。本文将在对"梯度发展战略"的本来含义和区域经济实行"梯度发展战略"的必然性进行阐述的基础上,说明区域经济差距变动与"梯度发展战略"之间的内在联系。

一、区域经济梯度推移发展战略的理论说明

(一)区域经济梯度推移发展战略的理论渊源

"梯度"一词在自然地理学中,被用于说明海拔的某一等高线所环绕的一定空间地域。在埃德加·胡佛的《区域经济学导论》中,多次利用"梯度变化曲线"来描述不同空间地域间的地租、人口密度、土地利用、收入的变化轨迹。梯度推移发展战略就是从不同空间地域的不同区位特点出发,将发展重点放在经济优势最明显的区域,并以此依次确定区域经济的发展顺序。目前,我国区域经济学界对梯度推移发展战略的认识,更多的是从区域经济发展顺序和区域间产业结构的相互关系上着眼的。因此,许多学者将"空间产业推移理论"和缪尔达尔的"循环累积模型"视为梯度推移发展战略的理论基础。

空间产业推移理论的着眼点,不同于追求单个厂商的最优区位,也不同于寻找某个特定区域的比较优势,而是着眼于总体利益,通过对区域间产业分布及变动规律的分析,构筑总体的区域优势分工格局。空间产业推移理论将生产力布局理论与产业结构理论融为一体,试图以某一区域内产业结构变化为内因,说明更高层次上区域优势的空间推移过程。因此,这

一理论分析的逻辑起点应是区域内产业结构变化规律。

较早提出"空间产业推移"的，是美国的弗农等。弗农等认为，任何工业部门及其制成品，都会经历创新、发展、成熟、衰老四个阶段。处于创新阶段至发展阶段之间的工业部门，称为兴旺部门；处于发展阶段至成熟阶段之间的工业部门，称为停滞部门；处于成熟阶段至衰老阶段之间的工业部门，称为衰退部门。弗农的这些观点又被称为"工业生产生命循环阶段论"。

工业生产生命循环阶段论，已经较明确将创新活动视为空间产业推移的内在动因，建立在新技术、新的管理方式、新产品、新的产权制度基础上的"兴旺部门"（即新的产业部门），通常会生成和分布在经济技术梯度较高的空间地域，并成为这一区域的专业化主导产业。随着时间的推移，在创新因素的作用下，经济技术梯度较高区域的兴旺部门，会逐步蜕化为停滞、衰退部门，新的兴旺部门就会生成，而原来的兴旺部门，会按顺序向低梯度地区转移。

使空间产业转移得以顺利延续的关键，在于区域产业结构的先进、合理，而先进、合理的产业结构的形成，又取决于区域的主导专业化部门的定位及选择。在主导产业的牵动下，区域产业结构中各子系统协调发展，从而实现本区域产业结构"新陈代谢"。产业结构的合理化，客观上就要求宏观方面必须能动地将合理的产业政策空间化，使有限的资源要素更合理地配置。

空间产业推移理论得出的推论是，使空间产业转移得以顺利延续的关键，在于区域产业结构的先进、合理，而先进、合理的产业结构的形成，又取决于区域的主导专业化部门的定位及选择。在主导产业的牵动下，区域产业结构中各子系统协调发展，从而实现本区域产业结构"新陈代谢"。产业结构的合理化，客观上就要求宏观方面，必须能动地将合理的产业政策空间化，使有限的资源要素更合理地配置。这就要求宏观经济主体在制定区域政策和区域经济发展战略时，必须将每一区域的产业结构的升级优化与区域间的有限资源合理配置有机地结合起来。

有的学者认为，从高到低按梯度使"工业区位向下层渗透"的现象，只是一种静态的理论，这种理论是为维护富国更富、穷国更穷的资本主义经济秩序服务的。缪尔达尔的"循环累积模型"恰好揭示了"资本主义发展必然会加强两极分化的规律"。因此，"在资本主义市场力的作用下，根本不存在自动缩小地区差别的均衡机制""要缩小地区差别唯一切实可行的办法是加强国家干预"。其实，姑且不说"资本主义市场力"这一概念能否成立，在空间产业推移理论中，已经蕴涵着对梯度推移发展的动态理解。首先是在对"梯度"的判别上，"梯度"高低并不是简单的笼统的地理划分，产业梯度推移的大趋势不会改变，但并不排除在某些局部会出现跳跃式转移的可能。所以，"梯度"高的空间地域，可能是一个相对完整的地区或地带，也可能是某一地带中的城市或城市群。其次，缪尔达尔的理论比较详细地分析了极化效应、扩展效应和回流效应三种力量的相互作用，得出了极化效应为主、回流效应次之、扩展效应再次之，三种力量的综合作用，会扩大地区差别的结论。缪尔达尔的理论对"二战"以后不合理的国际经济格局形成的动因和变化的趋势，做出了比较贴近实际的解释。这里要深究的是，极化效应的作用明显大于扩展效应的现象，是"二战"以来特有的，还是梯度发展的一般规律？是国与国之间所特有的，还是在所有区域间都必然出现的？我们一方面看到西方发达国家确实还在发挥着极强烈的极化效应，但也看到一部分发展中国家，靠自己的努力，也靠发达国家提供的资金和市场（对这些发展中国家来说，是资金和市场"两头在外"），而获得比发达国家更快的发展速度，局部地改变了世界经济格局。20世纪60年代到90年代上半叶，东亚国家的崛起，就是众所周知的范例。另一方面，我们也看到，"二战"以后由于各主要的发达国家工业化进程普遍进入成熟期，国内高梯度地区极化效应和扩展效应是并驾齐驱的，一定期间甚至是扩展效应占据主导地位，区域间的经济差距迅速缩小。美加五大湖城市带、日本太平洋城市带、西欧莱茵河沿岸城市带的出现，近年来欧美一些地区特大都市区渐具雏形，都是原来的大城市中心区人口、资源向郊区扩散，卫星城市和小城镇蓬勃发展的结果。80年代下半叶以后，区域一体化浪潮席卷欧洲、北美，区域性经济同盟方兴未艾，各发达国家开始着手解决国与国之间的经济差距，以谋求同盟的整体最大效益。可见，在工业化的一定发展阶段，高梯度地区的扩展效应是起着主导作用的，缪尔达尔的"循环累积模型"只在一定程度上适用于对区域经济梯度推移发展的说明。

梯度推移发展战略与空间产业推移理论密切相关，可以说，空间产业推移理论是梯度推移发展战略赖以成立的理论依据之一。梯度推移发展战略和空间产业推移理论之间的不同如下：

（1）空间的产业推移是普遍存在于区域经济发展过程的一种客观的经济现象，梯度推移发展战略是若干种区域经济发展战略中的一种战略，是区域经济非均衡发展战略的主要表现形式。

（2）空间产业推移理论是对区域间产业结构变化升级规律的一种归纳和描述，梯度推移发展战略是对空间推移发展理论的应用，但梯度推移发展战略的制定和形成还必须同时应用多种区域开发战略。

（3）空间产业推移理论形成与描述的主体是多样的，可能是区域经济的实践者，也可能是区域经济的研究者，梯度推移发展战略制定和实施的主体则是明确的，只能是中央政府和各级地方政府。

（二）梯度推移发展战略的本义辨识

通常对梯度推移发展战略的理解，包含以下几个要点：

（1）所有国家和地区都处在一定的经济发展梯度上，经济发展水平的差距是区域间经济梯度的重要基准。

（2）按照经济梯度亦即按照经济发展水平由高向低推移是经济区域开发的基本顺序。

（3）生产力要素由中心城市向中小城镇进而向农村推移、由工业地带向农业地带推移、由发达地区向次发达地区进而向不发达地区推移，是区域经济梯度推移发展的一般形式。

（4）在"梯度推移发展战略"中，按经济梯度发展是"梯度推移"的结果，按经济梯度配置资源要素则是"梯度推移"的前提。

基于上述对"梯度推移发展战略"的理解，"梯度推移发展战略"的实施往往被认为必须将资源配置重点首先向中心城市、工业化地带和发达地区倾斜，而战略实施的后果往往被认为是发达地区"富者更富"，不发达地区"穷者更穷"，区域内部的经济差距越发扩大。这里对"梯度推移发展战略"的理解涉及四个问题：一是如何理解"经济发展梯度"，是否能以经济技术水平作为区分经济梯度的标准？二是怎样理解创新能力与要素集聚、产业集聚的关系？技术创新能力是否为区域经济梯度发展的根本动因？三是按经济梯度配置资源和按经济梯度发展是否存在必然的因果关系？四是经济梯度发展是否肯定导致区域间经济差距不断扩大，并最终走向两极分化？理论上弄清楚这些问题，有助于把握梯度推移发展战略的含义、机制和作用方式。我们对上述问题的认识是：

第一，经济技术水平无疑是区分经济发展梯度的重要尺度，但不是唯一的尺度。因为经济发展梯度高低的标准，立足点在发展，即不单着眼于现状，还要着眼于未来，着眼于资源重新配置的预期收益。通常情况下，经济技术水平越高的空间地域，经济发展就越有条件。但资源要素的重新配置到发挥效能，存在一个时滞过程，而经济技术水平的高低也是相对于一定的时间和空间而言的，当时间或空间发生变化时，原有的经济技术条件可能进一步改善，也可能劣化甚至消失。这样，本期资源要素的重新配置，并不一定能带来最大的预期收益。因此，不宜把"经济技术水平"完全等同于经济发展梯度。

第二，导致资源要素和产业在高经济发展梯度区域集聚的动因，是多个因素共同构成的合力，与周边地域相比，经济发展梯度较高的地域，应基本具备以下条件：①资源要素的齐备程度较高，即形成现实生产力的因素已达到一定规模、数量、质量和品种，该地域具备一定的吸聚区域外资源要素流入的引力。②资源要素的利用程度较高，即在基本同等的资源要素条件下，能产出更多的产品和劳务，表明该地域应具有较强的技术应用和技术创新能力。③资源要素的协调程度较高，即在该地域配置的各种资源要素已形成了基本合理和稳定的经济技术联系，表明该地域的微观和宏观经济主体，已具有实行理性的规范的管理能力。④资源要素的流转程度较高，就要求该区域已具有较通畅的要素流通渠道和较大规模的要素流通中心，较强的市场压力使流入和流出该区域的资源要素的数量较大、频率较高。同时，具备了资源引力、科技动力、管理能力和市场压力的地域，也是市场机制较容易发挥作用，从而使资源要素的空间配置和使用获得最大收益。在这些经济发展梯度较高的地域集中地配置资源，有利于迅速形成推动区域经济发展的合力。

第三，在上述四个影响区域性要素集聚和产业集聚的主要因素中，哪一个是决定性的因素呢？正如笔者反复强调的，在区域经济运行的诸动因相互关系中，发生决定性影响的因素是市场机制，自然的、地理的、历史的、社会的因素必须通过对市场机制施加影响，才能对区域经济运行施加影响。凡能使市场机制完整地正常地发挥资源配置功能的因素，就可以对区域经济运行发挥良性的影响作用。凡扭曲了供求关系，使价格机制和竞争机制无法正常地发挥资源配置功能的因素（尤其是社会的、历史的因素）都会给区域经济运行造成负面影响；凡对供求关系不发生任何影响的因素，也不能对区域经济运行施加任何影响。在"空间产业推移理论"中，"技术创新"被视为要素与产业集聚的重要动因，在新一轮技术革命席卷世界的今天，许多著述将"技术创新"因素看作搭上"知识经济"时代快车，创造经济起飞奇迹的首要条件。这里有必要对"技术创新"的定义和作用部位作一说明。国外经济理论认为，所谓"创新"，就必须引进新的生产函数，是"企业家对生产要素新的结合"。而"技术创新"的作用力，必须施加在"中间需求"上，即在新投入或新配置的资本、劳动、土地和中间产品的创新上，才可能引进新产品或提供一种产品的新质量；才可能采用新的企业组织形式，获得一种原料或半成品的新的供给来源，最终开辟一个新的市场。① 可见，投入要素与生产组织形式的质的改变，才是提高社会生产能力的新的源头。生产能力质的飞跃，会首先表现为"中间需求"的变化，即投入要素和中间产品已含有较高的技术含量。从这个角度上看，技术创新是一个涵盖面相当宽泛的概念，新产品、新资源、新方法，均属于"技术创新"的具体内容。再继续深究下去，为什么要增加"中间需求"的技术含量，为什么要在生产过程中应用新产品、新资源、新方法，最终都是为了开辟新市场。只有利润最大化原则和规模收益原则，才是选择应否"技术创新"和采用何种方式、何种程度"技术创新"的基准。也就是说，技术上的创新，必须建立在一定的资源要素基础上和物质生产过程、管理过程之上。将这一推论应用到区域经济分析和制定区域经济发展战略中来，就要求在市场机制发育最完善的地域密集地配置各种资源，包括对区域经济内年增长起着直接推动作用的技术要素。只有市场机制发育程度较高的地域，才是较具发展潜力的地域，才是经济发展梯度较高的地域。因此，在影响要素集聚和产业集聚的诸因素中，市场机制是决定性的因素。根据市场供求关系来确定资源配置的地域、规模，是制定梯度发展战略的基本要求。

第四，通常情况下，按区域经济发展梯度配置资源要素，即实行区域经济梯度发展战略，会促使区域经济发展。但按经济发展梯度配置资源和区域经济的梯度发展不一定存在必然联系。为了比较清晰地说明这个问题，有必要剖析要素集聚和产业集聚的相互关系。在J·弗里德曼的"核

---

① 参见罗志如等著《当代西方经济学史》（下册），北京大学出版社1995年版，第565～566页。

心—边缘"理论中,区域的工业化进程被划分成两个阶段,工业化初期阶段,即一区域工业化的"起步"和"起飞"阶段,区域内外的资源要素是由经济梯度较低的边缘区流向经济发展梯度较高的核心区,此时在核心区会崛起以工业为支柱产业的产业群,核心区进入一个要素集聚和产业集聚的双重集聚过程。在工业化的成熟期,核心区的资源要素流向边缘区,原来的产业群中受边际收益递减规律影响较大的产业(主要应是劳动密集型的工业产业)开始有选择地扩散到经济发展梯度较低的边缘区,这一过程对边缘区来说,是要素回流、工业产业群开始集聚和形成的过程。对核心区来说,则可能出现三种前景:一是带有更高技术含量的新产业群的出现,原来的核心区仍保持主导地位。二是新兴的工业产业群在本区域经济梯度较高的部分边缘区形成,区域原核心区工业产业群外迁,第三产业成为支柱产业,原核心区继续充当本区域流通中心、金融中心的角色,但其主导功能有所减弱。三是区域的第三产业群随着新兴工业群在边缘区聚集,原核心区走向衰落。这三种情况在西方国家的城市化及工业化进程中均不鲜见。当然,如果宏观方面经济政策、经济措施得当,区域经济运行会趋于一体化;如果让政策和措施不得当,或完全让"看不见的手"主宰资源要素的空间配置,原核心区可能与边缘区相互换位,区域间经济差距不断扩大。可见,按经济发展梯度配置资源要素。要获得区域经济按梯度发展的对应效果,还要看该区域正处于工业化进程(产业结构升级进程)的哪一个阶段。因此,一区域中的核心区和边缘区,在工业化起飞阶段,可以近似地视为两个经济发展梯度高低不同的地域;但在工业化成熟期和区域经济一体化阶段,对经济发展梯度高低的判别标准,更侧重于未来的发展潜力。只有动态地理解和判别经济发展梯度,才能正确地解释部分边缘区超越原来的核心区快速发展和区域经济一体化的现实。

第五,正如马克思指出的:"一切发达的、以商品交换为媒介的分工的基础,都是城乡的分离。可以说,社会的全部经济史,都概括为这种对立的运动。"① 应该说,在区域工业化进入成熟期之后,区域经济的发展重心(以资源要素空间配置的地域变更和调整为主要标志),会由中心城市向中小城镇进而向农村推移、由工业地带向农业地带推移、由发达地区

---

① 马克思:《资本论》(第一卷),人民出版社 1975 年版,第 390 页。

向次发达地区进而向不发达地区推移,这是区域经济梯度推移发展的一般形式。在制定和实施区域经济梯度推移发展战略时,要注意避免对这一一般模式作绝对化的理解,既要防止出现忽略一定的时空条件,超越发展阶段过早地扩散核心区生产力要素的倾向;也要防止消极等待,被动依赖核心城市要素推移和产业推移的倾向。

(三) 非均衡发展战略和梯度推移发展战略

第二次世界大战以后,发展经济学界对"非均衡发展战略"的讨论,是与对罗森斯坦·罗丹的"大推进"理论的评价同时展开的。讨论一开始仅限于发展中国家实现工业化的产业结构体系转换问题,并未涉及区域间资源配置问题。应该说,主张各个工业部门"大推进"的平衡发展战略,也是承认产业结构间的不平衡发展状态,也承认工业化进程存在由低到高的不同发展阶段的。这一战略着眼于"供给创造需求",即寄希望于各产业部门间的均衡发展,使充分供给达致最大,从而拉动总体经济发展。这一战略据称在发达市场经济国家得到验证,但"二战"后各主要发展中国家对"大推进"战略的试验,效果却普遍不尽人意。究其根源,一是发展中国家的储蓄率十分有限,实施"大推进"战略的"大投资"缺口很大,宏观方面又缺乏必要的经济手段和财政实力,根本无法保证产业结构均衡发展。二是为实现产业结构均衡发展目标而向原瓶颈部门(通常是重工业和基础部门)集中投资所形成的供给能力,由于发展中国家的市场发育程度较低,产业间平衡发展的关联效应只能主要依靠政府来维持。政府为了继续坚持"大推进"战略,加快重工业化步伐,当然不愿意通过发展轻工业来扩大对重工业的需求,这样,有限的资源要素就更大规模地投入重工业和基础部门,创造出重工业品的有效需求不断扩大的假象。事实表明,"大推进"战略是不适合于发展中国家的。

对非均衡发展战略和"大推进"战略的争论,似乎一开始并没有涉及区域经济领域,其实不然。非均衡发展战略同样以确认产业结构间的不平衡发展状态为前提,但非均衡发展战略并不以各产业间的总量平衡为目标,而是以结构效应最大化为目标。理论上认为,非均衡发展战略可以通过密集地向主导产业配置资源,发挥主导产业较强的关联效应和扩散效用,从而拉动整个产业结构的升级。非均衡发展战略在实际工作中得到普遍运用,则是因为"大推进"战略在发展中国家的实践效果确实不佳,不单不能使各产业均衡推进,而且形成了严重制约经济发展的"瓶颈部门",不集中力量突破"瓶颈",资源配置和使用就仍然是低效的。因此,不少发展中国家自觉或不自觉地采用了非均衡发展战略。20世纪60年代以来,东亚新兴工业国家的崛起,就是有力的佐证。

产业结构上的非均衡发展战略的推行,实际上也是区域的非均衡发展战略的推行,因为产业结构中主导产业的关联效应的发挥,必然在空间地域上表现为主导产业的扩散,表现为区域间资源要素的非均衡配置。因此,产业结构的非均衡发展战略和区域经济的非均衡发展战略,是直接同一的,是对同一经济发展战略不同角度的描述。本文所介绍的"增长极"理论、"点—轴"开发理论、"倒U"理论,均可视为区域的非均衡发展战略的理论依据,这些理论正确地说明了在特定空间地域密集配置资源的必要性及方法。建立于"空间产业推移理论"之上的"梯度推移发展战略",不单说明了区域间均衡配置资源的缺陷,而且正确地说明了区域产业结构优化升级和区域经济一体化之间的关系。从这个意义上讲,梯度推移发展战略是非均衡发展战略的一般表现形式。

我们认为,梯度推移发展战略配置资源的机制,反映着区域经济发展规律的客观要求,既适用于经济发达地区,也适用于经济次发达地区和经济不发达地区;既适用于区域工业化的起步、起飞时期,适用于对区域核心区极化过程的解释,又适用于区域工业化的成熟时期,适用于对区域核心区要素扩散效应和次核心区形成过程的解释,还适用于对空间经济一体化时期要素全方位流动的解释。几乎所有国家区域经济的成功发展,都可以追溯到按经济发展梯度配置资源。因此,笔者将借助区域经济非均衡发展理论,特别是借助梯度推移发展战略,对广东省区域经济的不平衡增长状态进行剖析。

二、区域经济梯度推移发展战略的实践

(一) 发达国家区域经济发展战略的共同点

第一,国家的区域经济政策以市场运行规则为基础,着重对落后地区的交通、通讯外部环境的改善,以经济手段为主,行政手段为辅。

第二,以运用财政手段为主,通过财政拨款、财政转移,结合税收优

惠进行,重视对技术水平的提高。

第三,设立专门的区域经济发展机构,注意协调中央与地方政府的关系,发挥地方政府的积极性。

第四,以立法的形式保证区域政策的实施,保持政策的连贯性,政策具有硬约束。

第五,从一个较长的过程看,所谓的"逆梯度"战略,实际上只是梯度推移发展战略的延伸,发达地区对落后地区的经济促进,一方面通过产业的空间梯级推移,与发达地区形成垂直的产业分工关系;另一方面通过以点带面,分类重点扶持的方式,在落后地区内按梯度推移原则,培育二级核心区,带动周边地区发展。因此,我们认为,在市场经济条件下,并不存在纯粹的"逆梯度"发展战略。

(二)我国实行"均衡发展"战略和梯度推移发展战略的比较分析

中华人民共和国建立以来,区域经济政策经历过两次大的演化。1978年之前实行的是以均衡发展为目标的区域经济政策,而1979年后实行的是梯度推移的区域经济政策。不同的区域经济政策实施,表现出不同的经济发展效果。

新中国成立之初,中国的近代工业绝大部分分布在沿海地带,这种布局是与1949年以前的半封建半殖民地社会性质相适应的,但是从市场指向布局原则看,大致上仍是合理的(见表1)。新中国建立后,一方面出于对沿海地带经济安全的考虑,更重要的是出于尽早缩小沿海与内地的经济差距,尽快实施以重工业化为特征的"赶超发展战略"的考虑,在大陆完全解放和国民经济基本恢复之后,国家开始实行对中西部地区倾斜的区域发展战略。1952年开始实施的第一个五年国民经济计划时,694个大型工业项目中的472个放在内地,基本建设投资总额中内地占了53.3%。这种局面一直延续到1978年之后。(见表2)

表1　1949年各区域工业总产值比较　　（单位：亿元）

区域	工业总产值	区域	工业总产值	区域	工业总产值
北京	1.70	浙江	5.56	四川	7.31
天津	6.93	安徽	3.40	贵州	2.14
河北	6.04	福建	2.45*	云南	1.86
山西	2.17	江西	2.14	陕西	2.77
内蒙古	0.69	山东	9.15	甘肃	1.31
辽宁	11.91	河南	2.94	青海	0.19
吉林	3.77	湖北	4.79	宁夏	0.12
黑龙江	7.53	湖南	3.18	新疆	0.80
上海	35.06	广东	7.58		
江苏	15.16	广西	2.20*		

注：资料来源于《全国各省、自治区、直辖市历史资料汇编（1949—1989）》，中国统计出版社1990年版。缺西藏、海南二省。带"*"号的数据为1950年。

表2　1953—1978年基本建设新增固定资产　　（单位：亿元）

区域	指标	区域	指标	区域	指标
北京	—	浙江	57.18	四川	293.34
天津	74.08	安徽	89.71	贵州	76.88
河北	135.57	福建	52.05	云南	105.86
山西	120.95	江西	71.10	陕西	146.78
内蒙古	102.73	山东	148.39	甘肃	114.73
辽宁	249.11	河南	153.58	青海	37.46
吉林	122.35	湖北	161.07	宁夏	21.06
黑龙江	195.23	湖南	114.83	新疆	74.72
上海	172.50	广东	122.64		
江苏	108.21	广西	60.82		

注：资料来源于《中国各省、自治区、直辖市历史统计资料汇编（1949—1989）》，中国统计出版社1990年版。缺海南、西藏统计资料。基本建设新增固定资产为全民所有单位。

从表 2 中可以见到，1953—1978 年间，在 3833 亿元的全民单位基本建设新增固定资产中，沿海仅占 23.74%，内地占 76.26%。内地在"一五""二五"时期，主要是围绕钢铁、有色金属、大型水电站等进行城市基地建设，成果显著。但 1958 年开始的"大跃进"打乱了原定的部署，被迫在 1960—1962 年进行经济调整。"三五"、"四五"期间，国民经济建设围绕备战进行，突出国防建设，投资更是进一步向内地倾斜。"三五"时期，内地的基本建设投资占全国基本建设投资总额的 66.8%，随着沿海地区陆续发现一批油田，"四五"时期内地占全国基本建设投资总额的份额才有所下降，但仍达 53.3%。

表3　1978年国内生产总值和人均国民收入

区域	国内生产总值（亿元）	人均国民收入（元）	区域	国内生产总值（亿元）	人均国民收入（元）
北京	108.80	1057	山东	229.10	273
天津	82.65	1049	河南	162.92	205
河北	183.06	315	湖北	151.00	297
山西	87.99	282	湖南	146.99	248
内蒙古	56.05	257	广东	184.73	322
辽宁	223.20	610	广西	75.95	189
吉林	71.07*	330	四川	230.28	212
黑龙江	173.25	438	贵州	46.62	156
上海	272.81	2247	云南	69.06	203
江苏	249.24	359	陕西	81.33	256
浙江	122.54	290	甘肃	64.73	292
安徽	112.91	222	青海	15.54	330
福建	66.37	236	宁夏	12.42	282
江西	87.00	243	新疆	38.53	273

注：资料来源于《中国各省、自治区、直辖市历史统计资料汇编（1949—1989）》，中国统计出版社 1990 年版。缺海南、西藏统计资料。基本建设新增固定资产为全民所有单位。

均衡发展的区域发展战略的实施，缩小了区域间的经济发展差距（见表3）。到1978年，中西部地区工业产值占全国比重达39.1%，比1952年上升了9个百分点。但固定资产原值却从1952年的28%上升为56.1%。可见，向内地倾斜的大规模投资换来的却是较低的产出，也就是说，内地的基本建设投资效率、固定资产产出率远远低于沿海地带。这一期间，中西部地区发展速度明显增快，但缩小区域差距的目标没有实现。如表3推算，1950年东部、中部、西部之间的人均国民收入之比为1：0.78：0.64，1978年为1：0.6：0.56，尽管沿海和内地的经济差距实际上还在扩大，但也必须确认，"均衡发展战略"已起到减缓差距迅速扩大的趋势。当然，这一期间迈向"区域公平"是以牺牲沿海的发展效率为代价的。

1978年中共十一届三中全会上，邓小平提出，"在经济政策上，我认为允许一部分地区、一部分企业、一部分工人农民，由于辛勤努力成绩大而收入多一些，生活先好起来"。改革开放的春风也吹进区域经济领域，国家开始区域经济发展战略的重心由区域间均衡发展转向注意追求发展速度和经济效益，推行向沿海倾斜的区域经济梯度推移发展战略。1979年起，国家首先在深圳、珠海、厦门、汕头建立经济特区；1984年5月进一步开放大连、天津、上海、湛江等14个沿海港口城市；1985年3月，将长江三角洲、珠江三角洲、厦门—漳州—泉州三角洲划为沿海开放区；1987年年底沿海开放区扩大到辽东半岛、山东半岛等区域；1988年4月海南建省，建立中国最大的经济特区；1990年，决定开放开发上海浦东新区；1992年，邓小平比较完整地表述了他的区域发展思想："一部分地区有条件先发展起来，一部分地区发展慢点，先发展地区带动后发展的地区，最终达到共同富裕。"1994年以后，对沿江、沿边和一些重要省份城市实行开放地区政策，并建立大批的经济技术开发区，原来对沿海倾斜的政策已经"泛化"，在发行国家特种债券、增加财政转移支付、优先安排基础设施和资源开发项目等方面，开始采取向内地倾斜的政策。此种从点到面，由沿海到内地逐步推移的方式，成功地推动国民经济和各区域经济与国际市场接轨。为了解决沿海和内地的经济差距，邓小平指出："可以设想，在本世纪末达到小康水平的时候，就要突出解决这个问题。到那个时候，发达地区要继续发展，并通过多交利税和技术转让等方式大力支持不发达地区。不发达地区又大都是拥有丰富资源的地区，发展潜力是很大的。"1999年,中央做出了西部大开发的决策,并付诸实施。

20世纪70年代末实行的梯度推移发展战略,突出地表现为基本建设投资的重心一定程度上向沿海倾斜(见表4)。1981年至1998年,沿海基本建设新增固定资产为4152.57亿元,内地为4508.08亿元,沿海占47.95%,内地占52.05%。其间,1981—1985年沿海地区为47.7%,比"五五"计划期间上升5.5个百分点。1986—1989年沿海地区为52.5%、1990年为50.9%、1991年为48.7%、1992年为50.2%。1994年以后,国家重新加大对中西部的交通、能源和原材料的投入,如三峡大坝、塔里木油田、神府东胜煤田、南昆铁路、欧亚大陆桥等一批大型项目,先后开工,沿海地区基本建设投资在全国所占的比重又开始回落。就数字上看,沿海和内地的基建投入的差距,并不像一般想象的那么大,但如果考虑到80年代末期和90年代初期国内资金拆借市场的失控状态,沿海基本建设的实际投入,会更大一些。

表4 1981—1998年基本建设新增固定资产

(单位:亿元)

区域	指标	区域	指标	区域	指标
北京	392.16	安徽	240.76	四川	510.77
天津	246.27	福建	334.94	贵州	117.14
河北	524.48	江西	166.93	云南	288.82
山西	243.49	海南	—	陕西	238.29
内蒙古	164.33	西藏	34.24	甘肃	150.11
辽宁	411.96	山东	623.11	青海	67.06
吉林	191.61	河南	499.09	宁夏	56.54
黑龙江	283.99	湖北	496.60	新疆	320.61
上海	813.35	湖南	294.09	重庆	—
江苏	695.17	广东	1008.12		
浙江	610.36	广西	233.70		

数据来源:《中国统计年鉴》1981年第306页,1999年第63页、第65页、第194页,其中海南1988年建省,重庆1999年建市,忽略不计;1981年统计对象为全民所有制。

表5 1998年国内生产总值和人均国内生产总值

(单位：亿元)

区域	国内生产总值	人均国内生产总值	区域	国内生产总值	人均国内生产总值
北京	2011.31	18482	山东	7162.20	8120
天津	1336.38	14808	河南	4356.60	4712
河北	4256.01	6525	湖北	3704.21	6300
山西	1601.11	5040	湖南	3211.40	4953
内蒙古	1192.29	5068	广东	7919.12	11143
辽宁	3881.73	9333	广西	1903.04	4076
吉林	1557.78	5916	四川	3580.26	4339
黑龙江	2832.84	7544	贵州	841.88	2342
上海	3688.20	28253	云南	1793.90	4355
江苏	7199.95	10021	陕西	1381.53	3834
浙江	4987.50	11247	甘肃	869.75	3456
安徽	2805.45	4576	青海	220.16	4376
福建	3330.18	10369	宁夏	227.46	4270
江西	1581.98	4484	新疆	1116.67	6229
海南	438.92	6022	重庆	1429.26	4684
西藏	91.18	3716			

数据来源：《中国统计年鉴》1981年第306页，1999年第63页、第65页、第194页，其中海南1988年建省，重庆1999年建市，忽略不计；1981年统计对象为全民所有制。

先向沿海倾斜，再推动内地发展的梯度推移战略实行以来，使我国经济格局呈现出新的局面（见表5）。1979年至1992年，我国国内生产总值年均增长速度为9.0%，工业总产值增长速度为13%。1992年至1996年，我国国内生产总值年均增长12.1%，原定2000年比1980年翻两番的战略目标，已经提早五年实现。可见，从宏观经济指标着眼，梯度推移战略的投资效果大大优于均衡发展战略。但在梯度推移战略的实施中，沿海和内地间的经济差距也迅速扩大，1993年是梯度推移战略向沿海地带倾斜的最后一年，这一年我国国内生产总值突破3万亿元，增长速度为13.4%。其中13个省、市、区达到或超过全国平均增长速度，浙江、福建、山东、广东、海南等东部沿海省份增长速度高达20%以上，而中西部绝大部分省份则在10%以下。这一年江苏、浙江、福建、山东、广东、海南6省的工业总产值增长速度均在31%以上，而内陆绝大多数省区在15%以下，在全国工业高速增长的情况下，内地工业发展相对滞后，是区域间发展速度差异的重要原因。1993年东部、中部、西部地区人均国民收入相对比值，由1979年的1∶0.60∶0.56扩大为1∶0.58∶0.50；东西部之间的人均国民收入绝对差距，1978年为106元，1992年达到1164元。

（三）梯度推移战略适合于任何经济空间

在本文中，我们从理论上说明了梯度推移战略是区域经济非均衡发展战略的一般表现形式，而非均衡发展战略则是任何经济主体在现实的区域经济运行中必然做出的选择。我们认为，梯度推移发展战略配置资源的机制，反映着区域经济发展规律的客观要求，既适用于经济发达地区，也适用于经济次发达地区和经济不发达地区，同时适用于区域工业化进程的任何阶段。所以，梯度推移战略应能适合于任何经济空间。

在本文中，我们还借助弗农的"空间产业推移理论"和J·弗里德曼的"核心—边缘"理论，通过对罗丹的"大推进"理论的剖析，说明了均衡发展战略中难以付诸实施的原因，进而说明了技术创新对产业结构升级、对产业结构空间集聚的关系，说明按照经济发展梯度（并不等于现实的经济发展水平）集中配置资源的必然性。

对1979年以来我国实行的梯度发展战略，学术界一直存在着不同看法。持批评意见者的主要观点有：①将东部、中部、西部分为三大经济地带，过于简单粗糙，其实中西部有不少地方比东部的许多地方更发达，不加区别地只向东部倾斜，会抑制中西部发展。②自然资源禀赋比较密集的中西部地区，可以实行"赶越式发展战略"，即通过采掘工业、冶金工业"跨越东部"直接利用先进技术，跳跃式地前进，赶上和超过东部地区。③20世纪以来，西方发达国家意识到"梯度发展战略"的缺陷，纷纷采取"逆梯度发展战略"，加快落后地区发展，效果显著。

上述观点集中出现于20世纪80年代中后期，学术界曾就这个问题展开了热烈的讨论。在"梯度发展战略"已经实施了十几年，开发大西部的战略已开始启动的今天，人们可以占有更多的实际材料，也可以更客观地来看待"梯度发展战略"的利弊得失。对"梯度发展战略"的不同评价，似乎源于对"梯度发展战略"的不同理解。

（1）我们认为"梯度发展战略"适合于任何经济空间，前提是任何资源的合理配置，都必须遵从规模收益原则和边际收益递减规律，把中国视为一个经济空间，或把东部、中部、西部各自视为一个经济空间，在每一经济区域内部，都必须按照经济梯度来配置资源，谁都躲避不了市场机制的内在约束，这是任何投资者都无法漠视的现实。因此，只要在市场经济的条件下，梯度发展就是投资者的必然选择。我国十几年来实施"梯度发展战略"的实际材料，西方发达国家向落后地区倾斜的区域发展战略，也证明了要使有限资源得到合理配置，只能让各种条件比较齐备，包括具有较强发展潜力的地域优先发展。

（2）我国的"梯度发展战略"并不像十几年前的理解那样，简单地向所有沿海地带倾斜。改革开放的深化，市场经济体制的逐步建立，就注定基本建设投资的投向越来越符合效益原则的要求。1979 年至 1998 年，沿海的基建投资始终浮动在 45%～55%，而不像计划经济时期，将投资的 76% 向内地倾斜，就是明显的例证。一方面说明沿海的项目也是配置在经济梯度较高的地带；另一方面说明内地的能源、交通、农业、资源开发等项目，也得到兼顾，同样有 45%～55% 的基本建设投资，被配置在内地经济梯度较高的地带。可见，市场机制的发育程度与梯度发展战略的贯彻落实程度是同步的。

（3）中央向沿海地带实行政策倾斜，并不是简单的"一边倒""一刀切"。以广东为例，有些政策是面向全省的，如财政包干政策等，以利于各级政府集中资金，改善基础设施和启动投资；更多的政策是面向不同地区并分阶段予以调整，如经济特区、经济技术开发区、珠江三角洲工业卫星城镇、沿海经济地带、50 个山区县，每一时期赋予的政策都各不相同，保证了广东各地改革开放的有序展开和不断深化。

（4）50 年代至 70 年代实行的"均衡发展战略"，是与产业结构上的"赶超战略"相对应的，是计划经济体制下同一资源配置过程的两个侧面。这一期间安排在内地的采掘、冶金等项目，就当时而言的技术水平不可谓不高，为什么没能实现"赶超"和"超常规"发展的目标呢？根子在于这些项目的确定是计划经济体制的产物，在多方面条件并不具备的情况下，"嵌入"低梯度地区的少数技术水平较高的工业项目，并不能与整个区域的其他生产力要素起"交融"和带动作用。而1999年中央的"西部大开发"战略，基本原则是量力而行、因地制宜、突出重点、讲求效益；具体开发思路是优先加强水、电、路、通讯和教育等基础设施建设，大力搞好生态环境维护工程，重点调整经济结构，发展比较有优势的产业和产品的生产。经济开发应以沿江、沿线、沿边地区为主，把这些地区建设成为西部地区主要经济增长点和增长带，以此带动整个西部地区的发展。可见，国家在"西部大开发"中，不会再重蹈"赶超战略"的覆辙，主要是通过改善西部地区的投资环境，提升其发展梯度。具体上何产业和项目，留待市场机制来选择和决定。即使在整个西部地区，也必须正视"三沿"的经济发展梯度高于其他地区的现实，将这些地区作为投资重点，培育成新的经济增长极。

（5）西方发达国家向落后地区倾斜的区域战略，是其数百年来实行"非均衡发展战略"的延伸，是生产力高度发展前提下实现空间经济一体化的要求。此时的经济梯度是以是否具有新的投资需求为标志的，次发达或不发达地区，也就是具有潜在发展空间的、经济梯度较高的地区。我国还处于社会主义初级阶段，国家还不可能在短期内集中巨大资金，来解决中西部发展问题。我国的工业化仅处于起步阶段，远未达到成熟阶段，更未达到空间一体化阶段。因此，我国开发大西部的目标、步骤、方式，都要符合本国国情，不宜照搬西方的模式。

（节选自《区域经济梯度推移发展新探索》第五章，中国言实出版社2001年版）

后工业化时期产业和人口的双重再集聚
——英国区域政策变化趋势及其对广东的启示

实现区域间协调发展是区域公共管理的重要目标，区域政策是政府根据区域差异而制定的促使资源在空间上的优化配置，协调区际之间关系的一系列政策的总和。英国是西方发达国家中较早制定和推进区域政策的国家之一，也是区域政策比较连贯和完整的国家之一。研究英国的区域政策变迁走向，寻找英国区域政策调整的依据，对于处于工业化成长期的中国，对于已经进入工业化中期阶段的广东，很有借鉴意义。

一、英国区域政策的变化轨迹

（一）20世纪以来英国区域政策的变迁

从时间维度上考察，英国是世界"工业革命"的起源地，在工业化和城市化水平长期领先于全球的同时，也率先面临着工业化进入成熟期之后的一系列经济社会矛盾，在空间结构上突出地表现为区域发展严重失衡，南部的大伦敦地区由原来的城市集群，发展成高度密集的世界级的大都市圈；北部以传统的煤铁、纺织产业为代表的传统工业带日渐衰退，地区失业率不断升高，经济发展缺乏活力。此种状况始现于20世纪一二十年代，20年代末大萧条前已引起社会各界的广泛关注。英国区域政策的发轫与发展，大致可分为早期的区域政策（1928—1945）、向"发展地区"和"增长地区"倾斜的区域政策（1945—1970）、向城市倾斜的区域政策（1970—1980）、"区域选择性援助"的区域政策（1980年至今）四个阶段。笔者将目前见诸文献中关于英国区域政策的主要内容及其实施效果，简要归纳为表1。

表1 英国区域政策的变化及其效果①

阶 段	主要法规和政策	政策目标	实际效果
早期的区域政策（1928—1945）	1928年，产业转移计划和青年迁移计划	提供补助和贷款给失业者迁移到其他地区	计划结束时50000人得到资助，仅为同期迁入发达区域的59万人的1/10
	1934年，《特别地区开发和改善法案》	指定4个"特别地区"；激励和帮助企业在萧条区发展	非常有效，1938年有17%新开工厂位于"特别地区"
	1944年，就业政策白皮书	继续鼓励剩余劳动力迁移	
向"发展地区"和"增长地区"倾斜的区域政策（1945—1970）	1945年，《工业布局法案》1947年，《城乡规划法》，"工业开发许可证"（IDCs）制	控制发达地区扩张，引导"工业选址"，鼓励企业建在"发展地区"，以提高就业率	1945—1947年间，国家50%的新工业建在"发展地区"；雇用了86000人；1946—1949年间，全国范围的工作流动的64%流向边缘区
	1960年，《地方雇佣法》	将失业率4.5%作为"发展地区"的标志并予以资助，以"增长地区"的概念代替了"发展地区"	南部产业群密集程度未疏解；边缘地区明显有效；1960—1963年每年产生25000个新就业岗位，占全国的58%
	1963年，苏格兰中心区和东北部地区白皮书	将资助集中于"增长极"、"增长地区"和"特别开发区"	IDC批准到发展地区的资金比例由1960—1962年的15.5%提高到1963—1965年的19.6%；新产生的就业岗位由1956—1959年的22.6%增至49.1%
	1970年，《地方雇佣法》	进一步扩大援助区域	
	1963年，成立"办公区位局"；1965年，《办公及工厂建设限制法》	调整服务业布局，鼓励办公用地迁出伦敦	1963—1975年，55000个就业岗位迁出伦敦，主要仍在东南部

① 注：本表根据以下文献提供的资料整理：Peter Hall：《关于区域》，袁媛译，载《国外城市规划2004年第3期》；刘玉、刘毅：《区域政策的矛盾内涵解析》，载《中国软科学》2002年第8期；王郁：《英国区域开发政策的变化及其影响》，载《国外城市规划》2004年第3期；赵伟：《英国区域政策：最近10年调整及其趋向，1994—2006》，中国学术期刊电子出版社。

(续表1)

阶　段	主要法规和政策	政策目标	实际效果
向城市倾斜的区域政策（1970—1980）	70年代初期逐渐减少直至取消IDS控制	收窄向特定区域倾斜的区域政策	"内城危机"引起广泛重视；1973年英国加入欧共体，英国的援助区域可以从欧共体获得贷款和资助"城市再造"启动
	1977年，《1977年内城政策白皮书》	消除城市中心空洞化	
	1978年，《1978年内城地区法案》		
"区域选择性援助"的区域政策（1980年至今）	1981年，设立"城市开发公司"和"企业特区"	吸引民间投资	（1）区域政策资助占GDP的比重下降了3/4；英国成为欧盟区域政策的最主要受援国；（2）"内城危机"普遍得到缓解；（3）南北之间的区域差距继续扩大
	1988年，设立"企业区域补助金"	鼓励不动产型的城市再造	
	1994年，设立"单一振兴补助金"	增加对重点小企业和服务性经济的资助	

（二）英国区域政策变迁的主要线索

由于区域政策涉及因素宽泛，英国区域政策的变迁似乎是纷乱而缺乏逻辑的。英国学者Cameron曾经这样描述英国的区域政策的摇摆："英国区域政策的历史像一个患有令人烦心的阑尾炎的人，他经常感觉锐痛不得不吃大量的药。尽管他的情况在改善，他还是不能肯定哪种药，单独使用或与其他药物混合可以治好病。"归结起来，英国的区域政策大致都由"作用（扶持或抑制）于何地域""怎样发挥作用"和"谁来发挥作用"三个方面构成，因此，英国区域政策各个阶段的变迁，也主要围绕着这三个方面展开：

第一，区域政策扶持地域的变化。英国政策性资助发展的空间地域的变化，先后由指定"特别地区"（1934年）、"发展地区"（1960年）、"增长地区"（1963年）和"特别开发区"（1970年）到逐步收窄援助区域，最后将资助重点转向内城（1977年），推进城市中心区再造（1980年以来）。从地域分布上看，则从原来集中于英格兰西北部、北部、威尔士和苏格兰一部，扩展到全国各地的中心城市。这一轨迹表明，在政策目标上，从一开始出于对区域之间发展不平衡状况的直接感知，力图通过老工业区的工业重建来缩小南北区域差距，逐步变为遏制大中城市中心空洞化，同时兼顾发展少数有潜力的特别地区。

第二，区域政策目标和政策着力点的变化。20世纪中叶以后，英国区域之间的基本公共服务的差距并不显著。因此，缩小人均收入差距，从来就不是英国区域政策的目标。衡量区域发展状况和区域政策的实施效果，主要看区域经济是否具有活力或发展潜力、资金流入的数量和效率、能否实现充分就业。因此，区域政策目标主要集中于如何有效地降低特定地域的失业率，提高就业率。而在提高就业率的政策诱导措施上，先后由鼓励北部、东北部传统工业区的工人外迁（1928年），转为鼓励新建的制造业企业和南部繁荣区的制造业向北部、西北部传统工业区重新集聚，以增加这些地区的就业机会（1940—1970年代）；1979年以后，区域政策目标重点转向发展内城区的服务业、推动高新技术产业、重化工业向潜在萧条区集聚，以调整和优化整个产业布局。

第三，区域政策工具及其操控主体的变化。认为市场机制必然导致区域发展不平衡，必须通过政府政策加以修正的"市场批判主义"，以及主张更充分地发挥市场机制的作用以提高政府的政策效率的"市场经济主义"①，这两种不同的意识形态倾向，随着政府的更迭，错落地贯穿于交替1980年代以前的英国区域政策工具中。在"市场批判主义"居于主导地位时，区域政策目标常常通过法律手段来抑制繁荣地区继续扩张，并通过政府投资引导公众多元参与，推动低发展地区和"问题城市"的产业转型来实现。在"市场经济主义"居于主导地位时，区域政策目标的实现，主要通过地方自治机构，提供更充分更简捷的公共服务；引导和组织企业与政府合作；集聚社会力量和利用欧盟区域政策资助，推进低发展地区和"问题城市"的再开发。直到20世纪80年代以后，政策工具上的"市场经济主义"导向才相对稳定地居于主导地位。

在分别考察了英国区域政策扶持地域、区域政策目标和政策着力点、

---

① 王郁：《英国区域开发政策的变化及其影响》，载《国外城市规划》2004年第3期。

区域政策工具及其操控主体三个方面的变化轨迹之后,我们就可以从时序上寻找推动着这三个方面大致同步变化的深层原因,从而使英国区域政策的纷乱变迁呈现出某种较为清晰的逻辑。

二、人口和产业的"双重集聚"与"双重扩散":对英国区域政策变化的一种诠释

借助 J·弗里德曼的"核心—边缘"理论①,可以大致描述英国的工业化进程和区域政策变化依据之间的关系。

(一)工业化阶段:人口和产业的区域性"双重集聚"时期

J·弗里德曼把工业化的起步和起飞阶段,称为工业化阶段 I;把工业化的成熟期,称为工业化阶段 II。当英国 18 世纪中叶开始工业革命时,人口和其他资源要素大规模地由边缘区向具有工业发展条件和发展潜力的"核心区"集聚,成为这一阶段区域经济运行的普遍特征。18 世纪初,英格兰南部 7 郡占全英格兰人口的 1/3,工业革命后的英国工业化起飞期,英格兰西南部和南部人口向中部和东北部工业区集聚,苏格兰、威尔士人口也向新兴起的工矿区和港口集中。1801—1871 年,英国总人口增长 1.54 倍,西南部的非工业区人口增长不到 1 倍,西北部工业区则增长 2.58 倍。以工业大城市兴起为特征的城市化进程同步启动。工业革命前的 1750 年,英国 2500 人以上的城市人口仅占全国总人口的 25%,1801 年为 33.8%、1851 年为 50.2%、1911 年为 78.1%。英国因而成为当时世界上城市化水平最高的国家。

产业的集聚是任何人口集聚的物质前提,支撑当时英国"区域性集聚"的,是英国中部、西北部迅速生成的煤炭工业、机器制造业、纺织工业、冶金工业、大港口和大铁路紧密联结而成的地域性产业集群。人口集聚和产业集聚时间上和空间上的叠合出现,既改变了英国的产业结构,也改变了英国的城市布局。曼彻斯特、格拉斯哥、伯明翰、利物浦、加的夫等大城市,就是这一时期人口和产业双重集聚的产物。

---

① 关于 J·弗里德曼的"核心—边缘"理论,请参看谷书堂、唐杰、M. Fujita《空间平等与总体经济效率——中国区域经济格局转型分析》,载《经济研究》2004 年第 8 期。

（二）工业化阶段：人口和产业的区域性"双重扩散"时期

19世纪末，英国出现了"郊区城市化"的浪潮，大城市人口开始向城市外围地区迁移。① 原来高度密集的城市中心区通过"郊区城市化"逐渐演化为低密度的城市集群。

英国城市化进程的"第一次转变导致农村向城市迁移，造成集中的大城市；第二次转变表现为大城市人口的分散，作为大都市不景气的解决办法"②。"大都市"的"不景气"表明，19世纪末20世纪初，英国的工业化进程已经进入成熟期，即J·弗里德曼笔下的"工业化阶段Ⅱ"。在边际收益递减规律的作用下，已经到达临界点的人口和产业的"双重集聚"，一方面诱发了"城市病"，生活环境和投资环境恶化；另一方面也引发了老工业区域的企业外迁浪潮，原来的产业集群趋于瓦解。此时，人口和产业的"双重集聚"就转变为"双重扩散"。必须指出的是，这一阶段英国诸核心区和传统工业集群的"双重扩散"，成为大伦敦都市带以及英国东南部、中部、西北部诸多新城镇集群和新产业集群发育成长的动力；而随着产业扩散的人口迁移，客观上也在很大程度上缩小了人均收入的区域差异。

（三）"后工业化阶段"：人口和产业的"双重再集聚"

20世纪20—70年代，是英国的跨越工业化成熟期，逐步进入服务业为主导的"后工业化"的时期。大伦敦地区和英国东南部地区一直继续保持主导地位，但出现了的产业和人口过度聚集的问题；北部和西北部的老工业区的城市集群出现了产业升级乏力、新兴产业群难以生成、劳动力大量外迁的问题；英格兰北部、苏格兰和北爱尔兰的一些边远地带则因基础设施落后仍然缺乏发展活力。"二战"前后，又恰是凯恩斯经济学逐渐主导宏观经济政策的时期。在这样的背景下，采取以政府为主体的、法律

---

① 1801—1851年，伦敦中心区的人口一直维持在15万人，1901年仅27万人，伦敦郊区的人口则由1861年的41.4万人剧增至1901年的204.5万人。1871—1901年，英国北部14个工业城市人口减少了14.6万人，1901—1911年英格兰和威尔士8个大城市人口减少了9万人，同期北部22个纺织城市的人口减少了4.1万人。

② 纪晓岚：《英国城市化历史进程分析和启示》，载《华东理工大学学报》（社会科学版）2004年第2期。

手段、行政审批和财政资助为工具的、以抑制东南部过度扩张和增进北部、西北部活力（1970年代之后为振兴内城经济）为政策目标和着力点的区域政策组合，就成了当时的政策制定者们所能做出的选择。因此，从1928年的产业转移计划始，英国的"传统区域政策"经历了早期推出、"地区倾斜"、"城市倾斜"三个阶段。

Peter Hall认为，"无可否认区域政策在20世纪60年代取得了实质性的成功……但是历史的事实是南北界限向南移动，占领了中部甚至是伦敦部分地区。"① 王郁则认为："即使是在如此直接的政府干预及强大的政策导向之下，战后10余年的政策实施证明，南部的产业密集倾向及南北区域性经济差距并未得到有效的调整。"② 20世纪70年代以前英国区域政策实施效果不佳几成定论。笔者认为，在这一阶段（即工业化进入成熟期后）人口和产业"双重扩散"过程中，人口扩散和产业扩散并不完全同步，传统的区域政策难辞其咎：①核心区的产业过度分散直接导致伦敦等大城市中心地区以及中部、西北部传统工业区经济基础的衰退，原来依托于核心区的产业集群濒于解体；②接受区域政策资助的目标地域过于宽泛，资助对象不具体，萧条区新扶持生长的企业无法连接成产业链和产业集群；③区域政策过分迷信政府操控政策工具的效能，长期依赖IDC制度审批企业布点，忽视了市场机制在推动区域产业结构升级中的作用。

因此，20世纪80年代以后，英国的区域政策出现了新的调整，即在"逆工业化、后工业化和技术革新"继续"平行发展"的"后工业化"阶段，区域政策的目标重新定义为：第一，"后核心区"（长期繁荣地区和曾经繁荣的老工业区）继续保持一定的经济优势和活力，防止这些地区因产业过度密集或过度扩散，而走向衰落。第二，在城市中心区（"内城"）形成新的产业集聚，使其继续保持区域性经济的或政治的、文化的中心地位，防止内城因资源（自然资源、交通资源等）枯竭、人口和产业向周边地带过快转移而出现的城市中心区空洞化。第三，促进上一轮"双重扩散"时未被覆盖的边远地区融入工业化和"后工业化"进程。

从这个视角去考察英国区域政策的历史，就不再是纷乱的和缺乏逻辑的：针对工业化成熟期人口和产业"双重扩散"过程中人口与产业过度

---

① Peter Hall：《关于区域》，袁媛译，载《国外城市规划》2004年第3期。
② 王郁：《英国区域开发政策的变化及其影响》，载《国外城市规划》2004年第3期。

迁移和不同步迁移而出现的"后核心区"和"内城危机"问题。促使人口要素和新产业重新向"后核心区"和"问题城市"的集聚，形成具有竞争优势的新的产业链和产业集群，即人口和产业的"双重再集聚"，是贯穿"后工业化"时期英国区域政策的主线；而区域工业化进程和产业结构的演化，就是区域政策变化的基本依据。

三、英国区域政策变迁走向对广东的启示

广东省是中国经济社会发展最为迅速的省份，同时也是区域间和城乡间发展差距较大的省份。广东的区域政策历来以"珠江三角洲""东西两翼"和"北部山区"作为三个不同的政策目标地域，区域政策的着力点集中于欠发达地区的经济增长。由上一级财政转移支付和"大项目布点带动"是广东现行区域政策的主要工具。就政策目标和政策工具及其操控主体看，广东的上述做法与20世纪70年代以前英国运用"工业开发许可证"（IDCs）制度及政府直接资助西北部地区发展的政策很相像。

（一）广东现行区域政策失效的原因分析

多项指标表明，目前珠江三角洲整体上已进入工业化成熟期阶段，广东北部山区和东西两翼的发展速度虽然也在不断加快，但各区域间的发展差距不断扩大的趋势仍未得到遏制。① 因此，对广东的现行区域政策成效仍不宜高估。

广东现行区域政策的部分失效，首先也在于核心区和边缘区之间的"双重扩散"不同步。一方面，珠江三角洲核心地带的城市中心区（如香港、广州、深圳、东莞的部分中心城区）在产业升级或扩散的同时，人口没能同步扩散，出现了某种程度的"内城危机"；另一方面，接受珠三角地带"产业转移"的周边欠发达地区，则因缺少必备的人才、科技和基础设施条件，新设立的大型工业项目和迁入的珠三角企业与当地经济不能交融，产业集群仍无法形成。其次，广东省一直按照"珠江三角洲""东西两翼""北部山区"三大地域来确定不同的区域政策。把非珠三角

---

① 2002年与2005年相比，珠三角地区生产总值占全省的比重从80.03%上升为82.63%，地方财政一般预算收入占全省比重从63.97%上升为67.15%，珠三角地区极化效应仍在继续。

地带一概视为"欠发达地区",对珠三角、东西两翼之间、东西两翼和北部山区之间及各地带的内部的发展水平及资源禀赋程度,也就缺乏全面的把握,无法为不同的主体功能区制定差异性的区域政策。最后,现行的区域扶持政策主要依靠自上而下的重大项目布点和省财政转移支付,东西两翼和北部山区广泛存在依赖上级给政策、给项目的心态,内生增长机制发育十分缓慢。

(二) 调整广东区域政策的思路

通常认为,发达地区的继续发展主要源于内生,因为"核心区掌握了区域内主要的物质资源、心理资源和强制性资源。核心区通过吸聚各类资源、传递创新信息,构建创新活动及其样板效应等,其权威地位不断得到自我强化"。(J·弗里德曼,1957)。反之,边缘区的经济增长必须依靠核心区辐射和带动,即主要源于外生。基于以上假设,在英国"传统区域政策"中,政府曾经长期扮演区域经济主体的角色,通过财政补贴和行政审批手段,引导北部地区的劳动力迁出,强制新的工业企业迁入。这样的政策工具使用了数十年之后,北部、西北部与南部繁荣地带的差距越来越大。这是因为,"区域政策在其鼎盛时期非常有效地引导内部投资投向发展地区,这些投资产生大量就业岗位。失败的是没有能够产生被援助地区的自我持续增长"。英国"后工业化"时期人口和产业"双重再集聚",就是要求由原来单一的"区域集聚—扩散"模式,走向区域性的人口和产业二者复合平行推进;由原来一般化和粗略的政策目标、政策工具,走向差异化和精准化。

目前,珠江三角洲还处于向广东其他边缘区"双重扩散"阶段,由于现行的财政体制约束,城市中心区既存在因产业过度扩散,人口扩散滞后的现象,也存在珠三角一些城市中心区运用行政手段阻碍企业向边缘区转移的现象。这种行为的结果一方面妨碍了珠三角的产业结构调整升级;另一方面也妨碍了珠三角周边地区的区域和产业的同步发展,欠发达地区的人力、资本等资源被继续吸引到珠三角,产业集群和城镇集群也难以在东西两翼和山区健康发展。因此,加快珠三角产业向外转移的力度,培育提高东西两翼和北部山区地带接受珠三角产业转移的能力,以消除人口扩散和产业扩散的不同步现象,应该是广东差异化、精准化区域政策的核心内容。

（三）关键在于培育内生的区域增长机制

1980年之后撒切尔政府采取了一系列旨在培育内生增长机制的政策：在取消福利性补助的基础上，加强了民营企业在区域开发中的主导地位；推进不动产先导型的城市再开发；扶持重点小企业及服务型经济。① 采取这一系列政策的假设是：内生增长机制更有助于在欠发达地区和"问题城市"形成新的产业集群，而近20年来英国内城改造和萧条区复苏的效果也证明了这一假设。从英国区域政策由外生机制转向内生机制的过程，可以得到如下启示：

（1）牢固树立通过培育内生增长机制来推进"边缘区"的人口和产业"双重集聚"的理念，摒弃单纯依赖引入大型工业、基建项目的"惰政"思想，改革和完善政府统筹生产力布局的体制和办法。

（2）坚持"以人为本"的原则，着力改善城市中心区的人居条件和生态环境；积极发展城市服务业和现代农业；优化投资环境，建设必要的标志性工程，重新集聚"人气"，促进企业投资，使城市中心区成为内生增长机制发挥作用的空间支撑点。

（3）欠发达地区的政府财源十分有限，民营企业和社会力量是区域内生增长机制的主体，改革开放以来广东省各山区、市中心区的迅速扩张，就说明了这一点。位于"边缘区"的地方政府，应灵活运用有限的财政资金，集中扶持重点民营企业和中小企业，引导公众参与城市公共决策、社会力量参与区域开发，努力形成以民营主体的产业集群。

（4）完整的区域内生增长机制，必须具有总部和R&D功能，东西两翼和北部山区在推进产业集聚时，应按照产业链和价值链的要求，致力扩大自身在产业链中所处环节的规模和质量，不冀求"小而全"、"大而全"，在此基础上形成总部和R&D功能，避免欠发达地区常见的"分厂综合征"（Branch Plant Syndrome）。

（5）珠江三角洲也同样存在坚持和发展内生增长机制的问题。目前珠三角某些中心城市的老城区，也已经开始出现因产业、人口扩散过快带来的经济衰退和社会矛盾。在继续推进向东西两翼和山区地带转移产业的同时，也要未雨绸缪，按照收益最大化的要求，结合产业结构优化升级，

---

① 参见 Peter Hall《关于区域》，袁媛译，载《国外城市规划》2004 年第 3 期。

开展"旧城再造",以形成更为合理和更具活力的产业集群,实现人口集聚和产业集聚的同步推进。

(本文原载于《21世纪的公共管理:机遇与挑战——第二届国际学术研讨会文集》,中国社会文献出版社2007年版)

陈鸿宇自选集

第二部分

区域经济和地方经济研究

1840年以前广东区域经济差异的形成与发展
——兼论广东区域产业结构的产生

广东省各经济地带间的经济差异的产生,可追溯到秦汉以前。通过广东各经济地带经济差异的变化过程,剖析广东生产力布局变动的历史轨迹,有助于认识广东省区域产业结构的产生和发展过程,认识区域经济差距同"非均衡发展战略"的相关性。

一、秦汉时期广东经济的第一次起飞与区域经济差异的产生

相比起黄河流域和长江流域而言,先秦时代的广东,由于五岭阻隔、山泽四布、人烟稀少,地理因素加上落后的社会制度与耕作方式,开发水平和发展水平是相当低的。秦朝以前,岭南被称为"百越地",广东境内主要居住着南越族等古岭南少数民族。

公元前221年,秦始皇建立了中国历史上第一个中央集权制国家,随即派兵进入岭南。公元前214年岭南完全平定之后,秦始皇在岭南地区设置南海郡、桂林郡和象郡。现粤东、粤中大部分地区属南海郡,粤北和粤西部分地区分属桂林郡和象郡。三郡均由南海尉统制,且因远离中央,不便联系,秦始皇赋予南海尉集军、政、财于一身的特别权力。

根据现有的史料分析,秦军入岭南之前,散居于岭南各地的百越族人,由于所处的后期奴隶制社会,也由于相互隔绝的生存状态,各部落间的经济发展差异尚不太明显(当然不排除部落联盟会具有自己的相对比较发达的核心地带)。秦军的进入以及在岭南实行郡县制,则是广东经济的第一次起飞。经济起飞的直接动因,一是秦军在平定南越的持久战争中,为保障后勤补给和水军作战,历时数年修建了长60里宽、约2丈的人工运河"灵渠",灵渠的建成,第一次沟通了长江水系和西江水系,成为此后相当长时期内广东通往中原的最佳通道。公元前213年,还专门调

集军队、刑徒，将跨越南岭的传统商路拓宽为五条"新道"。二是中央集权的郡县制的确立，岭南越人各"君长"间互不统属的局面有所改变，产品和资源要素自由流动的障碍被逐步消除，自此得以源源不断地注入广东。三是南下秦军及其家属、后代、随军人员，大都留在南海等郡，秦始皇为分散中原反秦势力，还以"谪戍移民"的名义，向岭南移民十余万人，"与越杂处"。这些"中县人"带来了中原的先进文化、科技及其他要素。四是秦军将领在南海郡治先后修筑了"任嚣城""赵佗城"和一些县城，建立起广东最早的区域性政治、经济、文化中心。五是秦军将领及后来自立为南越王的赵佗均较好地协调了民族关系，采取了一些鼓励民族融合的政策措施，人民和睦相处。这样，在交通、流通条件改善的基础上，区域经济中心开始出现，封建制的生产方式和广泛使用铁器的农业耕作方式基本普及，政策措施比较得力的条件下，区域生产力获得跳跃式增长，是理所当然的。汉朝初年，刘邦就说过："会天下诛秦，南海尉它（同"佗"）居南方长治之，甚有文理，中县人以故不耗减，粤人相攻击之俗益止，俱赖其力。"对赵佗的作为给予了充分肯定。

应该看到的是，即使在南海郡设置之后直至赵佗建立南越国，与中原相比，广东的经济发展水平还是很低的。"地广人稀"是不争的事实。公元前214年，南海郡仅置番禺、傅罗、龙川等数县。清朝末年，古南海郡辖地已置县数十个。可见，在生产力比较低下的时代，确定行政区划时已经考虑到该空间区域内经济实力大小（如赋税额）、交通便捷情况（这是当时行政控制力的基础）等。经济条件和交通条件如果太差，就不能维持和供养相应的行政机构。因此，早期的行政区划总是依托一定的经济区域来建立的，广东也不例外。依据这一思路，我们认为，作为区域生产力增长极的行政区划所在地和交通干线沿线，其经济发展潜力肯定优于其他地带。因此，当时广东的"经济较发展"地区，应在番禺和西江流域。番禺位于珠江水系的西江、北江、东江和其他珠江支流的交汇处，《淮南子》就曾记载秦军统一岭南时，数路分进，"一军处番禺之都"。此处的"都"应解为已有一定人力、物力资源集聚的部族联盟的所在地。故任嚣在此建城，赵佗也定南越国都于此。汉武帝平南越后，《史记》明确写道："番禺亦岭南一都会也，珠玑、犀、玳瑁、果布之凑。"可见，番禺自汉初已成为全国主要的商业城市之一。为加强中央集权，汉朝将南越地重新划分为南海、苍梧、郁林、交祉、合浦、九真、日南、儋耳、珠崖九郡，在全国设立13个常驻监察机构（即"十三部"）。其中"交趾部"负责"纠核岭南九郡"。位于西江中游与下游连接点的广信（今封开），则因位置适中和灵渠带来的"交通优势效应"，成为交趾部（东汉时改为交州）的驻地，几与番禺齐名。

汉代时，随着岭南地区生产力水平的不断提高，中原人民因留戍、流放、避乱等缘故继续大量迁入南海等郡，广东境内人口增加较快。南海郡在汉平帝元始二年（公元2年）时人口为94253人，汉顺帝永和四年（公元140年）时为250284人，增长约166%。城乡之间的分工也有所发展，番禺作为南海郡的"手工业中心"，制陶业、铸铜业、造船业已有一定规模。从广州出土的秦汉船坞遗址看，古代番禺应具有一定的近海航海能力。而史籍记载，汉代交州有交趾、日南（均在今越南境内）、合浦（今广西境内）和徐闻诸港口。徐闻位于番禺、广信、珠崖、交趾、合浦之间的优越位置，是近海航线的必经之地，水陆交通均很方便。西汉时首次开辟的"海上丝绸之路"，徐闻港是重要的始发港和中转港之一。朝廷专门委派官员，在此负责收购、存贮货物。

综上所述，秦汉时期是广东制度重大变迁、生产力水平出现质的飞跃的时期，也是区域性市场开始形成的时期。随着农业与手工业、交通运输业分工的细化和地域性的相对集中，处于分工优势和交通优势地位的番禺、广信、徐闻及其邻近地带，即珠江三角洲北缘、西江下游、北部湾近海地带，其发展水平应是高于广东省的其他地带的。相对先秦时期岭南经济的"混沌状态"而言，这一时期是广东经济差距开始形成的阶段。

二、六朝、隋唐时期广东区域经济的发展态势

汉末年，地方军阀势力分踞岭南。汉献帝建安十五年（公元210年），孙吴政权通过武力将交州纳入版图，交州刺史开始扩建"佗城"，并于建安二十二年（公元217年）将州治由广信迁至番禺。吴景帝永安七年（公元264年），设广州，州治番禺，下辖从交州划出的南海、苍梧、郁林、合浦四郡。交州州治迁至龙编（今越南河内）。交广分州后，番禺—广州城作为区域经济、政治中心的作用进一步加强了，这一事件对广东经济区域的形成具有十分深远的影响。

这一时期对广东区域经济发展产生重大影响的另一件大事，是广东对外往来的航路发生改变，北部湾沿岸的徐闻、合浦走向衰落，广州成为我国南方最重要的口岸。据史籍载，六朝时广州海外贸易已分为国家间的"朝贡贸易"和民间的"市舶贸易"，"舟桥继路，商使交属"[①]。广州作为对外交流中心的崛起，其原因可能有：①东吴和两晋期间中原、长江中下游的人民为躲避战乱，大规模向东南沿海迁移，客观上加快了浙江、福建、粤东沿海的开发，国家的经济中心开始从中原地带向东部沿海扩张，粤东航路日益重要；②造船技术有了很大进展，近海航行的方式已没有必要，可以不经北部湾沿岸直航东南亚及印度等地；③三国时期以后，位于今越南境内的林邑国长年与吴国、东西晋交恶，战事直接影响了北部湾沿岸的徐闻、合浦、交趾、龙编各港。

三国、两晋、南北朝时期，中原、江南战乱不断，广东远离政治中心，社会相对稳定，吸引中原人大规模南徙。"东晋南朝，衣冠望族向南而迁，占籍各郡。"迁徙的地带主要在粤北和粤东。这是广东历史上第二次中原人民迁入高潮，大量劳动力的流入，更为先进的中原科技、文化的传入与普及，是广东经济社会发展出现的又一个"拐点"。这一期间新置了许多郡县，如东晋时在南海郡中划出东官（东莞）郡，后又从东官郡中划出义安郡（今潮州），这是粤东地带最早的两个郡。粤西及西江沿线新设的郡县更多。广州等初步开发地区，开始有了较明确的产业布局，如宝安的蚕桑业，番禺的造船业、玻璃制造业、冶铸业，东莞的制盐业，始兴、曲江的采矿业等。具有地方特色的空间产业分工初露端倪，表明广东的某些地区正孕育着专业生产基础上的商品交换因素。

隋炀帝曾经大刀阔斧地废州设郡，消除南朝末年州郡机构重叠的弊病。在现广东省境内设10郡74县。唐代时地方设州、县两级，广东境内共有25州、96县。可见，此时广东的许多地方已具备设县的必要性和可能性。但粤东只有潮州和循州两个州，粤西则有15个州，区域之间的差异很充分地表现出来。粤中、粤西领先于粤东、粤北的格局，在隋唐时期继续维持。这一格局在唐朝中叶开始发生变化。唐玄宗开元四年（公元716年），为进一步沟通广东与中原的经济联系，扩大对外贸易，加强对

---

① 沈约：《宋书》卷97，《夷蛮传》，转引自杨万寿、钟卓安主编《广州简史》，广东人民出版社1996年版，第56页。

岭南的管治，新开了连接赣江和北江的大庾岭通道，这是继灵渠之后长江流域和珠江流域连通的最主要通道。大庾岭通道的开辟，极大地方便了中原人民南迁广东，迅速地带动了粤北连阳、怀集等地区的矿业开发和商品流通，出现了大规模的农业垦殖热潮。天宝年间，广州有居民42235户，居现广东境内之首位，而粤北连州则有32210户，韶州有31000户，分居二、三位，不单远高于粤东，也超过了粤西地区。中唐之后，广州等广东的核心地带与京城、与中原各地的联系，更多地使用大庾岭通道、韶州—骑田岭通道和连州—骑田岭—郴州通道，唐懿宗咸通三年（公元862年），岭南道分为东西两道，东道治广州，西道治邕州，两广自此分设，传统的"灵渠—西江"通道的重要性日渐下降。广东境内逐渐形成了粤中、粤北—粤西—粤东的经济发展梯级。

三、宋元时期广东区域经济的发展态势

北宋平定南汉，此后宋、元四百余年间，是广东经济发展的又一个拐点。广东的区域经济开始了一轮走向均衡又扩大差异的进程，这一进程的基本趋势是粤东平原的广泛开发，迅速缩小与粤北、粤西的差距，粤中珠江三角洲地带继续发展，最终导致经济重心向濒海经济地带倾斜。

宋元时期产生这一发展态势的根本动因是广东农业生产力的发展，手工业的普及与分工的细化，以及与全国、与海外贸易的增长。这些动因使商品经济因素越来越深化到广东各经济地带、各区域性产业，从而更合理地配置了人力、物力资源。其直接原因如下：

第一，两宋期间出现几次人口南迁的高潮。两宋期间，宋朝与北方少数民族的辽、金、元政权之间的战争连绵不断。与饱受战争蹂躏的中原、江南地区相比，广东境内政治、社会环境稳定，人口分布还比较稀疏，未开垦的土地也很多。因此，北宋前期，就出现了大规模的人口经大庾岭通道和粤东海道进入广东的浪潮。据史籍记载，这一时期粤东与粤北的人口增长呈比翼齐飞趋势。（见表1）

表1　北宋时广东部分州的人户数①

（单位：户）

州名	北宋初	北宋神宗元丰年间	增长率（%）
广州	16059（仅为主户）	143261	9.17
潮州	5831	74682	11.81
惠州	缺	61121	—
南恩州	1185	27214	21.97
雷州	106	13784	130.04
高州	3122	11766	3.76
化州	644	9273	14.40
梅州	1577	12390	6.86
南雄州	8363	20339	1.43
英州	4979	8019	0.61

从表1可以看出，广州继续保持广东经济政治中心的地位，元丰年间广南21个州、军的总户数为575937户，广州就占25.87%；粤东潮州的地位在上升，已占全省总户数的12.97%；粤西沿海一带人口增长也较快，但绝对数仍较小；粤北各州的人口也同步增加；在以典型的自然经济的封闭的农业为主的经济结构中，劳动力和耕地是生产力发展的决定性的因素。粤东海道兴盛，潮州、梅州人口的剧增，表明粤东地区的开发已具有一定规模，粤东与粤北之间、与粤西交通发达地区之间的经济差距正在迅速缩小。

北宋末年直至南宋初年，出现了内地人口大量迁入广东的第二个浪潮。由于金兵南进，为数众多的北宋军民越过南岭，到粤北南雄州一带避难。在南雄暂住之后，许多军民都继续南迁到珠江三角洲及其外围人口较少、开发较迟的濒海各州。而当时已有长足发展的闽、浙等地居民，则利用海路和福建漳州与潮州间陆路，继续迁入粤东。南宋孝宗淳熙年间，广州人户数已达185713户，比元丰年间增加了近30%；理宗端平年间潮州

---

① 根据蒋祖缘、方志钦主编《简明广东史》，广东人民出版社1987年版，第135页，以及王荣武主编《广东海洋经济》第45页的有关资料整理。

人户数已达 135998 户，比元丰年间增加了 82.1%。南宋末年临安陷落后，南宋残余政权经福建进入粤东，在潮州、惠州、广州等地转战经年。南宋"二王行朝"失败后，数以十万计的南宋军民落籍广东沿海各州，从而形成两宋时期广东人口增长的第三个浪潮。与以前的人口迁入不同的是，南宋年间南迁广东的人口主要来自江南地带，大量熟悉水田耕作技能并适应较成熟规范的地主土地私有制的农业人口、大量熟练的手工工匠、大量谙熟商品流通技能的江浙闽商人，以及具有较深厚传统文化底蕴的士族和士大夫阶层进入广东，使广东的人口不单在量上迅速增加，而且在质上产生了根本性的变化。人力资源是生产力发展的首要因素，两宋期间广东人力资源的质的提高，既是宋代、元代广东区域经济暂时趋向均衡的条件，又是明清时期广东生产力迅猛发展的重要前提。

第二，地方行政区划布局趋于均衡。北宋统一岭南后，对今广东境内的行政区划作了重大调整。根据人口分布、交通便捷情况和社会经济发展状况，裁撤了粤西和海南的八个州，保留了南汉时粤北新设的四个州。这样，今广东境内共17个州，分属广南东路和广南西路。粤东有潮州、梅州、循州（南汉时已迁至今龙川）、惠州；粤中有广州、端州、南恩州（今阳江）；粤西有化州、高州、雷州、康州（今德庆）、新州、封州；粤北有连州、南雄州、韶州、英州。比较均衡的州、县布局，既是广东区域经济发展趋向均衡的必然，客观上也有利于地方政府在本地贯彻落实中央政府稳定局势，促进经济的各种措施。

第三，沿海土地的垦殖、工商业的发展与交通的进步。两宋时期大量人口涌入广东，客观上就要求"辟地以种食"；而珠江三角洲、粤东的韩江三角洲大片冲积平原的开发，荒滩的垦殖、堤围的建筑，恰恰需要大批熟练的农业劳动力。随着各种生产技术的改进，水利设施的建设，垦殖者摆脱了人身依附关系的土地私有制的完善，沿海地带农业劳动生产率越来越高于北部山区地带，剩余产品不断积累的状况，又进一步导致工商业向沿海地带集聚，成为除了传统商路税源之外的新"经济增长点"；而沿海地带经济发展，境内外商品的输入输出，又反过来促进北部大庾岭传统通道的修葺，促进广州、潮州等沿海航线的开拓和航海技术的进步。北宋神宗熙宁十年（公元1077年），粤中的广州商税收数为68703贯、惠州为15971贯、粤东的潮州为27361贯、粤北英州为43305贯、韶州为25304贯、南雄州为13328贯，分列各州前六位。而粤西化州、高州、雷州商税收数均不过1万贯。特别是南宋之后，临安政府苦心经营江、浙、闽及江南其他地区，经济中心明显向东南沿海移动。广州、泉州成为全国市舶贸易收入最多的两个大型港口，位于广州、泉州之间的潮州也更多地发挥连接南北的转运、贸易功能，与江南的经济、社会联系更为便捷频繁，《永乐大典》曾描述宋代的潮州"舶通瓯吴及诸蕃国……以故殷甲邻郡"①。至南宋末年，粤东沿海地带的经济发展速度，已超过除粤中之外的其他地带，今广东境内珠江三角洲领先于东南沿海地带，沿海地带领先与北部山区的经济格局大致形成。

四、明代和清代鸦片战争前广东区域经济的迅猛发展态势

明清两代，广东是全国十三个行省之一。省以下设道、府、州、县，明初全省共设岭南道（辖广州、南雄、韶州3府1州23个县）、岭东道（辖惠州、潮州二府1州21个县）、岭西道（辖肇庆、高州二府2州16个县）、海北道（辖雷州、廉州二府1州5县）、海南道（辖琼州一府3州10县），后增设罗定道（辖罗定1州2县）。在全省75个县中，属明代新设的有顺德、三水、开平、恩平、普宁、澄海、大埔、东安等22县，几近全省县数的30%。这新设的22个县中，6个属广州府，7个属潮州府，各有4个属惠州府和肇庆府，2个属后来新设的罗定府。清代广东省分为5个道（广南韶道、惠潮道、肇罗道、高雷廉道、海南道）3个直隶州（罗定州、连州、嘉应州），下辖10个府、87个州县。与明代相比，按经济联系紧密程度来设置道、府的原则更加明显，也更接近于今天全省分为粤东、粤中、粤西、粤北几个经济区域。顺治、乾隆年间新设立的几个县，仍在粤中、粤东沿海地带。

明清两代广东行政区划按经济联系所进行的调整，粤东、粤中地带的划小规模大批置县，既反映了宋、元、明初粤东、粤中经济发展的现实，又反映了明清两代统治者试图借助行政力量，加快粤东和珠江三角洲周围地带发展的愿望。这些做法客观上顺应了区域经济的梯度发展趋势，是明清两代广东经济迅猛发展的重要外部条件之一。

至明朝中叶，广东沿海地区已发展成为与江南地带并驾齐驱的全国最

---

① 转引自蒋祖缘、方志钦主编《简明广东史》，广东人民出版社1987年版，第157页。

发达地区之一，许多方面都出现了资本主义萌芽。可以说，明代及清初，是广东经济的又一个向上的质的飞跃。除了宋代、元代流入人口数量的增加、质量的提高，交通条件的进一步改善，明初、清初朝廷和地方官府的开明政策等外部因素之外，促使广东经济迅猛发展的内在原因主要是：广东已形成与当时的生产力水平相适应的，具有各自区域特色的产业结构，使广东有限的资源要素得到更为合理的配置。

（一）通过大规模的农业开发，奠定了农业在广东产业结构中的基础地位

明朝初年，由于南迁人口增加很快，人口与粮食的矛盾，引起了人口在广东境内的第二次迁移。粤北交通干线沿线城镇原滞留较多的南迁人口，逐渐向荒地较多而人烟稀少的丘陵地带迁移，耕地相对有限的珠江三角洲、韩江三角洲地区的过剩人口，也逐渐向两侧沿海台地和边缘滩涂迁移。农业社会中人口分布均衡化的过程，也就是农业生产布局均衡化的过程。明初珠江三角洲对浮生的沙坦的围垦，达到100万亩以上，主要集中于香山、番禺东南部、新会、东莞。珠江三角洲、韩江三角洲外围的潮州府饶平、大埔、丰顺、普宁、惠来、陆丰、博罗、从化、开平、恩平、台山等县的设立，说明广东丘陵地带开发，已有了相当规模。粤北、粤东北韶州府、南雄府均实施了鼓励外来客户占籍的政策，从而加快了山区可耕荒地的开垦。据雍正《广东通志》卷20记载，明洪武二十年（公元1387年），全省耕地面积为23734000亩，明万历二十八年（公元1600年）为33417000亩，增加了41.3%。

清雍正、乾隆年间，在各级官府的垦荒政策作用下，广东兴起了新一轮开荒和围垦热潮。针对粤中、粤西南、粤西存在的大片丘陵荒地的不同情况，有的由官府组织垦荒，有的则交由商人承办，从人口渐已密集的潮、惠二府迁入移民。雍正年间共垦荒273900多亩，乾隆年间共垦荒283000多亩。直至道光十一年（公元1831年），清朝政府同意广东其他各州，沿用高、雷、廉垦荒成例，所垦土地永不升科，这一政策使广东垦荒在沉寂一段时间之后，再次出现高潮。[①]

---

① 转引自蒋祖缘、方志钦主编《简明广东史》，广东人民出版社1987年版，第193页、第314页。

耕地面积的增加，是明清两代大规模农业开发的前提；而农田水利设施的建设和农业技术的广泛应用，以及各具特色的区域性农业产业结构的最终形成，是这一期间大规模农业开发的实质性内容。沿海和平原地带筑堤围，丘陵台地筑陂塘，山区高田筑坝堰，从不同地域的实际出发兴修水利，是这一期间农田水利建设的显著特点。《简明广东史》根据史料统计，明代广东共兴建水利工程1166宗，其中堤围350条、陂486处、塘131口。① 随着垦荒高潮的兴起和可耕地的增加，清代的水利设施建设规模更大，珠江三角洲和韩江三角洲的防汛、防潮堤围加高加固，一直修到海边。广东东西两翼及北部山区各州县，都大力推进陂塘建设。而灌溉条件的改善，加快了广东的耕作制度变革和先进生产工具的应用步伐。双季稻连作制和其他作物（麦、豆、麻及明代从海外引进的番薯、玉米）的间作制，在广东各地普遍推广，土地利用率的大幅度提高，使广东成为当时全国复种指数最高，从而粮食的单产和总产均后来居上的地区之一。明朝中叶以后，广东已被公认为全国比较富裕的省份。到了明末，不单珠江三角洲和潮州府，就是粤北、粤西山区丘陵地带的府县，农业生产也都蒸蒸日上，大量余粮输出到福建等地，这种局面一直维持到清初。

（二）农业和手工业生产市场化程度的不断提高

农业具有较高的剩余产品产出率，是其他产业存在和发展的基本前提。明朝中叶以后，广东经济在自然经济向市场经济的进程中，发生了重大的变化。由于广东优越的气候、土壤和耕作制度优势，在粮食大量过剩并成为全国粮食主要供应地之后，减少粮食生产转种单位土地面积收益较高的经济作物，是当时广东农民的必然选择。明朝中后期以后，广东的甘蔗、水果（柑橘、荔枝、龙眼等）、花卉、蔬菜、蚕桑、塘鱼，形成了较大规模的地域性生产基地，在全国处于领先地位。专门从事经济作物种植业和养殖业的农户——专业户已经产生，蔗基鱼塘、果基鱼塘、桑基鱼塘在珠江三角洲已成为极为普通的生产方式。

农产品商品化率的提高，很自然地促进了广东手工业商品化率的提高。以满足市场需要为生产目的的榨糖业、丝织业、织布业及其他家庭副业，在经济作物的密集种植区域迅速发展起来，珠江三角洲是最典型的地

---

① 转引自蒋祖缘、方志钦主编《简明广东史》，广东人民出版社1987年版，第190页。

区。如果说，早年珠江三角洲的区域优势来自其交通中心与区域政治中心地位，此后来自人口大规模迁入与沿海沙田垦殖，明代中后期珠江三角洲经济的进一步领先，则是来源于整个区域的农业与手工业的市场化。经济作物种植种类不多、规模不大的北部山区地带，农产品的商品化率仍然低下，因此，珠江三角洲、东西两翼、北部山区之间的经济发展差距在这一阶段明显拉开。清代康乾年间，珠江三角洲的经济作物生产和手工业生产发展到更高水平，至道光十年（1830年）广东生丝出口已占全国出口的52.2%。由于家庭式的手工业（尽管也与市场相连接）已渐渐不能适应国内与国外的需求。因此，建立在劳动分工和雇工劳动基础上的手工工场，康乾年间慢慢地成长起来，并且按地域逐渐形成具有相当规模的、与国内外更广阔市场相连的陶瓷业、纺织业、制糖业、矿冶业、铸铁业、茶叶加工业。市场化进程的启动与资本主义萌芽的出现，使广东经济在清代中叶达到了有史以来的最高水平，也使珠江三角洲达到了与江南并驾齐驱的水平。

当然，这一状况使广东内部的区域间经济差距进一步扩大，也由于大量耕地转种经济作物，大量人口向珠江三角洲和沿海地带集聚，致使广东于清初时出现严重粮荒。这次粮荒很快就得到解决，在市场化进程已经启动时，边际收益马上就迫使农业生产者调整经济作物与粮食的种植结构；而广东通过具有自身优势的专业化产品，与国内外交换粮食，既平衡了粮食供求，又获得了差别收益。"东米不足，西米济之，西米不足，洋米济之。"① 可见，市场需求状况及其变化，是导致区域产业结构和生产力的空间布局发生变动的决定性因素。

(三) 城市、中心城镇与商贸业的发展

明清两代广东城市、中心城镇的形成与扩展，是与当时的农业、手工业的迅速发展密切相关的，其直接动因则是商贸业的发展。对于明清两代的"海禁"，目前学术界大多持否定态度。明代290多年中，"海禁"就约占200多年。长时间的"海禁"，使广东沿海经济发展受到一定程度的抑制，对外贸易的大幅度萎缩（非官方的"盗民合流"的海上贸易仍无法禁绝），固然延缓了广东资本主义生产关系萌芽的产生。但从另一角度

---

① 转引自蒋祖缘、方志钦主编《简明广东史》，广东人民出版社1987年版，第328页。

看，在相对封闭的农业社会中，长期"海禁"也迫使广东日益发展农业和手工业，自觉或不自觉地致力于开拓国内和本省市场。可以说，明代和清初蓬勃发展的国内贸易，是当时广东城市和中心城镇获得普遍发展并联结成城镇圩市网络的直接原因。

明代与清初广东的商路，大致通过北、西、东三路与内地沟通。北路经北江再经南雄、大庾岭与江西连接；西路经西江再经广西灵渠与西南、湖南连接；东路经东江再经河源、兴宁与闽西以至江浙连接。

广州的地理位置和工商业发展水平，决定了广州继续成为广东区域经济的中心。西、北、东三条商路均以广州为起点和枢纽。广州同时又继续充当全省的政治、文化中心的角色。明洪武1380年、1563年，广州两次扩大城区，形成"后倚粤秀，南临珠江"的城市格局。1562年时，广州人口已有30万人，城内商业非常繁荣，土特产品商店种类繁多，兔栏、猪栏、花市、茶叶行已成行成市，城南、城西的商业最为集中，与今近代广州的商业格局大致吻合。明隆庆年间开放"海禁"之后，广州每年都举行两次集市交易。广州城市建设的另一次跳跃式发展，出现于18世纪中叶。清乾隆二十二年（公元1757年），清政府封闭全国其他口岸，广州"独口通商"，承担起全国的所有进出口任务，珠江船舶运行十分忙碌。据外国人估计，广州于鸦片战争前夕，"这里的人口决不会比1000000少到哪里去"①。

如果说广州在清代初、中叶已呈现出集各专业贸易与流通于一身的大商业城市的雏形的话，那么，广东在明代蓬勃发展的中心城镇，则更具有地域专业分工的特色。位于珠江三角洲的佛山宋代时已是大镇，明代时更加繁荣，各地商人云集，形成了以冶铁制品为主的"二十四铺"的城镇小区划分，并成为瓷器、䌷棉织品、水果、成药等大宗商品销售内地的集散地。新会江门、东莞石龙、增城新塘均是当时由圩市发展起来的中心城镇。清代初叶以后，伴随着资本主义生产关系的萌芽，佛山镇继续成为全省铁器和其他金属冶铸加工业的中心，乾隆年间佛山户数已达3万余家②，外省商人纷纷在佛山建"会馆"，全城大小街巷622条，成为广州"独口通商"的重要中转地。位于韩江下游的潮州府城，在清康熙年间因

---

① 龙思泰：《早期澳门史》，东方出版社1997年版，第320页。
② 转引自蒋祖缘、方志钦主编《简明广东史》，广东人民出版社1987年版，第241页。

海运贸易拓展，成为粤东的商业中心，不务农业的城市和近郊居民发展到10万户，成为当时仅次于广州城的第二大城。潮州帮商人在省内外已小有名气。

散布于全省各地的农村圩市，是城乡网络的基础层次。农村圩市的兴起，体现了商品因素的发育和发展。明嘉靖年间，广东各府州县共有圩市439个，其中广州府136个，占31%；肇庆府49个，占11%；潮州府41个，占9%，其他各府州县仅占一半。可见，当时圩市主要分布于珠江三角洲等沿海地带。嘉靖以后，顺德、东莞、南海、新会的圩市发展得更快。至明代后期，广东的专业化圩市初露端倪，有合浦珠市、罗浮山药市、东莞香市、番禺鱼市、顺德龙眼市、增城荔枝市、陈村花市等①，清代的墟市商业更为发展，反映了当时小生产者对市场依赖程度的加深。潮阳、揭阳、高要、开平等县的农村圩市数目在乾隆到道光年间增加得很快。陈村、市桥、小榄、三洲、嘉积等圩市，在清代时进一步发展成为城镇。而南海县在道光十五年（公元1835年），就有专业墟市17个②，包括九江丝墟、竹墟、瓜菜墟、桑市、蚕市、布墟、猪仔墟、官窑墟等。尽管粤北山区的农村墟市发育还比较缓慢，但连接中心城市、中心城镇、农村圩市的商业网络，在鸦片战争前已基本形成，发挥着沟通省内城乡之间、本省与省外、国外的物资商品流通的作用。而城镇体系与商品流通的发展，又反过来推动着广东的农业与手工业的持续发展。

（四）广东区域产业分工的发展

中国漫长的自然经济社会，发展至明清时已是强弩之末，商品流通与交换的数量和范围仍相当有限，但在比较优势规律和生产力要素的集聚效益的驱动下，广东的区域经济差异还是通过不同区域产业分工顽强地表现出来。至清代中叶，广东的一些主要产业分布见表2。

---

① 《佛山忠义年志》卷3，蒋祖缘、方志钦主编《简明广东史》，广东人民出版社1987年版，第338页。

② 道光《南海县志》卷13。

表2　清代中叶广东主要产业分布

行业	主要分布区域
采矿业	阳山、罗定等北部山区地带
矿冶业、冶铸业	佛山
陶瓷业	石湾、潮州
丝织、棉织业	广州、佛山、南海
制糖业	番禺、东莞、增城、阳春、阳山、英德等地
茶叶加工业	广州
家庭手工业	潮阳、香山、南海等地

五、前工业化社会中区域经济差异与区域产业结构的互动关系

　　1840年鸦片战争以后，广东的经济形态发生了巨大的变化，大量的外国资本的进入，民族资本的出现与壮大，沿海地带与北部山区的经济差距迅速扩大。新的生产关系之所以在广东沿海获得充分发育，与广东长期以来逐步形成的区域经济格局是分不开的。自秦朝初年至1840年的2000余年间，广东一直存在着"核心区—次核心区—边缘地带"三个经济发展梯次。广州及珠江三角洲一直居于广东经济发展的核心区位置，如果以广州为圆心，广东区域经济的次核心区则按顺时针方向由西向东推移，秦汉时期是粤西，隋唐以后是粤北，南宋、元、明、清则是粤东沿海地带，广东区域经济的"边缘地带"也随着"次边缘区"的推移而不断变化。

　　必须指出的是，区域经济差距存在的前提是区域间资源要素配置的差别，而区域产业结构的形成和发展则是区域间资源要素倾斜配置的结果。由于区域经济差异的存在，在差别利益的驱动下，区域内外的资源要素肯定自发地流向经济发展梯度比较高的地带，从而使这些地带的行业分工更为细化，新兴产业更容易发展，产业升级的步伐明显快于边缘地带，进而表现为区域产业结构的差异。而区域产业结构的差异，又反过来强化了原已存在的区域经济差异格局。所以，通过对区域经济差异的分析，可以更直接地认识区域产业结构形成与变化的原因；通过对区域产业结构的研究，可以更准确地把握区域经济差距发展的状况与趋势。

本文正是试图通过对广东区域经济差距发生、发展轨迹的描述，说明影响当时广东区域产业结构形成的动因。一般认为，1840年以前的广东，自然经济仍居于主导地位，农业历来是自然经济时代的最典型产业。广东各地带间的产业结构也应是基本相似的。其实并不这么简单，既然区域经济差距一直存在并不断强化，说明区域间资源配置肯定存在差别，进而可以推出区域间产业结构肯定会有差异。如果我们把前工业化社会的主要产业加以分类的话，可以大致分为农业（在广东可再细分为水稻种植业、经济作物种植业、杂粮种植业等）、手工业（含采矿业）、商业、交通运输业四大产业。宋代以前，尽管手工业尚未在广东普及，广州成为岭南商业中心与交运中心，"次核心区"的"顺时针式"的变动状况表明，资源要素和剩余产品的流通，是区域产业结构形成差异的最根本动因，生产力水平的普遍低下，使得资源配置者更习惯于考虑是否靠近商路，而将自然资源禀赋程度放在次要的位置上。明代以后，手工业与规模较大的商业活动集中于以广州为中心的珠江三角洲地带和粤东沿海地带，经济作物种植业基本集中于沿海的丘陵、台地，杂粮种植业主要分布在北部山区，规模较小的手工业和商业活动则集中于各商路沿线的中心城镇。值得深究的是，在成熟的农业社会，手工业及商业主要是依托于农业而存在的，农业是当时手工业和商业的服务对象。因此，农业内部分工的每一次深化，都会促使手工业和商业做出内部结构及外部空间布局的调整。而农业内部行业分工的发展，更多与自然资源的空间分布相关。此时，自然资源的禀赋程度对区域产业结构的影响反而被凸显出来。但从根本上看，是人们出于对更高的农业剩余产品率的追求，出于在更广阔的市场上实现农业剩余产品的价值，才不断地推动农业内部依据各种资源要素的占有程度调整行业结构和空间布局。

通过以上分析，似可得出以下推论：影响区域经济和区域产业结构变化的因素是复杂的、多样的，在不同的生产力水平上，各种因素的发生影响的方式、途径、力度也是各不相同的，但最根本的影响因素来自市场需求。正是市场机制的作用（尽管在漫长的自然经济形态中还显得非常软弱），牵动着区域产业结构变化升级。所以，应十分注重研究市场发育和产业结构变化的互动关系，并以此作为研究区域产业结构的变化规律的逻辑起点。

(原载于《岭南学刊》2001年第1期)

19世纪中叶至1949年广东经济的地域差异

1840年第一次鸦片战争以后直至1949年,是广东区域经济发生急剧变化的阶段,这种急剧变化主要表现在生产关系、经济形态、产业结构、城市布局等几个方面。

一、广东区域经济主体的变化

由于西方殖民主义势力对中国的侵略,广东在这100余年的历史中,与整个中国一样,沦为半封建半殖民地,而且带有更为明显、更为典型的特征。这一段在政治上、经济上充满屈辱的经历,给历史学界、经济学界的研究留下了深刻的烙印。

(一) 西方资本的进入

这一阶段广东的生产关系确实发生了重大变化,首先是鸦片战争前后,以洋行方式主要作为外国商业资本进入广东,除了明目张胆地通过输入鸦片掠夺中国的白银之外,主要是通过倾销廉价商品和增加广东的原材料输出,牟取不平等的商业利益。从区域经济的角度上看,"五口通商"后,全国的进出口贸易额较快增长,广东的对外合法贸易额在下降①,而珠江三角洲地带的进口产品的销售额却在增加。这种状况只能说明广州"独口通商"政策的取消,必然引致广东在全国外贸总额中的比重下降。事实表明,两次鸦片战争及其不平等条约的签订,特别是粤海关——中国最古老和最大的海关——主权的丧失,外商在广东成为贸易领域中特殊的

---

① 粤海关1869年广州口岸贸易报告认为:"广州已失去全省货物集散地的地位,货物可以直接由香港运至许多内陆城市,这一便利诱使购买商寻找代替广州的市场。"见广州市地方志编纂委员会办公室、广州海关志编纂委员会编译《近代广州口岸经济社会概况——粤海关报关汇集》,暨南大学出版社1995年版。

最不受约束的主体。一方面，外商利用香港的特殊位置、利用其特权，肆无忌惮地进行走私，向广州和珠江三角洲输入商品；另一方面，粤海关允许洋船经营土产转口贸易，与帆船相比，洋船进口商品可以减半征税。在外国资本基本垄断中国近代航运、船舶修造业的19世纪四五十年代，这项半税政策的经济意义是不言而喻的。

外国资本企业最早出现于19世纪40年代中叶的广州黄埔，如1845年苏格兰商人约翰·科拜兴办的"科拜船坞"、1846年的丹麦船舶公司、1850年美国人汤马斯肯特兴办的"旗记铁厂"，直至60年代外商在汕头兴办采师文工厂，广东沿海已有船坞14座。几乎与此同时，为对外贸易相配套，从事汇兑、结算业务的外资银行也公开进入广州，成为外国产业资本大规模进入广东的桥梁。1848年，英商创办了中国境内第一家经营定期航班的轮船公司——省港小轮公司，此后，英、美、德等国商人开辟了往返香港、广州、汕头、厦门等地的轮船航线。1860年，英国怡和有限公司在汕头建立分公司，经营西药、鸦片生意。此后，英、德、法、美洋行接踵而至，1894年，在汕头外马路成立了"洋行公会"；1925年，外国洋行和其他商贸机构达91家，基本控制了汕头的商贸活动。①

19世纪70年代以后，由于上海日渐取代广州在中国进出口贸易中的"独占"地位，外商将投资船舶修造和航运方面的注意力，转向上海及中国其他沿海口岸，外商在广东的投资重点转向轻纺工业，如19世纪70年代英商已在汕头开办糖厂，90年代美商在汕头设立"火油池"；英商80年代在广州兴办制冰厂、90年代兴办电灯公司等。总体上讲，直至1949年，外国产业资本在广东的投资始终大大少于商业资本的投资，其原因一是与北方沿海及内地各省相比，广东的矿产资源缺少大规模投资的价值；二是广东作为最靠近香港的政治、经济、文化中心，尽管在全国的地位有所下降，但在华南地区仍是首屈一指的，其商贸、流通、交通功能，远胜于香港（这也是香港长期得不到长足发展，而在20世纪50年代才"起飞"的重要原因之一），因此，继续投资并控制广东、华南的商贸活动，仍然是西方资本的战略目标。三是广东在鸦片战争前已形成珠江三角洲—东部沿海—其他地域三个层次的发展梯度，只有在市场发育程度较高、资

---

① 参见陈朝辉、蔡人群、许自策著《潮汕平原经济》，广东人民出版社1994年版，第185～186页。

本主义生产关系已有萌芽的地带投资，才可能获得更高的边际收益。因此，西方资本在广东的活动，除去不正当的垄断和走私活动之外，一方面，外资作为西方经济体系的先锋和桥梁，通过其购销活动，把广东特别是珠江三角洲的主要经济活动纳入国际经济链条，将广东的经济确定在国际垂直分工体系中的相应位置；另一方面，西方资本有选择地参与了部分沿海口岸城市的建设，特别是水电、交通等基础设施的建设。这样，西方资本（主要是英国资本）成为左右广东近代产业结构变化的又一重要变量。看不到这一点，就无法对广东经济在半封建半殖民地条件下走向近代化的进程做出合理的说明。

（二）民族资本的成长

民族资本在艰难曲折中成长，成为广东区域经济格局变动的新的主体。1872年，南海县人陈启沅筹建继昌隆缫丝厂，这是中国第一家民族资本主义工业企业，在此以前，由于官府不允许本国百姓使用机器船，已有中国商人借用外商名义，经营轮船航运业务。19世纪70年代以后，珠江三角洲地带已有民办丝厂、电灯公司、火柴厂、造纸厂、面粉厂、豆饼厂、锯木厂等轻工企业，以及少量采矿业。1904年，民族资本在广州成立了广东总商会；1905年，全省已有资金万元以上的民办企业90多家。[①]随着民族资本主义在广东的发展，民族资产阶级与外国资本的矛盾也在加深。1904年，广东商、绅、学界与湖南、湖北民众一起，掀起了收回粤汉铁路路权的斗争，斗争胜利后，成立了商办的广东粤汉铁路有限总公司。甲午战争以后直至第一次世界大战前后，广东的民族资本获得了前所未有的发展。1912年，广东使用动力的近代工厂已有136家，占全国的11.8%，拥有4566匹马力，占全国的37.4%。1895年至1918年，广东新办资金万元以上的使用动力的工厂91家，其中商办85家，占93.4%；资金608.8万元，占总投资额的46.9%。值得说明的是，广东的民族资本除了继续以轻工业为投资的主要领域之外，开始重视进入重工业和基础设施领域。这一期间，广州、南海出现了商办的协同和机器厂（1912年）、广同安机器厂（1912年）、宏艺昌机器厂（1912年）、广东玻璃厂

---

① 参见蒋祖缘、方志钦主编《简明广东史》，广东人民出版社1987年版，第416页、第458页、第524页。

(1905年)、广南船坞（1914年）等，1919年，全省已有电厂26家以上。1914年，协同和机器厂已能成功仿造70匹马力的内燃机，1918年，其制造了160匹马力的船用内燃机。1915年以后，广南船坞已能制造1000吨至1800吨的轮船。① 随着沿海一些市、县城区马路的开辟，水电、交通设施的建设，民族资本以独资或官商合办的形式，参与了水泥厂、自来水厂、地方铁路的投资和经营。20世纪20年代初期以后，国共合作和国民政府的建立，广东全境的统一，给广东经济带来了发展契机，但"一战"后西方资本和日本资本的卷土重来，进出口贸易不景气②，广东的民族工业只在生丝机器加工、机器棉纺织、针织、橡胶制品、火柴等少数行业，以及江门的造纸业、汕头的抽纱业有所发展，至1929年，全省的民营企业总资本仅为654万元。1930年，陈济棠取得广东的统治权后为维持广东事实上的半独立状态，采取了一系列促进经济发展的措施，广东的民族资本获得了迅速而短暂的发展。1936年，民营企业已达2000余家，总资产7000万元左右③；与1929年相比，民营企业资产额每年平均递增40.30%。抗日战争爆发后，广东沿海地带市、县大多沦陷，主要分布在这些地域的民营企业，首当其冲成为日寇洗劫的对象，民营机器厂、船厂的设备被搬运一空，工厂停工倒闭。建于清末的潮汕、新宁两条民营铁路，剩余的轨道、机车也在沦陷后遭日寇劫夺。抗战胜利后，百废待兴，加之北方工业生产不正常，广东的民营针织、抽纱、灯泡、机器业曾有过短暂繁荣。但随着国统区通货膨胀的加剧，特别是1948年以后国统区财政金融体系的崩溃，广东沿海的民营工商业再一次遭到毁灭性打击。

（三）官营经济的建立

19世纪70年代后几乎与民族资本同时出现的官办企业和官商合办企

---

① 参见蒋祖缘、方志钦主编《简明广东史》，广东人民出版社1987年版，第585～593页。

② 1921年粤海关进出口合计为1.7亿关平两，1922年至1925年分别为2.01亿、2.23亿、2.08亿、2.09亿关平两，1926年最高，达到2.79亿关平两，1927年至1930年分别为1.86亿、1.86亿、1.97亿、2.10亿关平两。见广州市地方志编纂委员会办公室、广州海关志编纂委员会编译《近代广州口岸经济社会概况——粤海关报告汇集》附表一"粤海关进出口货值表"，暨南大学出版社1995年版。

③ 参见《简明广东史》，广东人民出版社1987年版，第717页。《广州简史》，广东人民出版社1996年版，第480～485页。

业，在广州和广东沿海地带兴起，成为广东区域经济的又一活跃主体。

洋务运动在北方首先推行后，两广总督瑞麟于 1873 年创办以生产军火、小轮、炮艇为主的"广州机器局"；两广总督刘坤一于 1875 年增建增步火药厂，于 1876 年兴办制造军舰的"黄埔机器局"。两广总督张之洞于 1886 年设立了"广东矿务局"，同年筹办用机器制造银币的"广东钱局"，1888 年设立"广州机器织布纺纱官局"。20 世纪初叶，广州先后开办了"士敏土厂"（1909 年落成）、"增源纸厂""官纸印刷局"（1906 年）。1906 年，官商合办自来水公司。1909 年，官商合办"广东电力有限公司"，同年合办"广东制造皮革公司"。这些"地方官办资本"形成的近代工业，在技术上、管理上和设备上几乎无一例外地全盘依赖西方，这在当时既是必要的也是必然的。

广东"官办（官营）企业"的发展高潮，出现于 20 世纪 30 年代上半叶。陈济棠自 1929 年至 1936 年 7 月统治广东 8 年之久，为了"经营好"广东，维持其"半独立"的统治地位，陈济棠采取了一些发挥广东地域优势，发展工业的政策和措施。1931 年以后的几年间，广东全省新建"省营"（实为官办）近代企业 20 家，全部投资国币 3500 万元，主要在广州建立了士敏土厂、电解厂、电厂、汽水啤酒厂、肥田料厂、棉织厂、丝织厂、麻织厂、糖厂、造纸厂、钢铁厂及一些兵工厂，在广州市区边缘形成了西村、珠江南岸、南石头工业区，时至今日，许多企业已发展为广东省和广州市的骨干企业。30 年代前半期，广州和广东许多市、县的市政建设也快速发展。1928 年汕头市仅有 1.2 万户，8.1 万余人，马路 4000 余丈。1933 年全市已有商号 3441 家，1936 年全市已有 3.45 万户，20.48 万人，超越潮州等"州府"一跃为广东省第二大城市。除了"官办工业""官办市政"之外，这一时期的"官办农业""官办交通"也有所发展。在省、市、县政府的分头努力下，至 1935 年全省共修筑公路 4000 多公里。比 1932 年增加近两倍，基本形成了以广州市为中心的东、西、南、北四大公路干线及支线 300 余条，官营长途汽车 1278 辆。1936 年，粤汉铁路终于全线通车。广东的陆路交通当时在全国已居前列。政府还办了 5 个"模范林场"，植树 30000 余亩，并在 30 余县兴建了林场。当然，这些主要分布在沿海的"官营经济"，在抗日战争中首当其冲地成为日军掠夺的对象，战后也只能勉强维持，无法达到 1936 年的水平。

综上所述，广东区域经济主体的多样化，是 1840 年以后广东社会性质"半封建半殖民地"化的一种外化的表现。广东的半封建半殖民地化，实质是新的生产关系的产生和发展，生产资料所有制结构走向多元化。以往我们在研究中，较多地将注意力集中于这种所有制结构的变化对广东农民、产业工人、手工业者带来的灾难，集中于西方资本、官僚资本、封建地主对民族资本的排挤和压迫。较少研究导致此种所有制结构形成的生产力水平的变化，即导致新的生产关系（中断了原有的资本主义生产关系萌芽，主要是借助外来资本进入而出现的"近代资本主义生产关系"）产生的产业结构变化和生产力区域布局的变化，较少研究二者之间的相互适应和相互作用关系。从以上对1840—1949年广东区域经济主体多元化的进程看，不论西方资本、民族资本，还是官僚资本、"政府资本"，只要是近代资本，无一例外，首先进入经济相对比较发达、交通比较便利的广州、珠江三角洲和潮汕沿海地带，给这些地带带来了由资本和雇佣劳动构成的近代资本主义生产关系，当然也使这些地带首先"半殖民地"化，或者说，相对于封建主义生产关系根深蒂固的广东内地特别是粤北山区而言，沿海地带的"半封建半殖民地"性质更为典型。这是与沿海地带的产业结构和区域经济布局的质的变化是分不开的。

二、广东区域产业结构的变化

通常对产业结构变化的分析主要可以通过投入和产出两个方面进行分析。1840—1949年广东区域产业结构的变化，可根据现有的资料对广东出口商品的品种、数量、场地和新兴建的企业所属的行业、分布地域的变化，即经济活动主体的区域性的变化来考察。

（一）对广东近代产业形成序列的分析

如前所述，这一期间广东区域产业结构的变化，与广东区域经济主体的变化应是同步发生的。近代资本形态进入广东的领域（行业和地域），也应是区域产业结构发生较大变化的领域。而近代资本愿意进入的领域，必然是相对于传统产业而言投资的边际收益较高的领域。这一期间广东产业结构变化的主要特征是近代产业（工业和交通能源等基础产业）的兴起，尽管在整个经济总量中所占比重并不大，但毕竟打破了原来自然经济基础上传统农业和传统手工业一统天下的格局，代表着产业结构升级的方向。

先行在珠江三角洲和广东东南沿海建立的近代产业,主要集中于以下行业:19世纪40年代至70年代,首先兴起的修船厂,其后是使用机器为动力的缫丝厂,再其后是满足城乡居民最基本日常生活必需的火柴厂、锯木厂、火油厂、面粉厂等。这是广东近代产业兴起的第一个"浪潮"。19世纪70年代至20世纪最早的20年,是广东近代产业发展的第二个比较迅速的时期。这一时期首先兴起的洋务派为投资主体的军火工业、舰船制造业,其后是以进一步发育起来的民族资本为投资主体的机器制造企业,再其后是民营和官商合营并举的铁路、水运和民用轮船制造业。前一阶段集中于农产品加工及日用轻工业品的近代资本投资结构,开始趋向专业化分工和协作。经过近20年的社会动荡和战乱之后,相对稳定的20世纪30年代上半期,成为广东近代产业发展的最后一个"黄金时期"。这一期间广东近代产业群的发展,除了量上的扩张之外,更主要的是在"省营工业"的带动下,规模较大、设备更为先进的轻工企业和建材、能源、交通等基础产业迅速发展,使广东工业产业结构初步呈现了质的提升的特征。

1840年至1949年广东产业结构的演化,是带有强烈的地域性的。上面所描述的新兴起的各类产业和行业,主要仍集中于广州、珠江三角洲和粤东沿海地带一些(而不是大多数,更不是全部)交通较为便利、经济有一定基础、居民较为集中的城市和集镇及周围地带,广大农村特别是山区地带,仍然保留着典型的自然经济的特征,其产业结构的高度,还远远落后于1840年以前已产生资本主义萌芽的珠江三角洲地带。可以说,广东这一期间区域产业结构的变动,一方面是沿海地带近代产业兴起导致的产业结构逐渐高度化趋势;另一方面,是其他广大地带产业结构的停滞僵化趋势,这两种趋势相互交织,既是广东沿海地带所有制结构渐趋多元化的产物,又是推动广东沿海地带所有制结构多元化的生产力基础,同时也是沿海地带资本主义生产关系较快发展和其他地带封建主义生产关系继续保留稳固地位的生产力基础。

将这一时期广东的经济社会性质界定为"半封建半殖民地",在经济学研究中往往将注意力集中于此种社会性质对生产力发展的束缚与摧残。问题在于当我们将研究视野进入这一带有过渡性的"半封建半殖民地"社会内部时,构成此种特殊的混合的所有制结构,每一种所有制关系都建立在相应的生产力基础上,各种所有制关系之所以能共同存在于一个所有制结构中,表明各种所有制关系之间既有着相互对立的关系,又有着相互依存的关系；同时也表明，各种生产关系的主体赖以存在和生长的生产力基础，也是一个由复杂的经济技术联系构成的多层次的生产力结构。按这一思路继续推演，不难得出这样的结论：这一期间广东所有制结构的多元化和区域产业结构的变化应是同步的，广东区域产业结构朝着早期工业化方向发育、扩展的地域，应该也是近代资本介入广东经济并获得比较充分的发展空间的地域。

(二) 广东近代区域产业结构变化的动因分析

如果说，近代资本的进入和成长，是这一期间广东区域产业结构变化升级的直接动因的话，市场需求的变动则仍然是广东区域产业结构变化的根本动因。近代资本（包括带有掠夺性的西方资本）为什么进入广东的特定地域并站稳脚跟、不断发展呢？深层原因仍是1840年以后，广东沿海地带的社会需求发生了重大变化，从而给近代资本的进入和发育创造了广阔的发展空间。具体表现如下。

1. 国际市场需求的变化

两次鸦片战争，一批沿海通商口岸的被迫开放，加快了广东和全国"半殖民地化"的进程，客观上也是广东经济和全国经济融入国际贸易体系的进程。尽管1840年以前，广东凭借历史上和地理上的优势地位，与西方国家之间已存在比较活跃的正常贸易关系，但与已进入产业革命阶段的英、法等国的要求相比，基本建立在传统农业和小手工业基础上的广东经济，不论其产品的数量还是质量，都有相当差距。另外，东部沿海地带一批口岸开放，成为吸聚周围地区农矿产品、直接组织出口的一个个新起的区域性外贸中心[①]，广东的农特产品既受到国际市场的压力，又受到来自国内竞争的压力，这就需要广东的产业结构在生产、流通、运输等方面有新的突破。运用近代资本推动广东的早期工业化，并使广东产业结构得以升级，一开始可能是不自觉的，但较高预期收益的拉动，使19世纪70

---

① 粤海关1869年广州口岸贸易报告指出："广州已失去全省货物集散地的地位，货物可以直接由香港运至许多内陆城市，这一便利诱使购买商寻找代替广州的市场。"1872年的报告指出："综观过去12年的茶叶贸易，可看出广东人尽了很大的努力来挽回同洋人进行的直接从广州出口到其他条约口岸的贸易中的损失。前些年对广东茶叶贸易打击最大的是长江边上的汉口的开放。"见《近代广州口岸经济社会概况——粤海关报告汇集》，暨南大学出版社1995年版，第57页、第77页。

年代前后，成为近代资本进入广东新产业萌芽和出现的第一个时期。先是因为同香港贸易时，轮船比帆船有其一定的竞争优势，英国等外国资本和早期的民族资本进入了近海航运领域（包括船坞、码头的兴建）。广东的近代运输业的产生，与明、清以来广东在全国对外贸易中的地位是密不可分的，同时也表明，1840年以后，迫使广东进出口贸易不断扩大的趋势，使广东的运输业成为必须首先发展的"瓶颈"部门。后是国际市场的周期性变动、国际政治局势的突变（1870年的普法战争就曾影响广东的生丝出口），广东传统的小规模的农副产品加工企业，在适应国际市场的变动和质量要求方面、在与其他省份产品进行竞争方面，都面临着压力，也给近代资本从事机器加工业带来投资机会。1871年以后民族资本举办缫丝厂，就是广东产业结构为适应国际市场变化所作出的反应。

2. 国内市场需求的变化

鸦片战争以后，随着珠江三角洲和粤东沿海新的生产关系的生长，"西风东渐"，全省居民的收入分配格局也在变动之中，社会财富在这些地带相对积聚起来。因此，19世纪40年代以后，在广东沿海地带和一些中心城镇的居民中，消费心理和消费能力开始变化，新的生活方式和生活习惯（如"使洋火""点洋油灯""吃洋面""用进口毛巾"等），尽管还刚刚出现，但沿海地带此种新的现实成长着的消费需求，足以成为19世纪70年代前后广东近代轻工业企业——使用机器的火柴厂、"火油池"、面粉厂——产生和生存下去的直接动因。所以，广东工业化是从解决居民日常生活消费品开始的，而这种消费需求对于长期禁锢于小农生产及生活方式的广东居民来说，几乎是趋于无限的，也成为西方资本无法独占，民族资本得以扩展的丰厚土壤。国内市场需求的变化，还主要体现在服务市场特别是对近代运输服务的需求的变化上，从19世纪中叶航行于省港间的小火轮的开通，到19世纪末叶、20世纪初叶潮汕、新宁、广九铁路及粤汉铁路的修建，直到20世纪二三十年代以广州为中心的公路网及"省营"汽车运输实力的壮大，铁路、公路、水运网络的初步形成，是广东产业结构在传统经济基础上演化升级的又一显著标志。

3. 产业结构变化规律的影响

区域产业结构的变动优化有其固有的规律，也就是说，各相关产业出现的先后次序和地域、发育的程度，都必须与一定的生产力发展水平和国际经济分工相适应。本书第一篇对西方关于产业结构变化规律的理论作了简要介评。1840—1949年期间广东产业结构的变化，给"先轻纺工业—后重化工业"的产业发展顺序提供了佐证。广东近代产业之间的经济技术联系的逐步建立，经历了一个由简单到复杂、由零散到系统的过程。首先出现的是投资规模较小的、以本省农林产品为加工对象的轻工企业，如上面多次提及的缫丝厂、织造厂、锯木厂、抽纱厂，这些企业主要面向国际市场；又如火柴厂、肥皂厂、毛巾厂等，这些企业主要面向本地市场。正是这些企业和航运企业，构成了传统农业、手工业和近代工业之间的最早的桥梁。这些企业艰难地站稳脚跟，并因具有比传统产业更高的劳动生产率而获得较高的边际收益，推动了这类小型轻工企业扩展[①]，客观上又起着鼓励投资者扩大轻工企业生产规模，或向收益更高的领域投资的作用。在此种冲动的驱使之下，对加工设备和运输设备进行制造修配的机器制造业，成为19世纪末叶广东的"新兴产业"，受到一些富有开拓精神的民族资本家的青睐。在资本积累达到较大规模时，为城市基础设施和居民住宅服务的新企业出现了，如1905年丁衡甫创办的广东玻璃厂，投资60万元；1906年官办的广东士敏土厂投资120万元；1906年官商合办的广州自来水厂投资167.8万元；1908年由岑春煊创办的广东电力有限公司，投资150万元；1907年商办的广东裕益机器制造灰砂砖有限公司，投资32万元。广东的工业产业结构中"偏重的"产业有所发展。虽然1949年以前的广东工业从来没能形成重工业产业群，但重工业企业（如船舶修造厂）在西方资本进入珠江三角洲时就已出现了，此后的张之洞执政时期兴建的官办企业和陈济棠执政时期的"省营"军火企业、钢铁厂、电解厂，都表明了这一点。除了军火工业之外，这些重化企业的兴办，都是广东"轻型"产业结构存在和稳定的内在要求，客观上反映了广东轻型产业链的延伸与完善。

4. 政治、政策因素的影响

这一期间广东区域产业结构的发展态势，与广东以至全国、国际政治局势的变化、政府的更迭、政策的调整是密切相关的。从国际政治、经济全局看，1840年以后直至20世纪初叶，除了1848年欧洲的革命风暴、1870年普法战争具有一定世界影响之外，整个资本主义世界基本上处于

---

① 1895—1913年，顺德、广州、南海、江门等地共新开办近代纺织工业企业58家，总投资185.1万元，平均每家仅3.19万元。

平稳发展的阶段。这一时期是资本主义"收获"工业革命成果,加快把世界各国纳入资本主义经济体系的过程。具有广阔市场潜力、丰富自然资源与初级产品的中国,不可避免地成为西方列强觊觎的对象。从两次鸦片战争开始,几乎所有的侵华战争,都是在保障自由贸易的旗号下进行的。这些侵华战争及其后签订的一系列不平等条约的后果,就使中国的经济与世界资本主义经济体系之间建立起更加紧密的联系,在经济形态和劳动生产率存在巨大差异的情况下,此种联系必然体现为在不平等贸易中生产力水平较高的一方对生产力水平较低的一方的财富的掠夺,体现为落后国家的产业结构必须按照发达国家的愿望进行调整,这就使得中国经济日益成为西方资本主义体系的附庸。1840年以后,广东生丝业(特别是19世纪70年代后的机器缫丝业)的迅速发展,土布、茶叶出口的活跃,都说明了这一点。而这一期间某些年份生丝、茶叶出口的萎缩,也都与西方国家的内部政治斗争(如普法战争),与殖民地范围的扩大、开发(如在印度和锡兰形成新的大规模的茶叶产地)是直接相关的。第一次世界大战前后,各主要西方国家暂时放松了对中国市场的挤压,广东和全国的民族资本获得了新的发展契机,这是众所周知的。1840—1949年,也是中华民族从苦难中觉醒和抗争的年代,国内政治形势的急剧变化,也给广东区域产业结构留下了深刻的烙印。如"洋务运动"中通过地方官府实施的"富国强兵"政策,以及晚清时放宽私人投资近海航运的政策限制,清廷1898年颁布《振兴工艺给奖章程》、1903年颁布《奖励公司章程》、1906年颁布《奖给商勋章程》,这些发展新式工业、应用新械新法的政策,都加快了广东沿海的初步工业化进程;又如,辛亥革命后广东政局的长期不稳定,第一次国内革命战争时省港关系的恶化,广东革命政府为支持北伐采取的某些经济政策,都在一定程度上遏止了广东区域产业结构升级的步伐。20年代末至30年代中叶,为维持广东地方政权的"半独立状态",陈济棠利用国内相对稳定的政治局面所采取的鼓励发展地方经济的政策,客观上推动了广东沿海重工业的成长,使广东各区域间产业结构呈现出更加明显的二元化的特征。

三、沿海近代城市兴起和区域经济布局的进一步畸形

区域生产力水平的发展,除了通过区域产业结构的完善及升级体现出

来之外，同时也可从区域经济布局的变动中观察。如前所述，市场需求是产业结构变动的深层原因，也是区域生产力布局变化的根本动因。而区域优势产业或新兴产业空间位置的选择，同样离不开区域经济主体在资源培植时，对影响市场需求的诸因素的综合比较。因此，1840—1949年广东区域经济的不平衡增长格局，仍然要通过对广东各地域的城镇布局、要素流转与集聚程度来衡量。

（一）广东沿海近代城市的兴起

毫无疑问，鸦片战争以前，广东已经存在不少城市（省城、府城、县城）和圩镇，明代时，也出现过独立管辖城镇居民的行政机构（在司徒尚纪先生著的《广东政区体系——历史、现实、改革》书中写道："录事司的设置是我国中古时期建制城市的主要标志"，"至元十七年（1280年）置海北广东道，隶于江西省，又改宋翔龙府为广州路，领7县1司，即南海、番禺、东莞、增城、香山、新会、清远和广州录事司"，"同时设置的还有韶州录事司和潮州录事司，分隶于韶州路和潮州路。"①，这些城市已在发挥一定区域的手工业生产、流通和政治中心的作用，与全国其他省份相比，广东当时的"城镇化"水平还是居于前列的，只不过此种区域性经济中心的功能发挥，是与当时的生产力水平及经济形态是相对应的。经济发展史上真正近代意义上的城市，是与社会化大生产、与近代资本主义生产关系同步产生和发展的。马克思、恩格斯在《德意志意识形态》第一卷第一章《费尔巴哈》中，曾比较过古代城市和近代城市形成的区别，并对近代大商业城市先于大工业城市形成、城乡对立的出现及城市发展规律从理论上进行分析归纳。依据这一分析方法，可以较清晰地描述广东近代城市的形成与发展轨迹。

当我们沿着"市场需求—高于传统产业的收益—近代资本进入"的逻辑思路，不难看出，适宜近代资本存在和生长的空间地域，也就是近代城市产生和发展的空间地域。而广东近代城市的产生，也是从形成近代商业城市开始的，这一点与马克思、恩格斯笔下的西方城市发展规律很相似，但广东的沿海近代城市在1949年以前始终未能发育成近代大工业城

---

① 司徒尚纪著：《广东政区体系——历史、现实、改革》，中山大学出版社1998年版，第46～47页。

市，这是广东城市发展的自身特点之一。此种特征在广州、香港和汕头三个城市表现得比较明显。

1. 广州：从传统的中世纪大都会转变为近代大商业城市

鸦片战争之后，广州的全国通商贸易中心地位确实有所下降，马克思说过："五大商埠的开放及香港之占有，结果只是使商业中心从广州移至上海。"① 但广州作为全省以至整个华南地区的商业活动中心的地位，一直没有动摇过。据粤海关档案资料统计，广州口岸 1860—1870 年的进出口货值基本持平（见表1）。1871—1931 年，广州口岸的进出口货值则呈不断增长态势（见表2）。

表1 粤海关进出口货值表（1860—1870）②

（单位：墨西哥银圆）

年份	进 口	出 口	进出口合计
1860	18415727	16257623	34673350
1861	12977353	15811512	28788865
1862	10580928	17742590	28323518
1863	9505285	16083062	25588347
1864	8192795	13659177	21851972
1865	10556602	18054557	28611159
1866	14171101	18832622	33003723
1867	14090581	18403154	32493735
1868	12991266	18491156	31482422
1869	11487679	20010626	31498305
1870	12053394	19857543	31910937

① 马克思：《对华贸易》，见《马克思恩格斯论中国》，第 146 页。
② 引自广州市地方志编纂委员会办公室、广州海关志编纂委员会编译《近代广州口岸经济社会概况——粤海关报告汇集》，暨南大学出版社 1995 年版，第 1127 页。

表2　粤海关进出口货值表（1871—1931）①

（单位：海关两）

年份	进口		出口		进出口合计
	由外洋	由通商口岸	往外洋	往通商口岸	
1871	5971091	4114201	12266538	3475088	25826918
1881	4845212	9727310	13739578	3517323	31829423
1891	13511558	14746927	15395306	2757726	46411517
1901	16492112	20716958	20883952	2752418	60845410
1911	29267739	21213339	48609585	6017459	105108122
1921	41496668	46159246	71131636	12062000	170849550
1931	56212088	118807473	61616619	14885682	251521862

有的著述引用当时广州港的进口统计资料，说明两次鸦片战争后广州对外贸易口岸中心地位逐渐衰落，占全国进出口的百分比不断下降。其实并不如此，粤海关1877年广州口岸贸易报告指出："从定期航行港澳的本地民船的数量和省内需直接从港澳获得供应的大市场来判断，在价值上，民船承运的洋货进口贸易一定大于洋船承运的进口贸易。如果香港和澳门不是位于本省大门的通道，目前由民船运进的货物，会像中国其他地方一样，由洋船载运，其数量与价值将记录在本关的报告中。……但是，如上所述，广州的情况不是这样当从统计表得出关于广州地区作为洋货市场的价值的结论时，这个事实必须正视。我们对这个地区外洋进口贸易的统计认识是估计多于实际，正如贺璧理（Hippisley）先生已经指出的那样，作为洋货集散中心，在重要性方面，这个口岸在排名表中的位置应该接近第一名，而不是现在的第七名。"1878年的贸易报告认为："广州生产的多种工业品供应中国的其他地方，这些贸易还是比较可观的。尽管处在逆境和市场激烈竞争之中，广州仍然保持着商业中心的重要地位，且在人们的技术和勤奋方面也是如此，因此，不必为广州前途担心。"粤海关1892年撰写的"十年报告"承认，尽管受到许多限制，"但仍保持贸易中心地位

---

① 引自广州市地方志编纂委员会办公室、广州海关志编纂委员会编译《近代广州口岸经济社会概况——粤海关报告汇集》，暨南大学出版社1995年版，第1127页。

的广州,其所包括的地区还是相当广阔和富庶,足以维持其以前所垄断的那样大的贸易规模"。①

广州在全国对外贸易中份额的相对下降,是上海作为全国经济中心崛起的必然结果。近代资本在进入广州的同时,更大规模地涌入上海,表明投资者对当时上海的经济发展潜力和发展前景的估计已居于广州之上。但推动广州朝着近代城市转变的力量依然是强有力的:首先,广州继续发挥着中国经济融入世界经济体系的桥梁和窗口作用,这是广州长期对外贸易形成的广泛网络、已具有一定规模的洋行体系和买办阶层以及与香港的经济互补关系所决定的,这也是其他口岸城市所不能企及的。其次,广州具有一定的经济技术实力,一方面,广州和广东近代产业的成长,要求广州按照近代城市建设和完善其基础设施;另一方面,建设近代城市所需的相关产业和企业(供水供电、铁路公路、建筑材料)以及发展卫生教育事业的需求,成为各种近代资本的广阔投资机会。最后,香港、上海等近代城市的建立,特别是广州沙面"租界"的建设与管理,成为广州城区向近代城市发展的样板,也促成了广州人关于城市建设、生产、生活观念的转变。

囿于当时的生产力水平,广州城区迈向近代城市的步伐是缓慢和渐进的,大致分为以下三个阶段:

第一阶段,鸦片战争结束后至19世纪80年代末前后。这一期间沙面租界开始建设并基本形成。1859年英法强租沙面,采取合资建设、经营的方式,建立英法租界;1865年,英国领事馆搬入沙面;1890年,法国领事馆搬入沙面,此时沙面已有纵横交错的8条街道、电厂、水厂、医院、教堂、消防、清洁、邮电各类公共服务机构齐全,羽毛球、网球、足球、游泳等体育设施,音乐台、影剧院等文化设施及公园也相继落成。租界的治安、行政、市政由英法各自的"工部局"管理。沙面租界的形成,无疑是中国人民、广东人民的莫大屈辱,但也可以想象,在基本上完整地保留着中世纪风貌的广州旧城区旁,这座西式微型小城的建成,无论在视觉上还是观念上,都会产生巨大的冲击。事实也确实如此,沙面租界所提

---

① 引自广州市地方志编纂委员会办公室、广州海关志编纂委员会编译《近代广州口岸经济社会概况——粤海关报告汇集》,暨南大学出版社1995年版,第175～176页、第209页、第852页。

供的关于近代城市文明的种种知识：如近代城市的管理架构、行政与公共服务体系、周密的街区规划，以至更为健康科学的生活方式、更丰富的建筑风格等，以及沙面租界建设过程中，所采取的投资修筑江滨堤围、填土开辟马路、分区售地回收投资的经营手法，在后来的广州城市建设中几乎都得到学习、借鉴和应用。①

第二阶段，19世纪80年代末至辛亥革命前后。这一期间广州城区开始进行小规模的近代城市建设工作。从1886年张之洞在"省河"珠江北岸天字码头修筑堤岸兴建马路开始，沿江筑堤辟路，一直是城区改造和建设的主要方式。"省河岸之北，东至天字码头起，西至沙面租界止，傍河一带，筑造堤岸，此事从前已经议行，现在地方官复加察看。至货物出入口收纳码头捐之法，必可收得巨款，以为筑堤之用。"（1903年粤海关报告）② 至1907年，"沿前航道修建堤岸进展缓慢，不能令人满意，东河湾与西河湾相距9115英尺，如安排妥当的话，堤岸早应建立起来，但一开始就没有能胜任的工程师监工。到目前为止仅建约5000英尺的堤岸，其中400英尺已倒塌，其他各段情况也不妙，严重影响前航道的可航性"③。

尽管如此，"在广州城里，许多新建筑物在不断建造中，值得注意的是旧式建筑的商店正在按西方设计的两面门窗临街的商店所取代"。至1910年初，"由西濠起至大沙头，长约2英里，一律筑成新堤，更由宽广马路，利便行人往来，沿河一带顿改旧观"。西濠口到黄沙的堤岸也开始修建。1907年自来水厂开始供水，1908年，使用自来水的家庭达9000余家，次年又增加2584户。"河北、河南及沙面租界，均设电灯。"1912年，"由河南用水线推广电灯至花地一带"。1904年，广州至三水的铁路通车；1907年，粤汉铁路首段——黄沙至江村段开通；1910年，广州至九龙的铁路通车。1905年，广州已有电话用户350家；1910年，无线电报开通；1897年起，粤海关兴办的邮政局在城里建立，至1901年，已在广州和珠江三角洲地区设立了59间分局。④ 城市建设的展开，带动了当时新建的水泥厂、机器制砖厂的发展。

---

① 参见杨万寿、钟卓安主编《广州简史》，广东人民出版社1996年版，第283～287页。
② 引自广州市地方志编纂委员会办公室、广州海关志编纂委员会编译《近代广州口岸经济社会概况——粤海关报告汇集》，暨南大学出版社1995年版，第416页。
③ 同上书，第456页。
④ 同上书，第416页、第455页、第473页、第482页、第495页、第943页。

第三阶段，辛亥革命后至20世纪30年代中叶。这一期间广州旧城区开始较大规模建设。1913年后，第一劝业场、香港大新公司等大型商场，相继在已建成的新堤地段开设。1912年11月、1918年1月旧城区两次火灾，促成了两条60英尺宽的马路的兴建。1918年10月，"本城新设市政公所，委任曾受西法教育之华员督理"。市政公所议决："拆毁城墙及城门15道，……就城墙所占之地址，建筑一新式宽阔之优良马路，安置铁轨，行驶电车。马路之阔，可容汽车往来。"① 1921年2月，广州市政厅成立，广州市正式建市至1921年，广州城内已建成17英里近代化的马路，还有7.5英里马路在建筑中，征用了5000多栋民居。无轨电车和公共汽车也开始运营，"改良区域"铺设了新式的排水系统，旧的排水系统进行重建、整治、清理。观音山公园、第一公园已建成。20世纪30年代上半叶，在总体规划下，广州的城市建设有了更大规模的发展。至1936年，全市修筑马路总长134公里，扩宽内街1356条，海珠桥终于建成，惠爱、上下九、西濠口三大近代商业区的形成，19路公共汽车线路，17条全省公路干线、3条铁路以广州城区为枢纽，中山纪念堂、中山纪念碑、市政府等"标志性建筑"相继落成，表明经数十年的努力，广州已从一个传统的中世纪的大都会转变为近代大商业城市。

应该说，这一期间广东的其他城市或城镇，也或迟或早地走上近代化的轨道。香港和汕头是当时广东发展较快的两个新兴城市，与广州相比，两者的发展道路既有着共性，又都具有自己的个性。

2. 香港：迅速崛起的华南对外贸易转运中心

香港的城市建设是与中英之间一系列不平等条约的签订，以及香港辖区的不断扩大同步的。1841年香港岛被英国侵占，1842年清朝政府与英国签订《南京条约》，把香港岛割让给英国，此时港岛只有务农村民3650人，散居于20余条村落，另有渔民2000余人。英国殖民主义者将香港宣布为自由港，一开始就将其定位为广东及华南的进出口转运中心。港岛可用于发展的土地十分有限，加之英方对整个珠江口以至华南的野心，第二次鸦片战争后，1860年，根据《北京条约》九龙半岛和昂船洲岛又租让给英国。1898年，清政府又与英国签订《展拓香港界址专条》，把九龙半

---

① 引自广州市地方志编纂委员会办公室、广州海关志编纂委员会编译《近代广州口岸经济社会概况——粤海关报告汇集》，暨南大学出版社1995年版，第583页、第635页、第1039页。

岛（界限街以北）和新界租借给香港 99 年。此时港岛和九龙的城区人口约有 24 万，新界约有 10 万人。1930 年后，九龙城区开始较快发展；1937 年日军侵华战争打响后，大量中国居民逃难到香港；1941 年香港沦陷时，香港人口已达 164 万；1950 年时，香港人口又增至 220 万人。

这百年间影响香港城市建设的主要因素，一是港英当局对香港的定位，即确立和维持香港作为转运港、作为商业中心城市的地位。20 世纪中叶以前，港英当局从来没有过也不可能有过将香港建设成为工业城市的想法，因而也不可能将城市建设与产业结构的自觉升级统一起来考虑。二是这一期间是广东区域经济差距进一步扩大，香港作为新的贸易中心的崛起，吸引了珠江三角洲及全省许多农民、市民不受限制地流入，加上晚清、民初广东政局一直不稳、长年内战及日军入侵广东，使香港的人口一次又一次地膨胀，在不太长的时间内，其人口几乎赶上广州，这也是当时港英当局所始料不及的。三是香港本是宝安县一个边陲小岛，后来虽一步步"拓界"，但山地、丘陵居多，在当时的经济、技术水平下，可用于商业、转运及建设近代城市的土地确实不多。四是香港政府长期对城市建设特别是对城建投资领域采取不干预的政策，所以，在 1939 年以前，香港一直没有规范城市规划的法律性文件，而正式的城市规划直到第二次世界大战后才采用。

相对于广东其他城市而言，尽管香港建设近代城市的步伐并不算慢，但在人多地少、发展方向受到局限而政府比较放任的情况下，这一期间香港的城市建设具有比较明显的二元倾向：在 19 世纪下半叶形成的港岛传统中心商业区、混杂住宅区和半山白领住宅区，在 20 世纪 30 年代以后形成的九龙中心商业区及周围的住宅区，各类近代城市必需的基础设施都比较齐备，如邮政局，在香港开埠之初就已建立；1875 年，创办电报局；1862 年，成立煤气公司；1863 年，建设薄扶林水库并供应自来水；1890 年香港电灯有限公司开始供电；1903 年，中华电力有限公司向九龙送电；1898 年，渡轮在港九间通航；1904 年，电车通车。应该说，"高密度发展"的原则在香港城市建设中得到成功应用。但几次移民高潮涌入香港的人口，大部分居住在市区内自己搭建的"寮屋"，居住环境简陋恶劣，周围基本没有任何市政设施，更谈不上纳入城市建设规划。1884 年至 1905 年，香港政府就曾在太平山、摩罗下街、九如坊等地区"清拆贫民区"。50 年代初，成片的"寮屋区"遍布港岛、九龙、新界，而数十年以至近百年来的建成区，公用设施日趋不足，楼宇失修，楼层低矮而容积率低。这些问题，虽然在广州和广东的其他沿海城市也同样存在，但在香港这一大致"全新"的近代城市却表现得特别突出。①

3. 汕头：后来居上的区域性经济中心

汕头是在市场机制作用下迅速发育成为近代城市的又一个典型。清政府在第二次鸦片战争失败之后，被迫签订的《中英天津条约》中，将潮州列为通商口岸，因潮州及粤东其他港口不断淤塞，汕头地处韩江、榕江出海口，内海连接韩江、榕江、练江平原、港区口窄腹宽，自然环境优良，1858年已有约400艘商船前来贸易，发展潜力大，1861年开埠时改选了隶属于澄海县鮀浦司的"汕头"。汕头港的开发，加速了潮汕地区自然经济解体和农产品、手工业品出口的进程。20世纪初叶以前汕头的出口贸易是比较活跃的，在广东仅次于广州口岸，美商、英商相继在汕头兴办商业储运及一些农产品加工企业，本地从事进出口生意的商户也更快地发展起来，分流了原来集中从广州口岸出口的部分商品（如食糖、柑橘、鸡蛋、陶瓷等）。粤、潮海关分设，西方的和华侨的近代资本进入汕头，1906年潮汕铁路建成开通，这几个因素不同程度地促进了汕头经济的发展，1858年至20世纪20年代中叶，每年贸易总额从白银1400余万两增至4300余万两，奠定了汕头发育成为近代城市的初步基础。至1910年，汕头已有商店6000多家。1920年，汕头已具有自来水、电灯、电话等公用设施②；1921年，汕头正式从澄海县分离出来，成为广东省第二个省辖市；1922年，汕头市区设立汕头市政厅，汕头的市政建设发展得更快，与广州非常相似，汕头也是通过向海要地，筑堤建路，来形成"新式城区"的。1928年，市区人口约8.1万，10余条马路正在修建，长约12公里。除了小公园商业区之外，"四安—镇邦""四永—升平"的成片商业区也发展起来，1933年，市区已有6大类5个行业的商号3441个，总资本5768万元，每年营业额约7亿大洋。1934年，汕头市的贸易额已居全国第七位（在上海、天津、大连、汉口、青岛、广州之后），进出港轮船

---

① 参见劳炯基、蔡穗声著《香港城市建设与管理》，广东人民出版社1992年版，第16～170页、第20页、第29页、第56页、第109页。

② 转引自蒋祖缘、方志钦主编《简明广东史》，广东人民出版社1987年版，第588页；陈朝辉、蔡人群、许自策著《潮汕平原经济》，广东人民出版社1994年版，第187页。

2681艘，港口吞吐量675万吨，占当年全国各海港货运量的8.67%，仅次于上海、广州居全国第三位，其商业网络远及世界上17个国家和地区、华北、华东、华南几乎所有沿海城市。在汕头的极盛时期，商业始终占据绝对地位，工业几乎是微不足道的。① 这一点，汕头也与广州、香港一样，以一个近代商业城市的资格，取代潮州成为当时粤东、闽西南、赣南经济区域的中心。

（二）广东区域经济布局的进一步畸形

广州、香港、汕头发展成为近代商业城市的背后，是有限资源要素在广东重新配置的过程，导致广东的城镇布局重新调整，少数沿海城市与广阔内地间的经济差距迅速扩大，广东区域经济发展的不平衡特征更为突出。

1. 广东城镇布局的变化

鸦片战争后，随着广东经济开始了近代化进程，广东经济对国际市场依存度的上升，影响广东的城镇布局的因素也随之增加，使广东城镇布局的变化带有以下特点：

第一，沿海地带小城镇、圩镇的发展速度明显加快。据司徒尚纪先生在《珠江三角洲经济地理网络的嬗变》一文中考证，鸦片战争以后珠江三角洲圩镇的数量比战前增加了75%，主要集中在商品发达地区（南海增加了3.5倍、顺德为1.1倍、番禺为0.3倍、花县为1.7倍、香山为2.1倍），西、北江交通枢纽地区（高要增加0.6倍、四会为1.6倍、清远为1.7倍），潭江流域（新宁增加2.3倍、开平为0.6倍、新会为0.5倍）。嘉靖年间珠江三角洲核心地带（番禺、南海、顺德等）圩市平均服务半径为5.3公里，珠江三角洲的边缘地区（新宁、归善、清远等）圩市平均服务半径为40公里。到清代雍正乾隆年间，这两种地区圩市的平均服务半径缩小为2.8公里和9公里。咸丰到宣统年间，南海的圩市平均半径服务范围为1.22公里、顺德为1.63公里、番禺为2.44公里。而珠江三角洲外缘的新宁为3.64公里、恩平为5.43公里、清远为5.70公里。

---

① "据1931年的不完全统计，当时全市工商行业共3400多户，工业资本仅占其中的6.6%，银庄却占了27%左右，其余商号则经营出入口贸易。"引自陈朝辉、蔡人群、许自策著《潮汕平原经济》，广东人民出版社1994年版，第187页。

广东沦陷前的1938年,番禺为2.15公里、恩平为4.51公里、清远为4.58公里。司徒尚纪先生认为,由于"圩镇的增加,服务半径有所缩小,这是人口向较大圩镇集中,交通网络由分散趋于集中的结果"。而更深层的原因则是:"由于三角洲各地在鸦片战争后都不同程度地卷入资本主义世界体系,并建立起交换关系,客观上促使圩市在数量和功能上都有所发展。"①

珠江三角洲是鸦片战争后广东近代资本最密集的地域,圩镇的发展趋势总体上是向上的,从圩镇数量的增加到平均人口增加及平均服务范围半径的不断缩小,都说明了这一点。但也说明,即使在珠江三角洲,圩镇布局的变化同样是不均衡的,是反映着梯度推移发展规律的。在区域生产力总体向上而又不平衡的条件下,广东全省城镇与圩镇布局,也具有和珠江三角洲相似的发展轨迹。这一期间发展得最快的是通商口岸和沿海其他小港口,香港、汕头、赤坎、陈村是其中的典型,其次是西江、北江以及其他江河可以与香港通航的乡镇(1864年粤海关的报告指出:"由于华船运费低廉,进口商常选用华船运货进口,……从前,几乎所有贸易都由洋人经手,都要经过广州城,而现在,几乎全部都是华人自己经营,他们在香港购货,然后直接运往内地城镇,而不经过省城。"1874年的报告指出:"有相当大的进出口贸易是由民船来往广州及广州以东或以西的沿海各小城镇与属于外国的两个自由港即香港和澳门之间所进行的。"②),物流和人流的活跃,使惠州、肇庆、石龙、江门、水口等城镇有了较快的发展。第三层次则是处于交通不发达,位置偏远的内陆、山区地带,城镇、圩镇也有所发展,但较缓慢。这是由于自然经济在广东的广大内陆和山区地带,还居于稳固的统治地位,可供交换的资源和剩余产品还很少。

第二,广东区域经济的增长极布局发生了积极变化。从宋代以后,广东各州的建置相对稳定,明代中叶以后广东各县的建置也相对稳定,表明广东各经济地带基本形成,各州的州府理所当然地成为所在区域的经济、政治、文化中心。鸦片战争以后,沿海地带近代城市和一些新城镇的兴起,使各经济区域的增长极发生了变化,一些新的增长极替代了原来的增

---

① 引自司徒尚纪著《岭南史地文集》,广东省地图出版社1994年版,第103～106页。
② 引自广州市地方志编纂委员会办公室、广州海关志编纂委员会编译《近代广州口岸经济社会概况——粤海关报告汇集》,暨南大学出版社1995年版,第4页、第106页。

长极,比较典型的是:①香港对澳门的替代。香港开埠之后,凭借良好的港区与仓储条件,建立在英国的雄厚生产力基础上的商业与金融网络,很快就吸引大量国外资本流入,使香港成为几乎与广州并驾齐驱的华南与中国的进出口转运中心,成为西方势力在中国最主要的落脚点之一。相比之下,葡萄牙殖民势力盘踞澳门200余年,明末直至19世纪中叶,也曾使澳门发展成为十分繁荣的仅次于广州的港口城市。但葡萄牙在工业革命中的落伍,导致其海上贸易大国地位的丧失,加之西江、北江带下大量泥沙,使珠江口西岸地带不断向大海伸展,原本只能适应帆船贸易的澳门港,日渐被泥沙淤塞,加上辖区土地狭小,澳葡当局也无力拓宽管辖范围。因此,澳门港越发不具备作为广东进出口转运中心和近代商业城市的条件,清末拱北海关的进出口贸易总额在广东各关中,列于粤海关、潮海关和九龙关之后,仅是九龙关的一半。① 可见,澳门的地位被香港取代,与葡萄牙的海上霸主地位被英国取代是分不开的。②汕头对潮州的替代。潮州港在清朝中叶以前也曾经盛极一时,潮州府城不单是潮州各县的政治文化中心,而且是嘉应州以至赣南和闽西南沿韩江直下发展国内外贸易的中心。但潮州港距离韩江入海口数十公里,每年受韩江枯水期与汛期影响颇大,加上清代中叶后韩江日渐淤积,小吨位的民船溯江而上尚有困难。汕头则以其优于韩江其他出海口的港区条件,从替代潮州开埠开始,集聚近代西方资本和华侨资本,首先在粤东建成基础设施齐备、功能配套的近代城市,最终替代潮州发展为粤东、赣南和闽西南的区域经济中心。③佛山镇的相对衰落。佛山在宋代时已因手工业发达成为全国知名的大镇,明代直至清代中叶以前,佛山的冶铁、织布、丝绸、陶瓷生产在全省以至全国都居于前列,并依托珠江三角洲河道纵横,交通便利的优势,成为连接珠江三角洲手工业生产和广州口岸的大宗商品集散地和出口贸易的重要中转地。晚清以后,佛山的工商活动失去了以前的发展势头,主要原因一是鸦片战争前后,大量廉价的洋货走私或从合法渠道进入广东,严重打击传统的手工业产品。《简明广东史》提供的资料载:佛山由于洋纱输入,1854年后,纺业停顿;洋铁输入,故铁钉业"制造日少";因洋针输入,

---

① 参见王荣武、梁松等著《广东海洋经济》,广东人民出版社1998年版,第128～129页。

故土针"销路皆减";因洋铁进口,使内地铁商"十散其九"。① 二是19世纪20年代以后,佛山水道逐渐积满泥沙,近百年未加疏浚,几乎到"舟不可行"的地步。在木船还是内河航运主要工具的年代,航道的淤塞无疑意味着佛山资源和产品流转的停滞。在上述两个因素的共同作用下,佛山日渐丧失其作为珠江三角洲经济中心重镇的地位,南海的陈村、东莞的石龙则因地处主要交通要冲而很快发展起来。

这一期间广东城镇布局的变化是积极的,尽管一定程度上带有西方殖民势力的烙印,但推动变化的直接动因主要是广东的产业结构调整升级和交通方式的进步。

2. 区域经济外向度的提高和传统经济的解体

鸦片战争以后,广东各经济地带加深了对国际市场的依赖。首先是表现在国际市场对广东特定经济地带生产的牵动。国际市场的任何变化,都会或多或少地反映到广东产业布局上来。生丝、茶叶、糖、草席一直是广东的大宗出口产品。顺德历来是全省桑树种植最为集中的地带,由于国际市场对生丝的需求量一直是稳步增长的,20世纪20年代顺德已有机器缫丝厂130家。"现代机器的安装导致了丝织工业的改善。……在高州附近、德庆和肇庆之间的西江之南、仁化县的北江上游以及海丰县、粤东沿海附近,都出现了一个种桑高潮。"② 可见,经济外向度的提高,使技术进步与生产地域的拓展之间形成了良性互动关系。广东的茶叶生产和出口则刚好与此相反。《粤海关1882—1891年十年报告》察觉到,"工夫茶主要在本省大山、肇庆、贺县等地区种植。在过去10年内,这种茶的质量日益衰退,据说是因为对茶树培养工作未加注意所致。它是最早受到日益增产的印度茶和锡兰茶冲击的茶种——良种茶首先受到影响,随后低档茶叶遭受损失。""色种茶显然已不再从广州出口。""香橙白毫茶出口量则急剧下降,现在主要之限于对澳大利亚出口的少数几匹。这种茶在伦敦市场据说已'过时',对它的需求量甚少。""珠兰香茶……无需多久,它将和广州其他茶叶一样逐步走向'过时'。"报告详细分析了广东茶叶出口竞争力下降的原因,指出:"显然,中国茶叶生产的现状完全不利于进行

---

① 参见蒋祖缘、方志钦主编《简明广东史》,广东人民出版社1987年版,第416页。
② 引自广州市地方志编纂委员会办公室、广州海关志编纂委员会译《近代广州口岸经济社会概况——粤海关报告汇集》,暨南大学出版社1995年版,第1029页。

任何改善。茶时的种植和主要的加工程序都操纵在小种植者手中，而这些人既无知识又缺乏改进生产方法的资金。在商业界不乏进取心的人。特别是在广州，但只要以小型耕作为基础，茶叶生产就无改进的希望——相反的情况倒是极有可能出现的。"① 草制地席出口一开始就面临着日本的竞争，但美国和欧洲的需求量很大。1892年至1901年的10年间，广东出口量从25.5万卷上升到43万卷，几乎增加了70%，但其间变动甚剧。最低的1894年才出口23.3万卷，最高的1896年出口60万卷。出口量剧增的原因：一是1895年下半年美国贸易复苏；二是1896年初银价下跌。广东地席是很不起眼的产品，但同样反映着国际经济和金融的周期性波动。粤海关的1892—1901年报告认为："由于像美国那样变化无常的市场控制着贸易，生产者很难按照需求来计划或调整生产。"②

广东经济外向度的提高，并不仅仅表现在广东的传统出口产品随着国际市场波动，更重要的是，在产业间联系效应的作用下，传统的自然经济生产方式逐渐让位于新的需求基础上的新行业、新技术、新工艺、新材料。最早的《粤海关十年报告》（1892—1981）就指出："毛巾已普遍使用，并淘汰了国产品……越来越多的广东人，特别是手工艺人，穿起西式棉汗衫和棉短袜。……在日常用品方面，金属正逐步取代竹木材料。门窗的栏栅插闩等目前几乎一律都是用铁做的，本地商店和住宅前面已普遍可见到铁门和铁栏栅。拥挤在河面上的庞大的汽艇船队，当然对金属制品有着经常性的需求。"报告指出，这十年间，经外国船舶载运进口的美国面粉增加了8.17倍，"在广州街头出售的饼干及糕点，据说都是用这种面粉制成的，比较富裕阶层的人们也普遍乐用这种面粉"。1892年火柴进口比1888年增长了86%，"现在即使在最边远的地区也可见到"。煤油的消费量由1888年的约300加仑增加到1891年的950多万加仑。而草席和丝织业的发展，对安尼林（苯胺）染料的使用在迅速增长。③ 金属材料、面粉、火柴、煤油的需求的增加，既体现着广东城乡生活方式的重大变化，也为广东工业产业结构的升级创造了广阔的市场空间，19世纪末20世纪

---

① 引自广州市地方志编纂委员会办公室、广州海关志编纂委员会编译《近代广州口岸经济社会概况——粤海关报告汇集》，暨南大学出版社1995年版，第859～861页。
② 同上书，第913页。
③ 同上书，第856～858页。

初广东民营轻工业的发展，很大程度上带有"进口替代"的性质。当然，在广东民营近代轻工业、传统手工业和西方工业制成品的三边关系中，大量涌入的西方工业制成品居于强势地位，既压迫着广东的民族轻工业，又压迫着广东的传统手工业；但广东城乡对新的生产方式和生活方式的强烈追求，为轻工业制品创造出几乎是无限的需求，这就是广东民族轻工业能在"夹缝"中生存并有所发展的根本原因。相比之下，受西方工业制成品的倾轧，而又必须与民族轻工业竞争的传统手工业，市场面只会一天天萎缩，自然经济体系的解体就是难以避免的。停留在自然经济形态的广东内地特别是北部山区地带，与适宜近代产业生长的沿海地带相比，经济发展滞后的趋势就越来越明显。

3. 广东区域经济核心区和边缘区布局的强化

我们描述过秦汉至清代中叶的广东区域经济核心区和边缘区分布变动趋势：这就是广东经济的每一次发展浪潮，都会带来区域经济布局的较大变动，使次核心区按"顺时针"式以珠江三角洲为轴心，由粤西到粤北，再到粤东沿海的推移。1840年以后直至1949年间，虽然是广东区域经济的主体、产业结构、城市建设规模发生重大的质的变化的时期，但珠江三角洲仍是广东经济最为发展的地带，继续发挥着全省经济核心区的作用；粤东沿海地带仍然是广东非均衡发展格局中的次核心区。可见，近代广东区域经济的发展承续着明代以来的格局，并进一步强化了这一格局，使广东原来已出现的区域经济差异继续扩大，沿海地带经济发展快于山区地带的趋势更为明显。

这一期间广东区域经济核心区与边缘区布局的稳定和强化，可基本分为两个阶段：

第一阶段是鸦片战争到19世纪末，这是近代资本缓慢进入广东沿海的阶段。此时代表着新的生产力的近代产业和使用机器为动力的企业，首先小规模地出现在沿海地带，特别是珠江三角洲和粤东沿海；另外，进出广东沿海口岸的产品和原料不断增加，对外经济联系的活跃（尽管有相当成分是外力推动的），客观上促成了广东沿海近代商业城市的发育和为出口产品提供原料的专业种植区的形成。必须说明的是，鸦片战争前珠江三角洲和粤东沿海地带的经济发展水平已高于粤西和粤北，也已形成较明显的经济差距，当时的区域间的经济差距，缘于珠江三角洲和粤东沿海的手工业和商业较为发展，且具有初步的资本主义生产关系的萌芽，而广东的其他地域手工业和传统商业均不甚发达。尽管经济差距已长期存在，包括珠江三角洲在内的广东整体经济运行，仍建立于小生产的基础上，传统的封建主义生产关系和自然经济生产方式的稳定状态，这两个因素给鸦片战争以后近代资本的进入，带来了两个方面的影响：一是近代资本必须首先进入商业和手工业比较发展的广东沿海地带，只有在沿海地带，才具备近代资本站稳脚跟和发展壮大的各种条件，包括较强的货币购买能力。二是近代资本进入的广度与深度，通常要视国际和国内市场需求情况而定。由于广东的区域经济差异已明显存在，全省的消费结构和生产结构要适应国际、国内市场进行调整和升级，只能是一个缓慢的渐进过程。珠江三角洲和粤东沿海个别城市、城镇的经济领先地位和较高的经济外向度，使这些地带的消费结构和生产结构更具有调整、优化的内在压力与外部动力。相比起广东整个区域来说，这些沿海城市、城镇的空间范围毕竟有限，且建立在这些城市、城镇中的近代工业、能源、交通设施，与周边农村的经济社会生活几乎是隔绝的，近代资本进入广东，并不能缩小区域间原来的差距，而是强化了原有的核心区与边缘区布局。可以这样认为，鸦片战争以后直至19世纪末期，是近代资本缓慢地、较小规模进入广东的阶段，这一阶段广东区域间经济差距仍具有不断扩大的趋势，但还不太强烈。清代末年，列为广东"最要府州"的有广州府、肇庆府和罗定直隶州；列为"要府州"的有韶州府、惠州府、潮州府、高州府、琼州府、嘉应直隶州；余为"中州府"和"简州府"。"最要县"为南海、高要两县；"要县"为番禺、顺德、东莞、香山、新会、赤溪厅、归善、海阳、潮阳、电白、儋州、防城共12个县厅；"中县"为新宁、三水、清远、揭阳、澄海、普宁、茂名等23个县厅道；余为"简县"。司徒尚纪先生认为，这个分等反映了政治经济的地区差异。因为清末强调主要按政务繁简、地理区位，并结合税粮多寡、治理难易作为划分州、县等级的标准。以上分等表明，一等的州和一、二等县主要分布在珠江三角洲（高要、新会、东莞均属于珠江三角洲范围），少量分布在韩江三角洲和粤西，既是交通枢纽和要道，经济发展水平也较高。二等府州的三等县主要分布在交通要冲，虽较重要但经济发展水平不一。第三、四等府州和第四等县，主要分布在粤北山区、雷州半岛及海南岛山区，特别是少数民族聚居的地带。这种划分基本上反映了19世纪下半叶在稳定中缓慢变化着的广东区域经济布局。①

第二阶段是20世纪初叶以后至30年代初，这是近代资本较大规模进入广东的阶段。广东沿海经济的外向度的提高，要素流转的活跃，区域性产业结构的基本形成，加快了以广州、香港、汕头为代表的沿海近代城市的建设进度，珠江三角洲及周边城镇网络的分布也更为密集，沿海地带（主要还是沿海的少数近代城市）经济活动的基础更稳定地建立在近代工业、商业和为出口服务的基础上。相比之下，这一期间广东内地特别是广大农村的经济活动，仍保留着自给自足的小农经济的基本特征，消费结构和生产结构都没有发生质的变化，新的农业和手工业的技术也没能得到广泛的应用，广东仅有的近代工业主要还是集中在广州、汕头等几个沿海城市。因此，广东的边缘区与沿海地带的经济差距是扩大了而不是缩小，广东的畸形的核心区与边缘区布局进一步被强化。1930年，当时的广东省政府根据面积、人口、富力（田赋、税收）对全省各县进行打分分等，列为一等县依分数排列有：南海（含佛山）、中山、东莞、台山、顺德、新会、阳江、清远、惠阳、番禺、潮安、潮阳、茂名、揭阳、高要共15个县。属于珠江三角洲及其外缘的有11个县，属于韩江三角洲的有3个县。1931年被列为一等县的增加了曲江、合浦、琼山3县，应与面积、人口因素有关；列为二等县的有开平、增城、三水、南雄、英德、文昌、遂溪等29个县，主要分布于近海的丘陵地带；列为三等县的有恩平、宝安、从化、连县、龙门、丰顺、陵水、万宁等38个县，主要分布在粤东北、粤北和海南山区；乳源、南澳、琼东、乐东、保亭、白沙等11个县为四、五等县，主要分布在少数民族聚居的深山区。1931年各县的分等，基本反映了当时广东区域生产力布局的现实。一个不幸的实际例证是：1938年至1945年日军侵入广东后，10个一等县被日军侵占，占62.5%；3个二等县和3个三等县被日军侵占，分别占10.34%和7.89%；这固然与一等县地处沿海，交通便利分不开，更重要的是这些县具有较高的经济发展水平，以及由此决定的经济上、政治上和军事上的战略地位。

（节选自《区域经济梯度推移发展新探索》第二章，中国言实出版社2001年版）

---

① 引自司徒尚纪著《广东政区体系》，中山大学出版社1998年版，第59～61页。

论梯度发展理论及其在广东的应用

20世纪80年代以来，我国以"梯度推移发展战略"，替代了原已实行30多年的区域经济"均衡发展战略"，东部沿海地带经济实力大大增强，与中、西部地区的经济差距也在拉大。广东省作为改革开放试验区，在区域生产力布局、对外开放格局、产业结构调整、投资重点等方面，同样实施了"梯度推移发展战略"，使珠江三角洲等沿海地带获得了前所未有的发展契机，粤港澳经济日渐趋于一体化，广东省内各区域间经济梯度发展的总体态势已经形成。但也不能不看到，广东经济与全国一样，确实存在着地区间发展差距日益扩大，区域内产业结构趋同，经济增长方式粗放等负面效应。本文拟以广东省实行"梯度推移发展战略"以来，全省及各区域不均衡增长的过程与现状为样本，力求对广东区域经济梯度发展的动因、过程和发展趋势进行判断，并在此基础上分析区域经济梯度发展与区域差距之间的相互关系。

一、广东区域经济发展差异的基本判断

（一）广东区域经济差距的变化趋势

为了科学地描述区域经济差异的变化趋势，我们采用了国际上较通用的绝对差异、相对差异、基尼系数、RHL值（最高区域的人均GDP与最低区域的人均GDF之间的比值）等指标，对1978—1995年广东省全省及各地区人均GDF（1990年不变价）进行时间序列分析，并将各指标值与经济增长速度比较。计算结果如表1及图1至图6所示。

依据表1及图1至图6所示，可对1978年至1995年广东省全省人均CDP异变化趋势作出如下判断：

这一期间广东省反映经济收入差异的五项指标（绝对差异、相对差异、基尼系数及RHL变异系数）均呈扩大之势，表明广东省全省各地区间经济收入差异明显加大。虽然这一期间全GDP每年平均增长率为

14.22%，但人均 CDP 的绝对差异 727.30 元增至 9636.43 元，每年平均递增 16.42%；相对差异 71.08% 增至 178.78%，每年平均递增 5.51%；基尼系数 0.2586（这一数值已高于国际上通常可以接受的标准值）增至 0.3783，每年平均递增 2.26%，其中 1992 年的基尼系数甚至高达 0.4463；变异系数由 43.89% 增至 73.18%，每年平均递增 3.05%。反映收入差异的各项指标"攀升"之快，持续时间之长，是比较少见的。如果从近年来广东省各市人均 GDF 的基数与增长速度看，基数大的地区增速也快，如 1995 年人均 GDP 全省最高的深圳市增长速度为 13.90%，而人均 GDP 最低的河源市增长速度只有 11.50%。可见，广东省各地区间经济收入扩大的趋势，还将继续维持下去。

表1 1978—1995年广东省全省人均GDP差异变动趋势

年份	绝对差异（千元）	相对差异（%）	基尼系数 G（y）	最高区域人均GDP与最低区域人均GDP比值（RHL）	变异系数（CV）（%）	全省GDP增长速度（%）
1978	0.7273	71.08	0.2586	3.49	43.89	0.40
1979	0.7646	72.58	0.2614	3.61	44.24	7.80
1980	0.8036	74.52	0.2676	3.79	46.49	16.00
1981	0.923	80.24	0.2706	4.03	50.89	8.40
1982	1.1221	89.43	0.2899	4.68	52.69	11.30
1983	1.2779	96.4	0.2891	5.12	53.27	6.70
1984	1.6729	105.08	0.3039	5.35	57.06	14.80
1985	2.0954	121.61	0.3134	5.68	61.15	20.10
1986	2.3612	115.27	0.3001	5.27	58.40	11.30
1987	2.7	129.48	0.3131	5.95	61.03	17.70
1988	3.4085	157.64	0.3304	7.28	63.28	15.50
1989	3.8741	169	0.3405	7.71	65.69	7.00
1990	4.3964	183.57	0.3595	8.52	69.34	11.30
1991	5.479	195.3	0.3778	9.34	72.81	17.30
1992	7.4986	223.76	0.4463	11.73	83.59	22.00

（续表1）

年份	绝对差异（千元）	相对差异（%）	基尼系数 G（y）	最高区域人均GDP与最低区域人均GDP比值（RHL）	变异系数（CV）（%）	全省GDP增长速度（%）
1993	8.2355	209.88	0.4019	11.79	78.06	22.30
1994	8.3868	196.87	0.3745	10.19	72.58	19.00
1995	9.63643	178.78	0.3783	11.25	73.18	14.90

注：1. 本表采用各年份广东省各地区（地级市）人均GDP数值进行计算。
2. 各年份人均GDP数值已换算为1990年不变价。

根据表1提供的计算结果，广东省全省人均GDP差异的时间序列变化折线，见图1至图6。

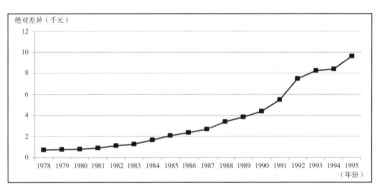

图1　广东省全省人均GDP绝对差异时序变化折线示意

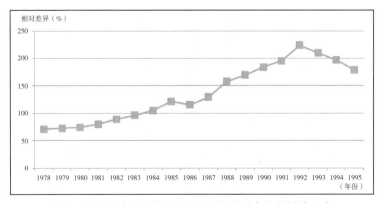

图2　广东省全省人均GDP相对差异时序变化折线示意

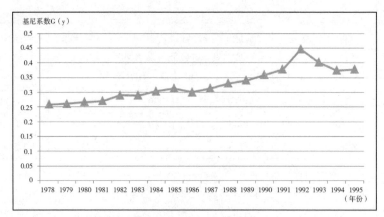

图3 广东省全省人均GDP基尼系数时序变化折线示意

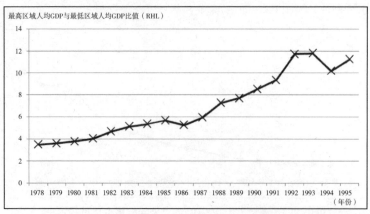

图4 广东省全省人均GDP的RHL比值时序变化折线示意

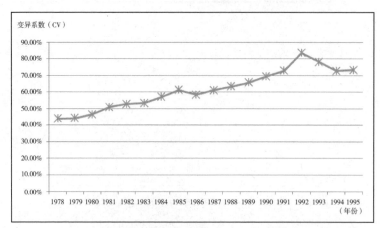

图5 广东省全省人均GDP变异系数（CV）时序变化折线示意

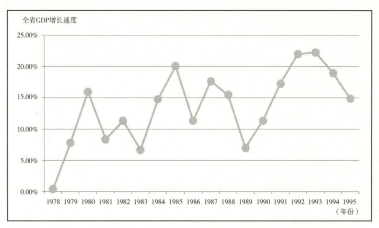

图6　广东省全省GDP增长速度时序变化折线示意

（二）广东省区域间收入差距扩大的典型特征

1. 经济增长速度与收入差距扩大之间存在互动关系

从图6的折线变化趋势可见，1978—1995年广东省GDP的增长存在3个较大的波动周期，分别为1978—1983年、1983—1989年、1989—1995年（这一周期何时完全进入谷底开始新一轮复苏，分歧颇大），其中前两轮周期后半期均出现较明显的波动。分别将反映收入差异变化的各项指标与GDP指标的增长速度作时间序列比较（见表2），可较清晰地看到二者之间基本同步的变化趋势。

表2　1978—1995年广东省全省经济差异和GDP变化速度

指标增长 年间	绝对差异增长(%)	相对差异增长(%)	基尼系数增长(%)	RHL值增长(%)	变异系数增长(%)	全省GDP增长速度(%)
1978—1979	5.12	1.39	1.08	3.43	0.79	7.8
1979—1980	5.10	2.67	2.37	4.98	5.08	16.0
1980—1981	14.85	7.68	1.12	6.33	9.46	8.4
1981—1982	21.57	11.45	4.92	16.10	3.54	11.3
1982—1983	13.88	7.79	1.83	9.40	1.10	6.7

(续表2)

指标增长年间	绝对差异增长(%)	相对差异增长(%)	基尼系数增长(%)	RHL值增长(%)	变异系数增长(%)	全省GDP增长速度(%)
1983—1984	30.91	9.01	5.12	4.49	7.11	14.8
1984—1985	25.26	15.73	3.13	6.17	7.17	20.1
1985—1986	12.68	-5.50	-4.43	-4.27	-4.49	11.3
1986—1987	14.34	12.33	4.36	12.90	4.50	17.7
1987—1988	26.24	12.17	5.53	22.35	3.69	15.6
1988—1989	13.56	7.20	3.96	5.95	3.81	7.0
1989—1990	13.48	8.62	4.59	10.51	5.56	11.3
1990—1991	24.62	6.38	5.04	9.62	5.00	17.3
1991—1992	36.80	14.57	10.23	25.59	14.81	22.0
1992—1993	9.83	-6.20	-3.36	0.51	5.54	22.3
1993—1994	11.84	-6.56	-6.86	-13.57	8.09	19.0
1994—1995	14.89	-10.11	1.04	10.40	0.83	14.9

（1）全省经济差异变化的前三个波谷分别出现于1983年、1986年和1989年（这三年的基尼系数增长率分别为1.83%、-4.43%和3.96%），而这三年也恰好是广东GDP增长的波谷，其中1983年（GDP增长率6.7%）、1989年（GDP增长率7.0%）是两轮大周期的波谷，1986年（GDP增长率11.3%）是第二轮周期的小波谷。

（2）广东省全省收入差异扩大的最近一个波峰是1992年（基尼系数为0.63%，增长率为10.23%，均为历史最高水平），而全省GDP增长的第三轮周期的波峰也恰好在1992年开始出现。经济差异与经济增长速度"基本同调"的状况表明，经济差异变化动因必须到经济增长的相关因素中去寻找。

2. 珠江三角洲地带与广东省东、西两翼地带、北部山区地带的经济差异，是广东省的基本经济差异

如表3所示，珠江三角洲与广东省东西两翼、山区地带的人均GDP的绝对差异逐年扩大，至1995年均已超过1万元。由于山区地带包含韶关、肇庆、云浮等工业基础较雄厚的城市，表3只能近似地反映出珠三角与山区的差距。如若以广东省划定的50个"山区县"（以山地丘陵面积超过本县面积50%为标准）为研究样本，则有如下（见表4）结果。

表3 1988—1995年广东省三大经济地带人均GDP绝对差异

（单位：元）

年份	珠三角与东翼	珠三角与西翼	珠三角与山区
1988	2597.5	2491.8	2638.5
1989	2600.5	2485.2	2658.3
1990	3125.2	2988.1	3164.0
1991	3923.7	3781.0	3971.0
1992	4821.3	5321.6	5846.2
1993	5841.1	6064.7	6990.7
1994	7423.0	7621.3	8619.3
1995	11024.0	10860.5	11356.3

表4 1994—1995年广东省三大经济地带GDP、人均GDP绝对差异

	GDP总量			人均GDP			绝对差异		
	1994（年）	1995（年）	1995年比1994年	1994（年）	1995（年）	1995年比1994年	1994（年）	1995（年）	1995年比1994年
珠江三角洲地带	2983.59亿元	3899.69亿元	20.3%	14240元	18242元	28.10%	—	—	—
东西两翼地带	1029.92亿元	1333.8亿元	12.95%	3768元	4806元	27.55%	10472元	13436元	28.30%
50个山区县	871.18亿元	1072.05亿元	12.8%	3195元	3889元	21.72%	11045元	14353元	29.95%

注：1. GDP值为现价。

2. 根据《广东统计年鉴》（1996）计算。

尽管广东省东西两翼和 50 个山区县在 1994—1995 年获得了长足发展，但珠江三角洲地带的 GDP 和人均 GDP 增长速度更快，这就导致三大地带之间的人均 GDP 绝对差异继续扩大，且有不断加速趋势。而东西两翼与 50 个山区县相比，虽然人均 GDP 的绝对差异也在扩大，但扩大的速度比较缓慢。可见，珠江三角洲地带正逐渐成为广东省经济发展、结构升级的"核心地带"，这一地带与广东省其他地带的经济差异，构成了广东省区域经济的基本差异。

（三）多层次的"核心区—边缘区"结构在广东省全省逐步形成

在珠江三角洲与广东省其他地带经济差异日益扩大的同时，广东省各一、二级中心城市的城区与非城区的经济差异也处于变化之中（见表5）。东西两翼各市城区与非城区经济上"二元结构"较为明显；广州、深圳、东莞、中山、佛山的城区与非城区的经济差异并不典型，表明珠江三角洲地带已初具空间经济一体化的雏形；汕尾、揭阳、云浮三市的城区与非城区的经济差异也不典型，则表明这些城市的核心区尚未真正形成。

表5 1995年广东省各市城区与非城区人均GDP

城市	城区人均GDP(元)	非城区人均GDP(元)	两者之比(%)	城市	城区人均GDP(元)	非城区人均GDP(元)	两者之比(%)
广州	23255.3	13272.3	1.75	中山	12392.4		
深圳	80243.5			江门	23558.9	7832.5	3.01
珠海	54240.6	8924.5	60.70	佛山	27182.6	15956.7	1.70
汕头	14313.0	3801.5	3.77	阳江	7618.8	3505.3	2.17
韶关	12013.9	3566.5	3.37	湛江	9163.4	3557.0	2.58
河源	4592.8	1892.9	2.43	茂名	12001.0	4377.8	2.74
梅州	7376.4	2422.1	3.05	肇庆	13757.8	5837.2	2.36
惠州	1932.2	7510.9	2.57	清远	7078.2	2926.0	2.42
潮州	9315.2	3930.7	2.12	揭阳	6052.2	4144.7	1.46
汕尾	3957.0	2865.3	1.38	云浮	7554.2	4917.0	1.53
东莞	14314.5						

注：本表数据为1995年当年价，深圳、东莞、中山三市不区分城区与非城区，使用全市数据。

二、梯度推移发展战略：广东区域经济差异变动的深层动因

（一）广东省区域经济不平衡增长的直接因素分析

广东省区域经济差异日益扩大的趋势，是广东经济非平衡增长的空间表现。此种区域经济非平衡增长的直接因素主要有以下几点。

1. 区域自然禀赋程度的差异

从全国看，广东地处东南沿海，物华天宝。其实广东省与全国一样，平原、台地、丘陵、山地各种自然地貌齐备，平原仅占全省面积的24%。中部沿海地带经济比较发达，人才、资金、市场要素较为密集，但地域狭小，自然资源贫乏。北部与东部山区虽占有部分资源，但推进工业化进程必需的煤、铁等资源较为缺乏，或不具备经济开采价值。广东全省呈扁平正三角状，东西两端相距约1000公里，20世纪90年代初期以前，广州与珠江三角洲与东西两翼和东北、西北山区的联系，只能依靠等级不高的公路网。各区域间自然禀赋的差异和经济地理位置的差异，直接地影响着各区域资源要素流入与流出状况，从而表现为区域资源配置结构和收入结构的差异。

2. 资源配置的区域差异

表6为广东省珠江三角洲地带、东西两翼地带和50个山区县1994—1995年的主要经济指标。通过表6中数据分析，可看到广东省三大经济地带资源配置的大致差异及所引致的后果：

（1）珠江三角洲地带固定资产投资总量明显高于广东省其他地带（1980年占全省比重的48.9%、1990年占59.5%、1994年占69.8%、1995年占65.1%）。投资率逐年上升（1980年为11.89%、1990年为26.53%、1994年为49.73%、1995年为38.23%）。而东西两翼的固定资产投资总额和投资率又明显高于50个山区县。

（2）珠江三角洲地带财政收入增长速度快于广东省其他地带，1981—1994年年递增20.5%，占全省的比重由1980年的68.9%、1994年的72.4%发展到1995年的82.47%。

表6 广东省三大经济地带主要经济指标（1994—1995）

	珠江三角洲地带			东西两翼地带			50个山区县		
	1994（年）	1995（年）	1995年比1994年	1994（年）	1995（年）	1995年比1994年	1994（年）	1995（年）	1995年比1994年
年末总人口万（人）	2095	2138	2.0%	2734	2775	1.50%	2727	2757	1.1%
GNPC现金（亿元）	2984	3900	20.3%	1030	1334	12.95%	871	1072	12.8%
第一产业（亿元）	262	315	9.2%	281	361	28.5%	331	405	6.7%
第二产业（亿元）	1529	1957	21.9%	405	535	32.1%	212	375	13.6%
第三产业（亿元）	1192	1628	20.1%	344	438	27.3%	227	292	19.0%
三大产业比例	8.8:51.3:39.9	8.1:50.2:41.7	—	27.3:39.3:33.4	27.1:40.1:32.8	—	38.1:35.8:26.1	27.8:35.0:27.2	—
固定资产投资(亿元)	1484	1491	0.5%	397	522	31.5%	245	276	12.5%
投资率	49.73%	38.23%	1.5%	38.54%	39.13%	5.9%	28.13%	25.75%	-2.38%
消费品零售总额(亿元)	1200	1545	28.7%	412	521	26.5%	267	353	19.1%
外贸出口（亿美元）	357	461	29.2%	4.7	53	12.8%	—	—	—
实际利用外资(亿美元)	83	86	3.4%	19	20	8.8%			
财政投入（亿元）	221	315	42.7%	39	48	22.5%	32	41	26.8%
居民存款年末余额（亿元）	1997	2810	40.7%	446	768	72.32%	349	446	27.8%

资料来源：《广东统计年鉴》（1996）。

（3）珠江三角洲经济外向度高于东西两翼，而东西两翼又高于50个山区县。珠江三角洲的外贸出口总额自80年代以来，一直占全省70%～80%；实际利用外资占全省70%左右。

（4）珠江三角洲的市场发育程度高于东西两翼和山区地带，50个山区县的消费品零售总额及其增长率均表明，山区地带的市场发育较迟缓。

（5）珠江三角洲成为全省人民生活水平提高最快，而且资金流入量最大的地带，城乡居民储蓄余额快速增长，1980年占全省比重70.6%、1990年占73.9%、1994年占79.2%、1995年占81.3%，远远超过广东省其他地带居民存款余额的总和。1994—1995年期间，东西两翼地带的城乡居民存款余额增速快于珠江三角洲地带，既表明这一地带的经济活动已开始进入起飞阶段，也说明该地带的投资环境尚有缺陷，无法像珠江三角洲一样吸引较稳定的投资。

3. 工业化进程与结构转变的差异

如上所析，至1995年，珠江三角洲地带已基本形成资源要素"投入—产出"的良性循环累积机制。"高投资率—高回报率（以GDP年均增长速度和财政收入、外贸出口收入年均增长速度为标志）—高储蓄率—高投资率"成为推动珠江三角洲经济迅速发展的强有力杠杆。珠江三角洲三大产业结构的比例，由1980年的25.79∶45.30∶28.91，1990年的14.83∶46.39∶38.78突变为1995年的8.1∶50.2∶41.7；而1995年东西两翼地带的三大产业结构比例为27.1∶40.1∶32.8；50个山区县的三大产业结构比例为37.8∶35.0∶27.2。可见珠江三角洲的工业化进程已接近成熟阶段，而山区地带农业仍占相当比重，工业化进程刚刚起步。珠江三角洲地带第二、第三产业的增长速度也居于全省前列，1981—1994年第二产业年递增21.1%，第三产业年递增18.6%，大批量高密集度的资源要素涌入，迅速的结构转变，表明珠江三角洲经济已进入"极化增长"阶段，作为广东省经济的"主导地带"迅速膨胀，从而与东西两翼地带、与山区地带形成梯度性的"资源引力势差"，使广东经济呈现出非平衡增长的态势。

4. 宏观政策和政府干预行为的区域差异

资源配置的区域差异导致广东省各地区的工业化程度及结构转变速度发生差异。而资源配置区域差异的深层动因，则可能来自两个方面：一是区域自然禀赋的差异,二是宏观政策与政府干预行为的差异。前者表明区域间资源配置是一个自然的历史的过程,后者表明这一进程可以而且有必要通过自觉调控使之更为合理。必须指出的是,1978年以来中国的改革开放进程,始终是以政府为主导的,尽管改革的市场化取向是明确的,但新旧体制并存的局面已持续相当长时间。可以这样认为,宏观政策和政府干预行为至今仍是导致资源要素配置产生空间差异的首要原因。在对外开放的空间格局方面,顺次按深圳、珠海经济特区(1979年)—珠江三角洲工业卫星城镇(1982年)—沿海经济开放区(以1984年汕头经济特区扩大范围和湛江市列为14个沿海开放城市为标志)—全省山区(1988年)赋予对外开放的优惠政策,政策发挥效应的区域性时差前后将近10年;在能源、电信、交通等基础设施建设方面,广东省各级地方政府自80年代初期就将大量资金投入珠江三角洲,着力改善珠江三角洲的投资环境,迅速形成连接香港和深圳、珠海经济特区的广阔腹地;在资源配置的区域性产业政策方面,由于珠江三角洲工业化进程加速,原主要配置北部山区地带的采掘工业、重工业已无法满足珠江三角洲的发展。自80年代初期开始,为了解决制约珠江三角洲产业结构上的"瓶颈"部门,顺次将一系列大型火力发电企业(含核电企业)、化学原料工业企业、汽车制造企业以及大型的电气、电子通信设备、家用电器企业配置在珠江三角洲地带,使广东全省的大中型企业大量集中于珠江三角洲,1995年广东省独立核算工业企业个数中,珠江三角洲地带占全省大型企业数的81.55%,占全省中型企业数的65.4%,并使广东的大中型企业数跃居全国前列,但同时也使广东的产业集中度呈现梯度递减的状态。

(二)广东区域经济梯度推移发展的特点

借助"核心—边缘"理论,可以在较直观地揭示广东省区域差异与区域发展战略之间关系的同时,分析广东省推行梯度推移发展战略的固有特点。

1. 香港是广东区域工业化梯度推移发展的特殊而强有力的核心区

广州市作为广东省以至华南地区的交通运输、商贸、科技、文化、政治中心,也是广东省的工业中心,这种地位是历史形成的。但广东省十几年来的工业化进程表明,广州市一直未能担当起广东经济梯度发展的核心区角色,90年代以来,广州市的人均GDP一直居于全省各大中城市的中游偏上位置,广州市向外辐射的经济技术能量十分有限。究其原因,一是广州的工业基础大多在传统的计划经济体制下建立起来,长期以来包袱沉重,困难较多,目前尚在想方设法"转制"自救;二是诸多客观原因制约,广州市建立市场经济新体制要比珠江三角洲以至比东西两翼沿海城市更为困难,需要花费更多精力;三是广州市区的交通、环境条件不断劣化。这些因素阻碍着发展广州经济急需的资源要素更多更快地流入,从而使广州无法与珠江三角洲各经济中心处于同等的竞争地位。

我们认为,1979年以来在广东省工业化进程中扮演梯度推移的核心区角色的,是已跨越了"工业化成熟期"阶段的香港。从香港的人均GDP和产业结构的变化状况看,1959年以前,香港进出口贸易总额虽达到一定数量,但工业化进程未真正开始。1959—1969年为香港工业化初期阶段的"起步期",初次确定了加工出口主导型的产业结构。如果将广东与香港看作一个区域性经济整体来分析,这一期间的工业化进程确实在作为核心区的香港先起步,由于国内外政治环境的制约,作为边缘区的广东省难以将资源要素自由地流入核心区。1969年以后,香港经济依靠其特殊的地理位置和放任有度的自由港政策,成功地实现了第一次结构升级,香港本土的"极化效应"过程迅速进展,内地的资源、劳动力等要素也大量流入香港。1979年以后,随着香港工业投资边际收益进一步递减,核心区的资源要素开始向外扩散,而广东和中国大陆及时调整了内外政策,大量港资和加工企业流入珠江三角洲和广东各地,形成"前店后厂"格局,使香港完成了向第三产业主导结构的转化。目前,香港本土已完全实现空间经济一体化,并开始将一体化推向珠江三角洲地带。

广东省各区域经济发展水平的差异,与上述的各类直接因素(自然禀赋、资源配置、结构转变、宏观政策)的区域差异相关,这些因素的差异分别地或综合地影响着区域经济中核心区与边缘区的资源配置效应。换言之,上述各类因素的作用,从多方面影响广东各区域接受香港资源要素扩散的时序与效应,进而间接影响各区域间经济差异的形成与变动趋势。从表7中可见,广东省实际利用外资的来源中,香港一直高居首位,自1991年以来,占全省引入外资的70%以上;而珠江三角洲利用外资的比重,也一直占全省的70%左右。此种状况表明,珠江三角洲地带因其毗邻香港的特殊地理位置、宏观方面先行赋予的改革开放自主权限,集中投入资源重点改善的水电供应、路桥、电信等基础设施,从80年代初、中期开始,就已具有优于广东省其他地域的软、硬投资环境,成为1979年以后香港工业资源要素向外扩散的"首选"边缘区。而与香港空间距离较远的广东东西两翼地带,基础设施投资较少,吸引香港资金注入的"引力"就明显减弱;北部山区地带由于缺少吸引香港资金流入的各种条件,因而成为广东省各区域中的"低经济梯度"地带。在香港资金连续而有目的的扩散过程中,1995年珠江三角洲地带的人均GDP达18242元,工业总产值占工农业总产值的95.22%,根据国际上通行标准,珠江三角洲地带已接近跨越工业化初期阶段,将进入工业化成熟期阶段。而广东省东西两翼地带的人均GDP为9810元,工业比重占工农业总产值的79.14%,表明广东省东西两翼地带正处于工业化初期的中段。广东省山区地带50个山区县的人均GDP仅为3889元,工业比重占工农业总产值的74.07%,表明山区地带刚跨入工业化初期阶段的"门槛"。随着粤港经济的日趋一体化,香港资源要素进一步向外扩散的内容、方式、时机、地点,将更加深刻地影响着广东省的区域经济差异。

表7 广东省1985年、1990—1995年实际利用外资情况

(单位:亿美元)

年份	1985	1990	1991	1992	1993	1994	1995
广东省全省	9.20	20.23	25.83	48.61	96.52	114.47	121.00
来自香港资金总额	8.46*	12.58	16.23	34.54	73.52	87.04	89.90
港资所占比重(%)	91.96	62.18	62.83	71.06	76.39	76.04	73.55
投向珠三角外资	7.36	16.54	19.05	32.21	64.15	82.99	85.79
投向珠三角外资占全省(%)	80.00	81.76	73.75	66.26	66.46	72.50	70.90

注:"*"为香港澳门合计数。

2. 广东省内多核心区格局提早出现

依照J·弗里德曼的"核心—边缘"理论,多核心区的格局形成,导致少数大城市失去原来的主导地位,是区域经济发展到"空间经济一体化阶段"的典型特征。据表5分析,1995年广东省各市城区人均GDP超过12030元的排序为:深圳(80243.50元)、珠海(54240.60元)、佛山

(27182.60元)、江门(23558.90元)、广州(23255.30元)、惠州(19321.70元)、东莞(14314.50元)、汕头(14313元)、肇庆(13757.80元)、中山(12392.40元)、韶关(12013.90元)、茂名(12001.10元),这12个城区中,珠江三角洲占9个,广州排名第5;粤东、粤西、粤北各1个,分别排在第8位、第11位、第12位。如果将粤港经济联系起来考察,香港是作为一级核心区发挥作用的,而珠江三角洲则开始成为二级核心区(相对于香港和广东省其他地带而言)的密集分布地带。可见,虽然广东全省仍处于"工业化初期阶段",但处于核心区地理边缘地带的多个二级新核心区已开始出现,广州市并未像普遍预料的一样,在诸二级核心区中扮演主导角色。

多核心区格局提早出现的原因在于以下几点:

(1)香港地域狭小,极化效应很快完成之后,扩散效应极为强烈,目前已有80%的香港厂家在内地设厂,广东一地就有合资企业58592家,其中珠江三角洲为42076家。

(2)广东的工业化进程是在新旧体制转换时期展开的,地处珠江三角洲的各市审时度势,率先建立起社会主义市场经济体制的基本框架,创造出不亚于广州市的良好"软""硬"投资环境,使这些地区具有吸引香港资金或技术的引力。

(3)在区域经济发展梯度差距的作用下,广东省东西两翼地带、山区地带,以及内地各省份的资本、劳动等资源,集中地注入珠江三角洲地带,与香港引入的资本、技术、信息相交融,使珠江三角洲得以在高积累率的基础上,获得"双重支撑"的极化效应。多核心区格局的提早出现,表明以香港为主导的核心区正在扩大,而珠江三角洲内部已初具经济一体化的客观条件。

3. 以"点—线—轴—带—面"方式实现区域经济梯度发展

有的学者认为,"点—轴"开发方式主要适用于经济技术水平比较落后的地区,是与梯度推移发展模式相对立的。我们认为,如若将梯度推移发展视为任何区域开发不可逾越的客观过程,由一个核心区(增长极)为圆心向外扩展的"墨渍式",确实是区域经济梯度推移发展的最一般和最常见方式,"点—轴"方式只是"非常规"的开发方式之一。此种方式却成为广东省区域经济发展的重要特征,且首先发生于珠江三角洲等较发达地带。其原因在于以下几点:

（1）新中国成立以来，广东省全省尤其是珠江三角洲地带，已形成连接各城市和大部分乡镇的公路交通网络，各市、县的城区的工业发展已有相当基础，也就是说，广东全省大多数地带基本形成了经济增长的"点"与"轴"格局，具备吸纳香港资本等要素扩散的潜在条件。

（2）80年代初期，即使珠江三角洲地带，大面积地改善投资的"硬""软"环境，形成经济"增长带""增长面"，也是有困难的。从区域的承受能力和结合实际支付"引资"成本上考虑，珠江三角洲各市县均采取了依托原有城区的老企业开展"三来一补"业务，再沿着交通干线兴办工业开发区的"点—轴"方式。随着全省交通条件的改善，"点—轴"方式也成为广东省东西两翼和北部山区地带的必然选择。

（3）广东省各地广泛运用"点—轴"方式的态势表明，梯度推移发展战略并非只适合于经济发达地带，只要立足自我，因地制宜，不论任何区域，均可以由点到线、轴，进而推及带、面，分层次地推进发展。切不可把梯度发展战略理解为只能消极等待核心区的"墨渍式"扩散。

三、广东非均衡增长与协调发展相统一的战略选择

如上所析，广东省自80年代以来推行梯度推移发展战略的效应是双重的，一方面促使广东省全省（包括各区域）经济快速发展；另一方面也加剧了原已存在的珠江三角洲地带与东西两翼地带、U区地带的经济差距扩大趋势，此种趋势在短期内仍是不可逆转的。因此，广东省今后一段时间的区域经济发展战略，既要继续发挥非均衡配置资源的经济优势，又要努力缩小区域经济差距加快扩大的趋势，实现非均衡增长与协调发展的统一。

（一）战略方针选择之一：加快建立珠江三角洲经济区

广东省区域经济运行中非均衡增长与协调发展的内在矛盾，集中地表现在珠江三角洲地带的经济发展态势与发展方向上，这是因为广东省的基本经济差距，就是珠江三角洲地带与省内其他地带的经济差异。不论从工业化程度、产业结构高级化程度，还是投资环境上看，珠江三角洲地带均大大优于全省其他地带。由于珠江三角洲地带目前仍处于工业化初期阶段向成熟阶段过渡的极化过程中，既继续接受香港的资本等资源扩散，又继

续吸附广东省内其他地带的资源要素。在此种"双重支撑"下，一方面使珠江三角洲地带拉大与其他地带的经济差距；另一方面也使珠江三角洲某些地带显露出粗放型增长的端倪。

在香港这一特殊核心区的强力作用下，密集分布于珠江三角洲的二级新核心区已经生成，建立珠江三角洲经济区已具备了现实的经济与社会基础。加快建立珠江三角洲经济区，是实现非均衡增长与协调发展相统一的重要战略方针。有规划地将资源和项目集中配置在珠江三角洲地带，一方面可以有效地防止珠江三角洲产业结构趋同，避免陷入粗放型增长，从而保持健康、持续的发展势头；另一方面则可以通过集中配置资源，使珠江三角洲地带在不太长时间内跨越工业化初期阶段，迈入工业化成熟期阶段。这样，占全省人口约28%，集聚了全省GDP总量的72%的珠江三角洲，就会从极化效应为主转为扩散效应为主，与香港一起构成统一的区域经济核心区，共同推动广东省的工业化进程。从这个意义上讲，加快建立珠江三角洲经济区，是更有效带动东西两翼和山区地带实现现代化的重要手段。

（二）战略方针选择之二：市场化、产业政策、区域政策的统一

80年代以来，随着广东省区域经济梯度发展态势的形成，区域间经济差距加快扩大的趋势，引起了各级决策者的关注。为努力缩小区域经济差距，促进共同富裕，广东省委、省政府及各级地方政府均专门成立了扶持山区县和贫困县的领导机构，组建了扶贫工作队伍。十几年来，采取了资金、技术、人才支持，省直单位与发达地区对口扶贫，鼓励沿海劳动密集型企业逐步内迁，大力改善山区地带基础设施，因地制宜在山区兴办"三高"农业基地和扶贫加工开发区等措施，有效地推动了广东省欠发达地区的经济增长。90年代以来，50个山区县也开始进入快速增长状态，在全省经济总量中所占比重不断上升。事实表明，坚持不懈地集中力量扶贫，对于实现区域经济非均衡增长和协调发展的战略目标，不仅是必要的，而且是能够有所作为的。

如果与宏观政策倾斜和资源要素投入的力度相比，广东省山区地带的经济发展状态还是不尽人意的。主要表现为工业化进程和结构转换迟缓，市场发育程度仍然较低下，新投入的资源要素未能获得预期收益，"饥不

择食"抢夺初级资源的项目一哄而上,造成了山区地带产业结构的非正常趋同。究其原因,一是将资源的重新配置视为纯技术的过程,认为有投入必然有产出,忽视了市场机制的优胜劣汰功能;二是将本地产业政策和宏观区域政策割裂甚至对立起来,未与周边地区作横向比较就盲目地夸大本地的所谓"优势"。

为避免山区地带的扶贫开发重蹈某些沿海地带"粗放型增长"的覆辙,在广东省的区域经济发展战略中,有必要认真研究山区地带各区域的自然禀赋、要素配置、结构转变等方面的现状,统一而协调地制定全省的区域政策和各区域的产业政策。在安排欠发达地区投资项目时,要进行项目的周边地区横向比较,力求选出项目的最优区位;在考虑全省各区域协调发展时,要根据空间产业梯度推移的原则,有意识地引导"产业分梯度向下渗透"。总之,要将产业政策和区域政策融为一体。而要"事半功倍"地发挥产业政策和区域政策的引导功能,就必须顺应市场机制的要求。具体地说,一是要依据"核心—边缘"理论,确定不同区域所处的经济发展阶段,加强与香港、珠江三角洲等核心区的经济技术联系;二是依据"点—轴"理论,努力改善本地投资环境,依托本地原有的经济中心和交通干线,形成具有一定梯度落差的资源引力,吸引核心区的资源要素流入。三是努力培育本地的市场体系,加快经济体制改革和转变政府职能的步伐,使市场机制可以不受行政边界阻隔,更充分地发挥其调节区域间资源配置的作用。总之,在市场机制充分发挥作用的基础上,协调一致地使用产业政策和区域政策,应不失为区域经济梯度发展态势下缩小经济差异的一种战略方针选择。

(本文与白国强合作,节选自《区域经济梯度推移发展新探索》第六章,中国言实出版社 2001 年版)

关于广东区域经济梯度发展战略的理论评价

本书①第六章至第九章，通过对1978年以后"梯度发展战略"作用于广东省全省和各经济区域的描述，分别说明了中国香港、广州市区、深圳市区、珠江三角洲地带、东西两翼地带、北部山区地带在广东省工业化、城市化进程中的地位、功能和发展状态。本章力求从理论上对实施"梯度发展战略"所必需的主观条件和时空条件，对广东省实行这一战略的利与弊、成功经验与存在问题进行归纳总结。

一、广东区域经济梯度推移发展的特征

1978年以来广东推行区域经济梯度推移发展战略，具有以下的特征。

（一）特殊的开放格局、特殊的区域经济核心区与特殊的要素流转方式

1. 由点到线，由线到面，从局部摸索到全面推广的特殊的开放格局

广东各地带间业已形成的不同的发展梯度，并在此基础上推行区域经济梯度推移发展战略，首先归咎于1978年以来广东各地带间的特殊的开放格局。将一个社会主义国家的经济体系，按照国际通行的惯例，即现代市场经济的规则，与国际资本主义经济体系连接，以利用资本主义世界的资金、技术、市场，这确实是一个"摸着石头过河"的尝试，谁也不可能准确估计打开国门后可能出现的问题。因此，我国的改革开放政策是由点到线，由线到面，从局部摸索到全面推广的过程。

1979年4月下旬，广东省的领导在参加中央的工作会议时，向中央提出，希望中央给点权，让广东能够充分利用自己的有利条件在四个现代化中先走一步，运用国际惯例，将深圳、珠海和汕头划为对外加工贸易

---

① 指《区域经济梯度推移发展新探索》，中国言实出版社2001年版。

区。邓小平表示赞同和支持，他说可以划出一块地方，叫作特区，"陕甘宁就是特区嘛"，"中央没有钱，你们自己搞，要杀出一条血路来"。当年7月15日，中共中央、国务院批转广东和福建两个省委的报告，决定对两省的对外经济活动实行特殊政策和灵活措施，以充分发挥两省的优越条件，扩大对外贸易。从1980年开始，广东省外贸和外汇收入以1978年为基数，5年内超基数部分，中央和省实行三七分成，财政管理体制实行"划分收支，定额上交，五年不变"的包干办法，试办深圳、珠海、汕头3个出口特区，在计划、物资、商业、物价、劳动工资、企业管理等方面，也都实行新的经济体制和灵活措施。

1981年11月，省委决定，海南岛对外经济活动中参照深圳、珠海经济特区的做法，享受较大的权限。1983年6月，国务院批准珠海经济特区的范围调整为15.16平方公里。1984年2月，邓小平同志视察了深圳、珠海、中山、顺德等地，为深圳、珠海特区题词，肯定了广东的建设成就以及试办经济特区是正确的，给广东和经济特区建设以决定性的支持，对广东进一步搞好改革开放和办好经济特区起到巨大的推动作用。

1988年，广东山区各市县享受与沿海同样的优惠政策，广东全省形成了全面开放的局面，在中央的"两头在外"的沿海发展战略的推动下，广东区域经济的外向度进一步提高。1992年。邓小平同志再次视察深圳、珠海和珠江三角洲，对广东省改革开放所取得的成就予以高度评价，并再次告诫广东的同志，要重视区域间的发展不平衡现象，努力实现共同富裕。

广东区域经济特殊的开放格局，反映着广东各经济地带工业化起步的先后顺序，客观上表明了中国对外开放政策的宏观制定者们，高度重视香港在广东工业化进程中的核心区地位，正视广东各地带间不同的工业化、市场化水平所进行的深刻思考。当然，在一定程度上也反映出宏观决策者对开放中国市场，引进资金技术和采取财政、税收等灵活措施的慎重态度，这种态度是与我国的"渐进式改革"的模式相吻合的。由于广东的改革开放要从几十年来积垢已久的计划经济体制中寻找突破口，也由于当时的香港具有巨大的经济影响力而经济腹地过于狭小，为了避免广东各地带过急开放对香港经济发展的冲击，为了在经济体制激烈变革时期有充分的时间去调整原来的经济运行方式，适应新的经济运行方式，广东采取与区域发展梯度相适应的，由点到线，由线到面，从局部摸索到全面推广的对外开放格局，是必然的和必需的。

2. 特殊的区域经济的核心区与特殊的要素流转方式

20余年来广东区域经济形成的特殊的开放格局，除了受宏观的渐进式改革进程的影响之外，与香港成为广东区域经济的核心区这一特殊状况是分不开的。

通常情况下，在一经济区域工业化的过程中，核心区在其工业化进入成熟期后，区域内部的资源要素呈"逆向流动"状态，即核心区的资本要素流向边缘区，边缘区的劳动要素继续流入核心区。20世纪70年代末期，香港的工业化进程已越过起飞阶段，香港作为国际金融中心、信息中心、转运中心的确立，第三产业的迅猛兴起，产业结构的转型，需要补充大量的劳动力。在广东敞开大门，成为香港的广阔经济腹地时，香港的工商业用地和城市用地也非常缺乏，大量的第三产业就业岗位，又必须留置给工业企业北迁后的香港居民。因此，为了保持香港的繁荣稳定，香港当局和广东都不会允许边缘区的更大量劳动力涌入香港。更重要的是，1997年以前的香港处于英国管治之下，社会制度和经济体制都与广东存在质的区别。1997年以后，中国内地和中国香港实行"一国两制"。迥然不同的经济制度和经济体制，存在于同一经济区域内的核心区和边缘区之间，这种现象在世界上如果不是绝无仅有，也是极为罕见的。香港特殊的区域核心区的地位，导致粤港两地资源要素流转方式的特殊性。

表1 1990—1998年香港对广东直接投资

（单位：亿美元）

年份 项目	1990	1991	1992	1993	1994	1995	1996	1997	1998
协议利用外资	21.10	39.20	159.70	279.30	187.40	181.60	95.90	39.40	47.00
实际利用外资	9.85	13.57	30.39	65.30	77.77	79.73	83.87	84.87	84.32

资料来源：各年《广东统计年鉴》。

资源要素的流转应是按照比较优势原则，以双向流动方式进行的。但在上述的特殊背景下，粤港两地的生产要素流动主要表现为香港的资金和技术单向流入广东。由表1可见，香港资金进入广东的数额十分巨大，相比之下，广东对香港的投资是微乎其微的。与资金流向相反的是广东对香港间的贸易，从表2可见，广东对香港的长期贸易处于出超。

表2　1990—1998年广东对香港贸易额海关统计数

（单位：亿美元）

年份 项目	1990	1992	1993	1994	1995	1996	1997	1998
出口	186.63	272.25	145.13	198.43	215.67	217.72	291.85	265.08
进口	122.19	180.78	80.23	70.89	59.37	51.92	46.19	41.59

资料来源：各年《广东统计年鉴》，1991年数据空缺。

香港对广东的巨大投资，是广东对外出口贸易额飞速增长的直接动因。特别是1992年以后香港的一批大财团，如长江实业集团、新世纪公司、新鸿基地产有限公司、和记黄埔有限公司和九龙码头公司等，纷纷进入广东投资，投资领域除了加工业之外，还包括电厂、码头、公路等大型基础设施和房地产等。根据外销加工合同，在广东生产的产品经香港的转口额在1995年估计接近637亿美元，为香港本地出口额的两倍。从1979年到1998年，外商对广东的直接投资中，香港资本占80%以上。香港的制造业在广东雇佣的工人多达300多万人，而香港制造业的劳动力从1984年高峰的90.5万人下降到1998年的30多万人。如表3所示，从1989年至1995年，香港从广东外向型加工业务进口的数量，占从内地外向型加工业务进口额的93%～95%。

表3　1989—1995年香港在境内的外向型加工业务

（单位：亿美元）

年份 项目	1989	1990	1991	1992	1993	1994	1995
出口到内地	98.6	118.0	146.6	183.0	207.1	234.4	281.3
从内地进口	145.6	186.3	254.0	325.7	381.6	459.3	516.5
从广东进口	136.0	175.9	240.1	303.4	356.2	433.7	490.7

资料来源：Hong Kong External Trade（Census and Statistics Department, Hong Kong, various issues）.

在广东加工经香港出口的产品中，劳动密集型产品占很大份额。主要有旅游产品和手提包（96.5%）、玩具（96.3%）、电信和录音机（87%）、杂项制成品（84.7%）、钟表（42.3%）、电器（52.8%）、办公机器和数据处理机器（56.4%）（括号内的数据为占香港出口比例）。纺织品和服装的出口因受到配额的限制，所占的份额也比较小。技术密集程度较高的产业所占的份额也较小。可见，广东的廉价的劳动力要素，是吸引香港资金流入的重要原因之一。[①]

（二）次核心区环状布局的生成和扩展

以香港制造业大量转移到珠江三角洲为实质内容，粤港两地经济一体化的趋势日益明朗，逐步形成了以香港为核心区，沿珠江入海口的环状的次核心区逐步生成。

一般情况下，在核心区资源要素对外扩散的作用下，经济发展梯度较高的地带成为接受核心区"涓滴效应"的热点，发育成二级"次核心区"。次核心区的布局通常都呈现为围绕核心区的"星状"。广东区域经济的次核心区却呈现为"环状"，这是与香港和广东各经济地带之间业已出现的"梯度推移"发展格局是分不开的。主要成因有：

第一，对外开放政策的倾斜。1985年2月，国务院发文，将长江三角洲、珠江三角洲和闽南厦、漳、泉地区辟为沿海经济开放区。广东被列入开放区的有佛山、中山、江门和南海、顺德、高明、开平、新会、台山、鹤山、恩平、番禺、增城、宝安、斗门、东莞等13个县市，这13个县全部分布在环珠江口沿岸。这13个县市原来的经济基础和工业化程度，相对于当时全省而言，还是较高的，在沿海经济开放区多项优惠政策的推动下，这一地带最早、最集中地接受核心区要素的扩散，境外资金大量涌入，数以万计的香港加工企业的迁入，数万家轻纺企业的建立，使这一地带的工业化、城市化的起步先于广东其他地带，目前已接近或达到工业化成熟期阶段，成为广东区域经济梯度发展过程的次核心区。

第二，广东经济改革格局的影响。国务院给予环珠江口沿岸13个市县特殊政策的实现过程，实际上是对传统的经济体制进行根本变革的过

---

① Census and Statistics Department of Hong Kong.

程，是探索和建立社会主义市场经济新体制的过程。而先行给予这13个县市的特殊政策，客观上为这一地带创设了较为宽松的经济环境和制度环境。宽松的外部环境以及率先与国际上现代市场经济体制接轨的改革格局，使这一地带比广东其他地带，甚至比地理位置更接近于香港的某些地域（如惠州、汕尾的某些山区县），具有更强的资源要素的吸聚能力和利用能力，投资风险更小，投资收益可能更丰厚。因此，次核心区不表现为常见的围绕核心区的零散的"星状"，而呈成片相连的"环状"，这是广东区域经济梯度发展的显著特征。

第三，珠江三角洲地带经济实力的迅速膨胀。据统计，珠江三角洲的GDP从1978年的180多亿元，增长到1996年的4533.85亿元。1996年，珠三角的GDP占全省总值的69.5%，占全省对外贸易进出口总值的99%，其中80%多是与港澳的贸易往来。通过与香港的经济合作，珠江三角洲的经济占全省的份额呈不断上升趋势。1990年，全省的GDP总值1478.9753亿元，珠三角地带为872.1775亿元，占58%；1995年，全省GDP总值5891.0270亿元，珠三角地带为3729.3842亿元，占63%；1998年，全省GDP总值8596.7163亿元，珠三角地带为5619.1126亿元，占65%。珠江三角洲与广东其他经济地带的经济差距明显拉大，梯度推移发展的态势更加突出。因此，广东区域经济的次核心区的环状特征，不单是地貌上的，更重要的是经济发展梯度意义上的。

（三）市场导向下产业推移和空间推移的内在统一

广东区域经济梯度推移发展的过程，在空间上表现为作为区域核心区的香港，其资源要素的吸聚和扩散活动，向以广州、深圳和珠江三角洲其他工业城市等区域的次核心区推移扩展，进而向作为边缘区的广东其他地带推移扩展，使区域内的经济活动逐步趋于一体化的过程。在产业上表现为核心区的原有的产业结构不断升级，劳动密集型产业不断向次核心区，进而向边缘区迁移，区域内的工业化水平整体向上提高的过程。此种"双重推移"的过程，是对整个广东区域经济的长期的发展状态而言的。当我们把研究视野集中于广东的某一具体的市县时，可以很容易地发现，20年前经济差异不大、自然资源禀赋程度也相当接近，又处于同一经济地带的相邻市县，20年后的经济差异和经济发展后劲的差异明显增大。有的市县的经济运行进入了良性循环轨道，市场活跃，生产旺盛，地方财政收入和人民群众的实际收入同步增长。也有个别市县则市场萧条，需求不旺，债台高筑，财政困难。此种市县不论北部山区或东西两翼，还是在珠江三角洲地带，都同样存在，尽管外部原因各不相同，发展缓慢的共同原因却是一致的：至今未能形成具有相对竞争优势的支柱产业，换句话说，这些市县还没有在广东区域经济的空间推移和产业推移的大格局中找到自己的位置，从而游离在"双重推移"之外。

在市场机制作为配置资源的基础方式的基础上，使产业推移和空间推移实现内在统一，是广东区域经济梯度推移发展的基本特征和基本经验之一。进入良性经济循环的许多市县，就证明了这一点。如前所述，产业推移是经济梯度发展的现实表现形式，但产业推移成功与否并不取决于产业推移的必要性，而是取决于能否根据自身的实际条件，为核心区或次核心区的产业转移开辟具体的发展空间。从这一角度上看，产业转移确实是空间转移的基础和实质性内容。本书第五章在理论上探讨了区域间的产业垂直分工和产业空间推移之间的关系。不论日本版本的"雁行模式"还是弗农的"空间产业推移理论"，其出发点和归宿都是市场，都是在市场需求的引导下，由"国内生产（进口替代）—占领国内市场直至饱和"走向"出口替代—占领国际市场"，最后走向"资本、技术输出—渗透并占领资本接受国的国内市场"。

究竟能否越过"产业垂直分工"的"峡谷"，实现产业结构的"跨越式"升级？20余年来这个问题一直困扰着珠江三角洲和广东。这个问题不解决，就难以确定自己在产业推移中的定位，也就无法确定每一经济地带的支柱产业和各具特色的区域产业结构、产业布局。这个问题的背后，实际上是关于"比较优势战略"和"赶超战略"孰优孰劣问题。但20余年来广东经济特别是珠江三角洲经济整体发展水平不断扩展的事实表明，直接原因是，广东省抓住了上一轮国际产业空间转移出现的国外市场机遇，抓住了已延续近30年的消费品严重短缺而出现的国内市场机遇，使广东的工业结构较快地完成了向"轻型化""外向化"的转变，使广东各经济地带的产业结构较快地形成了三大产业协调发展的格局，从而也较快地调整了以前在计划经济体制下的畸形的区域生产力空间布局，较快地形成各具特色的区域产业布局。

20余年来广东区域经济梯度推移发展最引人注目的一页，是香港轻纺工业企业大规模地迁入珠江三角洲，以及广东省发展成为全球规模最大的出口加工贸易基地之一，1999年广东省的进出口贸易总额已达全球贸易额的1.2%左右。其实，广东全省作为一个相对完整的经济区域，经济活动的空间推移和产业推移，都必然表现为资源要素在区域核心区、次核心区、边缘区之间的多梯度流转。1978年以来广东产业结构变化的特征，一是工业在三大产业结构中的比重急剧增大，农业所占的比重大幅度下降；二是工业结构中轻工业的比重大幅爬升，90年代中叶后略呈下降，但仍高于重工业的比重。考虑到20余年来广东的GDP年均增长速度为11%以上，1999年的经济总量相当于1978年的28倍的现实，在广东工业特别是轻工业的比重和总量迅速增长的同时，广东的农业和第三产业的绝对值也有较快增长。我们不难理解，广东的工业结构中轻工业比重的扩大，是香港的经济辐射的直接结果。80年代初叶直至90年代初叶，珠江三角洲地带由于在地缘上、传统轻工制造业上的相对优势，顺利承接了香港转移的电子、轻纺业。必须指出的是，这一期间珠江三角洲的工业化进程，也带动着农业和第三产业的同步发展，以满足长期紧缺的农副产品和服务产品的需求。因此，珠江三角洲的农业摆脱了"以粮为纲"的束缚，率先养鱼种果，恢复传统的"桑基鱼塘""果基鱼塘"的农业耕作方式。东西两翼地带和条件具备的北部山区地带，利用珠江三角洲地带调整轻工业内部结构和全省、全国工业消费品十分紧缺的机会，大力发展本地的传统轻纺工业企业，大力发展粮食、糖蔗生产，承接了珠江三角洲地带因产业升级而让出的基本消费品市场。

　　90年代初叶以后，随着珠江三角洲工业化程度的提高，次核心区地位的确立和巩固，在珠江三角洲的某些核心地带，工业投资的边际收益开始下降。随着香港加工企业内迁高潮的消逝，香港的产业转型成为迫切的现实课题，珠江三角洲地带的一些企业，开始谋求在香港及国际资金、技术和市场的支持下，将技术要素更密集地应用到劳动密集型企业中去。珠江三角洲由此出现一批具有较强的市场竞争力和技术开发能力的大型企业集团，一部分技术实力较差的轻纺、电子企业被迫退出本地市场。在更高的经营收益的驱动下，珠江三角洲的农业也迈开了科技兴农的步伐，农业产业化、集约化推动了高附加值种养业在珠江三角洲地带的普及，出现了一批全国性的专业生产基地和专业市场。珠江三角洲在市场机制的作用下开始的第二次产业升级的过程，也就是广东省的边缘区第二次承接珠江三角洲产业转移的过程，部分劳动密集型的加工企业开始迁往交通条件较好的珠江三角洲周边地带，东西两翼地带和北部山区地带开始压缩粮蔗生产，转向大面积地种植水果和其他经济作物，开发沿海滩涂，发展海洋产业。可见，只有在市场机制的基础上，产业推移与空间推移才能同步、协调地进行，这是广东区域经济梯度推移发展又一显著特征。

在分析广东区域经济的产业推移与空间推移的相互关系时，往往会出现两种倾向，一是将二者割裂开来，认为产业推移实现了，本地经济就会自然而然地发展，其实并不如此。当本地条件不具备或不成熟时，强行引入资金、项目，只会"揠苗助长"，不可能生产出市场需要的产品。前面提到的尚未形成本地支柱产业、经济无法进入良性循环的某些市县，其根源大多是不愿接受"垂直分工"的规律，盲目地接受和实行"赶超性战略"，其结果是实现了产业推移，却阻碍了空间推移目标的实现。二是将企业的地理性搬迁看作产业推移或空间推移的主要的甚至唯一的方式。其实，产业推移该不该采取搬迁企业的方式，还是必须由市场主体根据市场收益来决定。香港加工企业北迁珠江三角洲，珠江三角洲让出消费品市场诱导边缘区的传统产业及支柱产业发展，都是产业推移的必要的和合理的方式。

（四）双重体制并存条件下的地方政府主导功能

在广东区域经济梯度推移发展的20多年的历程中，由于实现资源有效配置所依托的市场机制脱胎于传统的计划经济体制，因此，双重体制并存的体制结构（如"分灶吃饭"的财政体制、双重用工体制等），就成了转型期广东社会经济发展的"制度环境"。与之相适应，在特殊的体制背景下，地方政府的主导功能既不会像计划经济时代那样听命于上级指令，也不能像完全市场化条件下那样"自由放任"。一方面，它仍习惯于保留和继承计划经济体制某些特殊权力与管理手段，以保证区域经济的运行目标符合自己的意愿；另一方面，它又必须自觉地或被动地顺应发育着的市场机制的要求，不断自我调整、自我约束，加快职能转变，减少对微观经济活动的直接参与，以更好地扮演区域经济的调控者、协调者的角色。

转型期中地方政府的首要功能，是确保经济增长和经济收入。实现这一目标的主要手段，是通过根植于资产关系之上的行政隶属关系，直接控制和扶持已成为地方财政支柱的"重点企业"。从被控制企业的产权主体构成来看，主要是各级政府代管的国有企业和地方政府直接投资或担保投资的"地方企业"和"集体企业"。从控制方式来看,在改革开放初始的十余年间,市场刚刚发育,市场机制的功能还很薄弱,地方政府当仁不让地介入了所有领域的经济活动,成为地方经济中的最大投资主体、生产主体和经营主体。为了实现地方政府承担的经济发展和社会发展两副重担,地方政府往往凭借作为唯一所有者或最大股东的地位,对"重点企业"给予特别的关照和干预、控制。这些企业的人事安排、重大经营决策、收入分配等各种主要权限,基本上集中在地方政府及其行政主管机构(如按行政区划建立的"经济发展总公司""开发总公司"等)的手中。从广东的实践来看,地方政府直接控制部分"重点企业",从"重点企业"获取的收益,成为"财政包干"年代地方政府不断扩张着的投资支出的财源,既是促进当地经济快速发展的必备手段,又成为后来许多地方投资失控、粗放增长的根源。

转型期地方政府的主导功能之二,是不断为市场机制创造发挥调节作用的"硬件"和"软件"。在体制"转轨"的早期,市场基础设施的不完善和商品要素流转网络的不畅通,割断了被释放出来巨大市场需求和长期短缺的市场供给之间的联系,阻碍了产业结构的调整。所以,由地方政府主导和组织的广东经济体制改革,首先从流通领域开始。而流通领域的改革,又首先从农村流通领域的改革开始。通过"搞活流通",建立起主要由非公有制成分构成的、覆盖到农户的各级城乡农副产品购销网络,使农副产品从实物形态转化为价值形态,转化为农民手中实实在在的收入,从而极大地调动了农民的积极性。这一成功的实践,后来被广泛地应用到广东的城市改革和各领域的改革中去。因此,在从禁锢僵化的计划体制向市场体制转变的早期,把建立商品市场、生产资料市场和改善交通运输等基础设施摆在突出的位置,是广东各级地方政府在实践中形成的共识。在地方经济获得初步发展之后,地方政府更加重视市场机制对经济发展的牵动功能。除了继续加强商品市场和商品流通网络的建设外,着力于加快本地的资本市场、劳动力市场、技术市场、信息市场、房地产市场等要素市场建设,并开始采取提高行政效率的措施。但对地方的独立经济利益的追求,往往使地方政府培育流通网络的努力只能局限于本区划之内,因而在客观上造成了区划间的市场分割,自主经营、自负盈亏、自我约束、自我发展的市场主体难以发育壮大,市场机制配置资源的基础性作用因而也大打折扣。

转型期地方政府的主导功能之三是推动区划内产业结构不断调整升级。当地方政府把经济上"造福一方"视为己见时，运用本级政府的经济、行政力量，加快本区划的工业化步伐，从而实现产业结构的不断升级，也成为各级地方政府发挥经济职能相同的出发点。广东各地的真正意义上的"工业化"和"市场化"几乎是同时起步的，在市场机制的发育还很微弱的阶段，地方政府主要通过减免税收、降低上交地方财政的利润基数（或"承包基数"）、直接注入资金、代企业担保向国内外银行借贷、采取指令性方式合并、分拆、解散、组建企业，实现调整产业结构的目标。毫无疑问，地方政府强有力的支持，是广东 20 余年来工业化水平迅速提高的重要因素之一。但对于如何真正认识国内外市场变化规律和本区划的优势，各地方决策者的认识水平是不一致的。因此，所确立区划工业化与产业结构调整优化目标，不一定符合客观实际，所采取的行政与经济手段干预的重点和干预的力度也不一定合适。这样，双重体制下地方政府关于推动产业结构不断升级的主导功能，也可能存在着双重效应。广东的区域经济运行中所出现的不协调状况，与地方政府不恰当的产业政策目标是分不开的。随着市场化取向改革的不断推进，大多数地方政府在"行政性"的产业结构趋同的恶果中逐渐意识到，要使产业结构的调整升级收到整体的、长远的效果，必须以市场为基础，以企业为主体，而不能主要凭借政府的干预。

转型期地方政府的主导功能之四，是不断推动政府机构变革，调整政府与市场、企业的相互关系。理论上看，地方政府对经济活动的干预，是为了弥补"市场失灵"所带来的种种缺陷，担当起地方经济的管理者、调控者、协调者等诸种宏观职能，促进地方经济的良性发展。因此，调节经济运行的两种基本手段——计划手段与市场手段，都应始终贯穿于整个经济发展的历程，但是，在不同的发展阶段，两种手段的作用层面与作用方式应有所不同。由于我国的经济体制改革的指导思想和目标模式，是一个在实践中不断走向成熟和完善的过程，从"有计划商品经济"到"政府调控市场、市场引导企业"，再由"计划经济为主，市场调节为辅"到完全肯定市场机制在配置资源中的基础性作用。地方政府在处理与市场、与企业的关系时，由政府主导来"兴办"市场和政府投资兴办企业，逐渐转变为"政府退出市场"，地方政府推动经济发展的支点应逐渐从微观层面转向宏观层面，其影响方式也逐渐从直接控制为主转向引导市场进行间接调节为主。在这一转型过程中,直接管理企业的行政机构逐渐被撤销、合并,从事宏观管理、监督,提供公共产品和公共服务的行政机构逐渐健全。应该说,广东各级行政机构的调整与变革,都是在政府的主导下进行的,尽管这一系列调整,并不完全在一个明确的目标模式指导下自觉地推进。

二、梯度推移发展战略与区域经济运行的良性互动效应

梯度推移发展战略在广东的实施,客观上要求使各经济地带在整体利益最优的前提下协调发展;要求广东各地带间在产业结构升级的同时,调整和优化生产力的地区布局;要求在推进工业化的同时,加大经济体制改革的力度,加快生成区域经济运行的市场主体;要求各级地方政府转变经济职能,使自身的区域政策符合市场经济的空间布局原则。广东省1979年以来的发展状况表明,全省及各地带实行梯度推移发展战略,基本上实现了上述各项要求,区域发展战略与区域经济运行之间,已初步形成了良性互动的效应。

(一) 产业结构升级与生产力地区布局的初步协调

1979年以后,广东区域经济在国内外市场需求的作用下,加快了工业化步伐,产业结构中三大产业的比例从以农业为主迅速向工业为主转变,而珠江三角洲、东西两翼、北部山区各地带间客观存在着的经济差异,决定了广东工业化进程的空间不均衡性。根据产业结构升级优化的要求,资源要素在各地带间重新配置,促使广东的生产力布局重新调整。正因为广东这一轮产业结构升级及生产力的重新布局,基本上是在市场机制的引导下而非传统的行政力量下实现的,产业结构的升级与生产力地区布局的调整是大致协调的。

80年代初期至中期,广东新的产业结构和生产力地区布局初露端倪。珠江三角洲地带率先接受香港的贸易加工企业的迁入,这一地带的产业结构开始升级。从原来的传统农业和小型轻纺工业并重,转向出口加工工业和经济作物种植业、养殖业为支柱产业。这一期间东西两翼地带的粮食种植业迅速发展,一定程度上填补了珠江三角洲粮食供给上的空缺。东西两翼地带在扩充传统的轻纺工业企业的同时,开始尝试利用外资提高工业在

产业结构中的比重。但因自身财力的不足以及交通、政策等条件的限制，引入用于工业结构升级的境外资金远远不及珠江三角洲地带，工业化的步伐并不快。此后开始落后。这一期间北部山区地带的第一产业、第二产业的内部结构基本上没有发生重大变化。因此，广东各经济地带间开始拉开在产业结构上的发展差异。

80年代后半期直至90年代上半期，珠江三角洲的工业化进入起飞阶段，逐渐逼近成熟期，资本密集型和技术密集型产业在工业结构中的比重显著上升。三大产业结构中，第一产业的比重急剧下降，但基本上转向创汇农业和"三高农业"，农业产业化的程度相当高；第三产业的规模迅速扩大。东西两翼地带的农业内部结构大幅度调整，粮食种植业的比重逐渐减少，经济作物、养殖业的比重迅速上升；东西两翼的工业也开始进入实质性的起飞阶段，出现了轻重工业、基础和配套工业、公有和非公有工业一起上的局面。北部山区地带的经济作物种植也愈加普遍，涌现了不少立足山区优势的"三高农业"基地，山区农民兴办的小型工商企业遍地开花。但这一期间两次席卷全国的"过热"浪潮，广东各地也深陷其中。不适当地投资重化工业、汽车制造工业和基础工业，以及盲目发展房地产业，兴建开发区、大型港口机场等。广东全省的产业结构表面看似乎都上了台阶，但各经济地带间生产力布局的严重不协调状况，注定此种产业结构的结构效应是低下的。当然，我们不会因此而否定广东各地在推进工业化上所做的努力，但混乱的产业政策和空间布局政策确实在一定程度上延误了产业结构升级的良机。

90年代下半期，随着过热的宏观经济的"软着陆"，延续多年的"短缺经济"的终结，广东各级地方政府的经济决策者开始用新的视角审视以往的经济发展思路，从市场需求出发，去调整产业结构和生产力地区布局。经过了几年的努力，整个粤港经济区域初步形成了"核心区（香港为主、广州、深圳辅之）：高新技术产业等主导产业、金融、商贸业、交通业；次核心区（珠江三角洲地带）：成熟制造业技术、'三高'农业；一级边缘区（粤东沿海、粤西沿海和西江流域广东段）：轻纺产业、石化工业、机电工业、'三高'农业基地；二级边缘区（北部山区）：劳动密集型加工产业、矿产资源采掘加工业、较高附加值的种养业"这样的生产力布局。这一生产力布局基本上发挥了各地带的资源和市场优势，在各地带之间形成多梯度的分工与配合关系。为下一步广东的产业结构和生产力布局的调整,打下了基础。

(二) 市场化程度提高与科学的政策边界的扩展

从理论上讲,在计划经济体制向市场经济体制转轨过程中,市场化程度的提高和各级政府的经济行为之间,呈现着相互依存、相互促进的关系。即符合客观实际的经济政策,将推动区域市场化程度不断提高,而市场化程度的不断提高将促进政府行为更加理性、决策更加科学。

各级政府是制定政策的主体。计划经济条件下,某一级的政府出台的政策只能在相应的行政区划内有效。但在市场经济的条件下,在统一、开放的市场体系中,一项反映市场经济规律的经济政策,对区划内外的市场主体的影响力应是一样的。市场化程度越高,科学的政策边界就越扩展。否则,就无从解释为什么经济梯度高的区域对经济梯度低的区域具有经济影响力和政治上、心理上的影响力。广东对梯度推移发展战略的实践结果表明,市场化程度和政策边界的扩展程度,确实存在着同方向的互动关系。70年代末80年代初,广东各地基本上仍是计划经济一统天下,仅有深圳、珠海、汕头的特区享有国家给予的优惠政策。这些特殊政策尽管只对特区边界内的经济主体有效,但由于顺应了当时中国经济对外开放、对内搞活的强烈要求,国内外的大量资金迅速涌入深圳等经济特区,特区政策的效应远远超出了特区的边界,也就是说,特区的市场边界,是由特区的政策开拓的。随着深圳经济实力的壮大,市场化程度的提高,中央赋予深圳的政策和深圳市自己出台的政策,其影响的空间范围也越来越大。90年代上半期,广东有些沿海县市提出了将本地建成"国际大都市"、在本地建设跨地区,甚至跨省、跨国的专业市场、流通中心的目标,结果都无声无息了。这些脱离了现实市场需求,立足于行政决策者主观意愿的"政策",注定是无人理会的。

大多数行政区划的决策者都将自己的政策建立在市场机制的基础之上的过程,也就是政策边界不断扩展,直至与市场边界重合的过程。这一过程实际上是经济转轨期中各行政区划自觉消除市场分割,形成统一、有序市场的过程。在经历了90年代前半期的大起大落之后,广东各市县的决策者逐渐习惯于从整个经济区域、从整个市场边界,而不是从自己所处的狭小区划来制定经济政策。90年代下半期,随着广东全省统一市场的形成与完善,广东各项经济政策的影响力也越出广东的行政边界,对邻省以至对国内外都产生巨大的影响。"广货"在国内外市场上的地位和声誉，就证明了这一点。

(三) 区域性市场主体生成与地方政府职能的重塑

在转轨经济中，区域性市场主体的生成，是与区域内外资源要素按经济发展梯度重新配置同步进行的。随着广东经济体制改革的不断深化，计划经济体制中的"生产主体"逐步成长为具有独立利益、自主经营的市场主体，地方政府的经济职能也相应经过"排斥市场—进入市场并成为市场主体—退出市场"的过程，逐渐按照现代市场经济的要求重塑政府的经济职能。

珠江三角洲是广东区域性市场主体发育最早的地带。这一地带市场主体的生成主要有两种途径：一是在农村改革中涌现出来的、与市场相联系的"专业户""种养大户"；二是在对外开放和工业化进程中，新成立的乡镇企业、私营企业，由香港、台湾内迁的"三资"企业。应该说，农业的经营大户和非公有制的私营企业、"三资"企业，一开始就已是具有独立利益的、自主经营的市场主体。问题在于原来的国有企业和集体企业，以及由地方政府和集体经济组织新建立的乡镇、区街企业。这样，在珠江三角洲的经济运行主体中，又存在两类主体：第一类是与当时的条条管理体制相配套的中央、省属企业，第二类是在市场机制的力量还很微弱而计划经济体制还比较强大的环境下形成的"地方政府—地方企业"的双层利益主体。对于以国有大中型企业为典型代表的第一类主体，其经济运行的信号，主要来自其主管部门，基本上游离于地方政府权限之外，对地方政府职能的重塑影响不大。对于滋生于价值规律土壤上的私营企业、乡镇企业、"三资"企业等市场主体，它们是地方政府职能转变的拥护者，但由于两者之间并无产权纽带关系，因而对地方政府职能的重塑也不能起主导作用。真正从根本上推动地方政府职能重塑的是在产权上同地方政府有"血肉关系"的"地方企业"，"地方政府—地方企业"，两者之间关系的不断发展与变革，客观上推动了地方政府职能的重塑。

80年代中后期以前，在"地方政府—地方企业"的双层平行主体结构中，地方政府与地方企业之间经济联系的特征非常明显：①从财产关系的角度上看，地方政府与地方企业之间的关系，是所有者和经营者的关系，是投资和利润上交的关系；②从经济收益的部分分配关系上看，地方政府与地方企业之间的关系，是行政管理机构和纳税者的关系；③从市场交换关系上看，地方政府与地方企业之间的关系，是购买者、消费者和供应者、销售者的关系；④从区域性的宏观经济管理的角度上看，地方政府与地方企业之间的关系，是宏观调控者和微观被调控者的关系。相应地，构筑在两者多重经济联系基础上的地方政府职能主要包括：资产管理、财政收支管理、购买与消费、宏观调控四个方面。应当说，在当时的所有制结构条件下，作为对高度计划化模式的突破，双层平行主体的出现是符合经济发展规律的，政府职能的定位取向也是符合生产力发展要求的，对其后过渡到规范性的市场主体和从根本上转变政府职能起到了铺路石的作用。但其内在缺陷也不容忽视，在计划经济模式惯性作用下，原本要求规范化的四重职能往往被单一的行政职能所代替，所有权和经营权难以真正分离，加之产权关系不明晰，对经营者的监控"缺位"，所有者和经营者之间的相互约束与制衡关系难以有效建立，成为阻碍双层主体结构继续发展的症结。

80年代后期开始，珠江三角洲地带出现了"地方政府—集团公司或总公司—地方企业"的新型产权主体结构模式，这是对原有"地方政府—地方企业"双层主体结构模式的发展与扬弃。其中最引人注目的是"中间层次"，即地方性的"集团公司"或总公司。地方政府把重大投资项目决策权、企业收益分配比例的确定权和企业主要负责人的聘任权转交给"集团公司"或总公司，即地方政府资产经营权交给"中间层次"，但不再赋予这些"中间层次"以"行业（专业）管理权""协调权"等宏观权限，这些权限仍由地方政府掌握。资产经营权的主要部分交给"中间层次"的直接后果，使政府职能发生了重大变化：①地方政府对地方国有资产的投资和收益不再直接负责，从而使自己的资产管理职能局限于"单纯的所有者"；②地方政府只按资本比例分割收取利润，"集团公司"只向所辖成员直接下达计划，从而促进政府财政管理职能趋向规范化；③"中间层次"作为有独立利益的资产经营者的出现，使地方政府从资产直接经营者的角色中解脱出来，投资主体日趋多元化，为企业走向股份化创造了客观条件；④政府的原有的经济管理机构，由于难以利用行政权力直接干预企业的经营活动，客观上导致其自我改革：一是进一步"自我剥夺"宏观直接调控权力，履行规划、指导、调节、监督等间接调控功能；二是由此产生的"富余人员"，通过"机关转实业"等方式，创办具有新型产权关系的经济实体,从而使政府机构和人员得到精简,行政效率得以提高。应当说,这种三层的产权主体结构模式较双层平行主体结构模式在管理和经营方式上具有本质的飞跃,它打开了具有现代企业制度特征的"委托—代理"关系的大门,为现代企业制度的建立地方政府经济职能的进一步转变打下了良好的基础。但是,蕴藏在三层主体结构模式中的两类基本矛盾难以由这种结构模式自身解决,一是如何确保政府公平选择"集团公司"管理者,确保政府不再干预"集团公司"的具体活动,以及"集团公司"正确选择下属企业管理者,"集团公司"并不干预下属企业的具体活动;二是如何确保下属企业对"集团公司"负责,以及"集团公司"对地方政府负责。这两类问题的存在,决定了"地方政府—集团公司或总公司—地方企业"的结构模式只是向更规范的现代企业制度产权结构过渡的中间模式。

以1992年邓小平南方讲话的发表为契机,珠江三角洲地带掀起了一轮新的企业制度创新高潮,地方政府职能转换也进入了一个新的阶段,并取得了巨大的成效。以顺德等地为代表,珠江三角洲大部分地方政府以产权改革为突破口,开始构筑新型的政企关系。顺德根据因企制宜的原则,采取了兼并重组、公司化、引资嫁接、租赁经营、抵押承包、公有民营和破产拍卖等多种形式,实行"抓一块、转一块、放一块"的方针,对公有企业进行"整体转制"。即抓住高科技企业、规模企业、垄断型企业和公共产品企业,实行公有资产控股;转换一般竞争性企业,实现公私合营、公有民营、股份合作制等;放掉扭亏无望、资不抵债的企业,实行拍卖、破产清算等。通过种种措施,形成了产权主体、投资主体和所有制结构的多元化,涌现了一批"产权清晰、权责明确、政企分开、管理科学"的现代股份制企业,成为市场经济活动的主体。同时,顺德以政府机构改革推动企业产权改革,对政府经济职能进行了大刀阔斧的转变,如建立"一个决策中心,五位一体"的市领导体制;大幅度精简机构,减少行政编制,实行定编定员;政府从直接经营管理企业的事物中解脱出来,强化宏观经济管理、社会管理和社会服务职能;建立覆盖全市的包括失业、养老、住房、医疗、工伤等在内的社会保障体系;等等。实践表明,区域性多元化市场主体的形成和政府职能的有效转换是相辅相成、互相推动的,两者之间的有效结合,将使得"市场效率"和"政府公平"相得益彰。

在广东省的东西两翼和北部山区地带,地方政府与地方企业关系的演进以及区域性市场主体的生成与政府职能的重塑过程,与珠江三角洲地区基本类似。但由于传统观念与计划体制的阻力更大,使得政企分开和重塑政府职能相对滞后,区域性市场主体多元化格局形成的道路更加曲折和漫长。这也表明,区域性市场主体的生成,是与区域内外资源要素按经济发展梯度重新配置同步进行的。在珠江三角洲、东西两翼和北部山区之间,不仅存在经济技术和市场发育的梯度差异,也存在着政府职能转变等体制上的梯度差异。

三、广东区域经济梯度推移发展中的不协调状况

1979年以来,广东区域经济总体上是不断发展的。但由于各地带间、城乡间、区域资源自由流动的条件尚未完全成熟,所以,广东区域经济梯度推移发展中也存在许多的不协调之处。

(一)香港:结构转换的滞后妨碍了广东区域经济的产业升级

香港作为粤港经济区域的核心区,区域经济的发展具有举足轻重的地位。由于香港在以电子信息业为主导的新一轮产业结构转移中的滞后,直接妨碍了广东的产业升级。

80年代,香港的制造业大量转移到珠江三角洲地带,在香港传统的制造业、对外贸易业、金融业和旅游业四大经济支柱中,制造业的比重逐年递减,其他三个产业特别是对外贸易业的比重不断上升。表面上看,香港产业结构的演化,是符合工业化进程的一般规律的,即在进入工业化成熟期后,产业结构中第二产业的比重逐渐下降,第三产业的比重同时逐渐上升。但90年代初兴起的这一轮的国际产业结构的升级,有别于以往的历次。随着科技的进步,信息产业为先导的高新技术产业,在产业结构中所占比重的上升速度,大大高于其他任何产业,包括第三产业中的金融业和商贸业。90年代以来,美国就是通过"信息高速公路",成功地将高新技术与传统产业结合,形成了所谓的"新经济"。

早在90年代初,香港的一些有识之士就大声呼吁过,要及早重视产业转型的问题。但直至90年代中期,经济信息化的浪潮席卷全球的先兆已经越来越明显了,加工制造企业基本被转移、经济日趋"空心化"的

香港，并没有注意到美国高新技术产业崛起后对东亚经济发出的警号。可以说，香港的中小企业家们还继续陶醉于从珠江三角洲地带廉价地租、廉价劳动力所带来的丰厚经济利益，有点"乐不思蜀"的感觉，没有及时推动产业结构转型，发展高新技术产业或利用高新技术重新装备传统产业。有的学者认为，这一期间香港的国际竞争力水平并没有下降。这是因为，90年代初兴起的信息产业还处于成长期，其在经济发展中的作用还未得到充分体现，此时的香港尚可依靠其作为东亚制造中心、金融中心和转运中心的地位，在国际市场上与其他国家或地区一争高下。直到1997年东亚金融危机爆发，在追寻危机根源时，香港各界才形成比较一致的共识，开始质疑仅靠"两头在外"而缺乏自身技术开发和研究力量的"东亚模式"，是否已不能适应90年代产业升级的需要。由于香港的电子信息业和其他高新技术产业起步较晚，在金融危机中被严重打击的传统产业，迟迟未能依靠高新技术改造升级，因此，香港经济的复苏也相对缓慢。1998年以后，香港特区政府通过多种手段，鼓励"资讯经济"的发展，信息产业得到了广泛重视，但比起台湾，香港发展高新技术产业的方向选择、所需的人才、技术等条件，均存在较大差距。作为粤港经济区域核心区的香港，其结构转型的滞后，直接制约了整个经济区的产业升级。

（二）珠江三角洲：产业过度趋同、粗放型增长导致工业化成本急剧膨胀

充分发挥地方政府发展经济的主动性和积极性，是20多年来珠江三角洲工业化、市场化的重要特点。地方政府过强的主导作用及其缺乏监管的特殊地位，使珠江三角洲地带在引入产业时，出现了产业结构非正常趋同的现象。

1979年以后香港转移到珠江三角洲地带的产业，基本上是轻工业企业。轻工业具有投资额小、投资速度快的特点。而整个80年代，轻工业产品在国内外都具有巨大的市场。根据市场需求调整产业结构，大力发展轻纺工业，是推进广东工业化的必然选择。但"双轨制"基础上地方政府的本位主义、经济行为所呈现的趋利性，一旦某行业有利可图，各市县就纷纷引入同类企业甚至同一技术，许多项目是在没有进行市场分析和投资评估的情况下仓促上马的。即使在生产能力已经严重超过市场需求的情况下，在地方政府的直接推动下，仍无约束地新建扩建。结果是珠江三角洲

的产业结构过度趋同，生产能力结构性过剩。以国家统计口径为准，广东在制造业的行业覆盖率达到了99.06%，珠江三角洲地带的珠海市为91.52%，中山市为82%，东莞市为85%。以家电制造企业为例，进入90年代后，家电市场渐趋饱和，竞争日益激烈，资本回收期越来越长。在市场既定的情况下，由于竞争对手间的技术水平差异不大，价格竞争就成为主要的竞争手段，不断的"削价"竞争，加之土地、劳动力价格的上升，使广东的家电行业由"创利大户"，变为"高销售额低盈利"。

重复投资和低层次的规模扩张，并不仅仅发生在珠江三角洲。据1995年工业普查资料反映，列入普查的900多种重要工业产品中，广东全省有33.33%产品的生产能力利用率在60%以下。1996年广东355个行业小类中，国有经济的行业覆盖率达到了89.1%；从企业人数上看，1997年全省从业人数在20人以下的单位数达24.53万个，占总体的70%以上，1000人及以上的单位仅1844个，占0.53%。1996年全省小型企业占总数的97.3%，这些企业每投入一元资本产出的营业收入为1.49元，低于全省的1.83元的平均水平。① 由于企业规模偏小，导致企业生产成本增高。一般竞争系数在1以上的企业为竞争力较强，在0.8～1之间则竞争力弱，在0.8以下为很弱。广东非金属采选业竞争系数为0.85，家具制造业竞争系数为0.86，文教体育用品制造业竞争系数为0.72，交通运输设备制造业竞争系数为0.66，仪器仪表及文化办公用品制造业竞争系数为0.92。② 可见，企业过于分散又规模偏小，必然使企业竞争能力减弱。

（三）东西两翼：产业结构的混乱强化了原有的二元经济结构

东翼传统上是广东农业耕作的高质区，具有肥沃的潮汕平原和精耕细作的传统。西翼农业耕作历史悠久，热带水果种植条件好，历来是我国的产糖基地，也曾是广东的重工业基地之一。改革开放以来，珠江三角洲地带迅猛发展的工业化态势，使东西两翼地带受到很大的震动。东西两翼地带在产业结构和产业布局的选择上，一贯以珠江三角洲的工业化模式为样

---

① 参见《广东统计年鉴》（1998），中国统计出版社1998年版，第34～35页。
② 参见《广东统计年鉴》（1998），中国统计出版社1998年版，第35页。

板,希望通过加快工业化步伐,赶上和超过珠江三角洲。由于东西两翼地带的交通、通讯及市场发育等方面,都远远落后于珠江三角洲地带,并不完全具备大规模吸引外资和发展本地工业的环境和条件。换句话说,东西两翼的工业化更应该从各自所处的经济梯度出发,建立各具区域特色的产业结构和产业布局,决不能简单地模仿珠江三角洲地带。但在实际的经济运行中,由于东西两翼真正具有市场机会的工业项目并不多,大多数的市县还是继续盯紧珠江三角洲,人干我干,亦步亦趋。有一段时期,某些地方甚至只要能拉来工业项目,不问资金来源和市场前景,一概上马。在此种思路的左右下,东西两翼曾先后将家电、化纤、食品加工、水泥、汽车、钢铁、制糖等规划为工业的支柱产业,将粮食、柑橘橙、淡水与海水养殖规划为农业的支柱产业,将商贸、旅游、港口运输等规划为第三产业的支柱产业,投入了大量的人力、物力和财力。但从粤港经济区域的发展过程看,前一阶段珠江三角洲地带的工业发展尚未完全进入成熟期,新一轮的产业转移刚刚萌芽。这样,东西两翼工业化条件的欠缺,是无法用人力进行弥补的。因此,各地政府目标模糊且经常摇摆的产业政策(本书第七章中就对前一阶段湛江和茂名"经济发展战略"不断摇摆作过评析),严重影响了东西两翼的产业结构中的支柱产业发育。

东西两翼地带产业结构调整的无序与混乱,强化了业已存在着的二元产业结构。在工业与农业之间、各中等城市与小城镇、与广大农村地带之间,难以形成良性互动作用。在地方的"经济发展战略"的多次反复中,寄托着地方政府"政绩梦想"的个别工商企业、开发区、基础设施得到财政、金融、政策的全力扶持,占用了其至预支了大量资源,超前粗放扩张。另外,许多县市将传统产业,特别是农业、农村和农民问题视为"包袱",得不到应有的重视,任其"自生自灭"。这种状况客观上扩大了城乡间、工农业间的经济收入差距,也阻滞了这些地带的工业化进程。

(四)北部山区:资源要素的净流失进一步扩大了各地带间的经济差距

北部山区地带在广东的经济地位不断下降,这是前一阶段广东实施区域经济梯度推移发展战略的必然结果之一。1997年,珠江三角洲经济区、东西两翼地带及北部山区地带的国内生产总值,分别占全省国内生产总值的69.5%、24.7%和5.8%[①]。广东的工业主要集中在珠江三角洲地带，珠江三角洲地带、东西两翼地带及北部山区地带的工业总值占全省的比重分别为81.9%、9.1%及9.0%[②]。从工业的所有制结构看，北部山区国有工业和集体工业的比重较高，而"三资"、个体、股份制等其他经济成分的比重较低（如表4所示）。

表4 1995年广东省各地带不同经济类型工业总产值比重

（单位:%）

经济类型	珠江三角洲	东翼地带	西翼地带	山区地带
国营	14.18	12.14	42.37	28.60
集体	22.58	42.97	30.96	37.59
私营	1.88	6.44	6.27	6.30
个体	0.56	1.72	1.54	2.40
股份制	5.68	2.55	4.79	0.90
乡镇	29.82	49.74	32.43	42.70
"三资"	54.77	35.77	13.73	23.91

资料来源：《广东统计年鉴》（1998），中国统计出版社1998年版，第41页。

造成北部山区与其他地带间经济发展水平差距扩大，最直观的原因是资源要素的净流失，而经济差距扩大又进一步加快了资源要素的流失，从而形成了非良性的"跳背游戏"。

如表5所示，1990年，北部山区职工比重占全省的15%，1998年下降为13%。珠江三角洲地带劳动力为净流入。在人口分布上，北部山区地带人口净流失更明显。1992年与1985年相比，全省省内净迁入总人数为2645864人；珠江三角洲地带为2087028人，占78.88%；北部山区地带仅为232125人，占8.78%。从1993年始，北部山区地带在省内人口净迁移连续三年为净流出。1996年是珠江三角洲产业开始向外转移的一年，从人口流动方向上看，东西两翼地带是珠江三角洲产业转移的主要受益地，在1997年省内人口净迁移中，东西两翼地带占了60.39%，北部山

---

① 据《广东统计年鉴》（1998）计算得来。
② 据《广东统计年鉴》（1998）计算得来。

区地带却只占有 0.18%。

表5 1993—1998年各地带省内净迁移情况统计表

	1993年		1994年		1995年	
	人数	%	人数	%	人数	%
全　　省	171119	100.00	135877	100.00	110303	100.00
珠江三角洲	156284	91.33	142719	105.04	112253	101.77
东西两翼	25122	14.69	-3423	-2.52	-488	-0.45
北部山区	-10287	-6.02	-3419	-2.52	-1462	-1.33
	1996年		1997年		1998年	
	人数	%	人数	%	人数	%
全　　省	147290	100.00	289378	100.00	139772	100.00
珠江三角洲	95599	64.91	114125	39.44	89353	63.93
东西两翼	43368	29.45	174744	60.39	46117	33.00
北部山区	8323	5.65	509	0.18	4302	3.08

资料来源：据各年《广东统计年鉴》数据计算。

北部山区地带在梯度推移发展战略中，除劳动力外，资金方面也同样呈现出净流失的态势。表6表明，1983年至1998年，北部山区占全省总投资额的比重一直很低，长期低于全省的平均投资水平，资金从北部山区净流出而集中于珠江三角洲地带。

表6 北部山区地带占全省全社会固定资产投资比重

（单位：%）

年份	1983	1984	1985	1986	1987	1988	1989	1990
比重	9.06	8.49	6.36	6.18	7.03	9.52	9.0	8.0
年份	1991	1992	1993	1994	1995	1996	1997	1998
比重	12.1	6.53	6.67	6.05	6.76	7.21	6.86	6.32

资料来源：由历年《广东统计年鉴》数字计算得出。

如上所述，北部山区地带除土地无法流动外，资金和劳动力都呈净流失的状态。这固然是珠江三角洲地带对资源要素强烈的集聚效应所决定的，是合乎梯度推移发展规律的。从另一个角度看，北部山区地带工业化步伐能否加快，很大程度取决于珠江三角洲工业化是否已进入成熟期。只有珠江三角洲的工业化进入成熟期，北部山区地带才能由资源要素净流出转为净流入。

四、地方政府经济行为——区域经济协调运行的关键

从广东实行"梯度推移发展战略"的利与弊、成功经验与存在问题中，我们可以比较直接地观察到，地方政府的经济行为能否反映市场机制的基本要求，对区域产业结构和产业布局、对区域经济的工业化和市场化的方式和进程，关系极大。从一定意义上说，地方政府经济行为的合理化，是区域经济协调运行的关键。

（一）地方政府经济行为与区域产业结构关系分析

在产业结构成长历程中，政府和产业结构的关系，通常可以归纳为三种基本模式，即纯粹市场机制模式、中央计划型模式以及政府和市场相结合的"政府—市场"型模式。改革开放以来，基于计划经济时代对产业结构的扭曲和市场机制不完善、地区差异客观存在的现实，广东产业结构的成长实际上选择了"政府主导与市场调节"相结合的模式。在这一模式下，地方政府在选择区域主导产业、优化区域产业结构、推进产业技术进步以及深化经济体制改革为区域产业结构优化创造制度条件等方面，发挥着重要的作用。而这些"作用"结果的好坏，则取决于地方政府经济行为是否符合产业结构优化的内在规律，是否得到市场的认可。

1. 地方政府在选择区域主导产业中的作用分析

迄今为止，理论界关于主导产业选择基准的提法很多，包括产业关联度基准、收入弹性基准、生产率上升基准、增长后劲最大化基准、瓶颈基准、比较优势基准、就业基准等等。显然，不同基准如何排序，尤其是基准之间发生冲突时，比如说在经济加速发展的早期阶段，收入弹性高的纺织行业，其产业关联度赶不上汽车制造等重工业，在这种情况下，应当选择何种基准进行判断？在地方政府选好有关基准后，又如何把它们应用于对具体产业、具体企业的分析？这些问题的解决，都离不开地方政府的主观判断。这种主观判断是否正确，则受到多方面因素的影响。一方面，加

快本地区（尤其是落后地区）经济发展的外在压力与地方政府追求本位利益的短期经济行为交织在一起，往往使上述"判断"带有某种人为的倾向性，从而造成主导产业选择的失误。在广东，地方政府片面倚重某一优势，如土地、水产、林木、港口、劳动力等来培植主导产业，而最终导致产业结构失调、发展后劲不足的例子，并不鲜见。另一方面，在区域之间存在明显经济技术梯度差异时，地方政府对主导产业的选择与培植，还必须正视区域内外产业推移状况。20余年来，广东的主导产业从改革开放初期的食品饮料、纺织、服装、建筑材料，逐步演进为石油化工、电气机械、电子信息的新兴产业，为下一步的工业化打下了坚实的基础。在这一变迁过程中，许多地方政府大都依据地区经济技术客观现实和产业梯度推移趋势，正确地选择了能带动本地区经济发展的主导产业，从而使主导产业在三大地带之间形成了较为合理的梯次分布。但也有个别地区，盲目追"大"求"新"，急于"赶超"，结果是适得其反。事实表明，地方政府克服经济行为的短期性、盲目性，顺势而为，是正确选择区域主导产业的关键。

2. 区域产业结构优化中地方政府作用分析

地方政府可以凭借经济手段、法律手段，通过税收、信贷、利率、价格等各种经济参数的调整来间接影响产业结构的优化；也可以凭借行政手段，通过制定和实施产业政策，直接诱导产业结构合理化、高度化，促进区域内产业部门之间的协调发展。地方政府能否达到区域产业结构优化目标，取决于产业结构调整过程中，在"政府失灵"时市场机制发挥作用程度大小和在"市场失灵"时政府发挥作用效率高低。从广东的实践来看，在市场机制比较完善、地方政府经济行为比较合乎理性的地区，区划内的人力、物力、财力、自然资源能够得到比较合理的利用，社会再生产的各环节比较顺畅，区域内产业部门之间的比例也比较协调，产业结构向高加工度化、高附加值化、技术集约化等方向的升级也相对容易一些。但是，在区域产业结构优化过程中，由于地方利益的分割和区划之间的过度竞争，容易导致区划之间产业搭配失调，产业结构雷同，影响产业整体效益的发挥。解决这个问题的关键，需要地方政府从大局出发，协调彼此间的经济行为。

3. 地方政府在推进产业技术进步、加快产业结构高度化进程中的作用分析

在"新经济"的背景下,技术进步对产业结构高度化起着至关重要的推动作用。地方政府通过鼓励和支持企业自身的技术创新活动,强化现有产业的技术改造,通过对能源开发、冶金、石油化工、交通运输等基础产业和传统产业的改造提供资金和技术支持,通过全面推广和促进使用新材料、新工艺、新技术,通过有针对性地、有重点地发展部分微电子技术、生物工程技术、信息技术等高新技术产业,通过加大教育投资和科技体制创新等方式培养并提供大量高素质人才,将大大促进区域经济增长方式由粗放型向集约型转变,加快区域产业结构高度化进程。如前面几章所述,造成广东三大地带产业结构高度化差异的原因,除了市场机制、历史文化、自然禀赋等因素外,地方政府的 R&D 投入差异也是主要原因之一。

4. 地方政府在创造产业结构优化赖以依存的制度基础方面的作用分析

就广东而言,产业结构合理化、高度化、协调化的进程,是与经济体制改革的不断深入和市场机制的逐步完善紧密联系在一起的。经济体制存在弊端、市场机制难以充分发挥作用,这是阻碍产业结构合理化、高度化、协调化的根本动因。因此,需要从根本上转变政府职能,彻底理顺政府和市场的关系,为发挥市场对产业结构优化的基础性调节作用创造良好的体制环境。要进一步协调经济体制改革与产业结构成长的关系,地方政府就要加快完善以市场竞争为基础的价格形成机制,发挥价格信号对产业结构调整的指引作用。地方政府要积极促进企业建立现代企业制度,通过产权制度、企业制度、要素市场等方面的改革,把企业推向市场,使企业成为产业链条中的创新主体。还要积极完善社会保障体系,为产业结构的调整优化创造良好的社会环境

(二)地方政府经济行为与区域产业布局关系分析

在影响区域产业布局的各种因素中,地方政府经济行为是以社会因素的形式存在的,它与其他"布局因素"结合在一起,共同对区域产业布局起指向作用。地方政府经济行为对区域产业布局影响的好坏,取决于地方政府能否按照产业布局规律内在要求,有效引导资源要素在区域间、产业间合理流动。

1. 地方政府通过向特定地域提供基础设施，可以诱导区域内资金、技术、人才等要素地域聚集

地方政府提供的基础设施一般可以分为三种类型，每一类对区域产业布局的影响不尽相同。①生产性基础设施，诸如交通运输、邮电通讯、能源供给、物资供应以及金融服务等，这一类设施对依赖运输、原材料、能源、资金等"指向"作用的产业布局有较强的诱导作用。②生活性基础设施，指为生活服务的诸如商业、服务业、公用事业、住宅及公共设施等，这一类设施对第三产业布局的诱导作用相对较强。③社会性基础设施，指为大众服务的诸如教育、科研、卫生、环保等。这一类设施依据不同产业对其依赖程度差异而对有关产业布局产生不同的诱导作用。

由于许多企业共同使用较为完备的基础设施，可以节约大量非生产性投资，提高资金使用效益。基础设施对区域产业布局的诱导作用因而是不言而喻的。但如果地方政府提供的基础设施过多，或者基础设施的分布不合理，则不仅浪费资源，而且对区域产业布局也会带来负面影响。90年代上半期以来，广东一些地方"房地产热""开发区热""港口热"的负面影响至今尚未完全消除，就深刻地说明了这一点。

2. 地方政府通过制定经济政策、产业政策等地方政策，运用经济的、法律的、行政的手段，可以直接影响区域产业布局

地方政府可以制定某些特殊的、优惠的地方政策，引导区域内外资金、技术、人才等要素向特定地域流动；也可以有针对性地、有重点地对某些项目、某些产业实行优惠政策，如转移支付、贴息贷款、财政补贴税收优惠等，培植本地区的"增长极"；甚至采用直接投资方式，在所选定的产业发展的重点地域内，兴办在产业链条中地位举足轻重的企业，干预区域产业布局。在地方政府的直接作用下，区域产业布局从分散到集中或从集中到分散所经历的时间都将大为缩短。地方政府主导下的产业集聚与扩散，必须和产业成长的内在要求相一致，否则将给区域产业布局带来不利影响。

3. 地方政府通过制定保护环境、限制人口膨胀等措施，实施可持续发展战略也将影响区域产业布局

就区域产业布局的微观选址而言，企业一般根据原材料指向、燃料指向、运输指向、劳动力指向、市场指向等"布局因子"，在既定的经济政策下，按照利润最大化原则，做出"理性"的区位选择，而不需要地方政府的直接干预。但地方政府可以通过在不同地域设置有关"进入门槛"来引导企业的布局行为，如设置产品质量标准、劳动力用工限制、企业规模限制、环境标准等。也可以根据区域内经济、文化、社会生活、城镇建设的发展趋势，对企业布局行为加以限制和引导，等等。

4. 地方政府通过发展高新技术产业、推动技术创新，制定特殊的人才流动机制，吸引和培养高素质人才，对区域产业布局尤其是高新技术产业布局将产生较大的影响

在"新经济"的背景下，随着传统产业技术升级和高新技术不断推广应用，企业对知识、人才的依赖程度不断加大，人才、技术将成为越来越重要的"布局因子"，地方政府可以制定一系列的优惠政策，鼓励人才、技术流向特定区域和特定产业，通过技术创新和产业的关联互动，打破原有的布局模式，促进区域产业布局优化。

5. 地方政府可以通过调整价格、供求等经济参数，借助市场机制间接引导区域产业布局

从微观上讲，在市场经济条件下，经济活动主体依据其掌握的市场信息，衡量不同地域的收益差别，对投资进行风险分析，可以对自身经济活动的区位做出合理选择。但是市场机制也会具有一定的盲目性，使政府调控产业布局成为必要。如改革开放初期广东"村村冒烟、家家点火"散而小的产业布局，是市场盲目竞争、政府调控不力的结果。同时，地方政府可以凭借其特殊职能，通过增减政府购买、制定价格限制等经济行为来影响信号，引导区域资源要素的流动，从而影响区域产业布局。当然，地方政府调节市场信号必须有一个合理的"度"，超出"度"的范围，会引起"市场失灵"，产业布局也会陷入紊乱之中。

6. 地方政府间经济行为是否协调，是影响区域间产业分工协作是否合理、产业布局是否科学的关键因素

自然条件、社会经济技术条件的差异，使区域间产业分工协作成为必要。在市场一体化的条件下，这一过程可以通过市场机制自发实现。但是在区域利益存在差别、区域利益本位化、市场一体化尚未真正形成的情况下，区域间产业分工协作与产业布局优化，很大程度上取决于地方政府间经济行为是否协调，是否放弃"本位主义"，按产业成长的客观规律办事。

（三）地方政府经济行为与区域经济市场化关系分析

我国的区域经济市场化，是从传统计划经济体制向市场经济体制转变而出现的一个特有范畴，其基本内容包括：区域内作为市场主体的微观经济组织的培育与重塑；区域内市场体系的建立和完善；地方政府经济职能的转变与市场规则的确立；等等。很明显，区域经济市场化过程一开始就是和地方政府经济行为交织在一起的。

1. 地方政府经济行为对市场主体培育和重塑的影响

要确立企业的市场主体地位，地方政府就必须从微观经济领域退出，使企业成为依法自主经营、自负盈亏、自我约束、自我发展的法人实体。改革开放以来，广东的所有制结构发生了重大变化，但符合现代市场经济要求的多元化所有制结构尚未完全形成。其重要原因是，公有制企业对各级政府的行政依存性还没能根本消除，政企不分的状况依然存在，公有制企业难以成为真正的市场主体。具体表现在：地方政府对本区划内公有制企业管理者的直接任免、对企业改进生产技术、调整经营结构所需的外部条件，如财政扶持、贷款额度等，仍然享有较大的决定权。广东各经济地带市场主体的发育程度表明，地方政府对区划内微观经济单位的直接干预愈少，区划内企业对地方政府的行政依存性愈低，则区域内市场主体结构愈完善，市场化程度愈高。

市场体系是市场机制发挥作用的舞台，地方政府经济行为对市场体系的发育也会产生较大的影响。改革开放以来，各级地方政府以价格改革为突破口，逐步建立了以市场定价为主的市场价格机制，政府的价格调控体系也日趋完善。在价格改革的推动下，广东的商品市场，以及劳动力市场、证券市场、金融市场、房地产市场、信息技术市场等要素市场的规模不断扩大，市场结构趋于合理，初步形成了统一、开放的市场体系。广东市场体系的培育也存在了不少问题，如只重视市场的基础设施、"硬件"建设，忽视规范市场管理、忽视市场规则的完善、忽视管理者素质的提高等"软件"建设。又如各种比价关系尚未理顺，价格垄断或不平等价格竞争的情况时有发生。再如一些地方只注意商品市场的建设，而忽视专业市场、综合市场以及要素市场的建设，无法形成相互配套、布局合理的市场网络。这些问题都与地方政府的经济行为直接相关。从三大地带市场体系的发育程度来看，珠江三角洲地带的市场体系相对比较完善，而东西两翼和北部山区次之，这种情况与该珠江三角洲各级地方政府积极转变观念，转换经济职能，大力培育市场体系密切相关。

2. 地方政府经济职能转变与区域经济市场化的关系

要实现区域经济市场化，地方政府必须积极转变经济职能，从过去直接担当区域经济活动的投资者、经营者，转变为区域经济运行的管理者、调控者，保护竞争、促进效率、维护公平，推动区域经济市场化进程。广东省各地带间市场化程度的差异表明，某些欠发达地区计划经济的"情结"、既得利益的刚性和转轨过程中的"阵痛"，往往成为当地政府转换经济职能的障碍。地方政府经济职能转变滞后，将直接阻碍区域内市场机制的完善；市场化程度低下将导致区域资源配置效率低下、拉大区域差距；而区域间差距拉大则容易使地方政府直接干预区域经济运行，进一步阻碍区域经济市场化进程。这一循环反馈机制，不断阻滞欠发达地区的市场化进程。因此，地方政府尤其是欠发达地区地方政府，应当把推进机构改革、转变政府职能作为促进区域经济市场化的"引擎"。

（四）地方政府经济行为与区域经济发展战略关系分析

区域经济发展战略是一个国家（或地区）在一定时期内，对各个区域（或各个经济地带）的经济、社会发展所做出的全局性、长远性、方向性的谋划。由于目前行政区划与经济区域普遍存在着的"错位"现象，从总体上看，地方政府经济行为与区域经济发展战略之间的关系，可以归结为两个方面：一是地方政府的经济行为必须受制于区域经济发展总体战略。区域经济发展战略立足于区域的和全国的整体利益和长远利益，并通过经济的、法律的、行政的手段约束地方政府和市场主体的经济行为，以保证区域发展战略目标的实现。二是地方政府在追求本行政区划独立利益时，短期利益与长远利益之间、局部利益与整体利益之间所出现的摩擦与矛盾，一定程度上将影响到区域经济发展战略实施的整体效果。

1979年以后，国家实行对东部沿海地带倾斜配置资源的区域发展战略。随着深圳、珠海、汕头等经济特区的建立，广东逐步形成了以香港为区域经济的核心区，珠江三角洲地带为主要的加工生产基地，以东西两翼和北部山区地带为广阔腹地的梯级外向型经济模式。在区域经济发展战略的实施中，珠江三角洲地带吸引海外资本的优势逐渐凸显出来，珠江三角洲、东西两翼、北部山区因经济技术梯度差异而呈现出不平衡发展的格局。在实施梯度推移发展战略的过程中,许多地方政府转变观念、转变职能,制定出本地区的发展战略,在区域间产业的扩散和转移过程中,积极引导本地区产业结构调整和升级,努力培育富于地方特色的支柱产业,创造出不少成功的发展模式。如以"六个轮子一起转"为特色的"南海模式",以"三来一补"起步,乡镇和个体企业遍地开花为特色的"东莞模式",等等。但也有一些地方政府在制定本地区发展战略和规划时,不顾条件,偏离大局、各自为政,出现了地方发展"小战略"与区域发展"大战略"相抵触的情形。80年代中后期,广东有些地方争上"短、平、快"的项目,造成基础工业与基础设施的严重不足,就是地方政府不按梯度推移规律配置资源,盲目追求地方利益,经济行为本位化、短期化的结果。

  90年代中期以后,中央调整了对东部沿海地带倾斜的区域发展战略,面对优惠政策逐渐"泛化",全省产业结构调整迟缓,产业布局欠佳,区域市场一体化尚未完全形成,经济发展后劲不足等问题,广东省委、省政府提出了实施"外向带动、科教兴粤、可持续发展"三大战略,以增创"体制、科技、开放、产业"四大新优势。新的区域发展战略旨在促进经济社会全面发展,推动结构调整,增强发展后劲。由于广东各地带之间经济技术发展状况千差万别,因此,地方政府制定新一轮"增创新优势"的发展战略时,应当从本地区的实际情况出发,因地制宜,而不能"一刀切"。从整体上看,珠江三角洲地带作为全省实施"三大战略"的"龙头"地位依然不变,珠江三角洲的各级地方政府应当进一步完善市场机制,加快与港澳市场、国际市场的接轨,大力发展科教事业,发挥人才、技术密集优势,促进产业结构高度化,推进技术进步与技术创新,提高出口产品的技术含量,增强其综合竞争能力。欠发达地区的地方政府则要按现代市场经济的要求,加快转变职能,使其经济行为更加符合区域经济发展规律的要求。在规划本地区发展战略,制定相关经济政策时,要把发挥本地区劳动力、自然资源等地方优势与承接发达地区要素扩散和产业转移结合起来,把"顺梯度推移"和跨越式发展结合起来,培育出有效的"增长极",促进本地区经济增长方式向集约型转变。

五、小结：必须继续实行梯度推移发展战略

唯物辩证法认为，在任何事物的运动发展过程中，平衡是相对的、暂时的，而不平衡是绝对的、永恒的。这一辩证原理在经济运动中的突出表现，是区域经济发展的不平衡性。从较长的时期和较大的地域范围来看，这种不平衡性表现在区域之间存在或高或低的经济技术梯级差异。因此，顺应和利用区域间的经济差异，推行梯度推移发展战略，促进区域之间非均衡发展和协调发展，逐步达到兼顾效率与公平的目标——亦即立足于差距，促进增长，并最终逐步消除差距，是制定着眼长远、着眼全局的区域经济发展战略的理性选择。

（一）理论分析不能说明梯度发展与区域差距必然相关

在实施梯度发展战略的早期阶段，通常表现为资金、技术、劳动力等要素向一定地域聚集，使得该区域与其他区域的差距凸显出来。因而人们——尤其是欠发达地区的人们，常把地区差距的扩大归结为实施梯度发展战略后必然的、最终的结果，并制定出种种所谓"反梯度"措施，对区域产业顺梯度推移横加阻隔。为此，必须从理论上阐明，实施梯度发展战略与区域差距扩大并非一定正相关。

第一，从梯度发展对资源的配置功能来看，它所要解决的根本问题是，在区域之间存在经济技术梯度差异时，如何利用这种差异，实现区域之间生产力要素的最佳组合，发挥经济技术梯度高与经济技术梯度低地区资源要素的最大效用，达到先发地区与落后地区的"帕累托最优"。因此，从长远来看，梯度发展战略是一种既能促进发达地区增长，也能促进欠发达地区增长，实现整体福利最大化的发展模式，并无扩大地区差距长久的、必然的倾向性。从本质上讲，梯度发展战略立足于增长后劲与发展潜力，立足于未来，而发达或落后是对现实经济状况的描述，把顺梯度配置理解为向发达地区倾斜配置是一个把现实等同于未来的认识论误区。如本书第五章所述，经济最发达的地区并不一定是经济技术梯度最高的地区，因为有些发达地区往往存在增长后劲不足（即所谓"潜在萧条区"）的问题。经济落后地区也并不一定是经济技术梯度低的地区，当落后地区在承接来自先发地区的产业转移之后，充分利用自身的特色资源培植出新

的"增长极",往往具有较高的经济技术梯度和更大的增长后劲,并在一定时期内成为被"倾斜配置"的对象:一方面吸引来自发达地区的要素回流,通过"涓滴效应"推动本地区发展;另一方面通过"增长中心"向经济技术梯度更低地区的扩散,通过"扩散效应"来带动周边更不发达地区的发展。显然,从较长的时期来看,这种产业梯度推移的多层次性作用将使得落后地区与发达地区的要素得到合理利用,实现两者福利最大化。

第二,长期来看,实施梯度发展战略将会导致区域差距呈现先扩大后缩小的总体趋势,因此,把区域差距的短期扩大归结为推行梯度发展的最终结果,是短视的。不可否认,在实施梯度发展战略的早期,资源要素向某些经济技术基础好、边际收益高的地区大量聚集,尤其是欠发达地区向发达地区的要素回流,可能出现差距拉大的状况。但是,只要区域差距被控制在一定的范围内——不突破威廉姆逊"倒U"曲线顶点,即在防止发达地区对欠发达地区要素的过度吸引、维持欠发达地区经济的正常运转、保证梯度发展所赖以依存的市场机制继续发挥作用的情况下,欠发达地区的经济还是会向上发展的。只不过发展速度相对低于先发地区。随着边际报酬递减、规模不经济、外部不经济等规律作用的不断增强,先发地区的增长后劲受到约束,欠发达地区的发展潜力将逐步显现出来。先发地区中某些在竞争中处于不利地位的产业,转移到落后地区中某些经济梯度相对较高的二级"增长中心"以后,这些"增长中心"会凭借"后发优势"不断增强其竞争力,成为带动当地经济发展的"引擎"。因此,从长远来看,产业梯度推移作用下多级"增长中心"顺梯度的依次出现,将使得后发地区在先发地区增长后劲不足时呈现出较快的增长态势,从而使区域差距缩小成为可能。

第三,从区域差距产生的原因来看,也不能把区域间经济差距的产生和发展完全归结为推行梯度发展战略的结果。造成区域间经济差距的因素很多,既有自然条件、资源禀赋的差异;也有历史背景、人文观念的差异;还包括国家宏观调控目标、区域发展战略以及不同地方政府经济行为模式等因素的影响。梯度推移发展战略仅仅是区域发展战略的一种具体模式,当然是一种比较常用的基本的模式。但把地区差距直接看作梯度发展的函数,显然失之偏颇。否则就无法解释某些基础条件和经济技术状况相似的地区,在相同的经济政策、法制环境(如都享受到梯度推移配置资源的政策）等外界条件下，却有迥然不同的经济效果与发展态势。因此，从长远来看，梯度发展会使区域差距呈现先扩大后缩小的总体趋势，但要具体说明区域差距是否已经走完威廉姆逊"倒 U"曲线左侧部分，进入差距缩小阶段，还必须结合上述其他复杂因素，加以综合分析，否则难以得出正确结论。

（二）实践表明梯度发展与区域经济运行的良性效应必然相关

梯度推移理论认为，由于区域间主导产业部门在生命周期中所处阶段的差异，造成区域经济发展梯度水平的差异。随着产业生命周期阶段的推进，区域经济中产业部门需要推陈出新。对于较高梯度水平的区域而言，技术进步的推动及区域承载能力的限制，要求产业转移。梯度水平低的区域，自身创新能力的约束及劳动力、土地等方面的优势，既有接受梯度转移的需要，也有接受梯度转移的条件。无论是梯度水平较高的地区还是较低的地区，产业的梯度转移均发挥了各地的优势，可谓相得益彰。

梯度推移在广东区域经济发展中效果明显。深圳特区的建立，构建了核心区香港资源要素向外扩散的通道，香港的资源、技术和市场，源源不断地向处于第二梯度的珠江三角洲转移。这一产业转移的结果，是珠江三角洲经济得以高速发展，香港经济也获得广阔的发展空间，实现了双赢。90 年代后期，珠江三角洲地带的工业化开始趋于成熟，次核心区大致形成，具备了向外扩散的条件。在梯度推移的发展战略引导下，珠江三角洲的制造业开始向东西两翼和北部山区地带扩散。东西两翼和北部山区地带在接受核心区和次核心区制造业转移的同时，依靠技术进步发展原已具有一定优势和规模的农业和第三产业，开始走向工业化时代。这一有序的梯度推移保证了在区域经济各个发展阶段上资源的有效配置，区域的"边缘区"首先为珠江三角洲的工业化提供了充足的劳动力和市场；而成长起来的珠江三角洲地带利用资金、技术和市场的优势"反哺"东西两翼和北部山区的工业化，从而实现了区域经济整体的互补和互动发展。可以说，正是梯度推移发展战略的实施，使广东区域经济"发现了香港""发现了自我"，使区域经济运行进入了良性循环的状态。

(三）继续实行梯度推移发展战略的前提条件——外部环境与内部条件分析

推行梯度发展战略的前提是区域间存在经济技术梯度差异。从外部环境与内部条件来看，在较长时期内广东都将具备这一前提条件。因而必须立足于客观现状，按照市场经济规律的内在要求，继续推行梯度推移发展战略。

从外部环境来看，在未来相当长的时期内，粤港经济技术梯度差异仍将存在，香港在粤港经济区域的核心区地位不会改变。第一，从制造业来看，尽管香港作为东南亚制造业中心地位有所下降，但仍对内地保持较高的梯度差异。这是因为，20余年来香港转移到广东各地的，主要是加工企业，制造业赖以生存的销售中心（包括接受订单、引进技术、研究开发、资金结算、售后服务等），基本上还完整地保留在香港。换句话说，"前店后厂"的格局还会继续成为粤港间经济技术联系的基本形式。即使是在粤港同时推进高新技术产业的明天，"前店后厂"仍然是共同发挥粤港两地互补优势的不可替代的合作方式。第二，从第三产业来看，尽管90年代以来香港在新的一轮产业升级中滞后，以致其信息产业对内地辐射作用不强，但香港作为东亚国际金融中心、国际贸易中心、国际交通运输枢纽地位在未来相当长的时期内不会改变，周边地区难以出现恰当的替代者。粤港两地间金融市场存在着巨大差异，加入WTO后国内金融市场将很快开放，香港金融市场对内地的扩散作用会不断增强，广东利用香港资本市场筹集资金、吸引其金融机构直接来粤经营业务的合作前景非常广阔。香港在国际贸易、运输的中心地位，更是牵动广东经济外向发展的"源头"，在更加开放的条件下，其对内地同类产业的带动作用将更加突出。第三，从总体上看，粤港两地在技术、管理、信息、运行机制、市场观念等非实体性要素上的差距依然很大，难以在短期内弥合。在"新经济"的条件下，非实体性要素对实体性要素的支配作用越来越强，区域之间的经济差距实质上是"软指标"上的差距。因此，从"软件"方面来看，香港对广东的辐射作用依然存在。

从内部条件来看，首先，广东基本形成了珠江三角洲、东西两翼、北部山区三大经济地带，在自然的、体制的、政策的、科技的、历史的、人文的等因素的惯性作用下，各经济地带之间的经济技术梯度差异难以在短时期内消除。其次，经过20余年的努力，广东的社会主义市场经济体制的基本框架已经初步建立，区域经济运行主体的行为日趋市场化，沟通区域间要素流转网络和多层次市场体系已经大致形成，地方政府用以影响区域经济协调运行的经济的、法律的、行政的手段不断完善，调控方式也日益灵活。这一切表明，梯度推移发展战略所赖以发挥作用的市场机制，正逐步成为配置区域资源的主导方式。如前所述，经济差异的客观存在是推行梯度发展战略的前提条件，而市场机制在区域间要素的吸聚与扩散中发挥导向作用是推行梯度发展战略的现实条件，只要这两个条件具备，产业顺梯度推移，工业化、市场化的顺梯度展开和深化，就是不可避免的。因此，尊重客观经济规律，继续实行梯度推移发展战略，是广东区域经济运行的必然选择。

（四）继续实行梯度推移发展战略的目标——市场化导向下非均衡发展与协调发展的内在统一

区域经济发展的基本目标有两个：经济增长与区域平衡。在市场导向下的非均衡发展战略与协调发展战略的统一，要旨在于：①以市场机制为基础，充分发挥供求规律、价值规律、竞争规律等市场经济规律对资源"非均衡"配置的作用，促进区域经济的快速增长。②对区域资源的非均衡配置应以不破坏区域内部各地带之间以及区域之间的可持续发展为前提，因此，在推行梯度发展战略中的非均衡配置，应该是一种适度的倾斜性配置。③非均衡发展战略和协调发展战略的强调重点并不处于同一层面。非均衡发展战略主要着眼于资源配置；协调发展战略主要着眼于区域经济的运行目标。非均衡发展战略主要着眼于效率；协调发展战略主要着眼于区域间的公平。因此，两者间客观上就存在着目标和手段的内在统一关系。④只有在市场机制的作用下，非均衡发展和协调发展之间的内在统一才可能实现。这种新的优势互补的区域发展战略，能够有效克服"政府失灵"与"市场失灵"，最大范围地促进市场边界与政策边界的重合。

我们已经从理论上阐明，区域差距不一定与实行梯度推移发展战略必然相关（差距既可能扩大也可能缩小），但在实行梯度推移发展战略的前期阶段，即在跨越"倒U"曲线顶点之前，地区差距将呈现扩大态势。也就是说，在"扩散效应"和"涓滴效应"居于主导地位之前，经济技术梯度相对较低的落后地区将主要承担由"回流效应"产生的要素净流失成本，从而可能出现"富者愈富、贫者愈贫"的现象，有损社会公平。因此，为防止"低梯度"地区要素过度流失（否则梯度推移发展难以为继），兼顾社会公平，在推进区域经济非均衡发展过程中，必须注意促进区域之间的协调发展，达到非均衡发展与协调发展的内在统一——既促进经济增长又实现社会公平，这是继续实行梯度推移发展战略的基本目标。

一般而言，梯度发展战略赖以发挥作用的市场机制，并不具有自动削减贫富差距促进社会公平的功能。因此，要实现市场导向作用下的区域经济协调发展，离不开地方政府对市场运行的合理调控。当然，这种合理调控必须以市场机制能够在区域资源配置中发挥基础性作用为前提，否则又会回到"政府替代市场"的老路。理论上看，在推行梯度发展战略过程中，要实现非均衡发展基础上的协调发展，一方面，地方政府要加快转变观念、转变职能，通过自身经济行为市场化来推动区域经济一体化和市场化进程，为区域资源顺梯度配置创造良好的市场环境，这是区域经济协调发展的前提。另一方面，地方政府在制定有关产业政策、经济政策时，除了应当致力于发挥"核心区"（包括主核心区和次核心区）的辐射作用、在经济技术梯度高的地区培植能带动全局的"经济增长点"之外，要注意发挥中小城镇对周边地区的带动作用，特别是要运用财政、金融等手段，有针对性地提升欠发达地区某些产业的技术梯度，使之成为当地的"增长极"。此外，还要积极运用工资、利率、税收、罚款等经济杠杆，辅之以行政的、法律的手段，防止区域收入差距过分拉大，减少产业梯度推移和各级"增长中心"培植过程中对自然环境和人类社会所造成的外部不经济行为，实现自然、社会、经济的可持续发展。具体说，广东在继续推行梯度推移发展战略中，要在非均衡配置资源的基础上实现协调发展，就要对珠江三角洲地带和北部山区地带实施"双倾斜"的区域性政策。一方面，要继续依靠香港的强力辐射，充分发挥广州、深圳两个中心城市的带动功能，加快珠江三角洲地带的产业升级和形成"自觉经济区"的步伐，将广东区域经济的核心区扩大到整个珠江三角洲经济区。另一方面，对欠发达的北部山区地带要切实采取保护扶持措施，促进发达地区与北部山区资源要素的协调搭配与合理利用，增强欠发达地区"造血功能"，创造条件，使山区经济可以借助高新技术成果和产业转移，绕过传统工业化进程的某些阶段，实现北部山区经济的跨越式发展，从而有效地缩小与珠江三角洲地带和东西两翼地带的经济差距，走向共同富裕。

（节选自《区域经济梯度推移发展新探索》第十章，中国言实出版社2001年版）

广东省区域经济差距变化趋势研究
——基于威廉姆森的"倒 U"理论

一、引言

1965 年，美国经济学家威廉姆森（J. G. Williamson）通过实证分析的方法，提出了著名的区域差距"倒 U"理论，即随着国家经济发展，区域间增长差异呈"倒 U"型变化。在国家经济发展的初期阶段，随着总体经济增长，区域差异逐渐扩大，然后区域差异保持稳定，但是经济进入成熟增长阶段后，区域差异将随着总体经济增长而逐渐下降。威廉姆森"倒 U"理论发表以后，引起了经久不衰的强烈反响。西方学者普遍认为，"倒 U"理论实质是将时序问题引入了区域空间结构变动分析，具有很大价值。同时，这一理论分析不仅仅为新古典主义模型提供了实证依据，而且突破了缪尔达尔—赫希曼理论相对静止均衡的研究框架，在较长时期内动态地考察区域非均衡增长问题。但同时也有许多西方经济学家提出质疑，如小阿莫斯（O. M. Amos Jr., 1988）在研究中发现，美国的区际差异自 1929 年至 1978 年不断缩小，而 1978 年到 1985 年又趋于扩大，由此小阿莫斯甚至提出了"在经济发展后期阶段区域收入趋异"的假说。另一个持反对意见的实证研究是，美国学者杰克逊（Jackson, 1981）等人研究发现，自 1960 年到 1978 年美国 9 大经济区人均收入差异保持相对稳定，并没有趋同的迹象。我国改革开放以来，"倒 U"理论逐步传入，并以各种形式成为我国学者论证区域非均衡发展政策，尤其是梯度发展政策合理性的重要依据之一。但是，我国也有不少学者认为，区域均衡增长或非均衡增长只是区域发展内在过程的外在表现，各个国家可能因其经济资源空间分布格局的差异而有不同的表现，因而不一定有一般趋势。总之，抛弃在"倒 U"理论的原始资料方面的缺陷，仅就其作为对区域发展差异的一般归纳而言，是有其积极意义并为我们借鉴的。

改革开放以来，广东省作为我国改革的排头兵和开放的窗口，经济一直持续快速增长，其 GDP 总量已经连续数年位居全国第一。广东省的珠江三角洲地区，更是我国第二大经济圈，2005 年 GDP 总量达 18059.38 亿元，占广东省 GDP 总量的 3/4 有余。但也要看到广东省还有经济欠发达的东西两翼地区，以及经济较为落后的北部山区。在广东既有十分发达的现代产业部门，也有落后的传统农业部门；既有毗邻港澳的高度开放型经济，也有不发达地区的封闭经济。所有这些特征都为我们研究区域经济差距提供了广泛的例证，也为利用模型进行实证研究提供了依据。鉴于此，本文力图在两空间单元结构的约束下将威廉姆森曲线运用于省内研究，论证"倒 U"曲线在广东省是否成立，并给予政策性建议。

二、两空间单元模型的构建

为了使模型得以运用，首先，可将广东省区分为珠三角地区和非珠三角地区①，珠三角地区②居民和非珠三角地区居民在全省总人口中所占比重分别用 T_1 和 T_2 表示，则有：

$$T_1 + T_2 = 1 \tag{1}$$

其次为了研究区域经济差距，可以用区域人均 GDP 产值作为标准，这样既方便衡量又方便计算。可设 Y_1 和 Y_2 分别表示珠三角地区居民和非珠三角地区居民人均 GDP 的对数均值；Y 表示全省居民③人均 GDP 的对数均值，假设全省的居民总数为 W，而珠三角地区和非珠三角地区的居民人数分别为 W_1 和 W_2，每个居民的实际 GDP 为 M_i，则有：

$$\begin{aligned} Y &= \sum \ln M_i / W = \ln \prod M_i / W = (W_1/W)^* \ln \prod_1^{W_1} M_i^* (1/W_1) \\ &+ (W_2/W)^* \ln \prod_{W_1+1}^{W} M_i^* (1/W_2) \\ &= T_1 Y_1 + T_2 Y_2 \sum_1^N (YI - Y) P \end{aligned} \tag{2}$$

最后，以 δ_1^2 表示珠三角地区内部各城市间人均 GDP 的对数方差，δ_2^2 表示非珠三角地区内部各城市间人均 GDP 的对数方差，δ^2 表示全省各城

---

① 两空间单元模型是根据刘易斯（Jewish, 1954）的两部门模型演变而来的，本文将珠三角地区视为一个经济单元，而将非珠三角地区视为另一个经济单元。

② 为了统计口径一致，这里的珠三角地区包括广州、深圳、珠海、佛山、惠州、东莞、中山、江门 8 个地级市，而不包括肇庆。

③ 这里的人口指的是年末常住人口，具体数值以《广东统计年鉴》为准。

市间人均 GDP 的整体对数方差；为了计算方便，根据统计学原理，可将方差求对数后进行计算，这种计算方法并不会改变方差的性质。全省居民人均 GDP 的总体差距不仅取决于珠三角地区和非珠三角地区内部各城市人均 GDP 差异，还要受这两大地区间人均 GDP 差异的影响。可以把 Y_1、Y_2 视为两个离散随机变量，T_1、T_2 视为其发生的概率，根据一般随机变量方差公式有：

$$D(Y_1, Y_2) = \sum_{i}^{n} (Y_i - Y)^2 P_i$$

其中：Y_i 代表随机变量；P_i 为其所对应的概率；

因而可以得到两大区域间人均 GDP 差异方差为：

$$D(Y_1, Y_2) = T_1(Y_1 - Y)^2 + T_2(Y_2 - Y)^2;$$

又已知两大区域经济差距内部方差 δ_1^2、δ_2^2，所以总方差 δ^2 为：

$$\delta^2 = T_1 \delta_1^2 + T_2 \delta_2^2 + T_1(Y_1 - Y)^2 + T_2(Y_2 - Y)^2 \tag{3}$$

将公式（1）和公式（2）分别代入公式（3）中，消去 T_2，可以得到 δ^2 和 T_1 间的函数关系式：

$$\delta^2 = AT_1^2 + BT_1 + C \tag{4}$$

$$A = -(Y_1 - Y_2)^2, B = (\delta_1^2 - \delta_2^2) + (Y_1 - Y_2)^2, C = \delta_2^2$$

方程（4）可以通过 T_1 的变动来刻画区域经济差异，但是这样做有较大的局限性。首先，根据索洛模型 $Y = aF(K, L)$，决定经济增长的主要因素有三个，即技术进步（a）、资本（K）和劳动力（L）。发展经济学家 R·纳克斯则指出发展中国家或地区能否实现工业起飞，起决定作用的因素是资本而不是劳动力。其次，北京大学光华管理学院的黄国华、吕开颜（2006）在对珠江三角洲的增长因素进行分析后亦指出：不考虑科学技术（即全要素）的增长，固定资本存量增长很快，年均增长15.76%，贡献额为 38.59%；劳动的增长率和贡献率都是较低的，年均增长 4.10%，贡献额 16.99%。最后，随着珠三角地区经济向成熟期迈进，其部分产业和资本向落后地区转移也是经济发展的必然趋势。因此必须对公式（4）加以调整。在这里，可以用两大地区人均资本的变动来反映区域经济的发展差距，从而使模型更加科学和完善，以更好地刻画区域经济发展过程。设珠三角和非珠三角地区全社会固定资本额为 C_1 和 C_2，H 表示非珠三角地区人均资本占有量与珠三角人均资本占有量的比率，在这里可称之为人均资本占有比率。通常情况下，在很长一段时间内，落后地区的人均资本存量是小于发达地区的，因此可以判定 $0 \leq H \leq 1$，则有：
$$H = (C_2/\text{非珠三角人口})/(C_1/\text{珠三角人口}) = C_2T_1/C_1T_2$$
由上式得：
$$T_1 = HC_1T_2/C_2 = PH \quad 令 P = C_1T_2/C_2，则有：$$
$$\delta^2 = AP^2H^2 + BPH + C \tag{5}$$

其中 A，B，C 与公式（4）中的含义一致。公式（5）是公式（4）的变异，在这里可称之为资本变异曲线。它们都是二次函数，公式（4）中 $A = -(Y_1 - Y_2)^2 \leq 0$，因为 $P \geq 0$，所以公式中 $AP^2 \leq 0$，这说明广东省总体居民产值差异指数 δ^2 的曲线形式为一条开口向下的抛物线。但是这并不能证明"倒U"假说存在的必然性，因为 $0 \leq T_1 \leq 1$，C_2 和 C_1 以及 H 都是大于零的，故公式（4）、（5）存在 $0 \leq T_1 \leq 1$，$0 \leq H \leq 1$ 和 $\delta^2 \geq 0$ 的约束条件，又由上述两式分别可以得到：
$$\delta^2 = A(T_1 + B/2A)^2 + C - B^2/4A$$
$$\delta^2 = A(PH + B/2A)^2 + C - B^2/4A$$
由于：$C - B^2/4A = \delta^2 + [(\delta_1^2 - \delta_2^2) + (Y_1 - Y_2)]^2/4(Y_1 - Y_2)^2 \geq 0$

所以 δ^2 恒大于等于零。因此全省居民收入差距的变动趋势主要由公式（4）、（5）的曲线对称轴 K（K'）决定。由公式（4）、（5）分别得到：
$$K = -B/2A = [(\delta_1^2 - \delta_2^2) + (Y_1 - Y_2)]^2/2(Y_1 - Y_2)^2$$
$$= (\delta_1^2 - \delta_2^2)/2(Y_1 - Y_2)^2 + 1/2$$
$$K' = -B/2AP = [(\delta_1^2 - \delta_2^2) + (Y_1 - Y_2)]^2/2(Y_1 - Y_2)^2 P$$
$$= (\delta_1^2 - \delta_2^2)/2(Y_1 - Y_2)^2 P + 1/2$$
可以分三种情况讨论这个问题：

（1）当 K（K'）$= -B/2A$（或 $-B/2AP$）≥ 1 时，则有：
$$[(\delta_1^2 - \delta_2^2) + (Y_1 - Y_2)]^2/2(Y_1 - Y_2)^2 (\text{或} 2(Y_1 - Y_2)^2 P) \geq 1$$
$$\Rightarrow (\delta_1^2 - \delta_2^2) \geq (Y_1 - Y_2)^2 (\text{或}(Y_1 - Y_2)^2 P)$$
即珠三角地区内部各城市人均产值差距 δ_1^2 高于非珠三角地区内部各城市人均产值差距 δ_2^2，两大区域北部的收入差距大于两大部门间的居民收入差距；这种情况下，随着劳动力向先进地区转移、资本向落后地区流动，珠三角地区内部之间竞争将更为激烈，珠三角地区内部各城市人均产值差距将更大，广东省总体居民产值差距将呈现出不断扩大的趋势，区域差距将会扩大。

(2) 当 $K(K') = -B/2A$（或 $-B/2AP$）≤ 0 时，则有：
$$[(\delta_1^2 - \delta_2^2) + (Y_1 - Y_2)]^2 / 2(Y_1 - Y_2)^2 \text{（或} 2(Y_1 - Y_2)^2 P\text{）}$$
$$\leq 0 \Rightarrow (\delta_1^2 - \delta_2^2) \leq (Y_1 - Y_2)^2 \text{（或} (Y_1 - Y_2)^2 P\text{）}$$

表明当非珠三角地区内部各城市人均产值差异 δ_2^2 高于珠三角地区内部各城市人均产值差异 δ_1^2 并且两大部门间的居民产值差距并不太大时，随着珠三角地区资本密集加剧，资本的边际报酬下降从而向落后地区流动，广东省总体居民产值差距将逐步得到缩小，区域差距也将得到缩小。

(3) 当 $0 < K(K') = -B/2A$（或 $-B/2AP$）< 1 时，则有：
$$(\delta_1^2 - \delta_2^2) > (Y_1 - Y_2)^2 \text{（或} (Y_1 - Y_2)^2 P\text{）}$$
$$\text{或者} (\delta_1^2 - \delta_2^2) < (Y_1 - Y_2)^2 \text{（或} (Y_1 - Y_2)^2 P\text{）}$$

这表明当广东省存在较大的区域间居民产值差距时，随着资本的流动、劳动力的转移，其总体居民产值差距将呈现出"先扩大，后缩小"的"倒U"型变动趋势（见图1）。

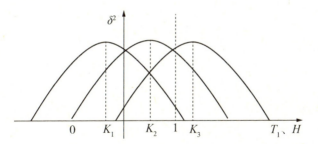

图1 不同曲线对称轴下居民收入差距不同的变动趋势

此外，在区域经济发展过程中，曲线对称轴并不是一成不变的。随着劳动力的转移以及集聚效应和扩散效应的变动，δ_1^2、δ_2^2、$(Y_1 - Y_2)^2$ 三者之间的变动并不一致，由此带来区域总体人均产值差距变动趋势的不断变化。这也可以称之为曲线的"横向迁移"（见图2）。

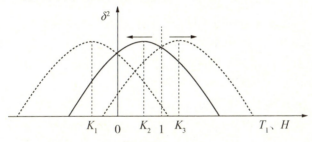

图2 产值差距曲线的横向迁移现象

另一方面，根据曲线顶点的高度方程：
$$L = C - B^2/4A = \delta^2[(\delta_1^2 - \delta_2^2) + (Y_1 - Y_2)]^2/4(Y_1 - Y_2)^2 \geq 0$$
可知 δ_1^2、δ_2^2、$(Y_1 - Y_2)^2$ 三者变动的不一致性同样会带来曲线顶点的高度变化，而这一变化又会导致整体曲线的"阶梯形"变动。具体而言，当 L 变小时（表现为曲线顶点下降），则表示区域总体居民产值差距曲线向下收缩，区域经济差距得到缩小。反之亦然。这一现象又可以称之为曲线的"纵向伸缩"（见图3）。

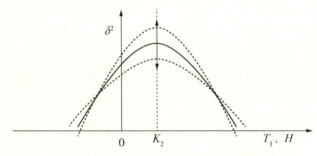

图3 一国收入分配曲线的纵向伸缩现象

根据曲线对称轴方程以及曲线顶点高度的计算方程，无论是"横向迁移"还是"纵向收缩"，实际上都是 δ_1^2、δ_2^2、$(Y_1 - Y_2)^2$ 三者变动的不一致性带来的。下面将主要对广东省区域经济差距的变动趋势进行实证研究。

三、广东省区域经济差距的实证研究

（一）两空间单元结构与广东省区域经济差距的总体判断

本文收集了1989—2005年广东省珠三角地区人口占全省人口比重（T_1）、珠三角地区资本存量（C_1）、非珠三角地区资本存量（C_2）、珠三角地区人均GDP（Y_1）和非珠三角地区人均GDP（Y_2），并根据各个城市的人均GDP计算出珠三角地区内部各城市间人均产值方差和非珠三角地区内部各城市间人均产值方差。且通过 C_1、C_2、T_1、T_2 可以计算出 P 和 H 的值。Y_1 和 Y_2 可从《广东统计年鉴》获得，故可以求得 LnY_1，和 LnY_2 的值。在此基础上，根据公式（4）、（5）的曲线对称轴方程，分别有：

$$K = -B/2A = [(\delta_1^2 - \delta_2^2) + (\text{Ln}Y_1 - \text{Ln}Y_2)]^2/2(\text{Ln}Y_1 - \text{Ln}Y_2)^2 \quad (6)$$
$$K' = -B/2AH = [(\delta_1^2 - \delta_2^2) + (\text{Ln}Y_1 - \text{Ln}Y_2)]^2/2(\text{Ln}Y_1 - \text{Ln}Y_2)^2 P \quad (7)$$

因为 $A = -(Y_1 - Y_2)^2 \leq 0$，$AP^2 \leq 0$，故广东总体居民 GDP 产值差距指数 δ^2 的曲线形式仍然是一条开口向下的抛物线。其中，T_1 表示城镇居民在全省居民中的比例，$P = C_1 T_2 / C_2$。由公式（4）和公式（5）可知：

$$\delta^2 = -A(Y_1 - Y_2)^2 T_1^2 + [(\delta_1^2 - \delta_2^2) + (Y_1 - Y_2)]^2 T_1 + \delta_2^2$$
$$\delta^2 = -A(Y_1 - Y_2)^2 P^2 H^2 + [(\delta_1^2 - \delta_2^2) + (Y_1 - Y_2)]^2 PH + \delta_2^2$$
$$C - B^2/4A = \delta^2 + [(\delta_1^2 - \delta_2^2) + (\text{Ln}Y_1 - \text{Ln}Y_2)]^2/4(\text{Ln}Y_1 - \text{Ln}Y_2)^2 \quad (8)$$

由上式可以求出曲线对称轴的具体位置以及"倒 U"型曲线顶点的实际高度。综合以上结果，可以在充分考虑曲线"横向迁移"以及"纵向伸缩"效果的动态分析框架内进行广东省居民产值差距变动趋势判断，实际运算结果见表 1。

首先由表 1 的计算结果可以看出，1989—2005 年，广东省总体居民收入差距曲线的对称轴 K 基本上位于 0.5～0.6 的区间之内，由于 $0 < K = -B/2A < 1$，这时有 $(\delta_1^2 - \delta_2^2)^2 < (Y_1 - Y_2)^2$ 或 $(\delta_1^2 - \delta_2^2)^2 > (Y_1 - Y_2)^2$。而由表 1 可知，在广东省 $(\text{Ln}Y_1 - \text{Ln}Y_2)^2$ 的值是远大于 $(\delta_1^2 - \delta_2^2)$ 的，所以劳动力转移过程中广东省居民人均 GDP 产值差距的变动将基本符合"倒 U"假说的推定，而由表 2 也可以得出同样的结论，也就是说，广东省的区域经济差距变动将基本呈现为"倒 U"型趋势。随着劳动力和资本的转移，广东省的区域经济差距将经历一个先逐步扩大，然后逐步缩小的过程。

表 1 广东居民人均产值差距的实证检验结果（1）[①]

年份	珠三角人均GDP对数方差	非珠三角人均GDP对数方差	珠三角人均GDP对数均值	非珠三角人均GDP对数均值	总体居民人均GDP差距曲线对称轴	总体居民人均GDP差异曲线顶点高度	珠三角人口占全省比重	珠三角、非珠三角居民人均GDP产值差距
	δ_1^2	δ_2^2	$\text{Ln}Y_1$	$\text{Ln}Y_2$	K	$C - B^2/4A$	T_1	$(\text{Ln}Y_1 - \text{Ln}Y_2)^3$
1989	0.1710	0.0961	8.3338	7.1593	0.5271	0.4794	0.2957	1.3795

(续表1)

年份	珠三角人均GDP对数方差	非珠三角人均GDP对数方差	珠三角GDP对数均值	非珠三角人均GDP对数均值	总体居民人均GDP差距曲线对称轴	总体居民人均GDP差异曲线顶点高度	珠三角人口占全省比重	珠三角、非珠三角居民人均GDP产值差距
	δ_1^2	δ_2^2	LnY_1	LnY_2	K	$C-B^2/4A$	T_1	$(LnY_1-LnY_2)^3$
1990	0.1702	0.0832	8.4757	7.230	0.5280	0.5192	0.2911	1.5518
1991	0.1782	0.0946	8.6783	7.3582	0.5240	0.5731	0.2918	1.7427
1992	0.2884	0.0853	8.9849	7.5620	0.5502	0.6128	0.2930	2.0246
1993	0.1948	0.0907	9.3336	7.8872	0.5249	0.6671	0.2947	2.0921
1994	0.1655	0.1072	9.5869	8.2019	0.5152	0.6164	0.2962	1.9182
1995	0.1649	0.1200	9.8318	8.4194	0.5113	0.6414	0.2971	1.9949
1996	0.1645	0.1297	9.9677	8.5013	0.5081	0.6848	0.2968	2.1503
1997	0.1663	0.1547	10.0914	8.6549	0.5028	0.6764	0.2971	2.0635
1998	0.4818	0.1725	10.1894	8.7185	0.5715	0.8791	0.2955	2.1635
1999	0.4750	0.1618	10.2750	8.7628	0.5685	0.7390	0.2933	2.2867
2000	0.1503	0.0617	9.9444	8.7637	0.5318	0.4559	0.4534	1.3941
2001	0.1509	0.0633	10.0459	8.8416	0.5302	0.4710	0.4612	1.4503
2002	0.1633	0.0629	10.1750	8.8911	0.5305	0.5268	0.4593	1.6484
2003	0.1721	0.0632	10.3715	8.9852	0.5283	0.5996	0.4526	1.9218
2004	0.1884	0.0552	10.5000	9.1062	0.5343	0.6098	0.4557	1.9427
2005	0.1886	0.0610	10.659	9.2426	0.5318	0.6284	0.4546	2.0062

表2 广东居民人均产值差距的实证检验结果（2）[①]

年份	珠三角地区资本总量(亿元)	非珠三角地区资本总量(亿元)	C_1T_2/C_2	区间缺口 $(K'-H)$	总体居民人均GDP差距曲线对称轴	珠三角与非珠三角人均资本占有比率	珠三角、非珠三角居民人均GDP产值差距
	C_1	C_2	P	M	K'	H	$(LnY_1-LnY_2)^3$
1989	135.43	60.38	1.5797	0.1465	0.3337	0.1872	1.3795

(续表2)

年份	珠三角地区资本总量(亿元)	非珠三角地区资本总量(亿元)	C_1T_2/C_2	区间缺口 $(K'-H)$	总体居民人均GDP差距曲线对称轴	珠三角与非珠三角人均资本占有比率	珠三角、非珠三角居民人均GDP产值差距
	C_1	C_2	P	M	K'	H	$(\text{Ln}Y_1 - \text{Ln}Y_2)^3$
1990	247.53	110.07	1.5942	0.1486	0.3312	0.1826	1.5518
1991	304.93	146.06	1.4785	0.1570	0.3544	0.1974	1.7427
1992	634.50	257.94	1.7391	0.1618	0.3164	0.1842	2.0246
1993	1003.69	480.61	1.4729	0.1561	0.3562	0.2001	2.0921
1994	1445.75	622.02	1.6358	0.1339	0.3150	0.1811	1.9182
1995	1440.31	786.64	1.2854	0.1667	0.3978	0.2311	1.9949
1996	2012.83	1009.71	1.4027	0.1506	0.3622	0.2116	2.1503
1997	2123.32	1022.73	1.4593	0.1409	0.3445	0.2036	2.0635
1998	2425.38	1094.08	1.5617	0.1762	0.3659	0.1892	2.1635
1999	2544.63	1175.60	1.5299	0.1800	0.3716	0.1916	2.2867
2000	2860.59	1203.37	1.2933	0.0604	0.4093	0.3489	1.3941
2001	3141.91	1268.71	1.3343	0.0498	0.3974	0.3456	1.4503
2002	3460.08	1340.17	1.3960	0.0511	0.3801	0.3290	1.6484
2003	4235.59	1562.65	1.4837	0.0510	0.3560	0.3050	1.9218
2004	5273.94	1840.96	1.5593	0.0505	0.3427	0.2922	1.9427
2005	6274.12	1897.39	1.7969	0.0439	0.2960	0.2521	2.0062

注：1. 因为统计年鉴中数据的缺乏，2000年的人口比例以各市年末户籍人口计算，其余年份以各市年末常住人口计算。根据叶健夫、彭启鹏等人的研究，2000年广东省的流动人口是1990年的11.34倍，也就是说1990年广东省的户籍人口和常住人口的差距不大，而以后逐年递增。在考虑劳动力转移对区域经济影响的过程中，这种口径的不一致并不影响对规律的探讨。

2. 由于统计年鉴中资料的缺乏，1996—2005年以资本形成总额核算资本总量，1989—1995年以全社会固定资产投资总额核算。

再考虑曲线对称轴的"横向迁移"因素。以上实证研究结果显示，广东省总体居民产值差距曲线的对称轴本身也存在着不断迁移的趋势。由表1知，从1989—2005年，曲线对称轴基本上经历了一个"左移—右移"的过程。虽然中间有所波动，但是对称轴从1989年的0.5271到2005年的0.5318其总体趋势的变动幅度不大，2000年后，对称轴K的值一直徘徊在0.5300左右，这也说明广东省的总体居民的产值差距的变动趋势在2000年后趋于稳定。再考虑到资本转移的因素，由表2可知，广东省居民人均GDP产值差距的变异方程对称轴K则经历了一个"右移—左移"的过程，并在2000年达到最大值0.4093，在2005年取得最小值0.2960。对称轴K'的这种变动很有意义，说明在广东省的资本积聚和转移的过程中，其区域经济差距的变动趋势符合先扩大后缩小的规律。

但是仅仅出现"倒U"型趋势是不够的，要使区域差距真正进入缩小的区间，就必须使K值小于T_1值，或者K'值小于H值。先考虑劳动力转移的因素。虽然学术界对于劳动力转移对区域经济差距所造成的影响褒贬不一，但是劳动力的转移确实会对人均GDP的变动产生强烈影响。在模型中可以看到：一方面劳动力向先进地区转移虽然会为先进地区创造更多的产值，但也会平摊先进地区的GDP；另一方面劳动力离开落后地区，则将有限的资源留给当地居民，加上人口基数的减少，这无疑会增加落后地区的人均GDP产值。如果以人均GDP来反映区域经济差距，则劳动力的转移总体上肯定会起到缩小区域经济差距的作用。根据托达罗的劳动力迁移模型描述，人口迁移不只是对收入差距的反映，更是对预期收入差距的反映，在这里可理解为由地区实际收入差距和在发达地区获得就业机会的可能性组成。虽然近几年来珠三角地区出现了所谓的"民工荒"，但马健等学者（2003）认为珠三角地区的人口负荷水平低于全国，人口容量相对富裕，并将会吸引更多的人前来就业，也就是说未来几年T_1很有可能增加。不过我们仍可以预见，在更长的时间，随着珠三角地区人口的膨胀，其所能够提供的就业机会将会减少，外来人口的收入预期将会减少，这将降低他们向珠三角地区迁移的积极性。此外，随着珠三角地区城市的膨胀和人口增多，诸如高房价、高消费、高污染等城市问题开始显现，这又将进一步降低外来人口迁移的积极性。但是对于那些已经在珠三角地区工作的人来说，放弃较高的工资而迁回落后地区的可能性也不大。其结果将会导致珠三角人口的暂时相对均衡，即在一段时期内T_1将维持在一个相对固定的水平上，而不会有大幅变动。因此在T_1值相对固定而又不考虑资本转移的前提下，要缩小区域差距，只有想方设法让对称轴即 K 值左移。而由公式（6）和公式（8）可知，全省各城市人均 GDP 产值差异曲线的"横向迁移"（即对称轴 K 值的变动）取决于 δ_1^2、δ_2^2 和 $(LnY_1 - LnY_2)^2$ 三个因素。从表 1 数据可以看出，珠三角和非珠三角地区间人均 GDP 产值的巨大差异即 $(LnY_1 - LnY_2)^2$，是决定目前 K 值较高的主要因素。再来看资本转移的情况，H 的变动大致也经过"先增加后减少"的过程，2000 年后 H 是递减的，这说明广东省的资本转移力度还有待加强，非珠三角地区的投资环境还需改善，也反映了在资本有机构成不断提高的背景下，各地区、各城市对资本的争夺日趋激烈。但同时我们也欣喜地看到广东省的区域经济差距曲线的区间缺口值（$K' - H$）在 2000 年后是不断缩小的，到 2005 年仅为 0.0439，这说明在资本转移过程中广东省的区域经济差距正不断向缩小的区间逼近，区域经济差距得以缩小的趋势已初见端倪。

最后再考虑广东省总体居民人均 GDP 产值差距曲线的"纵向伸缩"因素。根据表 1 的计算结果，1989—2005 年，广东省总体居民产值差距曲线的顶点高度也基本上经历了一个"快速上升—快速下降—温和上升"的过程。顶点高度从 1989 年的 0.4794 上升到 1998 年的 0.8791，2001 年的高度下降到 0.4710。而从 2002 年开始，该曲线的顶点高度又开始不断向上伸展，但是速度有所缓和，到 2005 年，曲线顶点的具体数值上升到了 0.6284，为 1990 年 1.33 倍。居民产值差距曲线的顶点高度的剧烈变动，体现了广东省总体居民收入差距曲线"阶梯形"变动的幅度之大。2000—2005 年曲线顶点高度一直是在增加的，这说明在这一阶段广东省总体居民产值的差距在增加，但是增加的幅度相对缓和，可见虽然广东省的区域经济差距向缩小的区间靠拢，但是在当前一段时间内区域经济的绝对差距还是很有可能增加的。与顶点高度的不稳定性相对，2000 年以后非珠三角地区内部差异的稳定性基本在 0.06 左右低水平徘徊，这说明非珠三角地区内部各城市间区域差距是很小的。

（二）结论及政策建议

通过以上的模型分析可以得到以下基本结论：

（1）尽管广东省总体居民人均 GDP 产值差距曲线经历了一系列的"横向迁移"和"纵向伸缩"变动，但仍可清晰地判断，威廉姆逊区域经济差距"倒 U"曲线在广东省是成立的，广东省的区域经济差距变动符合"先扩大—后缩小"的规律。

（2）就目前广东省经济发展现状来看，其区域经济差距仍然在扩大，但扩大的幅度有所减小。即广东省经济发展水平还没有达到威廉姆逊"倒 U"曲线的拐点。但是伴随着劳动力和资本的双重转移，从总体上看广东省区域经济差距正在向威廉姆逊"倒 U"型过程所描述的逐步下降区间逼近，而且离下降区间即拐点的距离非常接近，广东省区域经济差距得以缩小的趋势已经显现。

（3）决定广东省区域经济差距较大的主要因素是珠三角与非珠三角两空间单元之间的巨大差距，其次是珠三角内部各城市间的经济差距。相比之下，非珠三角内部的经济差距很小。

在以上研究的基础上，我们对广东省的区域经济发展提出以下几点建议：

（1）要保持珠三角地区经济健康、快速地发展。珠三角地区国土面积占广东省的 14%，2005 年其年末常住人口和国内生产总值却分别占广东省的 45% 和 80% 有余。可以说珠三角经济是广东经济的"核心竞争力"，抑制珠三角的发展而实行区域经济均衡战略无疑是舍本求末的事情。在新的经济形势下，珠三角原有的一些优势正在弱化，面临内忧（产业结构低下、腹地小、资源贫乏等）外患（长三角等地区竞争、政策优惠减少）局面。珠三角地区要保持其优势，不能再靠和其他地区争资源、争政策的方法，而是要有更高的战略眼光。要利用珠三角城市联系紧密的优势，在充分协调内部各城市利益的前提下，将其打造成为一个在国际上有影响力的整体，从而脱离重复建设和无序竞争的陷阱，进而摆脱经济起飞期的旧的"路径依赖"，挖掘区域创新性资源，把握新的时代机遇，最终实现珠三角产业结构的升级和区域竞争力的增强。珠三角地区的快速、健康发展对协调广东省区域经济有着重要意义：其一，珠三角向整体化方向发展会使其内部经济差距缩小；其二，珠三角快速的产业结构升级会加快其传统产业向落后地区转移，促进落后地区发展。

（2）促进劳动力由落后地区向珠三角地区转移。上文已经分析了劳动力转移在缩小区域经济差距中的重要作用，在这里还可用一个简单例子说明。2000 年在珠三角工作的广东不发达地区籍暂住人口为 962.214 万，如果按照 1 比 2 的系数把这部分人连同其子女真正融入珠三角，则可净迁近 2000 万人，这不仅让更多的人享受到珠三角经济发展的成果，而且为非珠三角地区的发展腾出了巨大的空间。

（3）落后地区要继续扩大招商引资的力度。从上面的模型分析可知，资本存量和地区的 GDP 增量正相关。资本缺乏是制约落后地区工业化能否顺利进行的最重要因素，也是制约落后地区经济起飞的最重要因素，资本能否顺利地从经济梯度较高的港澳台地区、珠三角地区转移到非珠三角地区，是广东省区域经济差距最终得以缩小的决定条件。随着珠三角地区经济向成熟期迈进，落后地区快速发展经济的当务之急便是想方设法招商引资。因此，在当前一段时间内，非珠三角地区根据自身的切实条件来制定各项措施，以更快的速度吸引港、澳、珠三角以及外国的产业转移，仍是广东省区域经济发展的重点。

参考文献

[1] Deininger K, Squire L. Inequality and Growth: Results from a new data set [J]. Journal of Development Economics, 1998, 57: 259 – 287

[2] Williamson J G. Regional inequality and the process of national development: A description of the patterns [J]. Economic Development and Cultural Change. 1965, 13 (4).

[3] Simon. Kuznets. Economic growth and income inequality [J]. AER, 1955, 45 (1).

[4] 陈鸿宇. 区域经济梯度推移发展新探索 [M]. 北京：中国言实出版社，2001.

[5] 陈宗胜. 倒 U 曲线的"阶梯形"变异 [J]. 经济研究，1994 (5).

[6] 龚勤林. 威廉姆森"倒 U 理论"述评 [EB/OL]. http://web.cenet. org. cn/web/gongql/index. php3? detail = 1&file = detail. php3&id = 23367.

[7] 黄国华，吕开颜. 珠江三角洲经济增长因素分析 [J]. 南方经济，2006 年 (3).

[8] 马健. 珠三角的人口与经济发展 [J]. 广东经济月刊，2003 (2).

[9] （美）托达罗. 经济发展与第三世界 [M]. 印金强，等，译. 北京：中国经济出版社，1992.

[10] 谈加劲. 区域投资于经济增长：广东省区域经济失衡的投资因素分

[11] 叶健夫,彭启鹏,黄春红,等.广东流动人口研究 [J].南方人口,2003 (1).

[12] 王检贵.倒 U 现象是不是一条经济法则：对罗宾逊经典结论的质疑 [J].经济研究,2000 (7).

[13] 杨保军.我国区域协调发展的困境及出路 [J].城市规划,2004 (10).

[14] 张敦富,覃成林.中国区域经济差异与协调发展 [M].北京：中国轻工业出版社,2001。

[15] 周国富,陈玲.威廉姆逊"倒 U"假说的争论及评价 [J].现代财经,2003 (7).

[16] 曾国平,王韧.二元结构、经济开放与中国收入差距的变动趋势 [J].数量经济技术经济研究,2006 (10)

（本文与曹前程合作,原载于《珠江经济》2008 年第 5 期）

区域国际竞争力与广东产业整合

一、关于区域国际竞争力的探讨

"国际竞争力"一词始于20世纪80年代。关于国际竞争力的具体内涵及评价指标体系,目前理论界还在深入探讨之中。从一般意义上讲,国际竞争力的主体通常指一个国家,国际竞争力评价指标体系主要用于衡量一国经济和社会生活的静态或动态的竞争能力。怎样衡量一区域的国际竞争力?适用于一个国家的国际竞争力的研究方法及评价指标体系,能否同样适用于对某一个区域国际竞争力的研究呢?目前在这一方面进行系统研究的文献不多见。随着世界经济一体化进程的加快,中国加入WTO后,国内各个区域将直接融入全方位的国际性竞争,国家的国际竞争力将通过各区域的国际竞争力综合表现出来。长江三角洲、珠江三角洲等外向度高、在全国经济发展中起着举足轻重作用的地区,其国际竞争力的提升更是亟待研究的问题。

一区域(地区)的经济运行有别于国家整体经济运行,因此,我们在评价地区的国际竞争力时,不能完全照搬评价一个国家的国际竞争力指标体系;提升一个地区的国际竞争力的政策措施,也不可能与提升一国国际竞争力完全相同。这就需要我们从一般的国际竞争力理论中归纳出可以适用于各个地区的一般内涵,并引申出区域国际竞争力的特殊内涵。世界经济论坛(WEF)认为国际竞争力是"一国实现国民经济持续高速增长的能力"。这一定义以新古典经济增长理论为基础,结合技术进步内升化经济增长模型,着眼于影响未来5—10年中长期人均GDP增长的各种因素的分析。瑞士国际管理发展学院(IMD)则认为国际竞争力是"创造增加价值,从而增加国民财富的能力"。这一定义着眼于国家整体的实力和发展水平,强调国际竞争中的资产条件与竞争过程、引进吸收能力与输出扩张能力、全球经济活动与国内经济活动、经济发展与社会发展四对平衡关系对国际竞争能力的影响。哈佛大学商学院迈克尔·波特教授则强调社会、经济、文化、制度、政策、价值观等多种因素的综合作用,认为国家竞争力是通过这些因素创造、维持并不断提升而形成的。同时他认为对国家竞争力的研究应着重于产业研究,并以生产要素、需求状况、相关和支持产业及企业战略组织与竞争为国际竞争力来源的解释因素,建立了"国家竞争优势四因素模型"。此外,国内外许多学者和机构从自由和公平的市场条件、产品和服务符合国际市场检验、提高居民收入等方面来定义国际竞争力。毫无疑问,这些研究成果,对区域国际竞争力的研究具有根本性的指导意义。

国内部分学者把国际竞争力引入到区域经济研究做了有益的探索。有的学者借鉴 WEF 编制《全球国际竞争力报告》或 IMD 编制《全球国际竞争力年鉴》的方法,研究了国内各个地区(行政区)之间的竞争力;也有学者把国内不同的经济区域如长江三角洲地区与珠江三角洲地区的竞争能力进行对比,并提出了提高有关区域竞争能力的对策。但这些研究还没有完全突破一般意义上国际竞争力主体即国家的约束。有的学者从竞争的行为主体出发,把国际竞争力分为四个层次:国家与国家的竞争,即国家竞争力;地区与地区之间的竞争,即区域竞争力;产业与产业的竞争,即产业竞争力;企业与企业的竞争,即企业竞争力。这一划分突破了前述主体约束,但把区域(或地区)的国际竞争力仅仅定义在地区与地区之间的竞争上,似乎又过于狭窄。

我们认为,区域的国际竞争力具有反映经济增长、价值增加、居民生活水平提高、产品符合国际市场标准等国家意义上的国际竞争力的一般内涵,是指在经济全球化和一体化趋势下,区域参与国际国内市场竞争所表现出的静态或动态综合竞争能力(亦即现实的和潜在的综合竞争能力),它受到区域的自然地理条件、历史人文背景、体制、政策、科技、教育等诸因素的影响。区域产业的国际竞争力是衡量区域国际竞争力的重要标志之一。当一个国家处于开放的经济体系之中时,国内每个区域都将直接参与国际竞争,国家的国际竞争力必然通过区域国际竞争力表现出来,并进一步体现在区域产业(行业)乃至微观企业的竞争能力上。因此,区域国际竞争力既是国家的国际竞争力的反映,又是区域产业(行业)、企业参与国际竞争的结果。

二、关于区域国际竞争力的衡量标准

目前，WEF 每年公布的国际竞争力指数是基于以下八个因素来编制的：①国际贸易和国际金融的开放因素；②政府预算、税收和管理因素；③金融市场发展因素；④运输、通信、能源和服务性基础设施因素；⑤基础科学、应用科学和技术科学因素；⑥企业组织、企业家、企业创新和风险经营的管理因素；⑦劳动力市场及流动性因素；⑧法规和政治体制因素。① IMD 主要从国内经济实力、国际化程度、政府管理、金融市场和服务、基础设施、企业管理、科学技术、国民素质等八大要素来衡量国际竞争力。可以看出，两家权威机构在确立评价国际竞争力的主导因素时，看法是基本一致的。并且，在两大指标体系的综合评价方法上，两家机构所采用的基本方法也是一致的，即国际竞争力由八个因（要）素加权综合而成，每个因（要）素由一系列评价领域与评价指标构成，评价指标由有关统计"硬指标"和专家测评的"软指标"构成。当然两者在评价理论原则、指标选择、指标结构等方面存在较大的差别。WEF 侧重于促进经济增长的能力，IMD 强调创造和积累国民财富的能力，在指标构成上WEF 的"软指标"相对多一些。

显然，两家机构所提出的上述因（要）素也是影响区域经济运行的重要因素，它们对区域国际竞争力必然产生影响，评价区域国际竞争力时必须考虑它们的作用。但如前所述，区域经济运行的自身规律决定了我们在评价区域国际竞争力时必须把其特殊性考虑在内。比如说，一个区域的开放性是广义的，既包括对国外开放，也包括对国内其他区域开放，如果只单纯依据其与国外的经济关系来评价它的开放程度或"国际化指数"，是不能真实反映该区域直接或间接参与国际市场竞争的综合实力的。再者，从 WEF 和 IMD 评价指标体系的构成内容来看，它们是比较全面的，因而能够较好地评价经济结构比较完备的国家。但对国内许多区域而言，其工业体系是不完备且无须需完备的，照搬 WEF 或 IMD 的方法来评价区域国际竞争力就有失偏颇。可见，评价区域国际竞争力要借鉴 WEF 或

---

① 参见国家体改委经济体制改革研究院等：《中国国际竞争力发展报告》（1997），第25～26 页，中国人民大学出版社 1998 年版。

IMD 的理论原则和方法，同时也要结合区域经济发展变化的自身规律，构建新的评价指标体系。

　　WEF 与 IMD 在评价国际竞争力时，都是围绕国际竞争力的内涵来构筑各自的评价指标体系的。有鉴于此，我们认为，评价区域国际竞争力也必须围绕区域国际竞争力的内涵来进行，关键是要弄清决定区域国际竞争力内在的、主导的因素是什么。一般而言，企业和产品构成区域国际竞争力的微观基础，而良好的宏观经济运行环境是提高区域国际竞争力的前提条件。这样，衡量区域国际竞争力的内在标准必须具备沟通宏观竞争力与微观竞争力的属性。在影响区域国际竞争力的诸因素中，我们认为产业的国际竞争力是决定区域国际竞争力的主导因素，也是评价区域国际竞争力最重要的标准。这是因为，只有产业才是连接政府、企业的"结点"，才是沟通宏观政策与微观企业个体行为的桥梁。迈克尔·波特强调产业因素在国际竞争力中的重要作用，盖源于此。也有学者从比较优势和竞争优势的对比中阐发了产业国际竞争力的核心地位，如中国学者金碚指出："比较优势涉及的主要是各国间不同产业（或产业）之间的关系，而竞争优势涉及的是各国间的同一产业的关系，或者说，是各国的同类产品或可替代产品间的关系。……比较优势最终归结为一国的资源禀赋，或产业发展的有利条件；而竞争优势则更加强调企业的策略行为，有利的条件未必能使一国的某产业形成国际竞争优势；相反，一定程度的逆境往往成为刺激一国特定产业增强国际竞争力的重要因素之一。"① 我们觉得，一国的资源禀赋或产业发展的有利条件，未必只影响"不同产业之间"的"比较优势"而不太影响"同一产业"内部之间的"竞争优势"；反之，"比较优势"和"竞争优势"都同样必须建立在企业策略行为正确选择的基础之上。从这个意义上说，对"比较优势"和"竞争优势"的概念应该有更加宽泛的理解。

　　综上所述，评价区域国际竞争力的指标体系中似应包含两个层次的因素，一是区域政府、国际化、金融、服务、科技、基础设施、国民素质等一般性因素；二是产业结构、产业组织等产业因素，后者为主导因素。如何把两者有机融合在一起，形成科学的评价指标体系，正是区域国际竞争

---

　　① 金碚：《产业国际竞争力状况与加入世界贸易组织分析》，载于《经济师》2001 年第 4 期。

力研究的核心问题。

三、广东国际竞争力的特点

要提升广东国际竞争力，就必须首先了解广东国际竞争力的现状与特点。严格地说，广东是一个行政区划，不是单一的经济区域，它由明显存在经济技术梯度差异的珠江三角洲、东西两翼和北部山区等区域组成。因此，在采用上述评价区域国际竞争力的两个层次因素来评价广东国际竞争力时，必须要考虑其内部区域梯度差异的实际状况。

（一）从区域国际竞争力的一般性因素来看，广东国际竞争力具有以下特点

（1）在国际化程度与体制因素方面，广东具有依托港澳、率先与国际接轨的开放优势，形成了外向依存度较高的开放型经济。2000年广东出口额919.20亿美元，占全国出口额的36.88%。这表明广东在利用外资、对外经济贸易、国际经济技术合作等领域具有一定竞争优势。利用外资、对外经济合作、旅游等领域具有一定优势；但在目前的行政区划与经济区域严重错位和地方政府的经济职能尚未根本改变的情况下，广东的国内市场的开放度和竞争程度还是不尽人意的。随着全国对外开放格局的不断变化，广东原有的"先行一步"的政策优势已基本上消失。因此，"入世"后能否积极转变政府职能、加快与多边贸易的国际规则和运作机制接轨，已经成为影响广东区域国际竞争力的关键性因素。

（2）在科技创新性因素方面，广东科学研究与技术开发投入不足，缺乏大量具有创新能力、高素质的人才，甚至在国内区域竞争中也不占优势。如1995年长三角R&D经费占GDP的比重为珠三角的1.264倍，2000年已是1.317倍。长江三角洲地区拥有两院院士220多人，珠江三角洲地区仅有22人。长江三角洲地区拥有17所全国重点大学，珠江三角洲地区仅有4所。与科技创新能力及高素质人才不足相应，广东居民素质整体水平较低，难以适应现代国际竞争要求。以2000年为例，广东劳动年龄人口受教育年限低于中等发达国家12年以上，大专及以上学历人才

占劳动年龄人口 5.1%，远远低于发达国家水平①。

（3）基础设施已经具备较强的竞争能力，但区域差异明显、布局不合理、缺乏规模经济的问题比较突出。在珠江三角洲地区，已经形成了以广州、深圳等国际性都市为代表的现代城市集群，基础设施建设的数量和质量都具有较高水平。而粤东粤西两翼和北部山区地带，基础设施建设依然是制约当地经济发展的"瓶颈"。

（二）从区域国际竞争力的产业因素来看，广东国际竞争力具有以下特点

（1）从产业区域分布来看，东西两翼和北部山区地带经济发展相对缓慢。"适度差异"接近临界点，也使广东省内各经济地带和各行政区划间的经济摩擦和利益冲突日益表面化，加剧了基础产业、粗加工工业与珠三角的加工工业之间的失衡，导致广东的产业结构难以调整优化，一定程度阻碍了世界性的品牌和世界性的工商业"航母"的形成。而区域经济发展的不协调状况，又造成大量人口盲目地向珠三角核心地带和沿海城镇集中，直接影响社会稳定，也加大了珠三角和沿海地带公共管理的成本。这一切，客观上都妨碍了广东经济的国际竞争力的提高。

（2）从产业的微观竞争力来看，弱势较突出。迈克尔·波特认为，决定竞争优势的企业和产品层面的因素包括成本控制、产品的独特性、制造技术、商标等无形资产、产业环境等。② 从区域之间的横向对比来看，广东的企业在上述五个方面很难说强于上海或长江三角洲地区。有关统计资料表明，2000 年广东独立核算工业企业的主要经济效益指标，如经济综合效益指数、产品销售率均落后于上海，产成品存货及应收账款净额占工业增加值的比重也高于上海。此种情形下广东产品结构和产业结构与上海的基本雷同，导致广东企业品牌竞争力不强的状况更为突出。广东的企业缺乏带动地区经济增长的、具备"增长极"功能的大型企业集团，客观上也影响了对成本的有效控制，影响了对产品独特性的努力。如 2000 年珠江三角洲地区全部 14 家特大型工业企业产品销售收入共计 587.35 亿

---

① 参见广东省发展计划委员会《推进现代化　开创新纪元》，广东经济出版社 2001 年版，第 160 页。

② 参见高川椹等《2000 年中国国际竞争力评价》，载《战略与管理》2001 年第 2 期。

元，只及上海宝钢集团一家销售收入的83%，与国际上同类特大企业相比，差距更远。

四、产业整合：提升广东国际竞争力的关键

中共广东省委最近提出，广东经济要以提高国际竞争力为核心，加快实施名牌带动战略、大企业和企业集团带动战略、民营经济上水平发展战略、人才战略和中心城市带动、地区协调发展战略。这些战略的提出和实施是十分及时和必要的，问题在于这些战略必须始终围绕着提高国际竞争力这一核心协调地、有序地推进。笔者认为，区域产业竞争力上去了，区域国际竞争力才可能真正提高。因此，要提升广东经济的国际竞争力，就必须通过产业整合，来提高广东的产业国际竞争力。

所谓产业整合，并非简单的产业或企业迁移。产业整合，是为谋求长远的竞争优势，按照产业发展变迁规律，以企业为整合对象，跨空间、地域、行业和所有制重新配置生产要素，调整和构筑新的资本组织与技术组织，从而形成以大企业和企业集团为核心的优势主导产业和相应产业结构的过程。自20世纪80年代中后期以来，产业整合几乎已成为美国、日本以及西欧等发达国家和地区提升国际竞争力的主要方式，它同样也是提升广东国际竞争力的关键举措。怎样根据产业整合的要求协调、有序地推进名牌带动、大企业和企业集团带动、中心城市带动、地区协调发展等战略呢？直接的答案是，在珠三角企业的国际竞争力开始呈现部分下滑的今天，加快珠三角本土企业向广东东西两翼、北部山区，以至国内外一切具有竞争力和承接能力的地区转移或延伸产业链，让珠三角本土企业做大做强，从而使广东企业在成本控制、技术创新、创立国际品牌、打造"航母"诸方面，选择正确的企业战略组织和竞争策略，这应该是调整优化广东产业结构的现实抉择。为此，必须从以下几方面入手。

（一）按照WTO规则的要求切实转变政府职能

妨碍广东产业整合的主观因素是复杂的，主要原因还是在于政府（特别是各级地方政府）的职能未能彻底转变，传统的计划经济体制及其"管理理念"还继续存在，甚至在某些地方、某些部门仍继续发挥着主导作用。如现行的分级财政制度、核算制度和地方政府承担的"造福一方"

的"经济职能",强化了行政区划与经济区域错位的状况,严重阻碍了资本和技术要素在本行政区划内外按照市场准则自由流动,谁都不愿意本区划内的企业采取新的资产组织形式,为增强竞争力而把产业链延伸到区划外,或将企业转移到区外。因为产业或企业一旦转移,GDP、税收、出口额全跟着"转移"了。为了继续维持企业的竞争力,地方政府就得采取非规范性的财政"扶持""补贴"手段;而为了保证财政的正常周转,回收各种"扶持""补贴"的预支,地方政府又决不能让企业外迁。这样,地方政府就具备了在"政治"上、"经济"上"留住企业"的"正当理由"。

珠三角产业转移的逻辑起点应是:按照WTO的规则,从根本上规范各级政府的职能,调整现行的财税体制,地方机动财力主要用于改善产业环境,严格禁止地方政府运用行政、经济手段干预企业"跨区划"的重组、转移行为。同时,改革干部考核制度,重新界定地方政府的绩效评价体系。确保政府职能符合国际化、市场化发展要求。只有政府职能的根本转变、政府权能在WTO规则基础上的自我剥夺,才能保证产业整合按照产业发展规律的要求健康地推进。

(二)制定评价产业竞争能力的指标体系,为产业整合提供科学依据

虽然WEF和IMD对各国的部分产业(行业)的国际竞争能力进行了评价,但它们并没有提供完整的涉及各类产业国际竞争能力评价的指标体系,这就需要我们依据区域国际竞争力的内涵,结合区域比较优势,借鉴WEF和IMD对产业的评价方法,建立评价各产业(行业)竞争能力指标体系。利用这一指标体系要能对广东三次产业中各主导产业、支柱产业、相关产业、重点企业、主要产品的国际竞争能力进行科学评价。

(三)适时清理和调整现行的产业政策,在产业整合中实现区域均衡发展

产业整合实质上是产业的战略重组和主导产业的培植过程,离不开产业政策的支持。现行的产业政策相当部分是建立在"政府万能"的理念之上的,因此,要通过清理不合时宜的产业政策,统筹产业布局政策、产业技术政策、产业组织政策的制定和指导;要保证新出台的产业政策、区

域性扶持政策、加快发展民营经济政策、城镇化政策等多项政策方向一致,将珠江三角洲以外的各"边缘地带""增长极"的发育,与珠三角产业整合、产业链延伸、建立应对国际竞争的原材料、粗加工基地、培植本土民营经济有机结合起来,并在此基础上采取差别化的区域产业政策,在产业整合中推进区域均衡发展目标的实现。

(原载于《南方经济》2002年第4期)

关于构建粤港区域产业分工新模式的思考

一、香港的生产服务业存在萎缩的隐忧

20世纪90年代末期以来,粤港区域经济发展的宏观背景和现实基础发生了剧烈变化,粤港间原来的"前店后厂"(即"粤主制造,港主服务")的区域产业分工格局中,香港生产服务业面临剧烈的竞争和挑战,存在萎缩的隐忧。

(一)"老化"的香港生产服务业滞后于粤港区域工业结构调整

香港是一个高度服务化的城市。20世纪70年代,香港生产服务业迅速发展,奠定了其国际金融中心、贸易中心和船运中心地位,金融、贸易、房地产等成为香港的经济支柱。20世纪80年代香港服务业的增长速度在14%~20%之间,至2004年香港的服务业产值占本地生产总值的比重上升到89.93%,比1980年增长了21.64%,成为仅次于美国的全球第二大服务型经济体系。一般来说,生产服务业的演变要经历导入期、成长期、成熟期、饱和期和衰退期等阶段,地理集中度、就业水平和产出水平都呈现非同步的倒"U"的变化趋势。从地理集中度、就业水平和产出水平三项指标的特征看,目前香港多个生产服务行业逐步进入成熟期,出现"老化"的迹象。如香港商贸业等的地理集中度和就业水平都已经过了倒"U"型曲线的最高点,目前处于下降的状态,只有产出曲线是上升的。因此,香港商贸业已经进入高度的成熟期,继之而来就可能要陷入饱和期。

目前,广东工业结构出现了"轻型高级化和适度重型化"的趋向。许多传统优势产业引进和研发了众多的技术和设备,催生出大量新的高新技术产业和产品,2005年广东高新技术产业实现增加值超2000亿元,占

全省工业增加值的 1/4；当年高新技术产品产值已超过 1 万亿元；广东工业适度重型化的趋向也十分明显，2005 年广东重工业资产达 16431.25 亿元，占全省规模以上工业资产的 60.7%，当年轻重工业资产的结构比例为 39.4∶60.7；全省规模以上重工业增加值的比重由 2000 年的 52.4% 提高到 58.7%；2005 年重工业增加值 4669.21 亿元，占 GDP 总量的 21.5%，增长 17.0%。与此同时，广东已逐步将从前与轻纺工业相配套的生产服务业向配套重化工业转型，形成了粤港两地服务业的竞争关系。以物流业为例，珠三角的火电厂运煤、油，石化和石油企业的石油等原料，已无须经过香港的转口就直接到达内地码头，汽车产业、钢铁工业所需要的大宗钢材、铝材等亦没必要经过香港的集装箱码头。但香港的生产服务业依然停留在"轻工业时代"，无法与珠三角的重化工业相吻合。由于广东为轻纺工业服务的生产服务业得到较之香港的低成本的扩张，分流了香港的货源，加之广东重化工业的大宗货物也绕过了香港，因而可能导致香港生产服务业的萎缩。

（二）周边地区竞争将逐渐削弱香港生产服务业的竞争力

在周边区域的激烈竞争之下，香港的个别生产服务行业受到了比较明显的冲击，最为激烈的是交通运输仓储业，包括港口运输、航空运输等。在港口运输方面，2005 年，香港丢掉了维持多年的第一大集装箱港的位置，新加坡取而代之。而且，香港的港口运输仍存在被边缘化的危险：一是周边地区港口的激烈竞争。香港的港口运输对中国内地依赖十分严重，香港所处理的货柜运输业务约有 78% 来自珠三角地区，而内地港口近年的发展十分迅速，成本低廉，一定程度上出现香港货源被分流的局面，使香港港口吞吐速放缓。南韩的釜山港由于政府大力支持港口建设，并能享受多种免税的优惠和补贴，也降低了其运营成本，提高了竞争力。新加坡港口更是主动降低价格，2002 年以来持续录得高于香港的年增长率，最终于 2005 年从香港手中夺取世界集装箱吞吐量第一的位置。二是香港生产成本高昂。据香港特区政府的调查，从华南地区经香港港口出货的每个标准集装箱费用比从深圳直接出货高出约 333 美元。造成其中成本高昂的主要原因在集装箱从付货人到码头的拖车费和码头处理费。在总费用中，拖运费占了 54% 以上，码头处理费占了 33% 以上。

(三) 粤港间基础设施和公共服务平台瓶颈因素日趋凸显

随着粤港两地经济的进一步融合,基础设施和公共服务平台的瓶颈因素日趋凸显,制约了粤港生产服务业的进一步发展。首先,粤港交通网络欠完善。广深港高速铁路在建设之中,港珠澳跨海大桥等尚处于研究和规划阶段。尤其是港珠澳跨海大桥的建设,遇到了环保和融资等一系列难题,进展缓慢,严重制约了香港与珠三角西翼及粤西地区交通和经济联系的发展。香港本身港口投资不足,限制了香港港口设施的完善,香港道路和铁路系统也有进一步完善的需要。其次,粤港信息网络互通及相关制度衔接不足。粤港两地电信网、互联网、电网的三网融通有待完善;电子商务的应用和以网络互联协议为基础的再售服务发展滞后;电子商务认证体系、网上支付体系及物流配送体系发育不全;许多区域间实用的基础信息平台尚未建立,如粤港间生产服务业以及各分行业的信息网络平台发展滞后;区域内电子商务数字证书的交易认证工作难度大。最后,粤港服务业的标准化工作有待完善。商贸、餐饮、旅游等传统服务业标准不够完善,物流、电子商务、技术服务、金融保险等行业标准也不够规范,尤其是物流信息技术的标准化和物流信息技术平台的对接有待建立和完善;更有甚者,许多新兴的服务业还没有标准。粤港之间服务业标准衔接也不足,许多生产服务业标准的国际化、通用化程度不高。

(四) 粤港间不打破行政区划的界限就等于"作茧自缚"

从粤港两地已经形成的经济联系、经济腹地大小、生产服务业竞争态势以及重化工业对生产服务业的要求来看,物流等生产服务业留在香港转型是不现实的,因为重化工业在物流管道和模式上与轻纺工业不同,为重化工业服务的特点就在于要在地理位置上靠近服务对象。香港生产服务业要拓展发展空间,就不能局限在香港的边界线以内。必须打破粤港行政区划的界限,拓展合作领域和空间,使粤港之间逐渐构成一个完整的经济区;否则,就等于画地为牢,作茧自缚。香港只有拓宽视野,紧跟珠三角、广东乃至泛珠三角的产业趋势,适应对方需求,才能找准自己的定位,融入粤港区域经济发展。在区域合作中,香港应充分发挥金融、航运、物流、国际贸易以及完善的法律、会计制度等优势,为内地、珠三角的重化工业服务,实现区域产业融合。同时,努力促使服务业也形成粤港间的"前店后厂"关系,将服务业的总部设在香港,"门店"深入内地,把生产服务业链延伸到珠三角、广东乃至泛珠三角。这样既可为内地制造业服务,也可通过香港这个国际金融和贸易中心,将内地与国际市场连接,进而强化香港国际金融与贸易地位。

二、以整合生产服务业为重点,构建粤港区域产业分工的新模式

面对周边地区日益发展的生产服务业竞争,香港与广东生产服务业必须把握住国际产业大量向中国转移及东盟十国经济迅速兴起的机遇,尽快完成区域整合和升级,以整体实力参与竞争,克服目前各自为战、生产服务业结构趋同、技术含量不高和科技投入不足的弱点。粤港生产服务业的整合包括四个方面。

(一)以统一的市场体系为基础,以资金和资源为纽带,整合区域间的生产服务业

在港口运输方面,以香港港、深圳港和广州港为主要龙头,加强对湛江港和汕头港的整合,通过相互持股的方式形成利益共同体;将香港资金和管理模式引入广东港口建设,提高粤港沿海港口的整体运营能力;加强沿海港口对内河港口的渗透,建立沿海港口与内河港口协调机制,提高内河运输能力,合理配置沿海港口货源,降低远洋货物中间运输成本;开设粤港一体的货源代理机构,统一调配货源,允许集装箱的区域内互相调剂,提高箱体利用率;提高粤港间的通关能力,改善通关水平,降低集装箱拖至码头的运输费用。积极发展航空运输,推动航空运输与港口运输合作,吸引国际物流企业参与港口与机场的建设,合理分流货源。不断提高高速公路网络与港口和机场的对接,实现门到门服务,完善从港口机场到收付货人的交通服务。积极开拓国际市场,鼓励物流企业参与国际竞争,以香港企业为龙头带动广东企业走出去,逐步建成以粤港为基地,遍布全球的物流网络。

(二)推动生产服务业的相互配套与发展

要统筹粤港区域开发规划,促进基础设施衔接,努力实现交通对接和

产业对接。以整合交通网络建设为基础，适度超前投资和建设生产服务业基础设施，协调生产服务业设施的投资行为，防止恶性竞争。完善行业标准和准则，统一规范生产服务业管理制度，联合开发粤港一卡通，联合设立科研和科技服务机构，共同培育科技风险投资市场，互相开放物流市场，配套完善通讯、商业、物流、信息等产业，建立快捷的要素流通渠道，促进经济运行效率的提高。大力发展研发、融资、保险、物流、法律、会计、培训、广告、设计、咨询等商务服务业，进一步降低交易成本，最终形成配套完善、服务齐全、效率高、成本低的粤港生产服务体系。

（三）强化粤港生产服务业分工

要充分利用各自的比较优势，提升粤港生产服务业的整体竞争力。要努力在广东生产服务业中融入"香港成分"，尤其是香港的国际市场网络、行业发展规范和标准等，大力培育和提升广东的生产服务业。香港可以适应珠三角及内地重化工业发展需要，大力发展石油、重要原材料等期货市场，为大宗原材料的供应和成品交易提供保障。在总部经济发展方面，香港可以重点吸引跨国公司的贸易性和服务业的总部进入，广东则吸引跨国公司的研发性总部进入。加强香港与广东会展业的协调，形成专业分工、会期衔接、资源共享、层级互补的会展系列。

（四）粤港区域协调发展有赖于国家支持与机制创新

金融、贸易、房地产和旅游是香港经济发展的四大支柱。"自由行"的措施对香港旅游业的发展有着明显的促进作用，但这种作用的功效是递减的，这是由香港旅游资源的局限性决定的。从现实看，这四大支柱要维持其发展离不开国家的支持。"一国两制"是粤港合作的政治基础，作为香港特区与广东的经济合作，都必须服从于"港人治港，高度自治"的原则和国家对内地宏观经济管理的要求。这就决定了粤港合作不仅是粤港间的事情，更重要的是国家与香港特区的关系问题，因此，粤港的合作离不开国家的支持和配合。就生产服务业发展而言，更应在国家的恒久支持和配合下，通过粤港（也包括与内地）区域经济机制的衔接及市场的统一，实现粤港的进一步融合，促进香港生产服务业的进一步发展，从而促进香港经济的持续繁荣稳定。

一是积极争取中央及有关部门的支持，进一步提升保持香港繁荣稳定的国家战略地位。以广东为香港繁荣稳定战略实施的基地和示范区，进一步促成两地生产服务业的融合。香港行政区内地域狭小，市场规模小，腹地有限，断无在香港内部维持已经趋近成熟期的生产服务业持续增长的可能，必须从粤港甚至是泛珠三角等大区域范围上来促进维持香港生产服务业的持续发展。因此，可以考虑结合粤港行政首长联席会议的机制，发挥国家宏观经济管理部门如国家发改委、商务部等的宏观协调优势，采取特殊政策和灵活措施，进一步加快粤港生产服务业合作发展的进程，形成合理区域分工。

二是整合两地各级政府行政框架，实现政府职能部门对接。粤港两地政府应形成共识并凝聚全民意志，在行政管理上相互借鉴，互相促进，逐步实现管理机制的衔接，降低经济运行成本，特别是在行政许可上的互信互通，避免相互扯皮和重复认证。要共建两地电子政府，借助高科技实行异地办公，加速政府间信息传递，建立共同响应机制。

三是促进要素市场的完善和发展。要努力促进各城市间生产要素市场的衔接。由于"一国两制"是一个长期的制度性安排，香港仍需要长期以一个独立关税区或独立经济体的身份与内地及国际市场往来，因此，粤港间生产要素的完全自由流动尚需时日，但促进粤港都市带各城市间的要素融合是粤港共同努力的方向。粤港经济要素和资源要素差别很大，只有实现各类经济要素畅通的自由流动，才能为粤港发展注入持续的内生推动力。要突破区域经济间的行政区划限制，消除人才和劳务使用中的歧视，加强劳动保障和社会福利方面的合作协调，促进人力资源等要素自由流动。而逐步建立共同、协调的社会保障制度，应当成为两地要素自由流动的重要举措，这样将可减少港人来粤长期投资和工作的后顾之忧，亦可降低区域公共管理成本，提高诸如户籍管理、人口迁移管理等社会与行政管理的效率。这也是一些发达国家和地区（如欧盟）的做法。另外，为加强政府层面的合作也可以考虑在中央的协调下，让香港在广东设立若干产业转移园，并给予香港一定财税分成。

四是在国家的统一监管下，积极开展两地教育等领域的公共事业合作。粤港两地在办学模式、教育投资、教育机制、教育制度、教育法制化建设等方面存在较大差异，在教育资源和市场上有明显的互补性，有着广阔的合作空间。因此，中央有关部门可以考虑调整现行办学与教育管理制度，为发挥两地教育合作潜能创造条件。因此，必须进一步扩大广东教育市场的开放，可以尝试开放部分领域如高等院校紧缺专业、高技术专业、职业培训等领域，采取合作甚至独资的方法，吸引香港与海外资金、技术、人才，借鉴香港先进的教育管理制度，发展广东教育事业。此外，可以进一步借助香港国际化的教育资源，促进粤港教育与科技的共同发展，为粤港经济与产业调整优化注入新的人力资源和科技力量。

（原载于《特区实践与理论》2007年第4期）

论粤港产业分工模式的重构

香港与广东之间"前店后厂"的产业分工模式，始于20世纪70年代末期，其背景是香港经历十多年经济快速增长后，工业化进入成熟期，制造业的边际收益开始递减，迫切需要劳动力、土地等要素成本相对低廉的经济腹地。中国内地的改革开放为香港上述竞争能力不断降低的劳动密集型产业的发展提供了良好机遇，由此形成了香港制造业内迁广东（主要是珠江三角洲地区）和广东制造业产品以香港为销售地（出口港口）的"前店后厂"产业垂直分工模式。这一分工模式对发挥粤港两地比较优势和促进两地经济发展，曾经发挥了巨大作用。

一、20世纪90年代末以来香港的"前店"地位受到严峻挑战

1979年以后，广东开始与香港形成"前店后厂"的格局，其显著特征是大量初级产品和产品进入香港出口到海外。而香港产品对内地出口的急剧增长，则说明内地特别是广东居民的消费需求的量与质都有了新的飞跃，广东工业的转型对香港制造的轻工设备，也具有强烈的需求（见表1）。

表1　1978—1988年香港对中国内地贸易统计[①]

（单位：亿港元）

年份	香港从内地进口			港产品向内地出口			转口			贸易总值		
	货值	比上年增长(%)	进口位次	货值	比上年增长(%)	进口位次	货值	比上年增长(%)	转口位次	货值	比上年增长(%)	贸易位次
1978	105.50	30.5	2	0.81	1613.	24	2.14	22.3	15	108.45	30.9	3
1979	151.30	43.4	2	6.03	649.7	15	13.15	514.5	6	170.48	57.2	3
1980	219.48	34.5	2	16.05	165.3	8	46.42	253.0	1	281.95	65.4	3
1981	295.10	34.5	2	29.24	81.9	5	80.44	73.3	1	404.78	43.6	2
1982	329.35	11.6	1	38.06	30.3	4	79.92	-0.7	1	447.33	10.5	2

(续表1)

年份	香港从内地进口			港产品向内地出口			转口			贸易总值		
	货值	比上年增长(%)	进口位次	货值	比上年增长(%)	进口位次	货值	比上年增长(%)	转口位次	货值	比上年增长(%)	贸易位次
1983	428.21	30.0	1	62.23	63.5	4	121.83	52.4	1	612.27	36.9	2
1984	557.53	30.2	1	112.83	81.3	2	280.64	130.4	1	951.00	55.3	2
1985	589.63	5.8	1	151.89	34.6	2	460.23	64.0	1	1201.75	26.4	1
1986	826.33	38.4	1	180.22	18.7	2	408.94	-11.2	1	1405.49	17.0	1
1987	1173.57	43.8	1	278.71	54.6	2	601.70	47.1	1	2053.98	46.1	1
1988	1556.34	32.6	1	380.43	36.5	2	948.95	57.7	1	1885.72	40.5	1

资料来源：各年《香港经济年鉴》。

这一期间广东利用的外资主要来自香港，随着广东门户的不断开放，吸引外资的渠道增多，外资数额不断增加，香港资金所占份额总的来看稍有降低，但香港资金仍占很高的比重（见表2）。

表2　1979—1997年广东利用香港资金情况表①

年份		1979—1997	1990	1995	1196	1997
签订利用外资项目（个）	总计	187393	—	9345	5922	17737
	其中:香港	170780	—	7345	4672	15601
	香港所占比重(%)	91.1	—	80.1	78.5	88.0
签订利用外资协议金额（万美元）	总计	16420826	—	2610480	1744639	964527
	其中:香港	12232173	—	1909656	1042889	533444
	香港所占比重(%)	74.5	—	73.2	59.8	55.3
实际利用外资（万美元）	总计		145984	1018028	1162362	1171086
	其中:香港		98501	797268	838660	843192
	香港所占比重(%)	—	67.5	78.3	72.3	72.0

① 引自陈鸿宇主编《区域经济梯度推移发展新探索》，中国言实出版社2001年版，第264页。

(续表2)

年份		1979—1997	1990	1995	1196	1997
外商实际直接投资额（万美元）	总计	—	145981	1018028	1162362	1171083
	其中:香港	—	98501	797268	838660	843192
	香港所占比重(%)	67.5	78.3	72.3		72.0

可见，"前店后厂"的产业分工模式立足于粤港产业功能的基本定位，即珠江三角洲发展第二产业，香港发展第三产业，香港的第三产业服务于珠江三角洲第二产业，亦即以珠江三角洲工业推动香港服务业，以香港服务业带动珠江三角洲工业。

20世纪90年代中期以后，近年来随着粤港两地经济发展和产业结构的不断变迁，这种简单的产业分工模式受到了新的挑战并趋于终结。表3显示，1990年以来香港服务业与珠江三角洲工业的增长状况形成了很大反差。

表3　1995—2001年香港服务业与珠江三角洲工业增长表①

年份	香港服务业(亿港元)	增长率(%)	珠江三角洲工业(亿元)	增长率(%)
1990	4473.70	—	1261.28	—
1995	8512.35	90.3	1957.09	55.2
1996	9536.42	12.0	2260.77	15.5
1997	10789.43	13.1	2588.28	14.5
1998	10238.36	-5.1	2876.09	11.1
1999	10043.35	-1.9	3203.31	11.4
2000	10532.02	4.9	3657.25	14.2
2001	10999.40	4.4	4138.99	13.2

从表3可以看出，1990—1997年香港服务业与珠江三角洲工业保持较高速度增长，具有"双高"特征，两者在增长方向上保持较好的同步

---

① http://www.slats.gov.cn/n｝sj/infoimatioa/njm1.html，《中国统计年鉴（1996）》，第20部分，香港特别行政区主要社会经济指标；《广东统计年鉴（1998）》，中国统计出版社1998年版，第578页；《广东统计年鉴（2000）》的，中国统计出版社2000年版，第596页；《广东统计年鉴（2002）》，中国统计出版社2002年版，第541页，增长率数据经计算而得。

性，说明到这一时期为止粤港两地"前店后厂"分工模式是成功的，它实现两地资源在空间上的合理配置，达到了"双赢"目的。但自 1997 年以来，在珠江三角洲工业继续保持了高速度增长的同时（在亚洲金融危机期间增长速度略有下调），香港服务业增长速度却出现了较大的衰退。1997—2000 年，珠江三角洲工业增长了约 41 个百分点，而香港服务业却下降了 2 个百分点以上，两者表现出明显的反向性。在产业分工模式对区域经济发展目标影响上，粤港双方也无法实现"双赢"。2001 年香港的 GDP 为 12790 亿港元，人均 GDP 为 190188 港元，1997 年 GDP 为 13445 亿港元，人均 GDP 为 207294 港元[①]，上述两项指标 2002 年比 1997 年分别下降 4.9% 和 8.3%。2001 年珠江三角洲的 GDP 为 8363.94 亿元，人均 GDP 为 31040 元，1997 年 GDP 为 5222.39 亿元，人均 GDP 为 23645 元，[②] 上述两项指标 2001 年比 1997 年分别增长 60.2% 和 31.2%。这说明，不论从产业增长现实进程来看，还是从区域经济协调发展目标来看，曾经给粤港两地带来勃勃生机的"前店后厂"产业分工模式日趋式微。

从广东进出口市场结构的变化趋势看，尽管近年来广东通过香港市场实现的进出口额绝对值还有缓慢增长，但通过香港的进出口额占广东进出口总额的比重明显下降。1997 年广东通过香港市场实现进出口额占广东进出口总额的比重为 26.0%，到 2001 年这一比重下降到 22.0%。其中，通过香港市场实现出口额占广东出口总额的比重从 39.1% 下降到 35.3%，通过香港市场实现进口额占广东进口总额的比重从 8.3% 下降到 6.3%。[③] 可见，香港作为广东商品的"窗口"功能在不断下降，广东进出口贸易对香港市场的依赖程度也不断弱化。与香港的"前店"功能不断弱化形成鲜明对照的，是北美、欧盟和日本等市场和广东直接贸易的迅速扩展。2001 年广东通过美国、欧盟和日本市场实现出口额占广东出口总额的比重分别为 24.9%、13.2% 和 8.6%[④]，其总和已经远远超过香港所占的比

---

① 参见 http；//www.gse.pku.edu.cn/dataset/yearbook/yearbook02/indexC.htm，《中国统计年鉴（2002）》，第 23 部分，香港特别行政区主要社会经济指标。

② 参见《广东统计年鉴（1998）》，中国统计出版社 1998 年版，第 575 页；《广东统计年鉴（2002）》，中国统计出版社 2003 年版，第 519 页。

③ 参见《广东统计年鉴（1998）》，中国统计出版社 1998 年版，第 482 页；《广东统计年鉴（2003）》，中国统计出版社 2003 年版，第 413 页。

④ 参见《广东统计年鉴（2003）》，中国统计出版社 2003 年版，第 413 页。

重。在广东外贸进口方面，香港市场则远远落后于北美、欧盟和日本等市场，甚至还比不上大洋洲市场。可以说，香港以外的其他海外市场对广东贸易特别是直接贸易的迅速发展，是加速粤港"前店后厂"产业分工模式走向终结的外在原因。

二、粤港间"前店后厂"分工模式趋于终结的原因剖析

曾经有一种较为流行的观点认为，粤港"前店后厂"分工模式的终结，是因为香港绝大部分制造业已经转入内地，香港本地制造业"空心化"，导致香港的服务业缺乏第二产业的支持，从而引起香港经济的衰退。持有这种观点的部分学者甚至还提出，"洗衣服是洗不出财富来的"，香港的出路在于重建制造业中心。这种观点的缺陷在于，不懂得在梯度推移发展规律作用下，区域产业间的关联效应也是动态的。

表4 1988年香港制造业与服务业增长状况表①

年份	制造业指数（以1986年为100）	制造业产值（亿港元）	制造业比上年增长(%)	服务业产值（亿港元）	服务业比上年增长(%)
1988	123	900.4	—	3370.3	—
1989	124	961.7	6.8	3883.5	15.2
1990	123	983.5	2.3	4473.7	15.2
1991	124	972.2	-1.1	5303.4	18.5
1992	126	997.6	2.6	6325.5	19.3
1993	125	925.8	-7.2	7395.4	16.9
1994	125	885.4	-4.4	8598.0	16.3

表4的数据表明，1988—1994年，香港制造业指数比较平稳，下降幅度不大，部分年份甚至出现上升，说明到这一时期香港制造业向内地大规模转移的进程已基本结束，香港已经进入并保持所谓制造业"空心化"状态。而与"空心化"状态相对应的是，这一时期香港的服务业却处于

---

① http：//www.slats.gov.en/ndsj/information/njml.html，《中国统计年鉴（1996）》，第20部分，香港特别行政区主要社会经济指标。

高速增长状态,年增长率均在15%以上。这就充分说明,支撑香港服务业的产业基础不再是香港本地的制造业,香港服务业的增长更多地依靠外来被服务的对象的增长所推动。因此,香港本地制造业"空心化"不是这一时期香港服务业快速增长的主要原因,同样,它也不是近几年来香港服务业乃至香港经济衰退的内在原因。

我们认为,1997年以来粤港间"前店后厂"产业分工模式趋于终结,除了90年代末以来全球经济衰退的影响之外(这一点对具有国际金融中心、转运中心地位的香港的影响不容忽视),其主要原因在以下三个方面:广东服务业的迅速发展、香港服务业竞争力的下降以及粤港间产业结构变动缺乏有效的协调机制。

首先,从粤港间产业结构的互动关系上看,20世纪90年代中期以前,珠江三角洲和广东其他地域第二产业规模扩大和内部结构的不断优化升级,对原材料供给、产品销售、资本融通、技术引进、设备更新和信息交流等服务活动提出了更广泛的需求,这种强烈的需求直接拉动着珠江三角洲第三产业的快速增长,但由于历史的以及体制的、政策的多种原因,广东的第三产业的发展水平仍不高,所以,香港继续扮演着粤港区域经济的"核心区"的角色,只不过由制造业扩散效应突出地转到第三产业的带动效应。因此,这一期间香港的"前店"作用发挥得淋漓尽致。但随着珠江三角洲制造业发展规模、发展水平的迅速扩展,珠江三角洲地带的第三产业也在快速增长,并且逐步培育起直接面向国际市场的多种能力。至2003年,广东第三产业增加值在三次产业增加值的构成,已由1997年的36.3%增加到41.0%,内地其他地区(如长三角等地)和海外其他市场的第三产业也与广东第一、第二产业直接对接,从而"分流"一部分在"前店后厂"模式中属于香港市场的份额。其他市场"分流"得越多,香港市场服务广东的份额就越缺少,粤港间"前店后厂"产业分工模式也就越容易解体。

其次,就香港服务业的竞争力来看,自20世纪90年代以来,香港服务业内部结构升级缓慢,是造成香港服务业份额减少、竞争能力衰退的重要原因。

表5　香港服务业内部有关产业占服务业产值比重排序①

(单位:%)

年份	批发、零售、进出口贸易饮食及酒店业	金融、保险、地产及商用服务	社区、社会及个人服务业	楼宇业	运输、仓库及通讯业
1990	31.5	25.3	18.2	13.2	11.8
2000	28.2	25.3	22.0	13.5	10.9

如表5所示,香港服务业1990年各产业的排序依次为:批发、零售、进出口贸易、饮食及酒店业,金融、保险、地产及商用服务业,社区、社会及个人服务业,楼宇业,运输、仓库及通讯业。到2000年,这一排序未发生任何变化,只是比重数值略有波动。说明1990年以来香港服务业虽然在技术设施上进行了一些更新和升级,但其内部产业结构没能同步调整。与此同时,广东(特别是珠江三角洲地区)的港口、交通、电讯、金融业的结构不断优化,技术不断升级,缩小了与香港服务业的差距,一定程度产生了对香港服务业的"替代效应",从而削弱了香港在产业分工中的"前店"地位。

再次,从粤港产业结构变动的协调机制看。1997年以后,尽管粤港双方都有加强协调合作的强烈愿望,但具体的、行之有效的产业政策对接与协调机制迟迟未能建立。在市场机制的驱动下,广东服务业规模越发展,与香港服务业内部结构就越相似,香港所让出的市场份额就越多,对香港服务业的冲击也就越明显。事实上,在考虑汇率因素条件下,从1997年到2001年,广东服务业产值与香港服务业产值的比值由1:7.56迅速上升至1:4.95。② 协调机制的缺失使粤港之间的服务业呈现出此消彼长的互动关系,这是1997年以后香港服务业衰退、"前店后厂"产业分工模式加速解体的另一重要原因。

---

① http://www.slats.gov.cn/ndsj/information/njml.html,《中国统计年鉴(1996)》,第20部分,香港特别行政区主要社会经济指标;http://www.gse.pku.edu.cn/dataset/yearbook/yearbook02/indexC.htm,《中国统计年鉴(2002)》,第23部分,香港特别行政区主要社会经济指标,产值比重经计算而得。

② 参见《广东统计年鉴(2003)》,中国统计出版社2003年版,第12页。

三、粤港间建立"复合型产业分工"模式的基本构想

粤港间新的产业分工模式,必须能够促进粤港福利最大化和区域协调发展目标的实现。因此,以第二产业和第三产业(或以制造业和服务业)的分工来设计粤港间产业分工的模式,恐怕过于简单。实现粤港产业多层次有序对接与融合是重构两地产业分工模式的现实选择。我们把这样一种"多层次有序对接与融合"模式,称为"复合型产业分工"模式。所谓"有序对接与融合",指的是在协调机制作用下,粤港间多产业走向协调发展的时机选择和实施路径选择。所以,"复合型产业分工"的关键,在于正确理解和把握粤港间"多层次"产业分工的含义与要求。

(一)粤港间多层次有序对接和融合,首先要求在更大空间范围内实现粤港间的产业对接与融合

随着中国加入世界贸易组织后各项承诺的兑现,以及经济全球化浪潮的冲击,粤港区域经济的空间发展要素——不论区域的经济中心,还是区域的经济腹地和经济网络,都已发生了重大变化(关于全球化下区域经济构成要素的变化关系,笔者将另文说明),并将进一步发生重大变化,如以香港、广州、深圳为中心的珠江三角洲城市圈的逐渐形成,以粤港区域经济为核心、与周边各省(区)联结成"泛珠三角"经济圈的逐步形成,以中央与港澳签署的两个"CEPA"协议为标志的区域经济协调机制的逐步形成,都充分要求粤港两地一定要突破原来的行政区划的边界,包括一定要突破传统意义上的"珠三角—香港"地理空间,以新的经济中心观、经济腹地观、经济网络观,去考虑本地的三大产业面对的广阔市场,去促进粤港产业与"泛珠三角"其他省区产业间的对接与融合。

以区域城市化发展带动区域产业协调发展,加快包括香港、澳门在内的"珠三角都市带"的建设,是在更大空间范围内实现粤港间产业对接与融合的依托。欧美等发达国家工业化和城市化发展进程表明,当工业化进入中期阶段以后,工业化对城市化发展推动作用明显增强;而城市化水平的提高,对产业结构优化也起着较强的带动作用。以非农业人口占总人口的比例计算,广东城市化水平为36.18%,珠江三角洲地区城市化水平

约为55.29%。① 与中等发达国家的70%～80%甚至更高城市化水平相比，广东整体及内部各区域城市化发展均有较大增长潜力，香港也可以有所作为。以"珠三角都市带"建设作为粤港区域经济协调发展的载体，通过对珠港澳的城市基础设施（如道路、交通、桥梁、机场、港口、通信设施等"硬件"）的扩张和对接，不仅可以促进相关的装备制造、市政工程和服务业的发展，而且可以大大提高粤港澳基础设施容量和物流速度，减少流通成本。通过商贸、金融、管理、旅游、科教、文体、医疗等城市"软件"素质的提升，降低制度成本，在"泛珠三角"以及更大的市场空间内发挥"珠三角都市带"的比较优势。

（二）粤港间产业多层次有序对接与融合，必须以提升粤港产业国际竞争力为核心，灵活选择产业对接融合方式

进入20世纪90年代以来，国际产业分工出现新的特点：一方面传统的垂直产业分工及相关初级产品与工业制成品之间的不等价交换依然存在，但这种不等价交换在国际贸易中已不占主导地位，这也决定了粤港还需要在一定领域中维持"厂"与"店"的关系，通过产业链的延伸，减少国际市场对相关初级产品及工业制成品的冲击。另一方面，建立在国际产业垂直分工前提下的国际产业转移的重心开始发生变化，由原材料工业向加工工业、由初级产品工业向高附加值工业、由传统工业向新兴工业、由制造业向服务业转移，高新技术产业、金融保险业、贸易服务业、电讯业、信息业等日益成为国际产业转移的重点领域。这些新特点既加快了粤港间简单的"前店后厂"产业分工模式的终结，同时又要求粤港两地在产业结构变化和升级过程中，要从提高和增强产业整体的国际竞争力着眼，在协调发展上下功夫，努力降低各产业间的内耗，推动制造业与服务业多层次的有机融合。

谋求优势分工利益，共同应对外界风险，是推动区域间产业分工与合作的内在机制。面对激烈竞争的国际市场，在粤港产业分工关系中，香港的优势主要在于资金、人才、市场、港口、管理、法制、服务、区位条件等方面，而广东的优势主要集中在劳动力、技术、市场和自然资源等方面。因此，要从整体上提高粤港两地经济的国际竞争力，就必须从不同产

---

① 参见《广东统计年鉴（2003）》，中国统计出版社2003年版，第75页。

业的特点出发,灵活选择粤港间产业融合对接方式:

(1)"香港资金、管理、市场+广东劳动力、技术"方式:即利用港资和港方管理优势在粤生产,如目前在珠三角和广东各地广泛存在的"三来一补"企业和其他劳动密集型企业,目前还有继续坚持和发展的空间,不能轻易放弃。

(2)"香港资金、管理+广东劳动力、技术、市场"方式:即由港方在粤生产并销往广东和内地,其着眼点是瞄准国内日益庞大的消费市场,目前这一模式正在迅速兴起。

(3)"香港市场+广东资金、劳动力、技术、市场"方式:广东产品利用香港市场条件和港口优势,通过间接贸易或转口贸易等方式,扩大出口。

(4)"香港资金、管理+广东市场"方式:即香港对广东提供金融、管理等现代服务业,促进广东第三产业升级。

(5)"香港市场+广东市场"方式:即通过两地要素市场对接,达到提高调配资源效率的目的。如两地旅游市场的对接和信息网络的互通等等。

(三)粤港间产业多层次有序对接与融合,必须以产业内部结构细分为基础,努力拓展两地间的产业对接领域,寻找多样化的产业对接方式

在现实的经济生活中,粤港两地的制造业和服务业均形成了较为复杂的结构体系,因此,两地间产业分工合作必然也是多层次的。就广东制造业而言,按照对产品的加工程度来看,包括初级产品加工业、制成品工业和产品深加工工业等类型,不同的制造业类型的劳动力、资金、技术等要素的密集程度存在巨大的差别。同样,香港服务业也有劳动密集程度较高、价值增值率较低和资本技术密集程度较高、价值增值率较高的产业等内部结构差异之分。显然,简单的"前店后厂"产业分工模式是不能适应两地间产业内部结构对接的要求的,珠三角的制造业有的行业和产品确实需要通过香港的服务业支持才能生存,有的则完全可以不与香港发生经济技术联系。同样道理,香港要保持第三产业优势地位,也必须对第三产业内部各行业进行分析,具体选择哪些产业、行业、产品,该把珠三角和广东当作腹地还是该继续扎根香港,面向海外,发挥"总部"效用。

从产业升级规律及粤港区域产业的内部结构来看，有必要对"粤主制造业、港主服务业"这种产业分工思路进一步拓展和细化。

第一，必须摒弃"广东制造业＋香港服务业"的简单对接模式，也就是说，广东的第一、第二、第三产业与香港的第二、第三产业都存在融合与对接的可能。如利用香港资金、技术促进广东农产品生产、加工、出口；粤港双方在教育、基础设施建设等领域中的合作；随着CEPA协议实施，部分香港制造业重新崛起并与珠三角第三产业对接，销往内地市场等，都必须突破了传统意义上两地产业分工思路。

第二，从当前粤港双方的制造业与服务业的内部结构来看，彼此间的分工合作必须突出重点，分别主次。2002年广东工业总产值主要集中在电子及通信设备制造、电气机械及器材制造、化学原料及化学制品制造业、橡胶塑料制品业、金属制品业、交通运输设备制造业、纺织业、服装及其他纤维制品制造业等产业；出口则以机电产品（占全省出口比重的61.33%）和高新技术产品（占全省出口比重的26.14%）为主。要形成粤港间各产业的分工与融合优势，就要有重点地支持和引导部分重点产业的对接，特别是着力为广东计算机及通信产品制造、电器及电子产品制造、机械及设备制造提供一流的物流、市场研究、金融等服务。

第三，目前香港继续为珠三角经济区和华南经济圈，发挥着转运中心、金融中心、信息中心的功能，从长远来看，香港第三产业的发展方向仍应是区域性的高新技术服务、金融、物流、商贸等现代服务业的中心。而广东第三产业在制造业迅速发展的拉动下，本身也将迅速发展，这就要求广东服务业与香港服务业必须及早进行行业细分，在充分发挥香港服务业的既有优势的前提下，放眼"泛珠三角"经济圈，界定粤港两地服务业内部各行业的目标市场，使两地服务业有序地对接和融合。

四、粤港间产业多层次有序对接与融合，必须在CEPA协议的框架内，建立起有效的协调机制

粤港之间"复合型"的区域产业分工模式的内涵，也包含粤港产业间有效的协调机制。离开了协调机制，再完美的产业分工模式都会变成空中楼阁。近几年来，包括政策协调、区域规划等诸多内容在内的粤港协调机制已初步建立，如通过多轮次的粤港合作联席会议，达成了加强合作的

共识，也取得了一些实质性的成果。但由于现有的协调机制仍是软弱、缺乏约束力的，双方在基础设施建设、信息资源共享、资金融通、物流通关以及国际商务活动的协调行动等方面，都存在许多不尽如人意之处。究其根本原因，一是长期以来，粤港产业分工主要依靠市场机制和民间力量自发完成，政府引导和推动相对较少；二是两地存在巨大的制度差异，当市场失效时，原来一直存在的制度性障碍，加大了两地交易成本，成为区域产业合理分工与合作的壁垒。因此，必须依据粤港产业结构的当前状况和未来变化趋势，立足各自的特点和差异，通过政府间具有创新意义的制度安排，作为粤港产业间多层次有序对接的协调机制。

中央政府与香港特区政府关于《内地与香港关于建立更紧密经贸关系的安排》（CEPA）的签署，为突破制度"瓶颈"制约，推进粤港间产业分工合作提供了契机。通过 CEPA 协议，可以更有效地协调粤港之间货物贸易、服务贸易以及发展政策等方面的双边关系。但问题在于，内地并不是以一个统一的主体与香港发生经贸联系的，实际上要协调的是广州、深圳、东莞等地与香港的经贸联系，是粤东、粤西、粤北等地与香港的紧密联系，是内地各省市与香港的经贸联系。

就广东而言，首先要协调好与香港联系最紧密的珠江三角洲各市、县间经济关系，特别要在促进粤港两地产业对接，走向共同繁荣的大目标下，协调好各市县间的交通、城镇、能源，港口建设和市场建设规划；协调好重大投资政策和重大建设项目，防止珠三角和香港之间出现产业结构同构化的趋势，继续保持香港的国际金融中心、转运中心和区域性商贸中心的地位，这是粤港间产业有序对接的前提，也是在 CEPA 协议框架内粤港经济协调机制的核心要求。

（原载《21 世纪的公共管理："机遇与挑战"国际学术研讨会论文集 (2004)》，中国社会文献出版社 2005 年版）

陈鸿宇自选集

第三部分

城市化理论和区域治理研究

关于新型城市化与城乡一体发展的基本理论评析

工业化和城市化是推动世界发展的两个主要引擎,这已经被迄今为止的人类的历史所证明。城市化的进程是城乡之间关系发生和演化的进程,人们往往通过观察城市与乡村之间的复杂关系,来衡量城市化的水平。因为城乡关系的发生、发展,表现为城市化的起点和演化,表现为城市化进程的阶段性特征。

一、城市、城市化与新型城市化

(一) 关于城市的起源和城市的定义

给"城市"下一个通用的定义似乎很难,从字面上来解释,城市就是"用防卫用的墙垣围起来的市场"。这一表述显然无法适用于今天的现代城市,对于描述古代城市的起源和发展,还是比较确切的。按照马克思和恩格斯在《德意志意识形态》(1845—1846)中的解释,由于人的"交往"的扩大,社会分工的产生,"物质劳动和精神劳动的最大的一次分工,就是城市和乡村的分离。城乡之间的对立是随着野蛮向文明的过渡、部落制度向国家的过渡、地域局限性向民族的过渡而开始的,它贯穿着文明的全部历史直至现在(反谷物法同盟)——随着城市的出现,必然要有行政机关、警察、赋税等等,一句话,必然要有公共的政治机构,从而也就必然要有一般政治。"[①] 显然,"公共的政治机构"是为了对市场的管理而设立的,而城墙则是为了保护在城区里从事市场经营的商人、手工业者和公共的政治机构而建筑的。此时,城乡之间的对立就开始了,这首先是城乡间功能的对立。

安虎森主编的《区域经济学通论》一书描述了产生最早城市的"功

---

① 马克思、恩格斯:《德意志意识形态》(节选本),人民出版社2003年版,第48页。

能性动因"①，其主要观点如下：

第一，不同专业化生产者之间进行交易，那么必然产生交易成本。

第二，如果交易效率很低，也就是交易成本很高，人们就不进行交易，因而只能选择自给自足，此时没有市场，也没有城市。

第三，分工是城市形成的必要条件。但只有农业和制造业之间的分工，还不可能产生城市，为了节省不同非农职业之间的交易成本，他们居住在一起，才出现了城市，这是形成城市的充分条件。

第四，分工网络的扩大与交易费用成倍增加之间权衡的结果，导致交易活动的地理集中，这些交易活动集中在窄小的范围内，获得网络效应的同时达到节省交易成本，这种狭小的地理范围就是城市。

基于古典经济学的分工和平衡理论以及科斯的交易费用理论对城市起源的描述，在凯文·林奇的《城市形态》一书中，被归纳为的关于城市起源若干种"功能模式"中的最重要的一种。凯文·林奇将城市的"功能的模式"归纳为：①城市是独特的历史现象；②城市是人类聚落的生态系统；③城市是市场和分配物质产品的地点；④城市是一个力场；⑤城市是一个相互关联的决策系统；⑥城市是一个矛盾斗争的舞台。

凯文·林奇十分重视将城市研究的第二种"功能模式"，即城市作为"市场和分配物质产品的地点"，被看作发生在一定空间的行为模型，这个空间既增加了生产成本又是一种资源，可以为生产、分配、消费物质产品提供便利条件。"在保证各种资源的条件下，能够做出多种选择的人们从纯粹的经济角度出发总是想使空间模型处于某种平衡之下。这种平衡能使生产和分配物质产品达到效率最高。"他认为，空间经济学的两个分支集中研究了如何实现空间模型的平衡问题，一是由规模经济、外部经济和非经济制度影响的"工业发展位置学说"（亦即"工业区位论"）；二是1933年克里斯多夫提出的"中心学说"（通常称为克里斯特勒的"中心地理论"），这一学说建立于商业发展的基础之上，首要问题是解决产品的分配而不只是生产效率问题，可以通过一个有序排列的六边模式以及由此形成的三角形交通网使产品的运输效率和经济交流程度最大化。凯文·林奇同时也十分重视"城市是一个力场"的观点，他认为，"场的理论可以使人们推测出某些变化，包括城市密集式或发散式发展的发展"，还可

---

① 安虎森主编：《区域经济学通论》，经济科学出版社2004年版，第4～5页。

以解释场内不同区域的运动，解释人口、交通、文化、习俗等因素对"交流最大化"的影响。①

综上所述，关于古代城市的起源主要来自三个方面：交往和社会分工的发展、商品交换和市场体系的建立、公共治理机构的设立和军事防御，最根本的动因是有限的资源要素空间配置效率的最大化。同时，城市的形成还会受到政治的、文化的、制度的因素的影响，从古代城市、中世纪城镇到近代大商业城市、近代大工业城市到现代大工商业城市，不论城市形态如何演进，城市是一个"人口—经济—社会—文化—生态"的复杂系统。通常包括由社会分工与经济联系构成的各类经济网络构成的经济系统；由阶级、阶层和社会治理结构构成的社会系统；由人的生命的基本保障机制构成的生存系统；由民族、宗教要素和文化、文明构成的文化系统；由环境、地理区位和资源禀赋程度构成的生态系统。这五个系统的集聚过程构成了一定空间地域的城市化过程，系统之间互动效应的强弱，使城市形成了从城镇、城市、城市集群，到都市区、大都市连绵带的等级结构。因此，认识"城市"不能不从"获得网络效应以节省交易成本"入手，但显然早就超越了"狭小的地理集中的范围"。因此，"城市"概念的内涵和外延也在随着城市化、工业化、市场化、信息化和国际化进程而不断地丰富和发展着。

（二）关于城市化的动因及进程

据说，城市化是西班牙城市规划师依勒德本索·塞尔达于1867年提出的。目前，国内关于"城市化"定义的主流观点认为："城市化是由农业为主的传统乡村社会向工业和服务业为主的现代城市社会逐渐转变的历史过程。"② 安虎森主编《区域经济学通论》一书认可了这一观点，并阐述了城市化的经济动因和经济效应："城市化过程是指人口和非农产业在某一空间内的聚集（也就是扩大的分工网络的地理集中）和因这种聚集而形成的城市数量的增多过程，这种聚集而扩大的分工网络效应和交易的地理集中交互而产生的一种效应就是城市化效应。"③

---

① 参见凯文·林奇《城市形态》，林庆怡等译，华夏出版社2001年版，第228～238页。
② 牛文元主编：《中国新型城市化报告2009》，科学出版社2009年版，第29页。
③ 安虎森主编：《区域经济学通论》，经济科学出版社2004年版，第5页。

显然，以上关于"城市化"的表述是客观的，特别是对于描述从农业社会走向工业社会的城市化进程是准确的。但也必须指出，上述关于"城市化"的"主流观点"，是建立在"城市就是非农产业聚集的地理空间"的认识之上的，而此种认识并不完全适用于工业化成熟期和后工业化时期，因为工业化进入成熟期之后，城市的功能和城市的形态都在发生根本性的变化。而城市功能和城市形态的与时俱进，也使得城市化的效应随之更加充实完整。《中国新型城市化报告2009》认为，城市化具有集聚和辐射双重效应。城市化的集聚效应包括人口集聚、产业集聚、财富集聚、智力集聚和信息集聚；城市的辐射效应包括交通辐射、经济辐射和文化辐射。① 因此，"城市化的每一步都凝聚了人的智慧和劳动。城市的形成、扩张和形态塑造，人的活动始终贯穿其中。另一方面，城市从它开始形成的那一刻起，就对人进行了重新塑造，深刻地改变人类社会的组织方式、生产方式和生活方式"②。

按照凯文·林奇的理解，从历史的角度出发研究城市有两种路径，一是马克思主义对城市发展的研究；二是考古学家对世界各地区不同城市起源所做的研究。二者都企图把历史的观点系统化作为研究方法。③ 马克思和恩格斯在《德意志意识形态》第一卷第一章《费尔巴哈》中，以"交往"的起源和扩大为主线，全景式地阐述了城市化进程的全貌：

1. 远古时代的"城市化"

最早的"城市化"是远古时代城市的产生。按照马克思和恩格斯的观点，人类的历史是生产的历史，生产以个人彼此之间的交往为前提，而交往的形式又是由生产决定的。由于生产的需要和交往的扩大，分工不断细化。马克思和恩格斯认为，"一个民族内部的分工，首先引起工商业劳动同农业劳动的分离，从而也引起城乡的分离和城乡利益的对立。分工的进一步发展导致商业劳动同工业劳动的分离"，而"分工发展的各个不同阶段，同时也就是所有制的各种不同形式"。与远古时代极不发达的生产力水平相适应，"部落所有制"的内部分工还很不发达，社会结构也只限

---

① 参见牛文元主编《中国新型城市化报告2009》，科学出版社2009年版，第29～32页。
② 中国发展研究基金会编：《中国发展报告2010——促进人的发展的中国　新型城市化战略》，人民出版社2010年版，第4页。
③ 参见凯文·林奇《城市形态》，林庆怡等译，华夏出版社2001年版，第228～238页。

于家庭的扩大、父权制的部落首领管辖着部落成员和奴隶。此时城市尚未真正产生。随着人口和需求的增长，随着战争和交易这种外部交往的扩大，此种"潜在于家庭中的奴隶制"，才逐渐发展成为"古典古代的公社所有制和国家所有制"。"这种所有制是由几个部落通过契约或征服联合为一个城市而产生的。"所以，古代城市的产生既是手工业和商业从农业中分离的结果，也是原始公有制发展为奴隶制并联合为奴隶制国家的结果。①

远古时代的国家基本上都是依托城市而建立的城邦国家，"城邦国家"是远古时代"城市化"的主导形式，中国和日本古代如此，欧亚大陆的其他国家也大致如此。"古代所有制也以共同体作为第一个前提，它不是把土地而是把城市作为自己的基础。"② 比如斯巴达、雅典等古代希腊城邦，都是典型的奴隶制城邦；古罗马帝国则是一个希腊城市、意大利城市和外省城市的结合体，比较发达的城市都处于重要商道的交叉点，或是外省的商业中心。因此，"罗马帝国是由各城市或各城邦有机地汇合而成的一个大联合。各城市宛如人体里的细胞模式是最小的，可却是最有活力的有机体"③。

2. 中世纪的"城市化"

交往的衰落与交往的重新兴起，使中世纪的"城市化"经历了"萎缩—复苏—复兴"的曲折过程。马克思和恩格斯指出了奴隶制被封建制取代，城邦国家瓦解的必然性："趋于衰落的罗马帝国的最后几个世纪和蛮族对它的征服本身，使得生产力遭到了极大的破坏；农业衰落了，工业由于缺乏销路而一蹶不振，商业停滞或被迫中断，城乡居民减少了。这些情况以及受其制约的进行征服的组织方式，在日耳曼人的军事制度的影响下，发展了封建所有制。"

"古代的起点是城市及其狭小的领域，中世纪的起点则是乡村。"④ 一方面，封建领主制度在中世纪欧洲"封建的等级的所有制"中始终居于主导地位，农业生产力的低下和普遍的封建割据，使民族间、国家间的

---

① 参见马克思、恩格斯《德意志意识形态》（节选本），人民出版社2003年版，第13～14页。
② 高德步、王珏编著：《世界经济史》，中国人民大学出版社2001年版，第38页。
③ 汤普逊：《中世纪经济社会史》（下），耿淡如译，商务印书馆1986年版，第721页。
④ 马克思、恩格斯：《德意志意识形态》（节选本），人民出版社2003年版，第14页。

"交往"越发萎缩。另一方面,在中世纪的重新建立的"新城市"里,"联合起来反对成群搭伙的掠夺成性的贵族的必要性,在实业家同时又是商人的时期对公共商场的需要,流入当时繁华城市的逃亡农奴的竞争的加剧,全国的封建结构——所有这一切产生了行会"①,所以"在中世纪,有一些城市不是从前期历史中现成地继承下来的,而是由获得自由的农奴重新建立起来的"②。而由于城市中各行会之间的分工非常少,而在行会内部各劳动者之间则根本没有什么分工,手工业的"师傅"同时也售卖产品;再加之居民稀少和需求有限,流通成本高企,各城市之间的交往十分有限,既妨碍了分工深化,也束缚了城市的发展。

公元10世纪左右,近代商业城市的"胚胎"在中世纪城市"母体"中孕育,西欧城市开始复兴。汤普逊认为:"城市运动,比任何其他中世纪运动更明显地标志着中世纪时代的消逝和近代的开端。"③ 分工的进一步扩大,是中世纪中后期城市复兴的主要动因。一是由于生产和"交往"的分离,形成了商人阶级,也形成了商业资本。二是由于交通条件和安全条件的改善,城市间建立贸易联系的可能性成为现实。三是随着通商的扩大,城市彼此建立了联系,引起了各城市间在生产上的新的分工,地域局限性开始逐渐消失。13世纪至14世纪出现于德国沿莱茵河各城市的"莱茵同盟"以及后来的"汉萨同盟",出现于中世纪晚期的威尼斯、热那亚、佛罗伦萨等意大利城市国家,都是这一时期城市复兴和发展的典型标志。这些重新复兴的城市里,"城市生活包括三个要素:即贸易、市民和市政府"④。不论城市的起源如何,但只要城市发展起来,就作为一个重要的贸易中心发挥作用;城市居民中占有统治地位的是商人和商人所组成的团体,他们从11世纪开始获得"市民"的称呼,这些拥有财富的阶级,在每个城市都建立了行政机关来管理公共事务。城市间以至国家间分工和贸易的发展、市民社会的发育、城市的自治和不同城市间的竞争,奠定了16世纪以后地理大发现、资本原始积累、工业革命和近代工业城市产生的基础。

---

① 马克思、恩格斯:《德意志意识形态》(节选本),人民出版社2003年版,第14页。
② 马克思、恩格斯:《德意志意识形态》(节选本),人民出版社2003年版,第49页。
③ 汤普逊:《中世纪经济社会史》(下),耿淡如译,商务印书馆1986年版,第407页。
④ 高德步、王珏编著:《世界经济史》,中国人民大学出版社2001年版,第152页。

3. 工业化初期和成长期的城市化

中世纪末期不同城市之间的分工，同外国各民族的交往、人口特别是乡村人口的不断集中、资本的不断积聚，使工场手工业成为主导城市的生产组织。马克思和恩格斯以织布业为例，分析了工场手工业为起点的工业化与"工业城市"兴起之间的关系：第一，织布业是最早的和一直是最主要的工场手工业。第二，随着人口增长而增长的对衣料的需求，由于流通加速而开始的自然形成的资本的积累和运用，以及由此引起的并由于交往逐渐扩大而日益增长的对奢侈品的需求，推动了织布业在数量上和质量上的发展。第三，"织布是一种多半不需要很高技能并很快就分化成无数部门的劳动，由于自己的整个特性，它抵制行会的束缚。因此，织布业多半在没有行会组织的乡村和小市镇上经营，这些地方逐渐变为城市，而且很快就成为每个国家最繁荣的城市"。第四，织布业的发展使所有制关系立即发生了变化。越过自然形成的等级资本转化为"现代意义上的资本"，在城市里出现了新的"织工阶级"，破产农民开始向城市集聚，工人和雇主的关系也发生了变化。①

欧洲的这些最早的"工业城市"的形成，标志着世界"城市化"进程进入了"工业化"（而不是手工业和商业）推动"城市化"的新阶段。17世纪中叶之后，"商业和工场手工业不可阻挡地集中于一个国家——英国。这种集中逐渐地给这个国家创造了相对的世界市场，因而也造成了对这个国家的工场手工业产品的需求，这种需求是旧的工业生产力所不能满足的。这种超过了生产力的需求正是引起中世纪以来私有制发展的第三个时期的动力，它产生了大工业——把自然力用于工业目的，采用机器生产以及实行最广泛的分工"②。马克思和恩格斯认为，在英国率先建立的大工业创造了交通工具和现代的世界市场，控制了商业，把所有的资本都变为工业资本，从而使流通加速（货币制度得到发展）、资本集中，从而"建立了现代的大工业城市——它们的出现如雨后春笋——来代替自然形成的城市。凡是它渗入的地方，它就破坏手工业和工业的一切旧阶段。它

---

① 参见马克思、恩格斯《德意志意识形态》（节选本），人民出版社2003年版，第51～55页。

② 马克思、恩格斯：《德意志意识形态》（节选本），人民出版社2003年版，第53页。

使城市最终战胜了乡村"①。

关于大工业对城市化的推动作用,早在1844年,恩格斯在《英国工人阶级状况》一书中生动地描述大工业对劳动力的需求引致的城市化进程:"大工业企业需要许多工人在一个建筑物里面共同劳动;这些工人必须住在近处,甚至在不大的工厂近旁,他们也会形成一个完整的村镇。""当第一个工厂很自然地已经不能保证一切希望工作的人都有工作的时候,工资就下降,结果就是新的厂主搬到这个地方来。于是村镇就变成小城市,而小城市又变成大城市。"恩格斯在这里深刻揭示了大工业如何通过产业和人口同步集聚使村镇变成大城市。恩格斯指出:"城市愈大,搬到里面就愈有利。"因为这里可以共同利用交通基础设施、熟练工人、市场和交易所,这就决定了大工厂城市惊人迅速地成长。②

借助J·弗里德曼的"核心—边缘"理论③,可以大致描述英国的工业化进程和城市化之间的关系。J·弗里德曼把工业化的起步和起飞阶段,称为工业化阶段Ⅰ;把工业化的成熟期,称为工业化阶段Ⅱ。当英国18世纪中叶开始工业革命时,人口和其他资源要素大规模地由边缘区向具有工业发展条件和发展潜力的"核心区"集聚,成为这一阶段区域经济运行的普遍特征。18世纪初,英格兰南部7郡占全英格兰人口的1/3,工业革命后的英国工业化起飞期,英格兰西南部和南部人口向中部和东北部工业区集聚,苏格兰、威尔士人口也向新兴起的工矿区和港口集中。1801—1871年,英国总人口增长1.54倍,西南部的非工业区人口增长不到1倍,西北部工业区则增长2.58倍。以工业大城市兴起为特征的城市化进程同步启动。工业革命前的1750年,英国2500人以上的城市人口仅占全国总人口的25%,1801年为33.8%、1851年为50.2%、1911年为78.1%。英国因而成为当时世界上城市化水平最高的国家。

英国"工业革命"时代的例证证明,产业的集聚是任何人口集聚的物质前提。支撑当时英国"区域性集聚"的,是英国中部、西北部迅速生成的煤炭工业、机器制造业、纺织工业、冶金工业、大港口和大铁路紧

---

① 马克思、恩格斯:《德意志意识形态》(节选本),人民出版社2003年版,第54页。
② 参见恩格斯《英国工人阶级状况》,引自《马克思恩格斯选集》(第2卷),人民出版社1965年版,第300页。
③ 关于J·弗里德曼的"核心—边缘"理论,请参看谷书堂、唐杰、M. Fujita:《空间平等与总体经济效率——中国区域经济格局转型分析》,载《经济研究》,2004年第8期。

密联结而成的地域性产业集群。人口集聚和产业集聚时间上和空间上的叠合出现,既改变了英国的产业结构,也改变了英国的城市布局。曼彻斯特、格拉斯哥、伯明翰、利物浦、谢菲尔德等大工业城市的形成,就是这一时期人口和产业双重集聚的产物。

伴随着这一时期的城市化实践是关于城市化理论的研究,研究者们都不约而同地将讨论内容指向何为最优的城市规模。这是因为小城市不足以提供集聚经济的优势,超过最优规模的城市既不能提供有效生产的外部性和消费的规模经济,也不能有效地提高人们的生活水平。① 在大工业城市带来滚滚财富的同时,严重的空气和河流污染、住房紧张导致贫民窟林立,收入分配和公共福利的"城市鸿沟"的出现,社会矛盾累积和加剧,导致"城市病"在当时几乎所有的大工业城市蔓延。19世纪前40年中,伦敦发生毒雾事件不下于14次,在1880年、1891年和1892年的毒雾事件中,死于支气管炎的人数分别比正常年份高出130%、160%和90%之多。② 1900年纽约近400万人,有150万人住在43000个贫民窟中。③

综上所述,工业化初期和成长期的城市化改变了人们的生产方式和生活方式,也引发了严重的"城市病",在城市的经济系统方面,表现为城乡间市场、交通、信息网络的碎片化;在城市的社会系统方面,表现为社会矛盾的集聚、社会治理机构的低效与失灵;在市民的生存系统方面,表现为底线民生和基本民生水平过低;在城市的文化系统方面,表现为创造力较低,核心价值不明确;在城市的生态系统方面,表现为环境、资源承载力的急剧下降。

4. 工业化成熟期和后工业化时期的城市化

相对于进入成熟期的工业化而言,由传统和经典的工业化推动城市化的模式,通常已经被称为"传统的城市化"。本文不再赘述一国或一个较广阔区域的工业化进入成熟期的动因,当集聚的规模收益开始递减的时候,对于利润最大化的追求,伴随着原来的产业结构调整优化,资源要素和产业开始向周边区域地理区位要素、资源禀赋程度要素和人文要素高度

---

① 参见安虎森主编《区域经济学通论》,经济科学出版社2004年版,第563~564页。
② 参见屠启宇主编《国际城市发展报告(2012)》,社会科学文献出版社2012年版,第80页。
③ 参见高德步、王珏编著《世界经济史》,中国人民大学出版社2001年版,第294页。

集聚的地域扩散，从而使城市化的内涵和外延都发生了质的变化。

还是以英国的工业化和城市化的互动关系为例。英国作为世界"工业革命"的起源地，在工业化和城市化水平长期领先于全球的同时，也率先面临着工业化进入成熟期之后的一系列经济社会矛盾，在空间结构上突出地表现为区域发展严重失衡。在经历了一个世纪的大工业城市迅速发展之后，19世纪末，英国出现了"郊区城市化"的浪潮，大城市人口开始向城市外围地区迁移。原来高度密集的城市中心区通过"郊区城市化"逐渐演化为低密度的城市集群。英国城市化进程的"第一次转变导致农村向城市迁移，造成集中的大城市；第二次转变表现为大城市人口的分散，作为大都市不景气的解决办法"①。

从人口和产业在工业化初期和成长期的"双重集聚"，到工业化成熟期和后工业化时期的"双重扩散"和"双重再集聚"，200多年来，英国的城市化经历了"中世纪（城市）村镇—轻纺业村镇—大工业城市—郊区城市化（逆城市化）—旧城郊区化（旧城再造）"的交替扩张与收敛的过程。② 这一过程也被此后欧美和世界各地许多已经进入工业化成熟期的国家（地区）的城市化所证实。

（三）经济全球化和信息化时代的城市化及城市形态

传统的关于对于经济中心、经济腹地和经济网络三者关系的理论描述，或多或少具有单向性特征，即比较强调经济中心对经济腹地的控制作用。在传统的区域圈层结构理论中，经济中心首先被认为一直处于稳定状态，经济腹地在发展中只能依赖于经济中心，它与经济中心的联系只局限于资源供给与商品需求，技术及产业的转移只是为经济中心产业升级提供条件。联系两者的经济网络停留在有形商品输送功能状态，功能层次较为

---

① 纪晓岚：《英国城市化历史进程分析和启示》，载：《华东理工大学学报》（社会科学版），2004年第2期。

② 在理查德·罗杰斯、安妮·鲍尔所著《小国城市》中，描述了1980年以前英国的城市发展和城市形态的变化："1750年之前的城市发展——'中世纪'城市；1750—1820年的规划性城市的发展——'文艺复兴城市'；1800—1850年的混乱无序的城市发展——工业城市；1845—1912年城市的有序化和分散化——对城市的改造；1890—1919年的乌托邦式规划——'花园城市'；1919—1980年的政府住房——大规模建造。"见理查德·罗杰斯、安妮·鲍尔著《小国城市》，苗正民译，商务印书馆2011年版，第75页。

低。这是因为经济中心相对于经济腹地已建立起相对健全、具有应变能力的产业结构，拥有合理的基础设施，有能力在与城市系统保持密切联系的同时，牢牢控制住经济腹地。而在这种情况下该区域经济网络的发育，是与单向性特征的核心区控制边缘区的区域格局相适应的。

20世纪下半期以来，在经济全球化和信息化蓬勃发展的大背景下，由于信息技术的广泛运用、交通手段的重大变革，也由于软环境在高新技术产业和服务业形成中的作用越发明显，只要该地区对人才具有吸引力，基础设施完善，软环境良好，都有可能成为新的经济中心，从而带动周边地区形成合理的产业布局。这样，区域经济整合的动力、机制、速度、层次和方式都发生质的变化，区域经济的分工合作已远超出传统理念，经济中心、经济腹地与经济网络间的关系呈现了更为活跃因而更为密切的和稳定的互动关系。从经济发展的维度，我们可以觉察到，在新生产方式、交往方式、市场结构中，经济区域构成要素之间的联系水平不断提升，因此，对城市化和城市形态的认识，也相应发生了几次跳跃性发展。

1. 经济中心的膨胀速度显著加快，次核心区（亚核心）数量显著增加，多核多圈的大都市区成为区域圈层结构的主导形态

全球化和信息化的大背景下，经济中心在区域中的地位和作用表现出新的特征：①大都市区和连绵大都市带获得巨大发展；②经济中心（核心区）的分布突破地点局限，形成了相对分散的地区布局；③与经济腹地合作层次深化，产业转移速度加快；④经济区域界线日益模糊。

20世纪30年代以后，美国、英国等西方发达国家，在原来的高度城市化的基础上，出现了"大都市区"①。所谓大都市区，一般来讲，包括一个大型的人口中心及与该中心有较高经济、社会整合程度的社区。大都市区一般以县为基本地域单元，但可以跨越州界。目前，大都市区概念已取代美国建国以来一直沿用的以2500人口为底线的城市标准。美国人口分布的分类标准主要是大都市区和非大都市区的区别，原则上不再作城乡之间的分类。1999年，美国大都市区GDP占全国的84%、占全国就业的84%、占全国收入的88%、占全国商品出口的83%，从1992年到1997年全国经济增长的89%发生在大都市区，世界前100个经济体有47个在

---

① H. Hakansson（1987）：*Industrial Technological Development：A network Approach*. Croom Helm, London, New York, Sydney.

美国大都市区。所以，大都市区被视为美国经济增长的"发动机"。①

20世纪60年代以来，美国又出现了大都市连绵区（或称"巨大城市带"，megalopolis），指由数千英里高速公路连接的绵延不断的数个大都市复合体，它标志着大都市区的发展进入一个更高的层次。目前已成型的包括以纽约为中心，北起波士顿，南至华盛顿特区，沿大西洋岸跨越10个州的东北部大西洋沿岸大都市连绵区；以芝加哥为中心，东起匹兹堡、布法罗、克利夫兰、底特律，西达圣路易斯，中有密尔沃基、哥伦布，南绕五大湖呈半月形的中西部大湖区大都市连绵区；以旧金山和洛杉矶两大都市区为主体，从北部的圣克拉门托向南一直延伸到圣迭戈的太平洋沿岸大都市连绵区。② 这三个大都市连绵区的人口几乎相当于全国总人口的一半。这一期间，其他各国也先后出现了大都市连绵区，如德国鲁尔地区的大都市连绵带；英国以伦敦为中心的英格兰南部大都市连绵带（伦敦—伯明翰—利物浦和曼彻斯特）③；日本以东京为中心的京阪（东京、名古屋、大阪）大都市连绵带，1999年集中了日本全国80%的大公司和私人企业，达3900万人口，并正向西面的福冈延伸④。

这样，我们可以按照J·弗里德曼的研究思路，从一区域工业化的发展水平（其核心动力是产业结构的战略性调整优化）着眼，经济中心的形成和发展分为以下四个阶段。

（1）工业化阶段Ⅰ，即工业化起步阶段，按照韦伯的工业区位论和佩鲁的"增长极"理论，由于经济中心的收益高（成本低），资源要素和优势产业在有限的地区内集聚，经济中心从结构简单的小城镇聚落，逐渐形成近代城市。

（2）区域工业化的起飞阶段。在核心区工业投资边际收益递减规律的作用下，区域内部"极化效应"依然强大，当"扩散效应"开始发挥作用，区域的"次核心区"迅速推进工业化，原来的稀疏分布的城市开

---

① 参见美国市长暨县政府协会《大都市区经济：美国经济增长的发动机》。
② 参见 A. Jaffe（1989）：Real Effects of Academic Research. *American Economic review*，79，957-970.
③ 参见 Massey, Quintas D. Wield（1992）：High-tech Fantasies: Science Park in Society, *Science and Space*. Routeledge, London.
④ 参见王旭《美国的大都市化与中国城市化道路的抉择》，见《中国城市化：实证分析与对策研究》，厦门大学出版社2002年版。

始联结以中心城市为核心的大中小城市集群。

（3）J·弗里德曼"核心—边缘"理论的"工业化阶段Ⅱ"，此时在核心区工业投资边际收益递减规律的作用下，边缘区工业化逐步起步和起飞，核心区以工业为主的产业结构逐渐调整为以服务业或技术含量更高的工业为主，"城市集群"发展为以城市化地区为核心的大都市区。1900年代之后，在英国和美国出现的"郊区化"现象，实际上是大都市区的形成路径。[①]

（4）J·弗里德曼空间经济一体化阶段，此时区域的产业结构已完成战略性调整优化，资源要素全方位合理流动和配置，多个大都市区通过有机衔接而聚合成大都市连绵带。

2. 经济腹地开始摆脱单纯的依附性，较为容易发生质变而成为经济中心，并引致区域圈层的重叠

与区域工业化进程相对应，经济腹地与核心区之间的联系形态也经历了四个阶段：

（1）区域工业化起步阶段：核心区极化效应非常强烈，由于广大边缘区还处于前工业化社会，经济腹地基本上还处于被动的依附状态。

（2）区域工业化成长期阶段：极其需要相对稳定的资源供给渠道和产品、服务品市场。此时，经济腹地的市场化程度不断提高，与核心区之间开始摆脱单纯的依附性，形成带有优势分工性质的稳定的市场供求联系。

（3）区域工业化成熟期阶段。核心区制造业边际收益开始递减，经济腹地的工业化进入成长期，自我发展能力的逐步积累增强，加上信息化手段的普及，经济腹地开始进入自主开放的产业承接阶段。

（4）区域的后工业化时期。这一时期的核心区发育成大都市连绵带，原来的经济腹地已处于工业化的成长期和成熟期，作为区域的次核心区（亚中心），在继续与其他经济中心的博弈中，会自觉主动地与区域其他

---

① "我们注意到近年来中心城市的人口增长是完全停止的，许多大城市人口开始下降，特别是内陆的工业城市，如克利夫兰和圣路易斯。但在中心城市停止增长的同时，大都市区的总人口却持续增加。"见约翰·M. 利维著《现代城市规划》（第五版），孙景秋译，中国人民大学出版社2003年版，第26页。

地带实现整合,并对主导产业做出符合区域整合要求的多维性安排。①

3. 经济网络对经济中心与经济腹地的发展更加具有决定性意义

经济网络的发展贯穿了区域经济发展的整个过程。如前所述,随着区域工业化的进程,经济网络分别经历了从简单的有形网络到复杂的有形和无形网络并存,从物质联系到全面联系,从自发的零散组织到自觉的有序组织的发展。在经济全球化的条件下,由于信息化手段的广泛运用,以极为低廉的成本缓解了信息不对称的矛盾,从而减少交易中的博弈动机,降低交易成本,增进经济主体的信任感,形成稳定紧密的合作关系。经济网络的基本形态和功能都发生了质的变化。

(1)区域工业化起步阶段,亦即经济区域形成初期。经济中心与经济腹地的联系局限于有形的物质交换的层次,经济主体在进行区内贸易时,循市场和成本因素进行,贸易的联系处于单一贸易流程的自发状态。

(2)区域工业化成长期阶段。为适应区域工业化成长期的需要,经济中心与经济腹地的供求主体之间,会越来越多地通过自发和密集的联系,建立稳定和规范的市场网络、信息网络和交通网络,来节省交易成本。

(3)区域工业化成熟期阶段。为保证核心区和经济腹地经济整合的质量,已经有必要由政府主导,自觉地在大都市区内部建立某些行之有效的、有形的网络组织。如较松散的区域性合作组织、政府间议会、城市联盟等。

(4)区域的后工业化阶段。由于区域经济已经实现一体化,区域一体化的各种组织形态(自由贸易区、共同市场等)走到前台,政府成为搭建和维护一体化网络的主体。

表1是工业化和城市化互动的各个阶段中,经济中心、经济腹地、经济网络相互间对应形态的归纳。在表1中,经济中心、经济腹地和经济网络所构成的区域圈层结构,经历了由简单到复杂、由被动到主动、由单向到多维的嬗变过程,而这一嬗变过程每一环节三个基本要素的组合,都与一定的产业结构相适应。正是从这个意义上讲,区域圈层结构的嬗变,是以区域产业结构战略性调整优化作为起点和归宿的。

---

① 参见 R. Nelson, S. Winter (1982): *An Evolutionary Theory of Economic Change*. Harvard University Press, Cambridge.

表1　区域工业化各阶段与区域各基本构成要素的关系

区域构成要素的表现形态	工业化初期	工业化成长期	工业化成熟期	后工业化时期
经济中心	单一城市	城市集群	大都市区	大都市连绵带
经济腹地	依附式的被动发展	稳定的要素和市场贡献	开放性的产业承接	主动性的多维发展
经济网络	市场主体间稳定的交易网络	市场主体间简单的有形网络	有形和无形网络并存	自觉的有序组织

（四）小结：关于"新型城市化"

所谓"新型城市化"，是相对于"传统城市化"而言的。在本章的后续章节中，我们从城市化的经济动因，特别是由交往的扩大和分工的深化引发的产业结构的变迁出发，重点分析了城市化进程中城市形态的阶段性特征与变化路径。在我们的分析中，"传统城市化"转向"新型城市化"的"经济拐点"出现于工业化成长期向工业化成熟期的转折过程。

马克思主义的历史观用于诠释从远古时代城市到近代的大工业城市的兴衰，曾被认为是有普遍意义的。即使是其阶级斗争学说，也还在当代西方的城市形态分析和城市发展理论研究中发挥着作用。美国约翰·霍普金斯大学教授大卫·哈维作为一个地理学者，他在马克思历史唯物主义的理论体系中补充地理视野，提出极具特色的"历史—地理唯物主义"（historical-geographical materialism），其用意在于强调一些非常基本的地理概念——空间。位置、环境——也是历史唯物主义者在观察社会时需要关注的核心性问题。① 大卫·哈维在其《巴黎城记：现代性制度的诞生》一书中，就运用了这一理论工具对19世纪中叶奥斯曼对巴黎的改造，从"资本的空间性""空间压缩"和"空间的阶级归属"三个视角进行阐述，重点分析了法国1848年革命对巴黎内外空间关系重构的影响。凯

---

① 参见唐晓峰《创造性的破坏：巴黎的现代性空间》，引自《巴黎城记：现代性之都的诞生》，广西师范大学出版社2010年版，第1页。

文·林奇在其《城市形态》中,则将"城市是一个矛盾斗争的舞台"作为分析城市的六种"功能模式"之一,这种"模式"认为,城市是资本家阶级统治产生的无意识的结果,表现在人们所不希望的贫民区的发展;城市也是阶级统治的工具,是统治阶级剥夺社会剩余产品的物质形式。凯文·林奇同时批评了早期的马克思主义强调工厂生产,"他们认为一旦工人阶级掌握了生产资料,像住房、服务设施等不平等的现象能很容易得到纠正",从而忽视了城市房屋和服务设施的建设。凯文·林奇指出:"马克思主义理论承认社会基础发生变化的可能,并表明这是不可避免的。但是并没有清楚地告诉我们如果社会主义成功,城市究竟会发展成什么样子。历史的车轮似乎在最后停转之前会转得特别猛烈。"[1] 因此,国内外关于城市化问题的许多研究也认为,马克思主义的城市化理论以"人和自然"之间的关系为支点,工业化成熟期和后工业化时期的城市运动已经转变为以"人和人"之间关系为支点,影响城市形态变化的动因,不仅仅是经济的,而且还有社会的、政治的、精神的和生态的,这些非经济的动因更应该值得研究者重视。

其实,马克思和恩格斯的早期著作对城市化进程中人的全面发展问题已经予以关注,他们关于交往不断扩大导致分工异化,个人成为"城市动物"和"乡村动物"的观点;关于只有通过国际性的"普遍交往"和创造极高的社会生产力,进而消灭私有制,最终消除城乡分离与对立的观点,都描摹了未来社会的城市化远景。当然,在社会主义制度建立后,如何具体处理好工业化不同发展阶段与城市化的互动关系,马克思和恩格斯确实既没有也不可能做出系统的阐述,从而为后人研究传统的城市化如何走向"新型城市化",留下了广阔的探索空间。

基于上述的认识,我们认为,对"新型城市化"可以从以下三个方面理解:

第一,新型城市化指工业化成熟期和后工业社会的现代城市生活方式的普遍化。即不论住在城区还是乡村,不论从事何种职业,每一个社会成员都能够享有过上现代城市生活方式的基本权利。

第二,"传统城市化"与"新型城市化"的根本区别在于以下几点:

(1) 传统城市化的核心价值是"以物为本"的;新型城市化的核心

---

[1] 凯文·林奇:《城市形态》,苗正民译,华夏出版社2001年版,第236～237页。

价值是"以人为本"的,即追求人的自由的全面的发展的城市化。

(2)传统城市化是"数量型"和"人口型"的城市化;新型城市化是"质量型"和"结构型"的城市化,即追求创新驱动的、经济、政治、文化、社会和生态建设协调发展的城市化。

(3)传统城市化的城乡之间呈现出分离和对立的关系;新型城市化的城乡之间呈现出交融和一体发展的关系。

第三,单个的大工业城市和城市集群是传统城市化的基本形态,"都市区"和"大都市连绵带"是新型城市化的基本形态。当城市集群发展成为"都市区"和"大都市连绵带"后,新型城市化的产业空间结构以"夹工夹农夹三产"为基本形态;城市空间结构以"夹城夹镇夹村落"为基本形态;生态空间结构以"夹山夹水夹绿带"为基本形态。即通过资源要素在城乡间特定空间协调和非均衡的交错配置,实现人口和产业的双重集聚,实现城乡一体发展,以提高国土的承载效率的城市化。

二、城乡关系问题与城乡一体发展

关于城乡关系问题,140多年前的马克思就指出:"一切发达的、以商品交换为媒介的分工的基础,都是城乡的分离。可以说,社会的全部经济史,都概括为这种对立的运动。"① 这一论断仍然可以是分析城乡关系历史的线索。

(一)关于城乡关系的理论诠释

从城市出现的第一天开始,城乡之间的关系(包括城乡之间的联系)就进入经济学和地理学的研究视野。较早和较系统地研究城乡关系的是马克思和恩格斯。他们认为:"城市已经表明了人口、生产工具、资本、享受和需求的集中这个事实;而在乡村则是完全相反的情况:隔绝和分散。城乡之间的对立只有在私有制的范围内才能存在。"② 因此,随着交往和分工的扩大、私有制的产生而出现的城乡之间的分离,城市对社会资本和其他的经济的、政治的和文化的要素的集聚,既体现了社会生产力发展的

---

① 马克思:《资本论》(第一卷),人民出版社1975年版,第390页。
② 马克思、恩格斯:《德意志意识形态》(节选本),人民出版社2003年版,第48页。

客观要求，也成为从城市出现直至工业化成长期的城市化的一般范式。

然而，既然城乡分离"是物质劳动和精神劳动的最大的一次分工"，又因为分工的发展而走向分工自身的异化，因此，城乡之间的分离必然走向城乡之间的对立。马克思和恩格斯指出："城乡之间的对立是个人屈从于分工、屈从于他被迫从事的某种活动的最鲜明的反映，这种屈从把一部分人变为受局限的城市动物，把另一部分人变为受局限的乡村动物，并且每天都重新产生二者利益之间的对立。"①

远古时代城市的商业功能，中古时代城市保护居民的财产生产资料和技术工艺，从而奠定近代资本社会基础的功能，都表明城乡之间的分离和对立是具有积极意义的。在《德意志意识形态》一书中，马克思和恩格斯从"交往的广泛性""生产力组织形式的发展""交往关系的发展""交往内容的发展""体力劳动和脑力劳动的分离程度的提升""交往的货币化""交往的分工基础"七个方面，说明了城市为什么比乡村更具优势，从而论证了城乡分离和对立的必然性。在分析了资本主义生产关系与大工业城市的同步形成过程之后，马克思和恩格斯认为，"消灭城乡之间的对立，是共同体的首要条件之一，这个条件又取决于许多物质前提，而且任何人一看就知道，这个条件单靠意志是不能实现的"②。也就是说，只有在物质文明高度发展和公有制的条件下，分工的异化才可能被消除，城乡之间才能从分离和对立走向交融和一体发展。

关于城乡之间存在"二元结构"的理论，更有助于说明全部城乡关系的历史。在古典经济学理论中，已经蕴含着以追求规模收益的经济动机，导致有限的资源要素向商业城市和工业城市集中的解读。新古典经济学认为，"城乡二元结构是经济发展过程中的必然过程，城乡分离是由于城市和农村交易效率的差异而导致的"。只要能够实现迁居自由、择业自由、自由价格以及私有财产制度，就可以消除这种二元结构。③

基于区域经济学和经济地理学的关于城乡关系的研究中，城乡间"二元结构"往往被转化为区域间和区域内部的发展不平衡问题，即"核心区"和"边缘区"的问题。在城乡关系的分析中，佩鲁的增长极理论、

---

① 马克思、恩格斯：《德意志意识形态》（节选本），人民出版社2003年版，第48页。
② 同上书，第49页。
③ 参见安虎森主编《区域经济学通论》，经济科学出版社2004年版，第174页。

缪尔达尔的累积循环理论、赫希曼的"中心—外围"理论、威廉姆斯的倒"U"理论、刘易斯的农村剩余劳动力和向工业部门的转移模型，都和J·弗里德曼的"核心—边缘"理论一起，被认为都是强调了区域经济的非均衡发展，而且被认为都有以大城市为中心和城市主导乡村的偏向，从而使政府采取偏袒城市的政策。这些理论和政策受到许多学者的批评。[①] 其实，在J·弗里德曼的理论中，是已经嵌入了时间维度的，在其理论所描述的前工业化和工业化阶段 I（即工业化成长期），确实是强调了城市对农村等边缘地区的主导和吸聚功能，但在其描述的工业化阶段 II（即工业化成熟期）和空间一体化阶段，却是以城市的扩散和原有大城市主导功能被更大区域的核心区取代为基本形态的。[②]

在现实的区域经济运行中，我们不难看到，核心区的自我强化的结果导致两个结果：一是过度强化，不论经济上还是社会发展上，都会使核心区付出更大的代价，因而必须把这种"自我强化"控制在一定限度；二是边缘区不断接受核心区的创新信息、参与创新活动，自身也会生成新的核心区或强化原有的较低能级的小核心区，最终形成与原有高层级核心区联结的"城市群体""城市带""大都会区"。

如前所述，当近代意义的工业城市发展为现代化大都市，以至成为"大都市区"和"大都市连绵带"时，在较大的空间地域里，大中小城市和小城镇、村落间，工业、农业和服务业间，城区和山水田园间，开始形成了有序的、交错的和密集的配置，因为这样才能最有效提高有限国土的承载能力。从欧美发达国家城市化进程看，一国或一个较大地域100%的城市化率既是不可能的也是不经济的。城市化发展到了大都市区阶段，城市的吸聚和扩散、带动功能，不再以城区的工业为主的人口和产业集聚程度来衡量，而是着眼于整个大都市区的多样化从业人口和三大产业的集聚程度，着眼于大都市区间的跨区域合作程度，此时，城乡之间的关系就呈现出相互融合和一体发展的状态。

---

① 以上内容参见安虎森主编《区域经济学通论》，经济科学出版社2004年版，第174～177页；陈鸿宇主编《区域经济梯度推移发展新探索》，中国求实出版社2001年版，第五章《区域经济梯度推移发展战略的理论说明》。

② 同上。

（二）关于城乡一体发展的理论与实践探索

在中外关于城乡关系的现实政策中，确实存在着以大城市为中心的"自上而下"的发展政策。利普顿等学者认为，此种偏向城市的政策，主要是通过价格政策（即通常所说的工农产品价格"剪刀差"）和支出政策（政府扩大对城市地区的购买和投资）实现的，从而导致乡村地区基础设施、教育、医疗和科技的落后。斯多尔则认为，必须采取"自下而上"的政策，一是在政治上给予农村地区更高程度的自主权，使得政治权力自城市向农村的单向流动得到改变；二是要调整全国的价格体系使之有利于农村的发展和农产品生产；三是激励农村的经济活动超过当地的需求以便形成更多的出口；四是在城乡间和乡村间建设交通通信网络。①

1. 关于"田园城市"理论及其实践

针对英国"大工业城市"时代的大批农民流入城市，造成城市膨胀和生活条件恶化、农村衰微破败的状态，英国社会活动家埃比尼泽·霍华德（Ebenezer Howard，1850—1928）于1898年出版《明日：一条通往真正改革的和平道路》（1902年再版为《明日的田园城市》一书，在书中提出了"把积极的城市生活的一切优点同乡村的美丽和一切福利结合在一起"的生态城市模式，并把此新型城市称为"田园城市"。

霍华德认为，城市环境的恶化是由城市膨胀引起的，城市无限扩展和土地投机是引起城市灾难的根源。而城市人口过于集中是由于城市具有吸引人口聚集的"磁性"，如果能控制和有意识地移植城市的"磁性"，城市便不会盲目膨胀。为此，他设想使城市的土地在一个统一的规划之下，抑制城市的自发膨胀。

霍华德提出重新构筑一种"城市—乡村"结合的形式，使新型城市同时兼有城、乡的有利条件而没有两者的不利条件，既有城市的集聚功能又具有自然美，地租低、工资高、物价低、无繁重劳动、水和空气清新、无贫民窟、自由、合作等等。这样的新型城市就是"田园城市"。

霍华德的"理想城市"规划的原则是，将农业区、工业区、居住区

---

① 参见安虎森主编《区域经济学通论》，经济科学出版社2004年版，第176页。

相结合，形成城乡一体化的都市。①

"田园城市"理论的提出，体现了工业化进入成熟期之后城市化思想的根本转变：一是城市规划开始将"人"放在城市的中心区位，不再沿袭以往的将统治机构摆在中心区位以显示统治者权威的传统模式。二是从城乡互补融合的角度，将城市作为一个体系来解决大工业城市出现的"城市病"，将解决社会问题与环境问题作为城市规划的重要责任，从而拓宽了关于城市功能的研究视野。三是将人口和产业紧凑而有序地配置在一起，从而避免了二者空间上的脱节带来的交易成本和社会成本扩大的问题。

在霍华德提出"田园城市"理论之后，美国著名的城市学家刘易斯·芒福德（Lewis Mumford，1895—1990）认为，"霍华德把乡村和城市的改进作为一个统一的问题来处理，大大走在了时代的前列"。进而提出了"区域统一体"理论，其主要观点是"城与乡，不能截然分开，城与乡，同等重要；城与乡，应当有机结合在一起"。因此，他主张建立许多新的城市中心，形成一个更大的区域统一体，通过以现有城市（但要大大的分散）为主体，把"区域统一体"的发展引向到许多平衡的社区里，就可以使区域整体发展，重建城乡之间的平衡，还有可能使全部居民在任何地方都享受到真正的城市生活的益处。此前，亨利·赖特及克拉仑斯·斯坦因也提出了"区域城市"的设想，即通过建立整体化的、清晰的区域交通网络，在交通轴交叉点形成城镇集聚，构成多中心城镇功能以及相对集中的空地系统。他们的这一思想对芒福德也产生了深刻影响。

2. 关于发展中国家城市化与城乡一体发展的关系

根据城市化和工业化的关联关系，世界各国的城市化类型大致可分为"发展中国家城市化""发达国家城市化"和"转型国家城市化"三种类型。

通常认为，发展中国家的城市化具有起步晚、水平低、潜力大的特点，与欧洲工业国家的工业化成长期的城市化进程相比，发展中国家的城市人口增长率要快2～5倍，特别是首位城市过度膨胀。城市规模过大，

---

① 关于"田园城市"理论的内容，引自何刚《近代视角下的田园城市理论研究》，载《城市规划学刊》2006年第2期，以及凯文·林奇《城市形态》，苗正民译，华夏出版社2001年版，第42页。

会造成严重的负外部效应。此种"城市化水平超前于工业化的城市化",也被称为"过度城市化"。发展中国家的城市化的问题主要是城市引力非常强烈,但城市的容量相当有限,无法为涌入城市的农村人口提供足够的基本公共服务,从而使城市的贫民窟大量增加,有的国家的城市里,居住在贫民区的人口,甚至超过了城市总人口的60%。① 在原来实行计划经济的国家里,则通过户籍制度等管控措施限制农民进城,或通过财政对"户籍人口"补贴的办法,在城市中形成"收入鸿沟"和"福利鸿沟",从而在城市中也出现了"二元结构"。

必须澄清的是,上述关于"发展中国家城市化"的观点中,对于"城市化"概念的认识是不全面的。程必定教授在他的新作《从区域视角重思城市化》中提出,仅仅因为大量的人口聚集而形成的城市化,只能称为"人口型"的城市化,而不是"实质的城市化"。程必定认为:"城市化即使人口由乡村向城市的转移,即人口转移型城市化;优势区域经济社会结构的城市化转型,即结构转换型城市化。传统城市化追求的是人口转移,强调的是人口城市化率的提高;新型城市化道路重视结构转型,而区域经济社会结构的城市化转型会在广度和深度上提升'区域的城市性',正是城市化的本质所在。"②

我们认为,要正确理解"新型城市化"的理论内涵,有必要对长期被扭曲的"工业化"和"城市化"的概念进行反思。理论准备的不足,往往导致实践的盲目和顾此失彼。时至今日,还有不少人将"工业化"等同于"工厂化",误认为"工业化"就是办工业企业、抓工业产业,将发展工业错误理解为"发展工业大项目";将"城市化"等同于"城区化""非农化",误认为"城镇化率"(城市化率)是没有极限没有边界的,城区可以无限扩展,城市化率可以无限提升。由于发展理念上对"工业化"和"城镇化"的双重扭曲,实践中有些地方的"工业化"和"城市化"基本靠"土地财政"支撑,客观上是以牺牲农业、农民和农村发展、不断强化城乡"二元结构"并在城市内部形成"二元结构",从而以牺牲社会长久和谐为代价的。

30年多来广东经济的迅猛发展,既源于"外"更源于"内",也就

---

① 引自安虎森主编《区域经济学通论》,经济科学出版社2004年版,第575～577页。
② 程必定著:《从区域视角重思城市化》,经济科学出版社2011年版,第2页。

是说，广东的外向型经济的比较优势源于对欠发达地区和农村、农业、农民发展权的预支，土地、劳动力等资源的巨大价差构成了支撑30年工业化和城市化的动力。其直接后果是，在经济社会事业取得显著成就的同时，广东成为城乡间、区域间发展差距不断扩大、区域间基本公共服务差距极不均衡的省份。在人口分为非农人口和农业人口的前提下统计的"城市化率"，意味着进入城市的"农业人口"无法完全享受这个城市的基本公共服务，这样的"城市化"是虚假的"城市化"，也就是没有质量只有数量的"城市化"。而虚假的"高城市化率"，并不能真正解决城乡间和区域间的发展不协调，仅仅是将城乡二元结构转换为城市内部的二元结构，大量的聚居在城市的贫困人口，是不可能形成强大的消费主体的，也不可能有效地扩大需求。此种人口型的城市化，由于长期靠牺牲欠发达地区和"三农"的发展权来支撑，资源、环境和社会因素的约束也更加凸显，新的需求和供给均严重受限，广东经济的未来发展也将丧失动力。

我们认为，工业化是任何国家和地区经济社会发展的不可逾越的阶段；工业化是指全社会的经济、社会的各个方面都提升到工业社会的水平，经济、政治、文化生活都与社会化、国际化的大工业生产紧密相连、融为一体，是工业社会的生产方式和生活方式的普遍化。工业仅是工业社会生产方式这一"长链条"的中间几个"链节"。工业化是"一系列基要'生产函数'连续发生变化的过程，这种变化可能最先发生于某一个生产单位的生产函数，然后再以一种支配的形态形成一种社会的生产函数及遍及于整个社会"（张培刚，1945）。因此，不能把工业化简单理解为办工业企业，更不能理解为就是抓工业大项目。

3. 关于城乡一体发展的路径

关于城市"蔓延"和人口规模的扩张，通常见到的是"城市工业导向的吸纳人口迁移模式"和"小城镇工业化发展模式"。1978年以来珠江三角洲和长江三角洲的城市化，基本是沿着这两种模式展开的。① 世界银行的《2009世界发展报告——重塑世界经济地理》中以"城乡一体化：北京、广州和上海"为题，指出："北京、广州和上海三个繁荣、富裕的地区，均有将农村地区和城市地区联结起来的规划：提供教育健康服务，

---

① 参见陈鸿宇、周立彩《珠江三角洲地区城市化发展模式分析》，载《岭南学刊》2002年第1期。

投资基础设施和交通网络,建设乡镇。"① 世界银行的课题组认为,"当今的发展中国家仍然处于城市化进程的早期阶段,城乡生产和收入的巨大不平等不足为奇。""随着城市化进程的加深,城乡经济板块和人口分布的差异将缩小。一国城市地区人口比例与该地区的消费之比,是检测城乡消费不平等程度的另一条途径。"② 这是因为尽管还是在工业化成长期,不论"大工业城市"还是"工业小城镇",其产出率和享受基础设施的平等机会均优于农村,因而吸纳了大量的农村剩余劳动力,一定程度上减轻了农村和农业的负担,缩小了城乡发展差距。"随着经济的进一步发展和经济活动进一步集中到高密度区,城乡不平等将逐渐消弭。"③

世界银行《2009世界发展报告——重塑世界经济地理》课题组的观点,肯定了人口集中对于"农村—城市和城市间趋同"的促进作用。近年来,通过不断地提升"城市化率",以缓解城乡之间日趋扩大的对立,似乎也已经成为许多地方政府的共识。从理论上看,世界银行课题组的这一观点,一是仍然基于传统的城市化定义的认知,其实许多发展中国家和地区已经跨入工业化成熟期和后工业化时期,对城市化的认知已经从"人口型"转向"结构型",从"数量型"转向"质量型"。二是课题组虽然注意了城市地区人口和消费的比例不断提升,对消除城乡不平等正效应,也注意到发展中国家的贫民窟现象,但没有将消除城区内部的二元结构与缩小城乡发展差距联系起来研究;三是课题组认为改善"农村地区"的基本福利,特别是改善教育和医疗保健指标,"重于泰山,刻不容缓",但因为发展中国家(特别是东亚地区)存在大量的工业小城镇,客观上拉升了包括乡村地带的"农村地区"的基本服务水平的数据,掩盖了乡村地带仍然处于产业链和价值链底端,"二元结构"依然存在的现实。

1989年,加拿大著名学者麦吉通过对印度尼西亚等亚洲许多国家和地区城市化进程的实证研究,从城乡两大社会地理系统的相互作用和相互影响的视角,指出亚洲国家城乡之间的关系日益密切,城乡之间的传统差

---

① 世界银行:《2009世界发展报告——重塑世界经济地理》,清华大学出版社2009年版,第227页。
② 同上书,第65页。
③ "在智利,85%的人口居住在城市地区,城市居民的消费比例约为全国总消费的92%。在巴西,80%的人口居住在城市地区,城市居民的消费比例约为全国总消费的85%。"——引自世界银行《2009世界发展报告——重塑世界经济地理》,清华大学出版社2009年版,第65页。

别和城乡之间的地域界限日渐模糊，城乡之间在地域组织结构上出现了一种以农业活动和非农业活动并存、趋向城乡融合的新的地域组织结构。麦吉将这一"组织结构"称为"Desakota"，Desakota同时具有城市和农村两种社区的特征："人口密度很高；居民的经济活动多样化，既经营小规模的耕作农业，也发展非农产业，且非农产业增长很快"；"城乡联系十分密切，大量的居民到大城市上班以及从事季节性帮工，妇女在非农产业中占有很高的就业保障"；"基础设施条件很好，交通方便"。麦吉提出的此种空间形态，不同于传统的以城市为基础的高度集中的城市化道路，"它是以区域为基础的、相对分散的城市化道路，它不注重农村资源与生产要素向大城市的集中，而把重点放在城市要素对邻近农村地区所起的导向作用，是一种新型的城乡联系模式"①。

区域处于工业化成长期向成熟期过渡的时期，城市的周边乡村地带首先承接城市的产业和人口的扩散，从而拉开了区域进入"郊区城市化"的序幕。这类开始迈进工业化门槛的城乡边缘地带，在城乡关系理论中通常被称为"灰色地带"。麦吉的Desakota模式描述的，很值得珠三角、长三角地区的"城中村""城乡接合部"等"灰色地带"借鉴。

在城乡联系理论中，还有"绿色地带"和"棕色地带"之说。所谓"绿色地带"，是指生态环境良好的"非城区"地带。在欧美国家的"郊区城市化"大潮中，常常见到旧城区的居民为了"躲避"城市病，纷纷搬到郊区的新住宅区，造成了新城区自发、盲目的急剧蔓延，侵蚀了大量农业和农村用地，"绿色地带"迅速减少。而居民和产业的"逃离"又导致旧城的教育、医疗等公共服务水平下降，治安状况劣化，大量的房屋空置废弃。当旧城的商业和文化价值被重新认识，原来的废弃地块和闲置房屋被成片整理加以利用，这类地块被称为"棕色地带"。"旧城再造"中重视"棕色地带"的使用，可以大幅度降低成本，也可以减少对"绿色地带"的占用。②

综上所述，关于城乡一体发展的基本观点可以归纳如下：

---

① 安虎森主编：《区域经济学通论》，经济科学出版社2004年版，177页。
② "伦敦80%以上新增的住宅已经建在棕色地带上。这些场所中相当一部分被称为'意外带来的地方'，因为它们不属于正式规划体系。"——见理查德·罗杰斯 安妮·鲍尔著《小国城市》，苗正民译，商务印书馆2011年版，第197页。

第一，城市化的发展规律表明，城乡分离和对立是传统的城市化的基本特征，城乡一体发展是"新型城市化"的基本特征。

第二，从城乡分离和对立走向城乡一体发展的条件主要是：①区域工业化进入成熟期或进入后工业化时期；②区域核心区的人口等资源要素和产业集群向边缘区（包括乡村地带）扩散；③包含多核心区和多层级城市集群的大都市区形成。

第三，"新型城市化"时期城乡融合、一体发展的目标是：①"乡"的升级，即通过"护短""补短""扶短"，在工业化、城镇化深入发展中同步推进现代农业农村的建设。②"城"的转型，即通过旧城再造，从"数量型""人口型"的城市化转为"质量型""结构型"的城市化。

第四，关于城乡一体发展的路径选择，要从该区域所处的工业化发展阶段出发，努力保护"绿色地带"，重视用好"褐色地带"，避免在"灰色地带"造成新的城乡分离与对立。

（本文节选自《城乡一体发展与新型城市化》第一章，广州出版社2013年版）

城市化与产业结构关系探讨

在影响一个国家或地区城市化进程的诸多因素中,产业结构是一个十分重要的因素。这是因为,从理论上讲,城市化的实质是由于生产力变革引起的人口和其他经济要素从农业部门向非农业部门转移的过程。这种转移的根本标志就是农业比重的下降和非农业比重的上升,亦即产业结构的变迁。正如著名城市经济学者谢文蕙指出的那样:"产业结构的变动,必然体现为城市化的变动。"① 然而,目前关于产业结构与城市化关系的探讨,特别是关于两者在数量上的内在关系的研究,大多建立在描述性方法基础之上。我们试图在这方面进行一些新的探索。

一、城市化与产业结构的内在数量关系及验证

(一)城市化率与产业结构数量关系

由于产业结构的分类标准较多,城市化率的计算方法与统计口径亦各不相同,要探讨两者之间的数量关系,必须首先对它们加以界定。这里按照我国传统的三次产业的划分标准进行统计计算,即第一产业为农业,包括种植业、林业、牧业、渔业和副业;第二产业为工业和建筑业,其中工业包括采掘工业、制造业、自来水、电力、蒸汽、热水、煤气;第三产业为除上述第一、第二产业以外的其他各业。城市化率以非农业人口占总人口的比重计算,公式如下:

$$Y = V/(V + W) \qquad (1)$$

上式中,Y 为城市化率;V 为非农业人口;W 为农业人口。假设该地区国内生产总值 GDP 为 G,三次产业的 GDP 分别为 G_1,G_2,G_3,构成比重分别为 X_1,X_2,X_3(以小数表示),从事三次产业的劳动力(即从业人员)的人数分别为 N_1,N_2,N_3,非农业人口与第二、第三产业的从业人

---

① 谢文蕙、邓卫:《城市经济学》,清华大学出版社1996年出版。

员数量之和的比例为 α，农业人口与第一产从业人员数量之比为 β，三次产业中劳动力的平均产值分别为 M_1，M_2，M_3，则有以下关系式存在：

$$V = \alpha(N_2 + N_3) \quad (2)$$
$$W = \beta N_1 \quad (3)$$
$$N_i = G_i/M_i (i = 1, 2, 3) \quad (4)$$
$$G_i = GX_i (i = 1, 2, 3) \quad (5)$$
$$X_1 + X_2 + X_3 = 1 \quad (6)$$

把（2），（3），（4），（5）式代入（1）式，得以下关系式：

$$Y = \alpha(X_2/M_2 + X_3/M_3)/[\alpha(X_2/M_2 + X_3/M_3) + \beta X_1/M_1] \quad (7)$$

公式（7）为城市化率与产业结构数量关系在数量关系上呈现以下特点：

城市化数量水平与产业结构存在相互依存的内在关系：城市化数量水平与第二、第三产业的比重呈正相关关系（相应地，与第一产业的比重呈负相关关系），第二、第三产业的比重增加（亦即第一产业的比重下降），将导致城市化率提高。并且，产业结构对城市化数量水平的影响受到其他因素的制约影响。从城市化数量水平的高低一般表达式，我们不难发现城市化与产业结构不仅和三次产业的构成状况直接相关，也与各次产业劳动力的平均产值、非农业人口与第二、第三产业的从业人员数量之和的比例、农业人口与第一产从业人员数量的比例等因素直接相关。从理论上讲，能够对上述因素产生影响的其他因素，也会对城市化数量水平高低产生影响。

（二）数量关系的验证

表1[①]列出了1980—1999年广东的城市化率（以非农业人口占总人口的比重计算）、三次产业的构成比例、每个劳动力的平均产值、非农业人口与第二和第三产业的从业人员数量之和的比例系数 α，农业人口与第一产业从业人员数量的比例系数 β。

---

① 数据来源：《广东统计年鉴》（1990）第133页，《广东统计年鉴》（1993）第141页，《广东统计年鉴》（1995）第161页，《广东统计年鉴》（1997）第79、84、85、121页，《广东统计年鉴》（2000）第80、119、130页。M_1、M_2、M_3、α、β 经计算而得。

从表 1 可以验证，按照公式（7）计算的城市化率与城市化率实际指标吻合较好，说明公式（7）的推导是成立的。

表 1 广东城市化率及三次产业构成状况表

年份	城市化率 Y	三次产业构成比重及劳动力平均产值						比例系数 α	比例系数 β	城市化率计算值	绝对误差
		X_1	X_2	X_3	M_1 万元	M_2 万元	M_3 万元				
1980	0.174	0.332	0.411	0.257	0.050	0.257	0.217	1.309	2.581	0.175	0.001
1981	0.177	0.325	0.414	0.261	0.056	0.294	0.241	1.302	2.577	0.178	0.001
1982	0.179	0.348	0.398	0.254	0.069	0.303	0.246	1.218	2.579	0.180	0.001
1983	0.182	0.329	0.413	0.258	0.070	0.332	0.250	1.191	2.598	0.182	0.000
1984	0.197	0.317	0.409	0.274	0.086	0.377	0.274	1.145	2.667	0.195	-0.002
1985	0.212	0.298	0.398	0.304	0.105	0.398	0.344	1.100	2.714	0.212	0.000
1986	0.218	0.282	0.383	0.335	0.116	0.401	0.406	1.056	2.762	0.219	0.001
1987	0.225	0.274	0.390	0.336	0.145	0.469	0.472	1.003	2.817	0.225	0.000
1988	0.231	0.265	0.398	0.337	0.191	0.619	0.604	0.985	2.838	0.231	0.000
1989	0.236	0.255	0.401	0.344	0.215	0.741	0.719	1.010	2.819	0.235	-0.001
1990	0.236	0.247	0.395	0.358	0.233	0.726	0.904	1.007	2.887	0.236	0.000
1991	0.243	0.220	0.413	0.367	0.253	0.839	1.020	0.955	2.922	0.243	0.000
1992	0.254	0.190	0.450	0.360	0.292	1.073	1.179	0.925	3.025	0.254	0.000
1993	0.275	0.163	0.496	0.341	0.370	1.525	1.454	0.941	3.155	0.275	0.000
1994	0.294	0.154	0.496	0.350	0.470	1.912	1.877	0.975	3.197	0.293	-0.001
1995	0.300	0.152	0.502	0.347	0.590	2.399	2.263	0.980	3.226	0.299	-0.001
1996	0.306	0.144	0.502	0.354	0.636	2.684	2.450	0.976	3.233	0.307	0.001
1997	0.310	0.135	0.499	0.366	0.653	2.997	2.755	0.992	3.23	0.310	0.000
1998	0.312	0.127	0.504	0.369	0.646	3.286	2.880	0.995	3.150	0.311	-0.001
1999	0.311	0.121	0.504	0.375	0.649	3.609	3.055	1.023	3.193	0.311	0.000

二、产业结构变迁与城市化互动关系探讨

公式（7）构建了城市化与产业结构数量关系的"桥梁"。然而，从理论上讲，这一"桥梁"不应是单向的，而应是双向的，即以第二、第三产业的比重增加为标志的产业结构升级会推动城市化进程，促进城市化率的提高；反过来，城市化进程的加快以及城市化率的提高，又会带动产业结构进一步升级。产生这种互动关系的根源，则在于工业化与城市化的内在联系。尽管在城市化发展实践中，存在着城市化超前和滞后工业化的现象，但两者之间高度相关性仍然存在。据统计，发达国家在1820—1950年间，工业化与城市化的相关系数，达到了+0.997的高度[①]。由于产业结构状况是工业化进程的最重要标志之一，因此，工业化与城市化的高度相关性理所当然地要由产业结构与城市化的互动关系表现出来，或者说，产业结构与城市化的互动关系正是工业化与城市化内在关系的反映。

在数学关系上，我们认为，导致城市化与产业结构产生"双向互动关系"的原因，在于在公式（7）中其他因素 M_1，M_2，M_3，α，β 与产业结构和城市化率存在内在函数关系，使得城市化率与产业结构数量关系之间可以相互解释。现利用回归方法来分析城市化与产业结构的互动关系。

（一）产业结构变迁对城市化的推动作用分析

根据表一的数据，得到如下回归结果：

$$M_1 = -1.833824 + 3.390824 X_2 + 1.950399 X_3 \quad (8)$$
$$(-12.852) \quad (9.871) \quad (5.087)$$
$$R^2 = 0.9325$$

$$M_2 = -8.347875 + 16.969043 X_2 + 6.460120 X_3 \quad (9)$$
$$(-10.095) \quad (8.523) \quad (2.908)$$
$$R^2 = 0.8942$$

$$M_3 = -7.779594 + 14.637653 X_2 + 7.660940 X_3 \quad (10)$$
$$(-12.215) \quad (9.546) \quad (4.477)$$
$$R^2 = 0.9246$$

---

① 参见谢文蕙、邓卫《城市经济学》，清华大学出版社1996年出版。

$$\alpha = -0.712821 + 2.641747 X_1 + 2.608220 X_2 \quad (11)$$
$$(-2.673) \quad (9.186) \quad (5.566)$$
$$R^2 = 0.8735$$

$$\beta = 0.504183 + 3.149212 X_2 + 3.130497 X_3 \quad (12)$$
$$(5.490) \quad (14.242) \quad (12.686)$$
$$R^2 = 0.9774$$

$$Y = -0.227631 + 0.593525 X_2 + 0.644257 X_3 \quad (13)$$
$$(-11.881) \quad (12.866) \quad (12.515)$$
$$R^2 = 0.9746$$

上述括号内的数值为 t 检验值，查 $t_{0.025}(17) = 2.1098$，上述各回归模型检验通过。（8）—（12）式表明 M_1、M_2、M_3、α、β 与产业结构 X_1、X_2、X_3 存在较强的相关性，亦即产业结构的变化会带动其他相关因素发生变化，共同影响城市化数量水平高低。从（13）式可知，1980 年以来广东城市化率与第二、第三产业的比重存在线性相关，第二、第三产业的比重对城市化率的解释能力为 97.46%。并且，城市化率滞后于第二、第三产业的发展所对应的城市化水平约 22.7 个百分点。另外，第二产业比重每增加一个百分点，城市化约提高 0.59 个百分点，第三产业比重每增加一个百分点，城市化约提高 0.64 个百分点。

（二）城市化对产业结构变迁的带动作用分析。

根据表 1 的数据，得到如下回归结果：

$$M_1 = -0.786511 + 4.426182 Y \quad (14)$$
$$(-11.764) \quad (16.189)$$
$$R^2 = 0.9391$$

$$M_2 = -3.590785 + 19.700703 Y \quad (15)$$
$$(-7.884) \quad (10.577)$$
$$R^2 = 0.8681$$

$$M_3 = -3.341107 + 18.424627 Y \quad (16)$$
$$(-9.873) \quad (13.314)$$
$$R^2 = 0.9125$$

$$\alpha = 1.535846 - 1.998147 Y \quad (17)$$
$$(17.174) \quad (-5.464)$$

$$R^2 = 0.6372$$
$$\beta = 1.690771 + 5.004727Y \quad (18)$$
$$(32.466) \quad (23.499)$$
$$R^2 = 0.9701$$
$$X_1 = 0.618743 - 1.578625Y \quad (19)$$
$$(40.469) \quad (-25.248)$$
$$R^2 = 0.9740$$

根据有关参数可知,上述各回归模型检验通过。但(17)式解释能力相对差一些。(14)—(18)式表明 M_1, M_2, M_3, α, β 与城市化率存在较强的相关性,亦即城市化率的变化会带动其他相关因素发生变化,反过来又共同影响产业结构的变化。从(1)式可知,广东的城市化率每提高一个百分点,将导致第一产业降低1.57个百分点,亦即第二、第三产业比重之和将增加1.57个百分点。由于第三产业比重的增长速度快于第二产业比重的增长速度,因此,广东城市化对第三产业的带动作用大于对第二产业的带动作用。

三、进一步的理论探讨及应用

(一) 产业技术进步对城市化的影响

在公式(7)中各产业劳动力的平均产值 M_1, M_2, M_3 大小主要取决于该产业的技术装备水平和劳动者素质高低,其变化在很大程度上反映了产业技术进步状况,因此,产业技术进步对城市化的影响大小可以通过它们的变化对城市化所带来的数量影响得到反映。我们认为,技术进步对城市化数量水平的影响存在两种效应:短期效应和中长期效应。

(1) 产业技术进步对城市化数量水平影响的短期效应。又可称为瞬态效应,指产业技术进步导致 M_i ($i=1, 2, 3$) 发生变化而尚未引起其他因素发生变化时对城市化产生的短期影响效果。比如说,各次产业中的主导产业迅速进行大规模技术更新、采用先进的生产管理方式等,短期内不会给产业结构 X_i ($i=1, 2, 3$) 比例系数 α 和 β 等其他因素带来太大影响,此时对城市化率的影响便可以当成一种短期效应。根据公式(7),不考虑 M_i ($i=1, 2, 3$) 对其他因素的影响,两边求偏导数,得到如下结果：
$$\partial Y/\partial M_1 = \alpha\beta X_1 X_2/(M_1^2 M_2 T^2) + \alpha\beta X_1 X_3/(M_1^2 M_3 T^2) \quad (20)$$

$$\partial Y/\partial M_2 = -\alpha\beta X_1 X_2/(M_1 M_2^2 T^2) \quad (21)$$

$$\partial Y/\partial M_3 = -\alpha\beta X_1 X_3/(M_1 M_3^2 T^2) \quad (22)$$

技术进步对城市化数量水平影响的短期效应为：
$$J = \partial Y/\partial M_1 + \partial Y/\partial M_2 + \partial Y/\partial M_2 \quad (23)$$

其中：$T = [\alpha(X_2/M_2 + X_3/M_3) + \beta X_1/M_1]$，(20)、(21)、(22)式表明，第一产业技术进步，短期内会促进城市化率提高；而第二、第三产业技术进步，则在短期内有抑制城市化率提高的倾向。我们认为，产生这种短期效应的原因在于，农业技术进步以及由此带动的农民素质提高，使农村剩余劳动力增加，导致农业人口向非农业转移的压力增大，为城市化发展创造了内在动力，从而有助于城市化数量水平的提高。而第二、第三产业技术进步，在短期内难以使非农业比重增长、产业链延伸、服务业增加等出现立竿见影的效果，相反，却会带来"机器排挤工人""电脑排挤工人"等抑制非农业吸纳劳动力的即期效果，从而在短期内不利于城市化率的提高。当然，从整体效果来看，产业技术步对城市化数量水平影响的短期效应，取决于三次产业技术进步对城市化数量水平影响的短期效应之和（即 J 值的大小）。

(2) 产业技术进步对城市化数量水平影响的中长期效应。由于产业技术进步除了对产业劳动力的平均产值 M_i（$i=1,2,3$）产生影响外，从中长期来看，它对产业结构 X_i（$i=1,2,3$）及比例系数 α 和 β 等其他因素也会产生一定影响，并且由于 M_i、X_i、α、β 之间存在内在相关关系，因此，难以直接用公式（7）来分析产业技术进步对城市化数量水平的中长期影响。我们认为，各次产业技术进步从较长时期来看必然推进城市化进程的作用，这是因为，技术进步是产业结构升级的内在动因，而产业结构升级会导致农业比重逐渐下降，而非农业比重逐渐上升，根据城市化率与非农业的正相关关系可知，城市化率将得到提高。这一点，也可以直接从城市化率与各次产业劳动力的平均产值之间的相关系数得到佐证。根据表1的数据，计算出城市化率 Y 与三次产业比重 M_1，M_2，M_3 的相关系数分别为 +0.97171、+0.92694、+0.95376（检验过程中，拒绝接受相关性检验的概率 $P = 0.0001$），因此，从中长期来看，三次产业技术进步都将有助于城市化数量水平的提高。但是，值得注意的是，当产业结构达到相当的高度之后，到农业比重已经非常低、技术进步难以大幅度提高第二、第三产业的比重的时候，此时第二、第三产业技术进步对城市化率提高的短期抑制效应又会明显表现出来，呈现城市化率降低即所谓"反城市化"现象。如在某些发达国家或地区，信息技术的高度发展，为大量城市人"下乡办公"创造了条件，成为"反城市化"的主要原因之一。

（二）城市化发展与产业结构调整战略的配套选择

由于各个国家或地区经济社会发展背景不同，特别是工业化和城市化发展战略不同，使得城市化进程与工业化进程之间的关系呈现三种基本形态：城市化与工业化基本同步、城市化超前工业化发展和城市化滞后工业化发展。反映在城市化与产业结构发展关系上，也对应着三种基本关系形态：城市化与产业结构发展基本同步、城市化超前产业结构发展和城市化滞后产业结构发展。如前所述，由于城市化与产业结构变迁存在"双向互动"关系，因此，有关政策主体在制定城市化发展与产业结构调整战略时，应当充分考虑两者的互动关系，以达到既促进城市化发展又实现产业结构的优化升级的目标。

我们认为，当城市化滞后产业结构发展时，城市化发展与产业结构调整战略应当立足于以产业结构优化升级推动城市化进程；当城市化超前产业结构发展时，城市化发展与产业结构调整战略应当立足于以城市化带动产业结构优化升级；当两者基本同步时，城市化发展与产业结构调整战略应当立足于两者的协调发展。

从城市化进程的"S型曲线"来看（我们已经证明，城市化进程是"一般的S型曲线"，而"非标准的S型曲线"），城市化率一般经历"缓慢增长—加速增长—缓慢增长"等几个阶段。对于城市化与工业化基本同步的国家，城市化率从加速增长至缓慢增长阶段与工业化阶段基本吻合，主导产业一般都经历了"轻纺工业（劳动密集型）—重化工业（资本密集型）—重加工工业（技术密集型）"的发展历程。但对于城市化与工业化不同步的国家或地区，其工业化或城市化发展则可以凭借工业化的推动或城市化的带动作用而对上述模式进行创新。比如说，对于城市化滞后工业化的地区，如广东，从城市化水平与第二、第三产业的相关性来看，要较快地提高城市化水平，就应当大力发展第二、第三产业中增长较快的产业,特别是其中的对第三产业比重增长影响较大的产业,因为从回归模型(13)式可以看出,在第三产业增长对城市化率提高的影响要比第二产业增长对城市化率提高的影响更大一些。

当然,城市化只是影响产业结构变迁的众多因素之一,要科学调整产业结构,还必须考虑其他因素。同样,产业结构优化升级也只是影响城市化发展的诸因素之一,只有全面考虑各因素对城市化发展的影响,才能制定出科学的城市化发展战略。

(本文与周立彩合作,原载于《岭南学刊》2001年第6期)

大珠三角都市带城市体系结构分析

一、大珠三角城市带核心城市的构成

一般而言,大都市带是由若干个大都市区连成一体,"在经济、社会、文化等各方面活动存在密切交互作用的巨大的城市地域"①。每个大都市区以一个大的中心城市作为核心,该核心城市与近邻其他城市形成具有紧密经济社会联系的融合体,在融合体中核心城市居于主导和中心地位。

有关珠三角城市带建设的构想大多建立在首位度分布和单核心城市基础上,有学者主张以广州为中心建立城市带,也有的学者主张以香港为核心建立范围更大的城市带。在改革开放最初一段时期,深圳尚未挑战广州首位度的情况下,香港是粤港经济区域的"核心区",广州是区域的唯一"次核心区",这些构想是符合当时的实际情况的。

问题在于20世纪90年代中期以来,随着深圳、佛山、中山等城市的崛起,使"单核心"的构想得以成立的客观条件已发生重大变化。大都市带概念最先提出者——法国地理学家戈特曼(Jean Gottmann, 1957)认为,大都市带的标准一是人口要超过2500万人,二是要有多个核心城市相互配合和支撑,如美国波士顿—华盛顿的东北部大都市带、美国芝加哥—匹兹堡的大湖大都市带、日本东京—神户的太平洋沿岸大都市带、伦敦—利物浦的英格兰大都市带、阿姆斯特丹—法国北部工业区的西北欧大都市带等均是多核心结构。2002年年末,珠三角人口为2364.88万人,加上港澳地区则超过3000万人。香港、澳门与内地的经济和社会联系日益密切,特别是与近邻的深圳、珠海,在城市功能上日益融合,共同发挥着大珠三角国际交往枢纽的作用,广州、佛山的经济实力也在迅速增长。

---

① 周一星:《城市地理学》,商务印书馆1995年版,第5页。

因此，包括香港、澳门在内的大珠三角城市集群，正由"单核心"形态向"多核心"的"广州极""香港—深圳极""澳门—珠海极"转化，并具有向大都市带发展的趋势。

二、次核心城市引力及城市化程度分析

大都市带各核心城市之间，通常都会绵延着二级中心城市（次核心城市）和为数众多的中小城镇，从对要素的吸聚能力来看，这些次核心城市和中小城镇网络体系构成了大都市带的次核心区。由于次核心城市既处在核心城市的"城市场"中，同时又是邻近的中小城镇网络的中心，所以它们既是大都市带中核心城市的联系结点，又是承接核心城市要素集聚效应和扩散效应的桥梁和"腹地"，次核心城市作为本城市集群的"龙头"，还承担着带动周边中小城镇实现规模扩张和结构升级的任务。

从当前几个世界性都市带的发展历程来看，一般都要经历结构简单的小城镇聚落发展到以中心城市为核心的都市区，再到依托核心城市的大都市区，最后通过多个大都市区的有机衔接而聚合成大都市带，形成"核心城市—二级中心城市（次核心城市）—小城市和小城镇"有序融合的庞大的空间经济体系，并带动边缘地区的发展。

1. 大珠三角都市带的二级中心城市（次核心城市）

表1 大珠三角二级中心城市的人口及GDP构成状况①

城市 项目	大珠三角	东莞	惠州	佛山	江门	中山	肇庆
人口(万人)	3052.69	86.09	81.34	320.33	151.45	53.20	65.84
占大珠三角比重(%)	—	2.82	2.66	10.49	4.96	1.74	2.16
GDP(亿美元)	2712.49	69.94	17.27	20.49	18.91	43.79	10.91
占大珠三角比重(%)	—	2.57	0.63	0.75	0.70	1.61	0.40

① 根据《广东统计年鉴（2002）》计算。

从表1可以看出，二级中心城市占大珠三角总人口约24.8%，占GDP的比重约6.6%，与核心城市相比，不论要素聚集能力，还是整体经济规模，均存在明显差距。但从二级中心城市之间对比来看，其内部人口规模差距和经济总量差距不如核心城市之间的差距大。在人口规模上，除佛山、江门相对突出外，其他城市之间差距不明显；在经济总量上，除东莞、中山相对突出外，其他城市之间差距亦不明显。这种核心城市差距大而二级中心城市相对均衡的空间分布，会对大珠三角都市带城市结构变迁和经济发展产生多重影响。

第一，在经济实力强劲而差距相对较小的"广州极"和"香港—深圳极"之间，二级中心城市受到核心城市的辐射作用强，在经济上发展较快并且由于在"广州极"和"香港—深圳极"之间城市引力的断裂点在空间分布上相对均衡，二级中心城市可以在距核心城市较远的更大空间范围内进行规模扩张。

第二，在经济实力差距相对较大的"广州极"和"澳门—珠海极"之间，距"广州极"较近的二级中心城市受到核心城市的引力作用强，而距"澳门—珠海极"较近的二级中心城市受到核心城市的引力作用相对弱一些，并且由于"广州极"和"澳门—珠海极"之间城市引力的断裂点在空间分布上明显不对称，导致距离广州近的二级中心城市在城市经济发展和规模扩张上相对快一些。

第三，在经济实力差距相对较大的核心城市之间，容易培植规模相对较大的二级中心城市，以弥补核心城市引力的不足。事实上，珠三角其他城市集群的发展差异也证明了这一点，如佛山、东莞、惠州都是新崛起的规模较大的二级中心城市，惠州周边的城市集群发展，显然不如东莞和佛山。

2. 小城市和小城镇体系

在大珠三角核心城市和次核心城市之间，分布了20个县（市、区）和为数众多的建制镇。这些小城市和小城镇正处于结构升级、变迁和不断融合到大中城市体系的过程中，如花都、番禺、南海、顺德、三水、高明、惠阳等市，已按照原来的行政隶属关系，由当初的"县改市"走向"市改区"。这些小城市和小城镇在大都市带发展过程中，一方面为核心城市和二级中心城市的发展提供要素与产业支持，如向位序更高的城市提供劳动力、资金、技术等资源要素；另一方面，通过城市集群中的产业分工链条，形成依托于大中城市的生产、加工或服务型的专业城镇。必须正视的是，在大珠三角，不论"县改市"还是"市改区"，即使是已被称为核心城市、次核心城市的"市区"，也还在相当程度上保留着原来的城乡二元结构。判别一个区域的城市化水平能否提高，除了看城市建成区面积、看城镇人口的比例外，更重要的应该是这个城市的所有城乡居民，是否已具有城市化的生活方式。因此，大珠三角的小城市和小城镇体系发育的相对滞后，表明这一区域的核心城市和次核心城市的引力场，并没有我们想象的那么强大。大珠三角的小城市和小城镇体系会面临两种前景：一是顺利地承接核心城市和次核心城市结构调整中的要素回流，真正融入大珠三角的次核心区；二是在交通、信息等基础设施得到长足发展之后，核心城市、次核心城市可能越过行政区划的界限，在大珠三角的外围开辟更广阔的经济腹地。显然，这种"夹生饭"状态的"城市化"，对未来大珠三角都市带的发展是不利的。

三、边缘地带要素承接能力及城市化分析

从更大的地理空间看，粤东地带、粤西地带、广东北部山区、近邻的福建、江西、湖南、广西、海南等省部分地区，共同构成了大珠三角的"边缘区"；从历史的和现实的经济联系看，云南、贵州、四川、湖北的部分地区，也可能构成大珠三角的"边缘区"。根据J·弗里德曼（Jhon Friedman，1967）的"核心—边缘"理论，大都市带的形成和发展，将推动更大的空间经济形式（如区域一体化）的产生和发展。这种更大的空间经济形式发生在核心区工业化成熟阶段以后，核心区和边缘区的要素开始全方位的相互流动（而不是工业化初期阶段的流入和工业化成熟阶段从"核心区"到"边缘区"的溢出为主要特征），空间经济逐步走向一体化。从城市化发展来看，核心区形成多核心的城市群体（大都市带）既是区域经济一体化的结果，又是加快区域经济一体化的主要动因之一。核心区城市化与区域经济一体化发展的关系表明，要在依托核心区构建大都市带，至少需要两个方面的条件：核心区工业化基本完成和广阔边缘区作为大都市带的经济腹地，以满足与大都市带的经济社会互动要求。

整体上看，目前珠江三角洲地区正在进入工业化成熟阶段，表明大珠三角目前的城市化水平与"大都市带"相比，还有相当距离，但也说明

这一地带开始出现形成大都市带的趋势。按照城市引力的"距离衰减规律",可以把珠三角的边缘区划分为以下几个圈层:汕尾、河源、清远、云浮、阳江等珠三角周边城市构成的相对近邻圈层,汕头、揭阳、潮州、梅州、韶关、茂名、湛江等城市构成的相对中间圈层,福建、江西、湖南、广西、海南、云南、贵州、四川等省部分地区以及东南亚的部分地区构成的相对疏远圈层。

四、构建大珠三角都市带的若干对策思考

珠江三角洲地区大都市带城市体系正处于孕育过程中,在未来相当长的一段时期内,其核心城市、二级中心城市以及边缘地带的城市功能定位以及经济利益关系将处在不断调整和变迁过程中。在大珠三角已经形成多核心城市的基础上,必须依据城市化发展的内在规律,进一步做好大珠江三角洲地区城市结构调整和功能定位,推动大都市带的形成和发展。

第一,加快核心城市发展,注重平衡核心城市规模。核心城市能否发展到一定的数量和规模,是决定大都市带乃至大经济圈能否成功构建的关键因素。如前所述,当前珠江三角大都市带的核心城市条件已基本具备,但存在两个明显缺陷:规模偏小和结构不均衡。除了核心城市主导产业规模偏小以外,其人口规模也偏小,广州、深圳、珠海、香港、澳门等城市的人口,均未超过1000万人,城市总人口中,还存在大量从事非城市产业、素质相对偏低的居民,这些都削弱了核心城市的主导和带动功能。在城市结构上,不论是经济实力还是人口规模,"澳门—珠海极"明显弱于其他两极,因此,在未来大珠三角都市带的核心城市建设过程中,一方面要制定科学的产业政策和人口流动政策,壮大核心城市产业实力,在不断提高城市设施承载能力的基础上,继续鼓励人口特别是高素质人才向核心城市及其周边的城市集群聚集。另一方面,要注意加快澳门和珠海的城市规模建设,扩大其经济总量和人口规模,使之能在未来发挥核心城市的作用,成为带动大珠三角西部边缘各圈层经济社会发展的新"增长极"。

第二,科学规划城市功能定位,实现城市产业有序分工。尽管大都市带是区域经济一体化进程中城市化发展的高级形态,但是,在大都市带内部各不同等级城市的功能定位却不尽相同。一般而言,在大都市带中核心城市的功能应当是开放的和综合的,为之服务的中小城镇则不一定要求全

面、综合，而大都市带的边缘地带则主要是承接来自核心区的辐射作用并为大都市带提供相关要素支持。因此，整体上来看，广州极、香港—深圳极、澳门—珠海极等核心城市，应定位在综合型城市和国际型城市，而不是只片面强调"高科技城市""旅游城市""教育城市"等功能单一的城市。当然，在核心城市内部，进行适当的产业分工和职能分工，在某些区域从事专业生产和专门活动，如规划高新技术园区、大学城、产业带等等，或者利用自身的优势资源发展主导产业也是必要的。二级中心城市（次核心城市）在功能定位上，要更多地突出其专业优势分工的特色，能够有效地聚集本地区特色资源，培植地区支柱产业和地方特色产业。目前，在珠三角各二级中心城市产业发展中存在的突出问题，仍是产业结构趋同、产业平均规模偏小和专业性不强。在未来的大珠三角都市带的产业调整中，应当打破行政区划界限，实现产业跨区域整合，对产业结构趋同的地区立足于规模整合，对特殊资源地区实施专业性和特色性产业培植。在边缘地带城市化发展上，应当大力发展城市基础设施，加快建设通向大都市带特别是核心城市的交通网络体系，加快培育本地带的二级核心城市，尽早发挥大珠三角经济腹地的功能。

第三，加快制度创新，建立跨区划城市协调机制，减少大都市带建设的制度壁垒。在以大珠三角都市带为核心区的"泛珠三角"区域经济圈层中，既包括政治制度和意识形态与大陆明显不同的港澳地区，也包括广东珠三角各城市，还包括经济技术呈现明显梯度差异的粤东、粤西、粤北和周边省区。在跨行政区划的区域经济一体化进程中，必然要碰到种种制度障碍。因此，建立跨区划的城市发展协调机制，是构建大珠三角都市带的关键。由于城市化建设是综合的和复杂的，这种跨区划协调机制应当包括城市管理制度协调、城市要素流动协调、城市基础设施建设协调、城市产业规划协调、城市安全卫生协调、城市信息资源共享协调、城市利益矛盾协调等方面。内地与香港、澳门两份《关于建立更紧密经贸关系的安排》（CEPA）的签署，已经为突破制度"瓶颈"制约，加强粤港澳产业分工合作及推进大珠三角都市带发展提供了契机。特别是货物贸易、服务贸易以及贸易投资便利化安排，大幅度降低关税水平，为粤港澳要素自由流动打下了坚实的基础。在港口、基建项目、物流服务、金融、旅游、教育、文化、体育、卫生等领域中等协调机制的形成，将更加有利于克服大珠三角都市带中香港—深圳极、澳门—珠海极的融合障碍。可以预计，未来大珠三角都市带的进一步发展，制度上、体制上将会有更大的创新和突破，进而通过建立"城市联盟"或其他有形的经济社会合作组织，将会更有效地协调好"泛珠三角"各圈层的经济、文化、制度、技术等方面的关系。

（本文与周立彩合作，原载《理论前沿》2004年第10期）

"广佛都市圈"的形成和发展动因分析
——对广州、佛山产业结构变动的实证研究

自20世纪90年代末期"广佛都市圈"的构想被提出以来，广州市一直把"西联"作为城市发展的战略目标之一，佛山也通过行政规划的调整，创造了与广州融合的更大空间。在"广佛都市圈"的大多数关注者看来，广州和佛山并没有像专家们预测的一样，很快地交融、聚合为一个城市联合体。相反，广州的"东进"和"南拓"力度似乎更大，萝岗、南沙两区的设立或可印证这一推想；佛山则集中力量努力构建禅城和大良为核心的两大城市组团。这里涉及一个区域经济学的基本问题——都市圈的形成和发展动力问题。

"核心—边缘"理论和区域圈层理论都认为，区域经济的运行实质上是区域经济要素和地理要素运行的集合。因此，可以将区域经济运行过程的所有现象，近似地归咎为资源要素和产业集群集聚或扩散。也就是说，研究一区域产业结构空间上和时间上的变迁，是研究该区域内各地带间整合、交融、优化以至走向一体化的入口。从这个意义上讲，"都市圈"的形成是"经济圈"形成过程必然产生的地理现象，而"经济圈"的发育和发展则是区域产业结构整合变动的结果。因此，研究广州和佛山产业结构和产业布局的变动轨迹，是研究"广佛都市圈"形成、发展动因的入口。

一、广州、佛山产业结构分析

（一）广州、佛山的三次产业结构的比较分析

改革开放20多年以来，广州与佛山的经济取得了长足的发展，其经济发展水平位于全国前列。到2004年，广州的国内生产总值已经达到了4115.81亿元，人均为56300元，佛山的国内生产总值是1653.7亿元，人

均为 47500 元，人均指标远远高于全国的平均水平。（见表1）

表1 2004年广州、佛山三次产业结构比较表

城市	GDP（亿元）	人均GDP（元）	第一产业（%）	第二产业（%）	第三产业（%）
广州	4115.81	56300	2.81	44.16	53.03
佛山	1653.70	47500	5.00	58.00	37.00

2004年，广州市的三次产业结构比为2.81：44.16：53.03，呈"三、二、一"型；佛山的三次产业结构比为5：58：37，呈"二、三、一"型。广州与佛山的第一产业占经济总量的比重均较低，从这一点，可以得出两市的工业化水平都比较高的简单推论。广州市第二产业的比重为44.16%，佛山的第二产业的比重为58.00%，高于广州13.84个百分点；而广州市的第三产业比重为53.03%，佛山第三产业比重为37.00%，广州比佛山高16.03个百分点。这表明，广州和佛山的工业化程度都比较高，但处于工业化进程的不同阶段。广州市的第三产业已高于第二产业8.87个百分点，大致处于后工业化的起步阶段，佛山则还处于工业化的成熟阶段。正是这种产业结构的差异与发展阶段的不同，为两市的产业结构的整合提供了微观基础。

（二）广州、佛山第二产业内部结构分析

为了更清楚地分析广州、佛山的产业结构的差异，需要对各次产业的内部结构进行分析，第一产业在广州、佛山两市的经济总量中所占的比重已经很低，其内部差异对两市的产业结构的影响可以忽略不计。因此，笔者主要对广佛两市的第二产业、第三产业的内部结构产业进行比较分析。

我们套用"区位商"的概念，以定量分析广州、佛山第二产业、第三产业的区位优势。根据相关的统计资料计算分析，广州、佛山第二产业内部各行业的区位商如表2所示。

表2 2003年广州、佛山第二产业内部各行业区位商对比

序号	行业名称	广州	佛山	序号	行业名称	广州	佛山
1	食品加工业	0.483	1.142	2	食品制造业	1.135	0.633
3	饮料制造业	0.816	1.147	4	烟草加工业	2.581	0.454
5	纺织业	0.821	1.2	6	服装及其纤维制品制造业	1.142	0.973
7	皮革、毛皮、羽绒及其制品业	1.604	0.847	8	木材加工及藤、棕、草制品业	0.603	1.773
9	家具制造业	0.912	1.03	10	造纸及纸品业	1	1
11	印刷业	0.748	0.759	12	文教体育用品制造业	1.049	0.878
13	石油加工及炼焦业	1.653	0.252	14	化学原料及化学制品制造业	2.192	0.558
15	医药制造业	1.442	0.671	16	化学纤维制造业	0.538	1.559
17	橡胶制品业	2.453	0.371	18	塑料制品业	0.967	1.409
19	非金属矿物制品业	0.827	2.602	20	黑色金属冶炼及压延加工业	2.010	0.336
21	有色金属冶炼及压延加工业	0.987	3.743	22	金属制品业	0.765	1.535
23	普通机械制造业	1.564	0.787	24	专用设备制造业	0.694	1.235
25	交通运输设备制造业	3.321	0.635	26	电气机械及器材制造业	0.787	2.776
27	电子及通信设备制造业	0.383	0.307	28	仪器仪表及文化办公用品制造业	0.264	0.918

资料来源：据《2004中国统计年鉴》《2004广州统计年鉴》《2004佛山统计年鉴》计算整理。

经计算比较佛山工业门类在珠三角、广东省及全国的区位商，可以得出以下推论：

第一，佛山的电器机械及器材制造业，非金属矿物制品业，有色金属

冶炼及压延加工业，木材加工及藤、棕、草制造业，塑料制品业，饮料制造业这几类行业无论在珠三角、广东省，甚至在全国都拥有比较优势。

第二，广州和佛山两市在第二产业内部结构上的互补性很强，产业同构现象不明显。广州以"交通设备制造业"为代表的12个行业的区位商大于1，佛山以"有色金属冶炼及压延加工业"为代表的12个行业的区位商大于1。这一状况表明，广州和佛山两市的制造业在全国有比较强的竞争力。佛山市工业已经形成了家用电器、纺织服装、陶瓷以及其他建材、金属材料加工及制品、装备制造、电子信息、食品饮料、塑料制品、精细化工及医药、家居用品制造共10个各具优势的行业。广州市以运输机械制造、重化工业等基础产业为龙头，产业发展已经显现出了重型化的特征；而佛山则形成以传统的陶瓷、家电等电器材产业为主题的轻型工业化结构。

第三，从表3可以看出，广州、佛山两市制造业的全国区位商排在前6位的行业各不相同，这进一步显示了广州与佛山的第二产业有非常强的互补性，也就是说，广佛两市的产业关联程度比较强。广州的钢铁、石化等基础产业正在为佛山的家电、塑料制品等轻型工业提供原材料；佛山又以广州为其庞大的轻工业制品的巨大消费市场。这种第二产业内部的差异也为广佛两市的产业整合提供了微观基础。

表3 2003年广州与佛山第二产业中主要行业区位商对比

位次	广州全国制造业区位商前6位行业	区位商	位次	佛山全国制造业区位商前6位行业	区位商
1	交通运输设备制造业	3.321	1	有色金属冶炼及压延加工业	3.73
2	烟草加工业	2.581	2	电气机械及器材制造业	2.78
3	橡胶制品业	2.453	3	非金属矿物制品业	2.6
4	化学原料及化学制品制造业	2.192	4	木材加工及藤、棕、草制品业	1.78
5	黑色金属冶炼及压延加工业	2	5	化学纤维制造业金属制品业	1.56
6	石油加工及炼焦业	1.653	6	金属制品业	1.52
7	皮革、毛皮、羽绒	1.58	7	塑料制品业	1.41

资料来源：据《2004广州统计年鉴》《2004佛山统计年鉴》《2004中国统计年鉴》整理。

(三）广州、佛山第三产业的总量与内部结构分析

从现状看，广州产业结构的第三产业化日趋明显。2000年，广州的第三产业在三次产业中的比重已超过第二产业；到了2004年，广州第二产业产值比例进一步提高至53.03%，广州经济向服务业转型的步伐明显加快。这期间佛山的第二产业在三次产业结构的比重虽然也在提高，但与广州相比，其发展规模明显不如广州：2004年广州第三产业增加值为2182.61亿元；佛山只有611.87亿元，仅及广州的28.03%。

表4 2002年广州、佛山第三产业内部结构比较

序号	第三产业行业名称	增加值构成（%）	
		广州	佛山
1	交通运输、仓储及邮电通信业	28.16	29.17
2	批发零售贸易、餐饮业	18.03	24.45
3	金融保险业	10.35	7.98
4	房地产业	6.74	9.99
5	社会服务业	17.40	11.70
6	卫生体育和社会福利业	3.95	3.38
7	教育文艺及广播电影电视业	6.19	3.88
8	科学研究和综合技术服务业	1.93	0.96
9	国家机关、政党机关和社会团体	6.38	6.10
10	其他行业	0.50	0.95

资料来源：根据《2003年广州统计年鉴》《2003年佛山统计年鉴》整理。

表5 2002年广州与佛山第三产业主要行业比较

位次	广州	比重（%）	佛山	比重（%）
1	交通运输、仓储及邮电通信业	27.05	交通运输、仓储及邮电通信业	29.37

(续表5)

位次	广州	比重(%)	佛山	比重(%)
2	批发零售贸易、餐饮业	18.46	批发零售贸易、餐饮业	24.71
3	社会服务业	18.21	社会服务业	11.27
4	金融保险业	11.90	房地产业	10.32

资料来源：根据《2003年广州统计年鉴》《2003年佛山统计年鉴》整理。

如前所析，广州与佛山第二产业之间存在的差异性大于同构性，因而两地的第二产业具有强烈的互补性。对广佛两市第三产业内部结构的分析表明，广州与佛山的第三产业之间存在明显的趋同化（见表4）。广州与佛山第三产业内部占前三位的，都同样为交通运输、仓储及邮电通信业、批发和零售贸易、餐饮业、社会服务业（见表5）。

广州与佛山两市第三产业总量的差异，显示在珠江三角洲经济区中，广州作为区域的物流中心、交通中心、金融中心的地位是不可置疑的。而广佛间第三产业内部的趋同化，则可以解释广州第三产业的发展水平，特别是生产服务业的发展水平，尚不足以满足整个经济圈的服务需求。因此，佛山第三产业的发展，是从另一个方向对广州第三产业发展不足的补充。从这个角度看，广佛之间第三产业内部结构的趋同，是广佛经济圈发育的产物，也是巩固和发展广佛经济圈的必然要求。

二、广佛产业的空间分布分析

（一）佛山的产业布局及其特点

从产业空间布局上看，目前佛山基本形成了南海北部的有色金属集群、五金加工业集群；禅城中部、西部的陶瓷产业集群；顺德东部和中部的家电业集群、机械业集群；顺德西部的家具制造业集群；南海西南部的纺织服装业集群；三水中部食品饮料业集群；等等。

佛山第三产业中的交通运输业集中分布在南海北部、广佛、佛陈沿线；商贸零售业主要集中在禅城—桂城组团和大良—容桂组团；房地产业主要集中在南海北部、顺德东北部和禅城、桂城中部;旅游业主要分布在禅城、大良、西樵、西南少数地方。

佛山的产业布局主要特点:①第二产业的空间集聚度相对较高,一批制造业的产业集群已经发育成熟。②第二产业集聚的空间地域与行政区划并不一致,即某一集聚度非常高的产业带通常都是跨越两个以上行政区划的。如乐从—龙江的家具业产销带、石湾—南庄的陶瓷产业带、大良—容桂的电器制造业带等。③第二产业的各产业集群之间缺乏内在的经济技术联系。④第三产业的空间布局比较窄小。⑤整体上看,不论第二产业,还是第三产业,在佛山市的空间分布都很不均衡。⑥佛山产业布局的现状及其特点,是在市场机制的作用下形成的,因而具有自发和非均衡推进的特点。

(二) 广州的产业布局及其特点

20世纪90年代末期以来,广州中心城区的第二产业呈现出向东部、南部转移的趋势,广州东部除了原来的石化、汽车产业群之外,已形成新的轻工业产业集群,与广州北部和南部一起,构成了环状的轻工业产业带;广州南部的重化产业化的趋势也逐渐明显。

资料表明,2004年广州的9个区中,荔湾区、越秀区、天河区、白云区、芳村区这5个区的第三产业增加值高于第二产业,对此应进行具体分析。第一,白云区的工业发展水平相对于其他各区一直偏低,所以第三产业增加值的比重较高。第二,土地面积仅有25.2平方公里的越秀区,2004年该区创造的第三产业增加值占广州全部第三产业增加值的近1/3,越秀区无疑是广佛都市圈中第三产业集中度最高的区域,也是发展第三产业最有比较优势的区域。第三,天河区与荔湾区的土地面积分别为147.77平方公里和11.8平方公里,创造的第三产业增加值也占广州第三产业全部增加值的1/4左右。第四,由于东山区与越秀区合并,荔湾区与芳村区合并,目前的新越秀区、新荔湾区和天河区这三个连成一片的行政区,创造了广州七成以上的第三产业附加值。

如上所析,广州产业布局的特点是:①第三产业主要集中在越秀区、荔湾区、天河区三区,这三区构成了广州城市集群的核心层;②白云区南部、黄埔区西部、海珠区和番禺区北部,共同构成广州城市集群的中间圈层,第二产业、第三产业都在较快地发展;③萝岗区、南沙区、增城市以及番禺区南部、白云区北部、黄埔区东部,共同构成广州城市集群的外圈层,是广州重化工业、汽车工业的集聚地域。

广州城市集群的三个圈层的形成及其产业布局上的分化,既有市场机制和历史因素的影响,但也有比较强烈的政府引导的特征。最近广州行政区划的调整,就明显体现出在广州市行政区划内全方位重构产业布局的意图。因此,未来广州的核心区和中轴线,也基本上被确定在天河北、海心沙直至市桥、南沙一线。有专家认为,新中轴线的走向,可能导致广州城市集群的内核层西移,从而可能导致荔湾—越秀的产业空心化,广州的"西进"构想和"广佛城市圈"的形成会受到一定的影响。

三、产业整合优化与巩固"广佛经济圈"的基本思路

(一) 基本思路

对广佛两市产业结构和产业布局的现状和发展趋势的分析,目的还是在于通过客观描述"广佛经济圈"的形成动因,说明构筑"广佛城市圈"的基本路径。

广佛两市第二产业内部结构的异构化和第三产业内部结构的同构化是广佛两市产业互补的前提。客观地说,佛山市第二产业结构的变化和现状,基本上是不与广州市的产业结构同步变动的,佛山第二产业的内部结构,并不是依附于广州形成的,以更广阔的视野来寻找佛山第二产业和广州第二产业异构化的原因,最直接的答案是:包括佛山在内的整个珠江三角洲的工业产业结构,基本上都是在上一轮的国际产业结构的调整中,通过香港的核心区带动功能,依靠"两头在外"而形成的。只有跳出本行政区划的局限,站在经济区域的角度,才能真正理解产业结构变动升级、优化互补的动因在于市场机制,也才能对"经济圈"和"都市圈"的形成做出合乎常理的解释。因此,由包括香港在内的,以香港、广州、深圳、佛山等为支点的"大珠三角经济区",发育成为多核的"大珠三角都市圈",其人口数量和经济规模对整个国家的影响力,才比较符合戈特曼关于"都市圈"的标准界定。我们在考虑广佛之间的关系时,首先要弄清楚广州和佛山在未来"大珠三角都市圈"中,将处于什么位置,将承担什么职责,再进而考虑在"大珠三角都市

圈"的大格局中，在国际、国内多个因素的综合作用下，广佛之间的经济关系将朝着什么方向发展。

（二）关键在于确定好"广佛经济圈"中的产业布局

区域经济运行中最表层的矛盾，往往是一区域自身产业结构和更大区域间产业空间结构的矛盾。解决这一矛盾的关键，在于确定好自身的产业布局。

就构建"广佛经济圈"而言，首先是按照产业集群发展规律的要求，继续强化越秀—荔湾作为广州核心区的功能，大力推进佛山北部、东部地带的第三产业（主要是交通、仓储、房地产业）的发展，并使之与越秀—荔湾第三产业集群对接，形成"大珠三角都市圈"中东西走向的第三产业轴带。在这一轴带中，"越秀—荔湾"的第三产业集群主要以生活服务业为主，尤其要重视发展"总部经济"。佛山北部、东部的第三产业集群则应立足于珠三角产业结构整体趋于重型化的契机，以发展生产服务业为主。

其次，要把握广州重化工业带南移的动向，加快佛山边缘地带的交通设施建设，在顺德区东南部、南海区南部和高明区，形成与广州重化工业和汽车制造业发展配套的新的工业集群。

最后，佛山现有的轻工业加工业面临着产业升级以增强竞争力的问题，产业布局上有必要加大向佛山西部和广州北部丘陵地带的推进力度。同时，应支持和鼓励一部分轻工企业向珠江三角洲外缘山区地带和我省东西两翼转移，为佛山的产业升级腾出空间。

（三）制定合理的产业布局政策

"广佛经济圈"的发展主要是靠市场的机制来起作用，但这并不意味着可以忽略政府的作用。制定"广佛经济圈"产业布局政策时，相关职能部门可以采用的手段有：①通过联席会议制度制定产业布局规划，按照发挥比较优势、合理分工协作的原则，根据各地区经济的实际情况和发展趋势，确定广佛各地带产业发展的目标和重点，鼓励跨行政区划发展优势产业群，实现产业布局的合理化。②在通过财政拨款、引进外资等方式筹集建设资金时，两地政府可根据产业布局的要求，引导投资者恰当选择投资地区，发展高新技术产业；或直接投资兴建基础设施，兴办必要的国有控股企业，以改变布局不均衡的资源配置状况。③广佛两市政府共建信息平台，统一发布产业信息，以克服投资者由于信息不充分、不对称在产业选择和布局选择上的盲目性。

（本文与郭超合作，原载于《广东经济》2006年第1期）

略论宏观改革对地方经济的影响

1994年年初以来,为了突破长期以来制约经济发展,制约市场经济主体发育的体制"瓶颈",我国采取了宏观调控体系改革先行的重大战略,财政、税收、外汇等领域改革措施迅速出台实施,金融、外经贸、计划、投资等领域的改革也已确定思路,开始起步。宏观调控体系改革措施的密集出台,已给地方经济带来了巨大的冲击。正确地认识宏观调控体系改革的特点和影响,才能及早确定地方政府和地方企业的对策措施。

一、准确把握1994年我国宏观调控体系重大变革的特征

1993年11月,中共十四届三中全会通过了《关于建立社会主义市场经济体制若干问题的决定》,这一决定明确勾画出我国新经济体制的基本框架,提出了我国经济体制改革必须全面推进的战略构想。在此后两个多月召开了一系列基层会议上,虽然提出了将深化企业改革和宏观调控体系改革作为1994年体改工作重点的方针,但在实际操作中,中央首先出台的是财政体制、税收体制、外汇体制等领域的重大改革措施;宏观方面的金融、计划、投资等体制改革尚未真正启动,建立现代企业制度的试点工作会议年底才召开,而且仅要求在小范围内进行试点。由于上述宏观改革措施带来"趋紧"而不是"趋松"的调控倾向,有些地方的党政领导和企业领导由此认为,这些措施可能还是20世纪80年代以来若干次宏观紧缩措施的重演,寄希望于经济的预期波动和宏观政策的再次调整,因而表现得比较消极和被动。

毋庸置疑,中国实行改革开放16年来的直接成果之一,就是伴随着不断向下的"放权让利",在全国形成了若干个相对独立于"中央经济"的利益集团,地方经济就是其中较为活跃的一个。地方经济作为"体制外"(传统的高度集中的计划经济体制外)的新的生产力生长点,在调动各方积极因素、冲击传统体制、推动国民经济迅速发展等方面,已发挥了

不可忽视的重要作用。地方政府和地方企业（地方国营及市、县、镇直属的企业）作为地方经济运行的"双重主体"，其经济行为必然受到两者共同的经济利益约束。由于地方企业大多是地方政府直接投资或引导而建立起来的，其效益构成了地方政府的主要财源，因此，地方经济又具有较强烈的内聚性，在各地方经济之间，地方经济与"中央经济"（"体制内经济"）之间既存在共同利益基础上的协调机制，也可能存在不同利益驱使下的摩擦机制或冲突机制。应该说，在共同目标一致的前提下存在着摩擦、冲突机制，是十分必要的，适度的公平竞争和利益制衡，是经济活动富有生机和活力的根源所在。因此，不应该也不能指望任何宏观的经济决策能完全地被地方经济的决策主体认可。

1994年开始的宏观调控体系改革带有如下特点：

第一，财税、外汇体制改革措施是作为已明确了的国家经济体制改革总体方案中的一个重要组成部分出台的，有着明确的指导思想和远期目标，不再是"摸着石头过河"的试验，绝大多数也不属于周期性的随机调控手段。

第二，按照现代市场经济的一般准则来规范各经济利益主体的经济行为，这是我国经济获得持续、稳定发展的内在要求，因而是不可逆转的客观趋势。这是1994年以来我国实行的分税制、改革工商税制和汇率并轨等重大改革措施出台之后获得普遍支持，取得较大收效的主要原因。

第三，1994年宏观调控体系改革基本上仍局限于财政、税收、外汇三个方面，改革严重滞后的金融体制反而未有实质性动作。其主要原因有二：①将宏观改革重点置于财税体制，表明宏观决策者是按照改革成本最小（从一定意义上讲近乎"负成本"）、效用最大化的原则来选择的。对中央与地方、政府与企业利益关系进行调整，使之趋于符合现代市场经济规范，既可以借助于中央政府的行政权力，改革变形或受到抵制的风险等负面作用，也易于受到控制。②此次宏观改革是在我国经济运行处于高涨期，通货膨胀压力较大的条件下开始的，财政体制改革和税收体制改革的诸多目的之中，蕴含着抑制投资需求膨胀的短期目标和彻底铲除投资软约束机制的长期目标，因而使地方经济的决策者感受出"趋紧"的压力。另外，在核定专业银行资本金，使之转为商业银行的改革目标和暂时放慢金融体系改革步伐，利用各专业行回笼货币，控制货币供应量的现实目标二者之间，宏观决策者显然选择了后者而避开了风险较大的前者。

第四，各项宏观改革措施出台力度虽大，但相应的实施细则、过渡性规定等准备得较为仓促，特别是在处理规范管理和现实操作适当优惠扶持的关系方面更显得经验不足，花费了大量时间颁发"补充规定"，以调整关系，堵塞漏洞，形成共识。

二、客观地估计1994年宏观改革对地方经济的影响

地方经济既然作为相对独立的利益主体介入经济活动，也就必然以自身的利益得失为准则，去评价外界经济环境的任何变化。当然，这类评价往往是带有较强烈的主观色彩的，很多情况下，甚至被地方政府作为向其他利益集团，其中也包括向中央政府讨价还价、要求调整宏观政策的筹码。因此，必须客观而准确地评价1994年宏观改革措施对地方经济的影响。

以广东省的市场经济为研究对象，对1994年宏观改革措施所造成的"负面影响"大致有如下反映：

（1）地方政府自身的财力减少了，运用地方财政杠杆进行调控能力也削弱了，对于实施各地原已制定的经济社会发展战略，对于扶持地方企业，都增加了难度。据反映，由于1993年地方财政的超常规增长，基数增大后，加之中央、省二级对地方财政分配项目有所调整，各市、县财政收入普遍要增长20%左右，才能维持1993年的财政支出水平。

（2）理论上讲，扩大增值税征收范围总体上并不会加重企业税负。但由于部分企业仍可继续使用一般发票，加上税务监管上难以完全到位，无形中削弱了严格使用专用发票的企业产品在市场上的竞争能力。

（3）先征后退的措施，虽可保证国家税源不至于流失，但企业必须扩大流动资金规范。特别是出口退税难以及时兑现，导致部分出口加工企业和外贸企业资金周转困难。

（4）汇率并轨后，进口成本增加，对于进料加工复出口的企业影响颇大，而这类企业在地方经济中占有相当比例。此外，也加重了主要依靠利用外资来支持增长的广东地方经济还本付息的负担。

（5）由于宏观改革措施不配套，地方企业进入市场后，宏观的计划、投资、外经贸体制仍保留"双轨制"，加上与计划经济体制相适应的金融体制，使得地方经济难以注入急需的技术改造和产品更新的资金，长久来

看,将影响地方经济结构的升级。

应该说,从地方经济运行主体来看,上述各种情况确实存在,确实对地方经济的发展产生"负面影响"。由于宏观改革措施与宏观调控措施交织在一起,地方政府既希望有更宽松、更符合市场经济要求的外部环境,又希望在内部继续保留传统的集中管理体制和行政管理手段,要对1994年宏观改革措施做出科学评价就比较困难。笔者认为,判别一个或一组宏观改革措施是否得当,关键是看这些措施是否有利于地方的社会生产力的发展;在目前的情况下,具体是看促进了还是阻碍了该地方的市场机制的发育和市场经济主体的形成,因而也就应从一地方经济的较长周期,而不应只从某一局部某一时期的增长速度上考察评价。从这一评价尺度出发,可导出如下认识:

第一,地方政府财力受到约束,实质上是制度变迁中利益分配规则重新确立的重要一环。如前所述,我国地方经济利益集团的形成,源于宏观决策者16年来一直采取的局部均衡进而带动新的制度扩散政策,这是合理地利用"体制外"各种资源要素,使改革的边际成本趋于最低的最佳选择。然而,16年来的改革进程,使不断发育的地方性利益集团所掌握的经济决策权越来越大,由于权力的非连锁性和责任的连锁性的矛盾,地方经济主体的投资及其他资产经营活动,既表现为绕开体制障碍,给经济运行注入新的生机和活力;又表现为转轨期内典型的无约束与无序状态。地方经济较长时期内的无约束与无序,成为宏观角度直接感受到的投资需求膨胀、盲目恶性竞争、产业结构同构化的主要诱因之一;而地方经济内部政企间的浓厚行政色彩,又使得地方政府无法摆脱竞争性投资主体的角度,地方企业缺乏按照市场经济要求转换经营机制的活力和动力,市场准入和市场竞争的规则尚未走向规范。从这个角度上看,地方经济权力过度膨胀,是不利于有限资源的合理配置的。从长远上看,也会阻碍本地经济持续健康地发展。通过实行规范化(而不是计划性"平调")的分税制和工商税制,适度地约束地方经济的权力和投资欲望,迫使地方政府不再充任竞争性投资主体,对于保证地区间、企业间的平等竞争,对于统一开放的市场的形成,都是有利的。从全局和长远上看,地方经济的发展速度会更快、更稳定。

第二,关于地方企业税负加重,投入减少,以致影响市场竞争能力和发展后劲的问题,目前似乎表现得还不够充分。就1994年当年情况看,地方经济的发展速度普遍仍高于"中央经济"。而支持地方经济较高发展速度的，主要是"村及村以下企业"（即所谓"后三级"企业）。可见，受宏观改革措施影响较大的，是隶属于各级地方政府的"地方企业"（即所谓"镇及镇以上企业"）。应该说，对这类"地方企业"的影响也是双重的。"地方企业"同国有企业一样，长期来也存在产权关系不明晰、产权主体虚置问题。部分地方企业的经营者和职工也缺乏对企业财产经营状况的充分关心，企业经济效益长期低下，地方代为监管的国有资产和集体资产，在"搭便车"和"寻租"双重蚕食下，严重地流失。可见，产权不明晰的"公有制"和计划经济体制残余相结合，是经济效率低下、腐败现象滋生的土壤。新的工商税制的推行，给地方企业创造了平等竞争的环境。那些长期吃政府补贴，负盈不负亏，靠全额贷款维持运转，企业资本金结构劣化的地方企业，首当其冲地感受到市场的压力，其中的某些企业可能破产倒闭。这是地方经济要素按照市场机制要求实现重组，实现结构优化的必经途径，是新体制的扩散，而不是旧体制的复归。当然，这一过程必然要求地方政府和地方企业支付一定的改革成本，如资本存量按预期收益核减，失业职工的安置费用、社会保险体系的建立费用等。但从长远上看，地方经济是可以获得较稳定的回报的。

第三，地方企业所受到的负面影响，确有部分来自宏观方面，但主要并不是来自宏观的改革措施，而是来自"双轨制"的宏观调控体制。由于高居不下的通胀压力，尚未切实转变职能的某些宏观调控部门，仍习惯于传统的"一刀切"方法，这就使部分效益好、机制优的地方企业，被不分良莠地"切一刀"，有的甚至连维持日常周转的流动资金也被抽走。这种传统的行政调控方法，历来都是维护调控主体利益的，地方经济的正常和正当利益通过"超市场"的渠道被转移了。由于这些行政调控措施被等同于西方市场经济国家的"直接干预措施"，伴随着宏观改革措施一起作为随机调控工具推出，因而难以将其影响抽象出来分析。另外，有些宏观改革措施的出台由于稍显仓促，配套细则不齐备，宣传力度不够，因此也未能收到原来的预期效果。

三、地方政府和地方企业可采取的对策

宏观改革措施带来的影响已成为不争的事实，采取回避的态度或抵制

的态度，都是不现实的。笔者认为，地方政府和地方企业只有在接受现实的基础上，冷静观察，立足自我，才能重新居于主动地位。具体对策可有以下几点：

（1）积极顺应新的财政体制，重塑地方财政职能。在分税制将于1996年正式施行，过渡期即将结束之际，地方政府和企业领导应对新的财政体制进行充分研究，熟悉基本精神和实施细则，适应新的财政分配关系。首先，要进一步明确各级地方政府间的财权与事权，以便与中央对地方的分配关系衔接，避免由省或市一级政府独力承受要求财政增收的压力。其次，要加快地方财政体制改革步伐，尽快完成由过去的建设性财政向公共性财政的转换，地方财政不能再充当竞争性投资主体，也不应由财政担保介入资金拆借活动。最后，要按照市场经济的一般准则处理地方财政职能转换过程中的"溢出"资金，不应采取过去的"平调"方式。可以省为单位建立可上市的地方经济发展基金，由基金会负责基金筹集和管理。这样，可按照有偿使用资金和风险竞争原则，引导纳入基金管理的地方资金、外资、社会游资的投向，使宏观产业政策和地方发展战略融为一体。

（2）加快地方政府职能转变，创造良好的投资环境。地方财政职能的转换无疑将牵动地方政府各经济部门职能的转变，地方经济内部残存的计划经济体制不能继续维持下去，而应抓住机遇，尽快改革。地方经济的发展仍然需要大量资金的投入，但必须在认识上明确：新形势下决不能再搞低竞争力、低效益甚至负效应"大投入"，只有立足于全面规划和缜密的前期研究，才能充分利用有限的地方资源；另外，地方政府不充当投资主体之后，主要精力应放在扎扎实实改善投资环境，不单依靠政策让利，而是以环境的稳定、安全、长期高回报来吸引资金注入。因此，地方政府职能转变和行政体制的改革，是地方经济"立足自我"，寻求新的生长点的前提。

（3）努力缓解地方企业资金短缺的局面。地方企业的正常周转资金短缺的原因很多。为了适应当前市场利率高居不下和金融体制开始改革的局面，首先，地方政府和地方企业要努力争取国家的政策性投资，这就要求地方政府和企业要确定合理的产业政策和产品升级换代战略，要尽早掌握政策性投资的程序以及投标、竞标要求，努力创造政策性投资的条件和环境。其次，今后企业间的竞争将是资本实力的竞争，因此，必须逐步提高企业自有资本比例，改善资本金结构，才有资格跻身于资本市场。再次，企业经营者应舍弃过去那种"有钱就借，有债不还"的观念，掌握利率波动和汇率波动规律，尽量避开经营风险。最后，要积极发展地方性金融机构，吸聚本地或外地的资本。鼓励有条件的企业集团创办金融企业，或与金融企业相互参股，联合经营。

（4）努力建立"地方政府—地方企业"间的良性经济利益联动机制。地方经济作为相对独立的利益集团形成以来，构成地方经济主体的地方政府与其直接管辖的地方国营企业、市、县、镇直属企业之间，形成了紧密的利益联动机制。地方企业成为地方财政收入的主要来源和主要投资对象，而地方企业的投入和产出则基本上仍由地方政府制约着。如若地方财政压力过大，则直接体现为对地方企业的投入不足或加重税费负担。这种利益联动机制虽使地方经济具有一定内聚性，但也在很大程度上成为政企不分、地方企业不承担投资风险的根源。因此，应抓住宏观财政体制改革的契机，在地方经济内部建立新的、与政企职能分开相适应的经济利益联动机制。一方面要加快企业改革步伐，尽快建立以公司制为特征的现代企业制度，实行项目建设的公司法人制，使投资风险由项目法人和投资者共同承担，企业按照效益原则自主约束投资行为。另一方面，地方政府应在力所能及的前提下，尽量减轻地方企业的税费承担，保证企业能获得正常的补偿、正常的利润，以使企业具有自我发展的能力。同时，要努力使地方财政收入的来源多元化，当前特别要注意加强对地方税、共享税中新开征税种的征管，如土地增值税、个人所得税、固定资产投资方向调节税、遗产与赠予税，以建立稳固的地方税源。

（原载《岭南学刊》1995 年第 4 期）

转型期广东区域工业化与地方政府机构改革

我国的经济转型是一个涵盖经济结构调整、经济布局优化和经济体制改革的复合转换过程。1978年,广东率先开始了经济转型,走上了区域工业化的快车道。目前,广东已建立起以石油化学工业、汽车制造业、机械与电器设备制造业和轻工纺织工业为支柱的现代工业体系,成为世界性的出口加工基地之一。本文将以广东为例,对经济转型、区域工业化和地方行政机构改革三者之间的关系进行分析。

一、问题的缘起和研究的样本

关于行政区划与经济区域之间的重合与错位关系,一直是区域经济学和区域公共管理学的研究对象。近年来,在经济全球化和区域经济一体化的大背景下,研究重点主要集中于生产要素跨政区配置和流动问题。市场经济国家也存在政区间经济目标的竞争问题,但地方政府通常会进行自我约束,使自身的干预行为不至于损害市场配置资源的基础性功能。转型国家则不然,区域经济的运行原来长期根植于计划经济体制之中。有的学者据此认为,在现代市场经济体制未完善之前,地方政府继续发挥主导功能,可以弥补市场发育不足的缺陷,加快本政区的工业化进程。目前,我国内地的研究主要集中于两个方面:一是关于转型期行政区经济的表现、形式、根源的研究;[①] 二是重新构筑地方政府间协调、合作机制(如构筑多中心交叠嵌套、自主治理的复合行政等)问题的研究。[②] 这些研究成果深刻地揭示了我国经济转型期行政区经济的必然性和过渡性,指出了从根

---

① 参见刘君德、舒庆《中国区域经济的新视角——行政区经济》,载《改革与战略》1996年第6期。

② 参见王健、鲍静《"复合行政"的提出——解决当代中国区域经济一体化与行政区划冲突的新思路》,载《中国行政管理》2004年第3期;参见张玉《区域协调发展与政府体制变迁的制度分析》,载《学术研究》2005年第9期。

本上转变政府职能的紧迫性。本文试图引入时间维度，通过 1978—2007 年广东工业化和广东地方政府机构变化轨迹的比较分析，对地方政府机构改革的内涵、本质、成效做出理论诠释。

广东经济与一般的行政区经济不完全相同。首先，由于广东是我国内地对外开放最早的省份，经济的外向依存度极高，自 20 世纪 70 年代末期以后，承接了香港的大量制造业企业迁移，形成了以"前店后厂"为依托的工业—服务业产业结构。粤港之间已经形成严格意义上的跨行政区划的经济区域。其次，1978 年以后广东工业化中的工业产业资本的增量部分主要源于境外资本和民间资本，中央政府和广东各级地方政府的投资基本用于基础设施，较少直接投向新建工业企业和服务类企业，因此，市场机制在广东工业化进程中的作用比内地其他省份要强烈得多。最后，由于广东原来的资源禀赋程度，加上国家集中配置资源体制的影响，推动广东工业化的劳动力、原材料等资源，基本上通过市场网络从其他省份引入，广东的产业结构和经济体系是开放的。因此，广东经济并不完全符合内地学界关于"行政区经济"的定义，已成为粤港经济区域的主体部分。然而，在我国各级政府职能未根本转变、现行的财权与事权严重分离的财政税收体制下，广东各级政府又"身不由己"地努力强化本政区经济实力，以求在行政区经济的竞争中占据更加有利的地位。从这个角度看，广东经济具有更加鲜明的转型期特征，从而也更加适宜作为研究区域工业化和地方政府相互关系的样本。

二、对转型期广东区域工业化的分析

根据"配第—克拉克"原理和库兹涅茨关于产业变迁规律的解释，1978—2007 年广东的区域工业化的进程，可以近似地从较长时期的国内生产总值的增长速度、国内生产总值中三次产业的构成、地域间产业构成和集聚水平这三个方面的变化来描述。

（一）广东国内生产总值增长速度的变化趋势

30 年来，广东的地区生产总值（GDP）由 1978 年的 185.85 亿元上升为 2007 年的 30673.71 亿元，年平均增长 13.4%，超出同期全国和世界年均增长率 4 个和 10 个百分点。图 1 反映了这一期间广东 GDP 年均增长速度的变化。

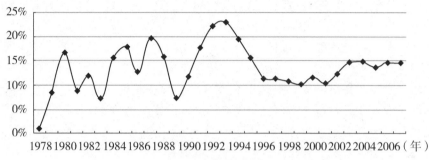

图 1 1978—2007 年广东地区生产总值增长率的变动
资料来源：根据历年《广东统计年鉴》整理制作。

如图 1 所示，假如以 12.5% 为中线，30 年间，有 14 年的增长率在 12.5% 以下，其他 16 年在 12.5% 以上。这一期间广东 GDP 的变动，大致可以分为四个较短的周期：1978—1983 年、1983—1989 年、1989—1999 年、1999—2007 年，其中，1980 年、1985 年、1993 年、2004 年分别是这四个周期的顶点。前三个周期震荡相当剧烈，第四个周期各年的增长率均在 10%～15% 间波动，整个曲线由发散趋向收敛。这一轨迹可以被解释为双轨制下政府规制和市场机制两者从冲突走向并存，最后达致并轨的协调运转。

（二）广东工业化进程中三次产业结构的变动趋势

30 年中广东三次产业的 GDP 结构由 1978 年的 29.8∶46.6∶23.6，转变为 2007 年的 5.4∶51.3∶43.3。表 1 是 1978—2007 年广东 GDP 中三次产业结构的变化情况。

表 1 1978—2007 年广东三次产业结构的变化

（单位:%）

年份	第一产业	第二产业	第三产业	年份	第一产业	第二产业	第三产业
1978	29.8	46.6	23.6	1993	16.3	49.6	34.1
1979	31.8	43.8	24.4	1994	15.4	49.6	35.0

(续表1)

年份	第一产业	第二产业	第三产业	年份	第一产业	第二产业	第三产业
1980	33.2	41.1	25.7	1995	15.1	50.2	34.7
1981	32.5	41.4	26.1	1996	14.4	50.2	35.4
1982	34.8	39.8	25.4	1997	13.5	50.2	36.3
1983	32.9	41.3	25.8	1998	11.7	47.7	40.6
1984	31.7	40.9	27.4	1999	10.9	47.1	42.0
1985	29.8	39.8	30.4	2000	9.2	46.5	44.3
1986	28.2	38.3	33.5	2001	8.2	45.7	46.1
1987	27.4	39.0	33.6	2002	7.5	45.5	47.0
1988	26.5	39.8	33.7	2003	6.8	47.9	45.3
1989	25.5	40.1	34.4	2004	6.5	49.2	44.3
1990	24.7	39.8	35.8	2005	6.4	50.7	42.9
1991	22.0	41.3	36.7	2006	5.9	51.3	42.8
1992	19.0	45.0	36.0	2007	5.4	51.3	43.3

资料来源：根据2003年《广州统计年鉴》、2003年《佛山统计年鉴》整理。

观察广东工业化进程中产业结构的变化趋势，需要注意两点：第一，这一期间广东GDP中第二产业增加值和第三产业增加值都在上升，工业增加值的比重约上升了约10个百分点，第三产业增加值的比重约上升了约20个百分点。农业增加值下降约26个百分点。第二，进一步观察表明，广东三次产业结构中第二产业的比重上升较快的年份为1983年、1987年、1991—1995年、2003—2006年；第三产业的比重上升较快的年份为1979—1980年、1984—1986年、1990—1991年、1994—1998年、1999—2002年；第一产业的比重下降较快的年份为1983—1986年、1988—1989年、1991—1998年、2000—2001年。

（三）广东地域间产业构成和集聚水平的变化

表2是1978—1997年根据国民收入计算出来的集中指数。集中指数 = $(1 - H/T) \times 100$。式中：T——全国或地区总人口，H——占全国

或全区经济总量半数的地区人口。此指数在 50～100 之间。指数 50～60，说明经济布局较为均衡；指数在 70～80，表明相当集中；指数高于 80，为高度集中。

表2 1978—1996 年广东经济布局的集中指数

年份	1978	1984	1986	1987	1988	1989	1990
集中指数	59.1	60.2	61.2	63.9	68.7	68.9	69.0
年份	1991	1992	1993	1994	1995	1996	
集中指数	69.7	69.5	75.9	79.0	79.1	80.0	

资料来源：根据历年《广州统计年鉴》计算整理。

表3 2000 年和 2006 年广东各地带重要经济指标占全省的比重

（单位:%）

年份	2000 年				2006 年			
地区	珠三角	东翼	西翼	山区	珠三角	东翼	西翼	山区
GDP	75.2	9.5	8.5	6.8	79.6	6.7	7.6	6.2
规模以上工业增加值	80.0	9.5	60.2	4.4	86.5	3.9	4.9	4.7
地方财政一般预算收入	65.8	4.1	2.8	2.9	67.0	3.1	3.1	3.9
全社会固定资产投资总额	73.1	7.7	5.4	6.5	73.3	7.0	5.9	10.6
外贸出口总额	92.2	4.6	2.1	1.1	95.6	2.5	0.8	1.0

资料来源：广东统计网。

1978 年广东的集中指数为 59.1，尚属于较为均衡的状态。1978 年以后，大量生产要素和产业向珠江三角洲地带集聚，集中指数不断上升，表明广东的区域经济布局随着工业化的进程而逐渐趋向集中并呈加速的趋势。从表2 中可以看到，1978—1984 年 6 年间，集中指数上升还是比较缓慢的，每年仅上升 0.18%。1986—1991 年 6 年间，集中指数每年上升 1.25%，其中 1987 年和 1988 年分别上升 2.7% 和 4.8%，全省经济布局的集中程度迅速提高。1992—1997年6年间，集中指数每年平均提高1.88%，其中1993年和1994年分别上升6.4%和3.1%，反映出广东的区域工业化已进入加速阶段，珠江三角洲地带的"极化"效应相当强烈。这种趋势一直延续到2006年（见表3），并导致广东内各地带间的产业结构和人均GDP产生重大差异（见表4）。

表4　2007年广东各地带三次产业结构和人均GDP

珠江三角洲	2.58：51.32：45.10	47094
广东东翼	10.70：52.46：36.84	11325
广东西翼	21.84：42.86：35.30	13637
广东北部山区	18.84：48.27：32.89	10717

资料来源：根据《广东统计年鉴》（2007）计算整理。

通过上述对广东长达30年的国内生产总值的增长速度、国内生产总值中三次产业的构成、地域间产业构成和集聚水平这三个方面各项指标的综合比较，可以这样认为：第一，这一期间是广东工业化从起步走向快速推进的阶段，2007年广东集聚发展水平总体处于工业化中期阶段。第二，从时间维度上看，广东的工业化进程仍然是隔几年上一个新台阶。1983—1987年、1991—1995年、2003—2007年是广东工业化的三个快速推进期。第三，从空间维度上看，广东的珠江三角洲地带曾作为香港的经济腹地，承接了香港的制造业转移，并与香港在产业结构上形成了稳定的"前店后厂"关系。广东经济因而具有极高的对外依存度。这一状况也导致广东省内珠江三角洲与其他地带之间工业化程度的巨大差异。第四，基于以上的分析，不论是从空间上看还是从时间上看，转型期广东的工业化都是一个不平衡的增长和阶梯式渐进的过程。因此，研究广东工业化进程与地方政府机构改革之间的关系，重点在于研究广东工业化进程各快速推进期中珠江三角洲地方政府的行为和职能的演化。

三、对转型期广东地方政府机构改革的分析

J·弗里德曼的"核心—边缘"理论，描述过一个经济区域通过不平衡的增长逐步走向成型的过程中核心区和边缘区的关系。他认为：核心区

具有带动边缘区和对整个区域施加影响的机制,即区域核心区除了自身的创新活动比较活跃之外,还因为掌握了区域内主要的物质资源、心理资源和强制性资源,并常常利用核心区作为合法的决策权力中心,把边缘区组织成一套行政区来实施管理,使其权威地位不断得到自我强化。区域内人力的(精英的)、政治的、行政组织的资源整合,是支撑这一带动机制的重要条件。J·弗里德曼的上述描述实际上已经揭示了通常位于区域核心区的地方政府,在区域工业化进程中,必须成为"人力的(精英的)、政治的、行政组织"的整合者。下面从广东一级政府机构和珠江三角洲地方政府机构两个层次,对转型期广东地方政府机构的调整和改革状况作一简要评介。

(一) 1978—2007 年广东省一级政府机构的改革

1978 年以来,广东政府机构大致经历了三轮较大的改革。

第一轮改革(1988 年前后)。为了与"建立有计划的商品经济体制"的目标相配套,这一期间政府机构开始在触及转变政府职能、缩小行政机构直接管理企业权力等实质性领域进行改革,一部分原来直接管理企业的政府主管部门被划出政府序列之外,依托原下属企业转为行业性的"总公司""集团公司"。但这些公司仍然保留着一部分行政干预权力,这一状况与当时强调通过计划主导、政府主导来弥补市场缺陷的思路是分不开的。1990 年后,广东省一级行政机构又增加至 106 个,行政机关人员急剧膨胀,达 13662 人。

第二轮改革(1992 年以后)。1992 年,建立社会主义市场经济体制已被确定为我国经济体制改革的基本方向,实行机构改革,转变政府职能,成为构筑与市场经济体制相配套的宏观调控体系的前提。改革的目标是:政府机构把属于企业的法人财产权还给企业,把配置资源的职能建立在市场配置的基础上,把原属于政府的一部分公共性职能及监督性职能转交给社会中介机构。从这一思路出发,广东省一级党政工作部门减少为 57 个,党政机关工作人员减少至 7192 人。然而,随着市场经济的进一步发展,政府职能定位与转变的滞后,政府机构设置的不合理现象,很快便暴露出来了。至 1997 年年底,省一级党政工作部门又增加到 94 个,机关工作人员为 12430 人。

第三轮改革(2000—2003 年)。这一轮改革实际上是上一轮改革的延伸和深化，但思路更为明确、力度更大。改革的目标仍然是转变政府职能，改革的重点是加强综合经济和执法监管部门，精简撤并专业经济部门。经过调整，省政府工作部门共设41个，部门管理机构3个，议事协调机构的常设办事机构1个。与上一轮调整相比，机构数量大大减少，人员精简49.4%。2003年12月，《广东人民政府机构改革方案》出台，进一步将2000年的政府机构改革思路加以规范，调整后的省政府工作部门为42个。其中，省政府办公厅和组成部门23个，直属特设机构1个，直属机构18个。这一次调整，主要是政府职能分工与机构的微调，机构数量及结构没有大的变化，人员也没有大的调整。

在经济转型和区域工业化的大背景下，审视广东省一级政府机构的演化过程，可以得出以下推论：广东省一级政府机构改革的基本方向是正确的，成效是明显的。三轮政府机构改革与1983—1987年、1991—1995年、2003—2007年广东工业化的三次快速增长期是基本同步的。

（二）珠江三角洲地方政府改革传统行政体制的勇敢尝试

1978—2007年，珠江三角洲一些地方的政府立足于自身实际，以机构改革为突破口，对原来的行政体制进行了果敢的、大幅度的改革试验，深圳、顺德就是其中的典型代表。

1. 深圳：立足于经济特区的"小政府、大社会"改革模式

深圳行政管理体制改革的重要经验之一，在于紧紧抓住"适应市场"这个"牛鼻子"，在进行经济体制改革的同时，改革旧的行政管理体制。1981—1993年，深圳市先后进行了五次行政机构改革：1981年按照"精简、统一、高效"原则，以精简机构、简政放权为重点的第一次改革；1983年通过建立"三委五办"等咨询决策机构措施来充实大系统管理体系的第二次机构改革；1986年的第三次机构改革则突出了减少管理层次，强化监管机构的重点；1988年第四次改革依据党政分开、政企分开的原则进行，以达到理顺关系、提高效率的目的；1993年的第五次改革是以"三定"、转变职能等为重点，努力探索建立社会主义市场经济体制需要的新的行政管理体制，从而使深圳市的行政机构初步达到了"职能较为明确、结构大体合理、功能比较健全、运转逐步协调、行政效率较高"的目标。

2. 顺德：以市政府机构改革带动全面改革的模式

改革开放以来，顺德的经济社会发展一直走在全省前列，但行政体制的运作也同全国各级地方政府一样面临窘境。在"集体为主、乡镇为主、工业为主"的经济发展模式引导下，地方政府逐渐成为该地最主要的投资主体和资产所有者，也成为最大的债务人。由于公有产权主体的普遍虚置，在当地经济迅猛增长的同时，也严重潜藏着粗放发展、无序竞争、侵吞公有财产、金融风险加剧等现象。当时的行政体制和发展机制，使这一切风险都转嫁到相应层次的地方政府身上。1992年，当新的发展机遇来临时，顺德市果断地决定，为建立规范的现代市场经济新体制，必须先将政府作为改革对象，通过根本性的行政机构改革彻底转变政府职能，实行政府的社会管理、宏观经济管理职能与公有资产管理职能分离，推动企业的产权制度创新，重塑具有内在激励机制和制约机制的混合经济制度，使顺德经济走上持续、健康发展的轨道。1993年起，顺德市将原60多个市级党政机构精简为29个，机关工作人员由1200多人减为800多人。原架床叠屋的专业经济管理部门首先被合并或撤销，重新按大的产业分类构建了几个具有规划、调控功能且职能互不交叉的宏观管理机构；为了防止行政机构变相膨胀，重蹈干预企业的覆辙，顺德市按照公平、公正、公开的原则，建立了符合现代政府治理理念的"权力—利益"结构，收支完全实现"两条线"，有效地切断了行政机构"剥夺企业"的经济脐带。在清产核资、明晰产权的基础上，顺德建立起与深圳相似的以资产为纽带、三层架构的公有资产管理体系，建立起覆盖全市的社会保险体系，有力地推动了公有企业改革和全市混合所有制经济结构的形成，从而比较彻底地摧毁了原行政性公司、半行政性的集团公司得以存在的微观基础。顺德的行政体制改革先行、企业产权改革为核心、社会保险制度配套的全面改革模式，极大地解放了生产力，受到了广泛关注和肯定。

（三）对广东地方政府机构改革的基本评价

第一，从调整政企关系入手，向企业放权让利，随着市场经济的发育相应地压缩或增设机构，以图适应经济基础的变革和生产力的发展，是广东各地方政府机构改革的共同特点。改革使与传统的计划经济体制相配套的行政体制受到一定的冲击，一定程度上拓展了地方和企业的发展空间，政府对市场的调控和监督功能逐步完善，随着行政审批制度、公务员制度的初步建立，政府公共管理能力和服务意识得到增强。

第二，这一期间广东省一级政府机构的三轮重大改革，深圳、顺德的大胆探索，都根植于广东工业化、经济转型和市场化取向改革的实践土壤上。因此，解放思想、实事求是，让实践来检验政府机构改革的模式，是广东各级地方政府机构改革取得积极进展的前提。

第三，由于一些地方政府的治理观念尚未彻底改变，"政府全能"的思想在一些地方仍根深蒂固，广东的政府机构改革与全国一样，不可避免地陷了"精简—膨胀—再精简—再膨胀"的怪圈。近年来政府机构和机关人员再次膨胀，无不是打着"加强政府调控"和"加强公共服务"旗号的。因此，政府机构尽管经过多次调整，职能交叉与职能缺位并存的状况依然存在，并成为机构精简后再膨胀的温床。政府职能未有实质性的转变，经济政策及经济干预行为还带有明显的计划经济的痕迹，离市场化、民主化和科学化的要求仍有相当的距离。

第四，广东地方政府机构改革的反复过程，充分证明了政府机构改革的复杂性和艰巨性，充分显示了推进政府机构改革的必要性和必然性，也充分说明了是否具有现代化政府的治理理念，是否具有与区域工业化紧密联动、整体推进的统筹机制，是否具有坚定不移推进政治体制改革的心理准备和理论准备，是政府机构改革能否取得成效的关键所在。

四、转型期区域工业化和地方政府机构改革间的良性互动

30年来广东经济社会快速发展的事实表明，经济转型确实是一个包括经济结构调整、经济布局优化、经济体制改革的复合转换过程。经济结构、经济布局、经济体制三个领域的全面转型，是广东工业化水平快速提升的重要动因；而广东工业化进程所呈现的阶段性，又体现了广东经济转型的成功与不足。地方政府作为区域工业化中"人力的（精英的）、政治的、行政组织"的整合者，政府机构的改革也是广东经济转型的重要内容。1978年以来，广东地方政府改革的成败得失证明，地方政府机构改革和区域工业化之间应该构筑起更加协调的互动关系。

（一）地方政府机构改革必须与建立和完善市场经济体制的要求相适应

综观广东的地方政府机构改革进程，可以发现其调整和改革的轨迹与广东市场经济体制的发育和完善的轨迹基本重合，两者之间确实存在着线性的对应关系。1988年前后开始的第一轮政府机构改革，因为经济体制改革的目标始终没有脱离计划经济的窠臼，为体现"有计划的商品经济"的要求，被认为是必不可少的计划控制功能公开地或半公开地赋予了企业主管部门和行政性公司，以保证企业的经营和行为不离开计划的轨道。1992年后的第二轮和2000年后的第三轮政府机构改革，都是在中央政府明确提出建立社会主义市场经济体制的基础之上进行的。但关于省一级政府还必须具有哪些必不可少的经济调控功能和公共服务功能，如何统筹发挥好经济调控功能和公共服务功能等重大问题，思想认识上一直是不甚清楚的。加之计划经济体制的强大惯性的影响，尽管直接管理企业的各式各样的行政机构暂时被精简或合并了，一旦碰到经济周期性紧缩，对前一时期"经济膨胀"进行"反思"之后，原有的行政职能又会在加强宏观调控的旗号下被"补充"和"完善"。所有这些，都决定了这两轮政府机构改革不可能完全到位。

如上所述，市场经济体制发育程度不高，人们对现代市场经济认识的肤浅，导致了宏观方面政府机构改革思路的局限性及改革政策的摇摆性，这是广东乃至我国政府机构改革进展忽快忽慢、屡次陷入怪圈的主要外部原因。而珠江三角洲的深圳、顺德等市的政府机构改革曾经取得突破性进展，正是在于这些城市的机构改革是在经济活动市场化已达到相当程度的大背景下进行的，因而改革的思路比较成熟。深圳经济特区从设立之始，就以市场化来定位。虽然随着国有经济总量的发展，一度也按习惯建立起行业、专业主管体系，但因为与深圳市活跃的国际性经济技术交流活动发生冲突，也就很快得到纠正。顺德市政府机构改革的深层动因，也来自顺德自身的经济市场化的发育。当公有企业的产权制度妨碍着现代企业制度的建立，而企业产权制度改革的主要障碍又来自行政主管部门和行政性公司时，顺德市毫不犹豫地确立了以行政机构改革为突破口的综合改革思路。总之，广东地方政府机构改革的实践告诉我们，政府机构的改革必须紧紧围绕建立现代市场经济体制，切实转变政府职能，才能取得实质性的进展而不至于反复。

（二）政府机构改革必须建立在新型的权力—利益格局基础上

1992 年以后，我国中央政府已明确地将建立社会主义市场经济体制作为经济体制改革的目标。应该说，行政机构改革和转变政府职能的思路比以前明确多了，为什么进展还是不快呢？笔者认为，主要原因一是政府机构内部抵制变革的力量过于强大，二是全社会缺乏支付政府机构改革的必要成本。深层的原因则在于政府机构之间旧的权力—利益格局未受到触动。在传统的纵向和横向的政府机构间的权力—利益格局中，当机构职能转换和重组时，如果某一政府机构在权利格局中的原有地位被弱化而丧失了本部门的既得利益，这个机构可能会本能地直接反对该项改革，防止权力弱化；也可能利用改革后可能出现的种种管理空档，寻找借口迂回地扩充新的权力。

现代政治学和行政学认为，政府各机构间所承担的职能以及为履行职能而形成的权力格局，均以社会和公民的整体利益为出发点和归宿。政府及其职能部门自身的独立利益，仅表现为与其自身的权力运作相匹配的必要成本（行政经费、行政人员的劳动报酬等）。政府机构间存在一定的权力—利益格局，本来不应在理论上深究，但在转型期的我国，原来的权力—利益格局，是与政府部门直接配置资源的计划经济体制相配套的。这种畸形发育的权力—利益格局，在我国的转型期里，恰恰与向上逐级集中分配权力的财政体制相融合，使得地方政府及其行政机构纷纷谋求远超过必要界限的"独立利益"（即与其自身的权力运作相匹配的必要的"行政成本"）。而为了获得更多的"政区利益"和"机构利益"，地方政府及其行政机构又反过来谋求更大的资源配置权和管治权。这样，畸形的权力—利益格局不断自我强化，政府机构也就不断地自我膨胀。

在讨论地方政府机构改革时，要摒弃以下两个错误观念：一是认为地方政府是区域经济的唯一的和终极的主体，行政区之间的利益竞争是合理的，是区域经济发展的原动力；二是将政府机构和机关人员数量的多寡，作为衡量政府机构改革成败的指标。构建新型的权力—利益格局，首先必须牢固树立以全社会和全体公民利益为出发点的整体利益观，使各级地方政府官员认识到：违背整体利益的政区利益和机关利益，从全局来看，既是不经济的也是不可持续的,对本政区的长远发展,也是得不偿失的。其次,要从根本上改革我国现行的财政税收体制,围绕推进基本公共服务均等化和主体功能区建设,完善公共财政体系,重新建立中央和地方财力与事权相匹配的体制,形成统一规范透明的财政转移支付制度,切断畸形的权力—利益格局的财政纽带。再次,要设计新的政府机构绩效的评价体系,逐步减少以至最终取消对政区间经济指标的考核评比,以约束政府的经济职能的过度扩张。最后,要以服务型政府必备的基本职能为目标,重新规划地方政府的机构改革方案,确定需要新设、裁并和充实加强的政府机构。

(四) 政府机构改革必须选准合适的时机

维托·坦齐和卢德格尔·舒克内希特在《20世纪的公共支出:全球视野》一书中,描述过行政改革的时间安排。他们认为:"在工业化国家,以公共支出测度的国家规模有巨大的压缩空间。国内和国际上发生的许多变化已经提高了实施重大改革的可行性。过去不可能进行的改革现在则可以进行。"[①] 30年来,我国正朝着建设工业化国家的目标努力,经济实力的增强和社会的进步,使大幅度提高全社会的公共服务水平成为必然。当摒弃全能主义政府模式已成为共识时,地方政府机构改革的成败,就取决于能否准确地判断本区域所处的发展阶段,选择好改革的时机和突破口。

较高的区域工业化水平和较成熟的市场化水平,是地方政府机构改革必不可少的精神条件与物质条件。1993年以前深圳行政体系的几次重大改革、1992年以后顺德市的机构改革,都是在宏观经济处于上升周期时出台的。此外,深圳、顺德的经济社会发展水平较高,官本位的观念就比较淡漠,从而使整个干部队伍以至社会上都较充分地做好了迎接行政机构改革的心理准备,也大大减少了经济转型和调整权力—利益格局的阻力。而政府机构改革,又反过来促进了工业化、城市化的进一步发展。深圳、顺德两市政府机构改革的经验证明,选择好政府机构改革的时机,是区域工业化和行政体制改革良性互动的必要条件。反观广东省一级政府机构改

---

① 维托·坦齐、卢德格尔·舒克内希特:《20世纪的公共支出:全球视野》,胡家勇译,商务印书馆2005年版,第182页。

革的整个进程，尽管每次改革都促进经经济社会发展，但第一轮机构改革（1988年前后）处在对宏观经济治理整顿的前夜；第二轮机构改革（1992年以后）虽然处于工业化水平高速提升的时期，但此时已潜藏经济过热和通货膨胀的危机。可以说，前两轮机构改革都不处于最能促进工业化进展的最佳时机，因而无法构造起政府机构改革和区域工业化的持久互动机制，以致两轮改革之后的机构设置都程度不同地向改革前状态复归。第三轮改革（2000—2003年）则不然，由于2003年起广东的工业化步伐再次加快，并一直延续到2007年，这一轮改革在转变政府职能、限制和规范行政审批、加强综合经济和执法监管部门等方面采取了一系列重大举措，实施效果比较明显。政府机构通过自我约束，发挥着既推动又制动的功能，广东经济发展的轨迹由发散趋于收敛，工业化水平快速而平稳上升。

因此，地方政府机构改革的具体启动时机，应选择在宏观经济活动的复苏期或上升期。在自上而下开展政府机构改革的时机尚未成熟时，地方政府应抓紧做好扫清外围障碍的工作：一是完善行政组织立法，包括实施行政机构改革的配套法律和规章。在严密、封闭的法规下进行机构改革，才能保证改革的质量，深圳、顺德的成功经验充分证明了这一点。二是努力促进市场中介组织和其他非政府组织的发育，特别是加快行业性协会、商会、社会仲裁机构、咨询机构的发展，使之具有足够的自律、协调、制裁、仲裁、引导等能力，以填补由于大部分政府机构放弃行政性强制权力后必然出现的权力真空。

（原载《21世纪的公共管理：机遇与挑战：第三届国际学术研讨会文集》，社会文献出版社2009年版）

试论社会主义精神文明的空间生成机制

本文试图通过分析物质文明和精神文明之间的空间联系，对精神文明空间生成机制的功能、地位及其在社会主义精神文明建设中的作用做出描述。

一

所谓"机制"，原意是指机器或有机体的各种组织如何有机地结合在一起，通过它们各自的变化和相互作用，产生特定的功能。"机制"以是否通过中枢神经系统自觉运动为标志，区分为"自组织机制"和"组织机制"。精神文明的形成和发展，也存在着自组织机制和组织机制。前者表示精神文明自发地、被动地伴随物质文明发展的本能；后者表示精神文明的生成和发展，已不仅仅是一种本能行为，而且也存在着对这种本能行为自觉的控制。本文将前者称为精神文明的"生成机制"，将后者称为精神文明的"建设机制"。一定时间和空间范围内两种机制的协调作用，共同推动着精神文明向前发展。

正如邓小平指出的："精神文明说到底是从物质文明来的嘛！"[①] 精神文明的生成机制和建设机制，都要受到一定水平的物质文明的决定和制约。这一决定和制约作用，首先会直接在精神文明的生成机制中体现出来，即精神文明可以在一定的物质文明水平上自发地、被动地生成。由于多重客观因素的综合影响，精神文明的生成过程具有不均衡性，具体表现为：①精神文明的生成与物质文明的发展不均衡，即"两个文明"的发展并不完全同步；②精神文明自身的发展不均衡，即构成精神文明的教育、科技文化方面和思想、道德方面二者的发展并不完全同步；③精神文明的空间生成不均衡，即不同空间地域的精神文明发展水平并不完全同步。

---

① 《邓小平文选》（第3卷），人民出版社1993年版，第52页。

精神文明生成过程"不均衡性"的前两种状况，目前国内已有许多著述论及，本文不再赘述。由于"物质生活的生产方式制约着整个社会生活、政治生活和精神生活的过程"①，从"物质生活的生产方式"着眼，精神文明空间生成过程具有不均衡性的原因，主要有以下三个方面：

第一，一定空间地域间生产力水平的差异，使相应空间地域的不同的文明时代或迟或早地出现。早在远古时代，有的空间地域（如埃及、巴比伦、中国、印度等）已进入农业文明社会，并创造出辉煌的文化、科学成就。而其他一些地方大多还处于蒙昧、野蛮的时代。又如"工业文明"社会和现代所谓的"信息文明"社会，均首先出现于生产力发展水平较高，生产方式较为先进的地域。

第二，由于地理分布、资源禀赋程度等自然因素的影响，以及地域经济分工的强烈作用，使精神文明的生成和发展，在一定的空间地域上，表现出相对分割封闭和民族特性，这种不均衡发展的性质在古代城市出现时就已存在。马克思、恩格斯指出："城乡之间的对立是随着野蛮向文明的过渡、部落制度向国家的过渡、地方局限性向民族的过渡而开始的。"②与空间地域上城乡之间，发达地区与欠发达地区之间的经济梯度相类似，在不同的空间地域，也会形成文明程度相对较高、密集生产精神产品的"核心区域"和文明程度相对较低、精神产品产出较少的"边缘区域"。

第三，精神文明自身在构成上的发展不平衡，也会导致精神文明空间生成过程的不均衡。除了生产力水平在不同空间地域的历史沉淀和现实分布的不平衡，使精神文明空间生成呈现不均衡状态之外，由于生产力发展与生产方式发展不一定完全同步，加之精神文明的两大构成方面——教育、科技、文化方面和思想、道德方面，都具有各不相同的生成、传递、交融方式，都具有较强的历史继承性。那么，在同一国家、同一民族内部、同一城市或乡村内部，完全可能出现某些地域思想道德水平高些，而另外一些地域教育、科技、文化事业发展得快些的状况。

---

① 马克思、恩格斯：《马克思恩格斯选集》（第2卷），人民出版社1972年版，第82页。
② 马克思、恩格斯：《马克思恩格斯选集》（第1卷），人民出版社1972年版，第56页。

二

精神文明的空间生成机制作用过程，是生产精神产品的主体，在一定的空间地域内对各资源要素合理配置，从而生成有形的或无形的精神产品的过程。使这一过程具有不均衡性的机理，是与区域经济资源要素非均衡配置、区域经济梯度推移的客观规律紧密联系的。

20世纪60年代中期，美国著名规划师J·弗里德曼提出了"核心和边缘区模型"，解决了动态上研究区域内部资源要素流动、配置及结果的一般规律问题，这一模型将区域经济发展分成工业进程以前阶段、工业化初期阶段、工业化成熟阶段和空间经济一体化阶段。在"工业化初期阶段"，受资源稀缺性影响，边缘区域要素流向核心区域，此时核心区域进入极化增长的循环累积过程；在"工业化成熟阶段"，资源要素主要由核心区域向边缘区域流动，极化效应开始向扩散效应倾斜；资源要素全方位流动，多核心区形成，区域经济才进入"一体化"阶段。J·弗里德曼模型表明：区域经济梯度推移的形式是核心区域向边缘区域吸纳或扩散资源要素。这一过程实质上是为了最大化边际收益，对有限资源要素在空间进行重新配置的过程。借助J·弗里德曼模型，可以对精神文明空间生成机制的运动机理作如下描述：

第一，如果一个社会或一个民族的精神文明水平处于不断上升、不断进步的进程中，那么，这种上升和进步，可能首先只在少数空间地域出现，并不断加以强化。这一过程可以近似地被视为"核心区域"（精神文明水平率先上升和进步的少数地域）的"极化效应"过程，它表示生产精神产品的各种资源要素，即各类人才、信息、资料及思维工具等"软"要素，以及教育、科技、文化、体育、卫生的仪器设备等"硬"要素，以较快的速度从周边地区集聚于核心区域，从而使核心区域的精神文明水平也较快地上升。现实的精神生活中，相对于乡村、山区、农业的"城市文明""流域文明""工业文明"就是典型的"核心区域文明"。

核心区域精神文明生成过程发生极化效应的主要动因是：

（1）受地域经济分工的连带影响。近代经济史表明，在追求较高集聚效益的驱动下，人口及其他经济资源要素会大规模集聚，从而形成大商业城市和大工业城市。正如马克思、恩格斯描述："城市本身表明了人口、生产工具、资本享乐和需求的集中,而在乡里所看到的却是完全相反的情况,孤立和分散。"①核心区域在利用先进科学技术、组织社会化大生产的过程中,为谋求更高的劳动效率和管理效率,必然要求社会成员具备较高的智力和体力素质,这也就必然带来教育、科技、文化事业在核心区域的集中和迅速发展。

（2）核心区域同时也是各种资源要素集中交换的空间地域,为节省流通成本,从古代开始,城市、城镇成为交通运输和贸易的中心,这种状况一直延续至今。但城市与城镇的功能远不止于此,在生产要素交换规模极小的远古、中古时代,连接城市、城镇间的商路,与其说是交换商品的渠道,倒不如说主要是交换精神产品,传送思想、文化、科学技艺、知识的渠道。因此,交运、贸易活动集中的核心区域,必然也是教育、科技、文化信息大容量交流,新的道德情操、价值观念易于培育生成的空间地域。

（3）区域经济梯度发展进程中的核心区域,往往也是区域内的政治、科技、文化、信息的中心。各种政治力量、各个学派观点、多元的文化背景在核心区域相互交融、补充,甚至相互撞击,使核心区域的思想文化领域更为活跃,积极、先进的精神产品容易脱颖而出。

第二,精神文明生成过程发生极化效应时,核心区域和边缘区域精神文明生成、发展的水平,必然产生相当差异,但二者既不是此消彼长的关系,也不是同步消长的关系。由于精神文明的教育、科技、文化方面和思想、道德方面具有不同的生成和发展方式,核心区域精神文明的空间扩散过程呈现出如下特征:

（1）教育、科技、文化建设的发展需要投入相当的"硬"资源要素,这是必须由该区域的经济发展水平直接决定的。核心区域经济上的极化效应转向扩散效应,边缘区域经济发展水平也随之提高时,边缘区域才具备较大规模接受核心区域教育、科技、文化成果辐射的条件和愿望。具体地说,一是边缘区域必须具备进一步发展教育、科技、文化的综合实力;二是必须具备消费（使用）预期新生产的精神产品的需求。从这个角度上讲,核心区域和边缘区域的教育、科技、文化的发展水平,不单在空间地域上,而且在时间上,都存在不均衡发展的现实状况。核心区域的教育、

---

① 马克思、恩格斯:《马克思恩格斯选集》（第1卷）,人民出版社1972年版,第56页。

科技、文化成果的扩散，通常可能与核心区域的经济扩散同时同步发生，但发生的原因绝不是核心区域的教育、科技、文化事业"边际收益递减"，而是边缘区域经济社会事业不断发展的要求。

（2）先进的、有利于社会发展的思想道德，一般都是在集中了先进生产方式、商品交换较发达的核心区域先行生成。这种较为先进的思想道德向边缘区域扩散，通常则是与极化效应基本同步的。一是通过核心区域向边缘区域输出产品、资本、科技，边缘区域向核心区域输入人才、劳力等资源要素来进行扩散；二是边缘区域原有的道德文化中的优秀成果，与核心区域及其他周边区域的思想文化成果相融合，从而形成较高水准的思想道德文明（在一定条件下，甚至可能比核心区域的水平还要高些）。从这个角度上看相对于物质文明建设，相对于教育、科技、文化事业发展，先进的思想道德的生成，是具有较强的独立性的。

三

从理论上阐明精神文明空间生成机制的运动机理，对加强社会主义精神文明建设，具有十分重要的意义。

（一）有助于客观地估量我国精神文明的发展水平，正确理解精神文明建设的基本思路

理论上讲，建立在生产力高度发展的社会主义社会的精神文明，其教育、科技、文化水平和思想、道德水平，都应是高于以往任何社会形态的一般水平的。因此，在建设社会主义物质文明的同时，建设社会主义精神文明，是我们为之奋斗的目标。然而，在导致社会制度更迭的各种主客观因素的复杂作用下，我国目前尚处于社会主义初级阶段。只能在相当薄弱的基础上建设社会主义物质文明。这一客观现实，直接规定了社会主义精神文明空间生成机制的作用方向和作用方式。

毫无疑问，与我国的物质文明发展的空间格局相适应，沿海地带和中心城市等经济上的"核心区域"的教育、科技、文化建设，目前还在产生强烈的极化效应。而在思想道德建设方面，由于长期以来我国的市场机制发育还很不成熟，加上封建主义残余、小生产习惯势力的存在，有利于社会发展的竞争观念、科学观念、公平观念、法治观念等，尚未

被大多数社会成员自觉接受,作为全社会共同的道德准则和行为规范。这种状况无论沿海还是内地,都同样存在。但随着改革的深化和对外往来的扩大,这种状况已逐步改变,与社会主义市场经济相适应的新的道德观念正在逐渐生成。更为重要的是,我国各空间地域的社会主义精神文明建设,都是以马克思列宁主义、毛泽东思想和邓小平建设有中国特色社会主义理论为指导的,着重解决精神文明建设的方向、核心、动力问题。因此,就思想、道德方面的发展趋势而言,我国核心区域与边缘区域的分野并不十分明显。

客观地估量我国精神文明发展的现状,可得到以下推论:①进入社会主义历史阶段,建立社会主义政治制度,并不意味着必然生成社会主义精神文明。因此,必须坚持精神文明重在建设的方针。②在社会主义初级阶段的精神文明建设中,也要坚持全方位开放的方针。应立足本国,认识自我,面向世界,积极主动发展与核心区域的精神产品交换关系、大胆吸取世界各个国家和民族的一切优秀思想和文化成果。③建设社会主义精神文明,除了有正确的思想指导,具有一定的物质基础,还必须有相应的体制保障,精神文明建设的"软""硬"要素才可能实现结合,生产出预期的精神产品。因此,离开了对传统的教育、科技、文化体制的改革,离开了对传统的政治体制的改革,加快社会主义精神文明建设,就可能是一句空话。

(二)有助于客观地估量一定空间地域的精神文明发展水平,制定切实可行的精神文明建设目标

不同空间地域的精神文明发展水平有差异的,不同空间地域的经济发展水平和发展目标也是有差异的。在制定本区域社会主义精神文明建设的具体目标时,只有从实际出发,正确估量本地的精神文明和经济发展水平,才能避免形式主义避免"一刀切"的现象出现。

(1)处于极化效应进程的核心区域,由于该区域不论经济领域,还是教育、科技、文化领域,可能均处于吸纳资源要素,扩张总量规模的过程。为使精神文明建设与物质文明建设相适应,这些区域应把引进先进科学技术,引进人才,努力发展本地教育事业,努力实现人的现代化,作为精神文明建设的重点目标。同时,要借助已有一定基础的经济力量,运用多种形式,加快培植符合市场经济内在要求的新思想、新观念、

新型的伦理道德。此外，要注意兼顾物质生产和生态环境的关系，将提高生活质量，实现经济社会事业可持续发展，列为精神文明建设的基础性目标。

（2）边缘区域由于原有经济基础比较薄弱，本地区的人才、资金等资源要素受核心区域吸引，外流较为频繁。这些区域在制定精神文明建设目标时，要避免提出过高过急的口号。要重视发展基础教育事业，重视科技成果的应用和科技知识的普及。同时，要从思想道德建设所具有的相对独立性出发，有意识地强化自力更生艰苦奋斗的思想观念，引导本区域的群众接受竞争观念、效率观念、民主观念、法治观念，扫除不文明的传统陋习，为迎接下一阶段核心区域的经济扩散和科技、文化成果扩散，做好思想上、组织上和舆论氛围上的准备。

（三）有助于客观地估量精神文明空间生成机制的作用，积极发挥精神文明建设机制的功能

精神文明的空间生成机制，是精神文明建设机制赖以存在的前提和正常运作的基础。但精神文明的生成机制，毕竟只是精神领域对物质文明发展过程的自发的、"良性的"回应。单靠精神文明空间生成机制发挥作用，可能造成某些地域、某些领域的精神文明生成和发展过于迟缓；某些不文明甚至反文明的道德观念得不到及时、有效的抑制而滋生扩散。因此，只有自觉地发挥精神文明建设机制的功能，才能克服精神文明生成机制的不足。

完整的社会主义精神文明的建设机制，似应包括以下六个子功能机制：①组织机制；②启动机制；③培育（教化、引导）机制；④激励机制；⑤调控机制；⑥监督机制。精神文明建设过程，就是六个子功能机制协调作用，合理配置有限资源要素，生产出尽可能多的、有利于社会发展的精神产品的过程。自觉地发挥精神文明建设机制功能的关键，在于在空间地域上、在机制构成上协调地配置好有限资源。在空间地域方面，要考虑精神文明空间生成机制的要求，区分核心区域和边缘区域，按"点—面"扩散原则，集中地配置资源要素，以获取空间典型示范效应。在机制构成方面，要合理安排好各个子功能机制所需的资源，以形成良性的循环过程。协调地将上述两个方面结合起来，就可能使每一空间地域的精神文明建设，既能根据自身的发展阶段确定目标，又有专门机构、专职人员，

有必要的物质和精神手段进行启动、组织、培育、考评、监督、调控，使每一项工作都能落到实处，求得实效。

(原载于《江淮论坛》1997年第4期)

附录

陈鸿宇主要著述目录

一、专著

[1]《区域经济学新论》,广东经济出版社 1998 年版。
[2]《区域经济梯度推移发展新探索》,中国求实出版社 2002 年版。
[3]《空间视角下的产业结构优化机制——粤港区域产业战略性调整优化研究》,广东人民出版社 2008 年版。
[4]《区域经济协调发展五篇》,广东经济出版 2008 年版。
[5]《城乡一体发展与新型城市化》,广州出版 2013 年版。
[6]《后工业化时期区域和产业的双重再集聚——英国区域政策的变化趋势及其对广东省的启示》,中国社会科学出版社 2007 年版。
[7]《论粤港产业分工模式的重构》,中国社会科学出版社 2005 年版。
[8]《转型期区域工业化与地方政府机构改革——以广东为例》,中国社会科学出版社 2009 年版。

二、论文

[9]《论区域经济运行的基本矛盾和发展战略选择》,载《岭南学刊》1997 年第 2 期。
[10]《1840 年以前广东区域经济差异的形成与发展——兼论广东区域产业结构的产生》,载《岭南学刊》2000 年第 1 期。
[11]《广东省区域经济差距变化趋势研究》,载《珠江经济》2008 年第 5 期。
[12]《区域国际竞争力与广东产业整合》,载《南方经济》2002 年第 4 期。
[13]《广东统筹区域、城乡协调发展问题的回顾与前瞻》,载《珠江经济》2007 年第 9 期。
[14]《城市化与产业结构关系探讨》,载《岭南学刊》2001 年第 6 期。
[15]《关于构建粤港区域产业分工新模式的思考》,载《特区实践与理

论》2007 年第 4 期。

［16］《关于区域间产业转移的多路径选择问题》，载《南方经济》2009 年第 6 期。

［17］《珠江三角洲地区城市化发展模式分析》，载《岭南学刊》2002 年第 1 期。

［18］《大珠三角都市带城市体系结构分析》，载《理论前沿》2004 年第 10 期。

［19］《"广佛都市圈"的形成和发展动因分析——对广州、佛山产业结构变动的实证研究》，载《广东经济》2006 年第 1 期。

［20］《试论三层产权主体格局》，载《党校论坛》1993 年第 9 期。

［21］《地方政府职能与产权制度改革》，载《新世纪论坛》1994 年第 1 期。

［22］《略论宏观改革对地方经济的影响》，载《岭南学刊》1995 年第 4 期。

［23］《略论管理观念》，载《现代哲学》1996 年第 3 期。

［24］《试论社会主义精神文明的空间生成机制》，载《江淮论坛》1997 年第 4 期。

［25］《广东行政机构改革的回顾和前瞻》，载《广东经济》1998 年第 6 期。